Agallas

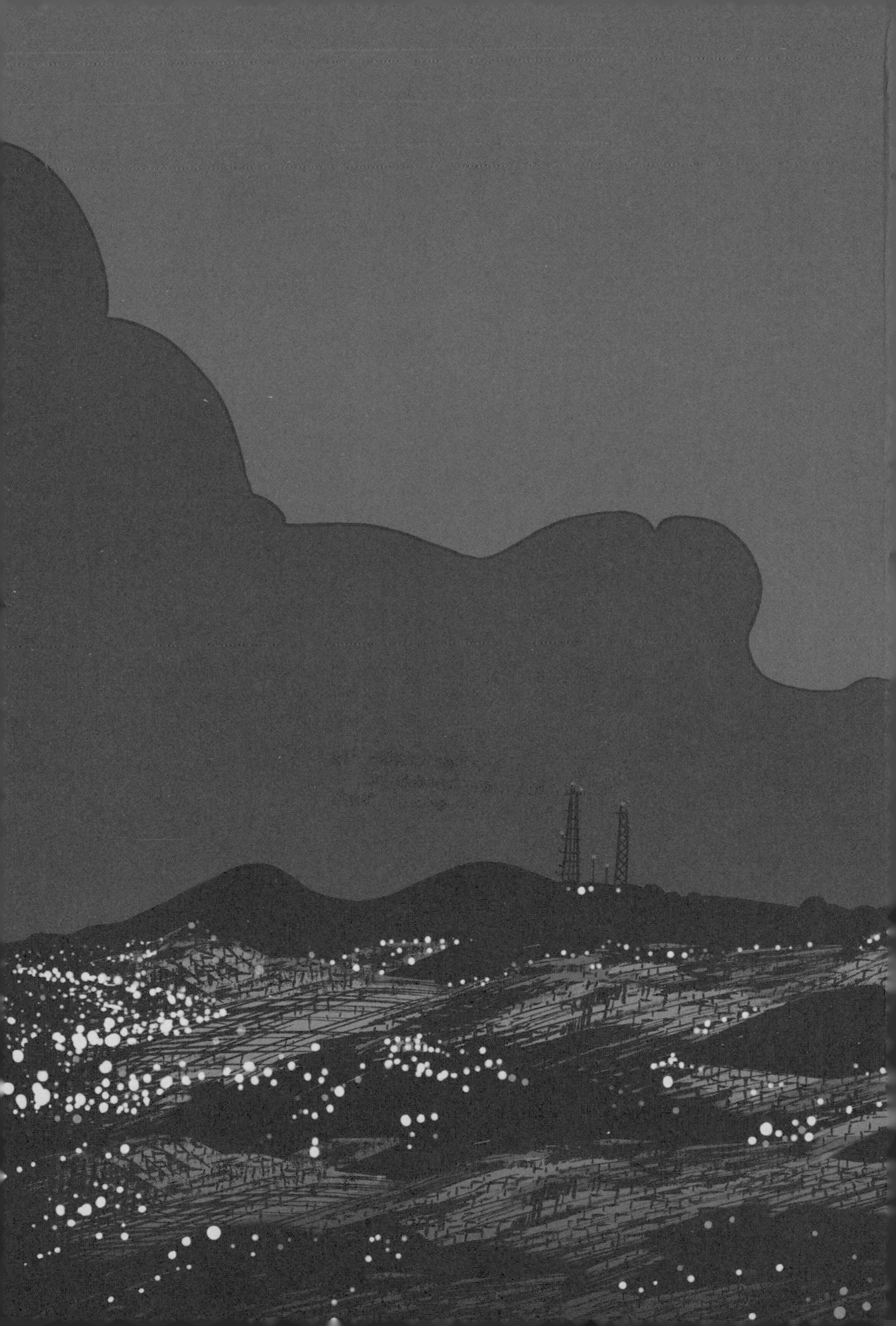

Agallas

Raina Telgemeier
con color de Braden Lamb

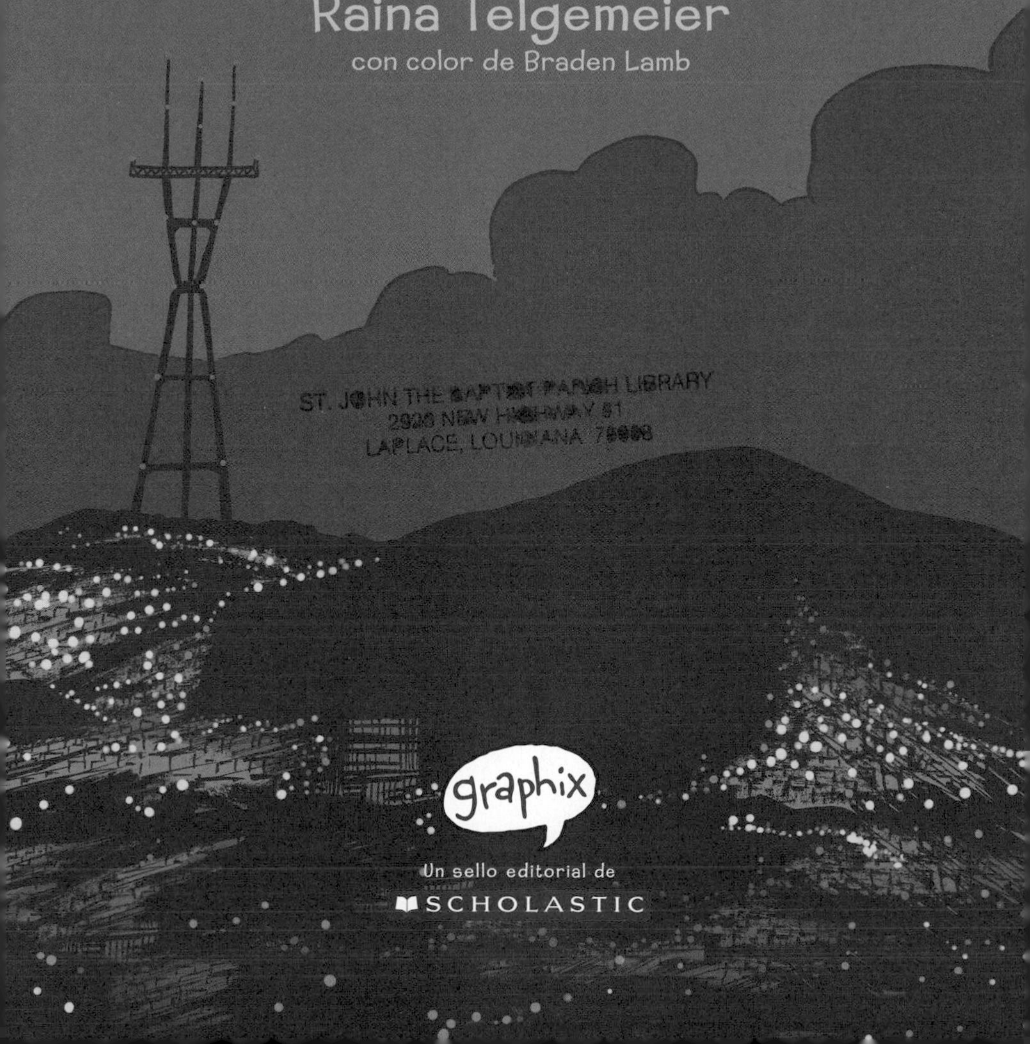

graphix
Un sello editorial de
SCHOLASTIC

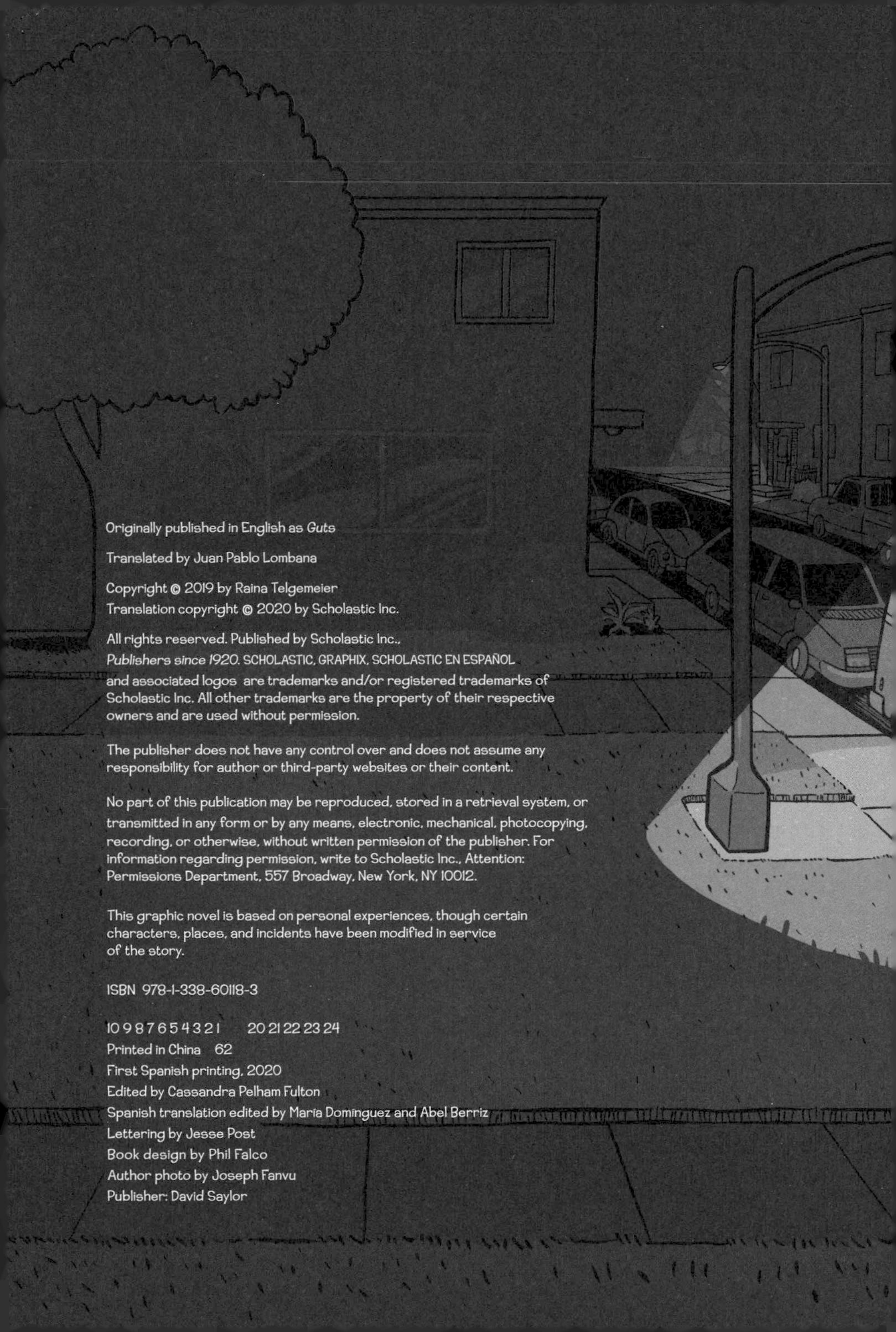

Originally published in English as *Guts*

Translated by Juan Pablo Lombana

ISBN 978-1-338-60118-3

10 9 8 7 6 5 4 3 2 1 20 21 22 23 24
Printed in China 62
First Spanish printing, 2020
Edited by Cassandra Pelham Fulton
Spanish translation edited by María Domínguez and Abel Berriz
Lettering by Jesse Post
Book design by Phil Falco
Author photo by Joseph Fanvu
Publisher: David Saylor

Para cualquiera que sienta miedo

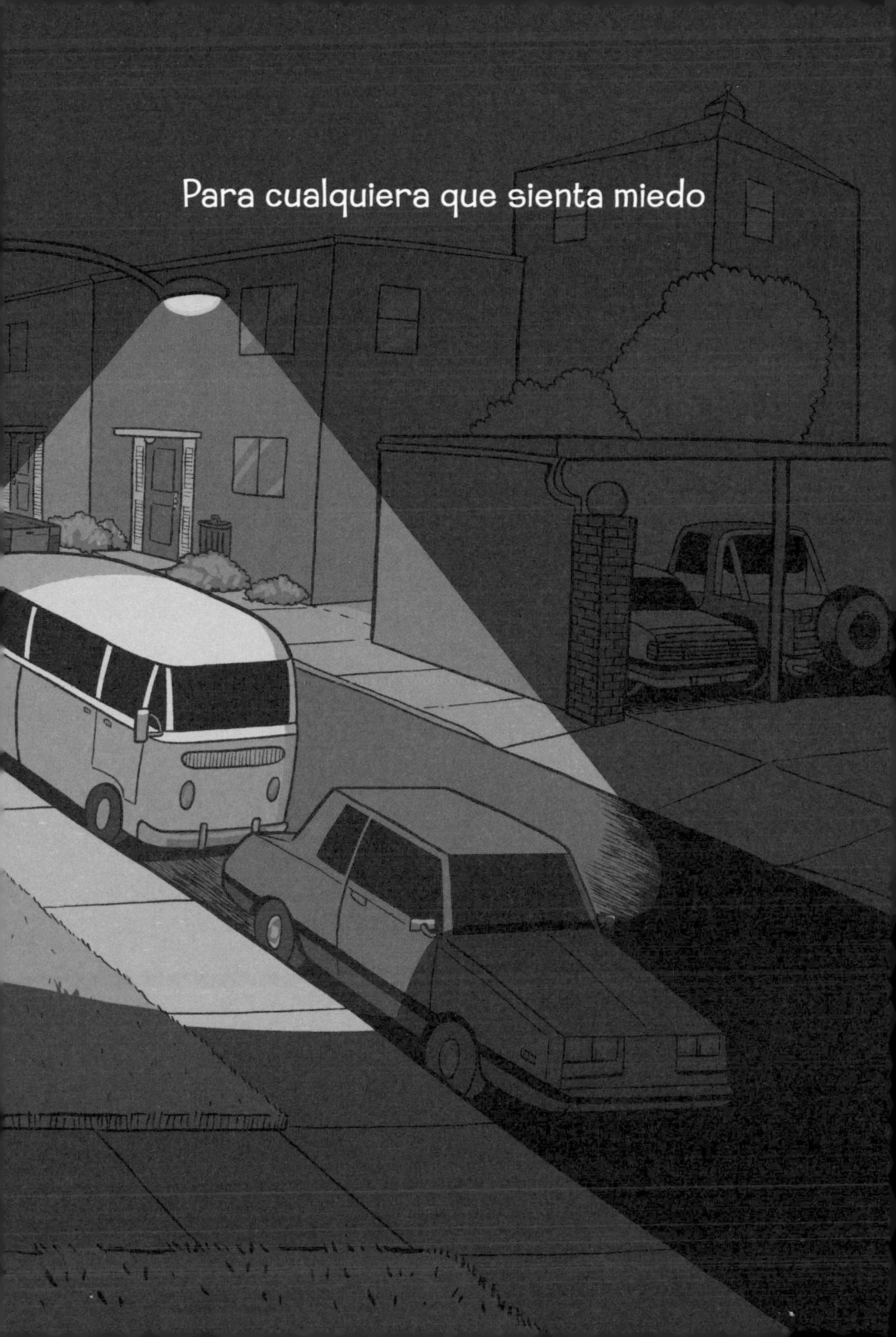

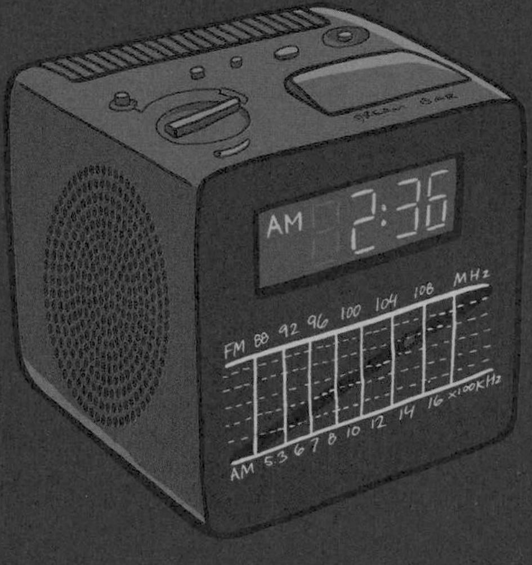
AM
2:36
FM 88 92 96 100 104 108 MHz
AM 5.3 6 7 8 10 12 14 16 x100KHz

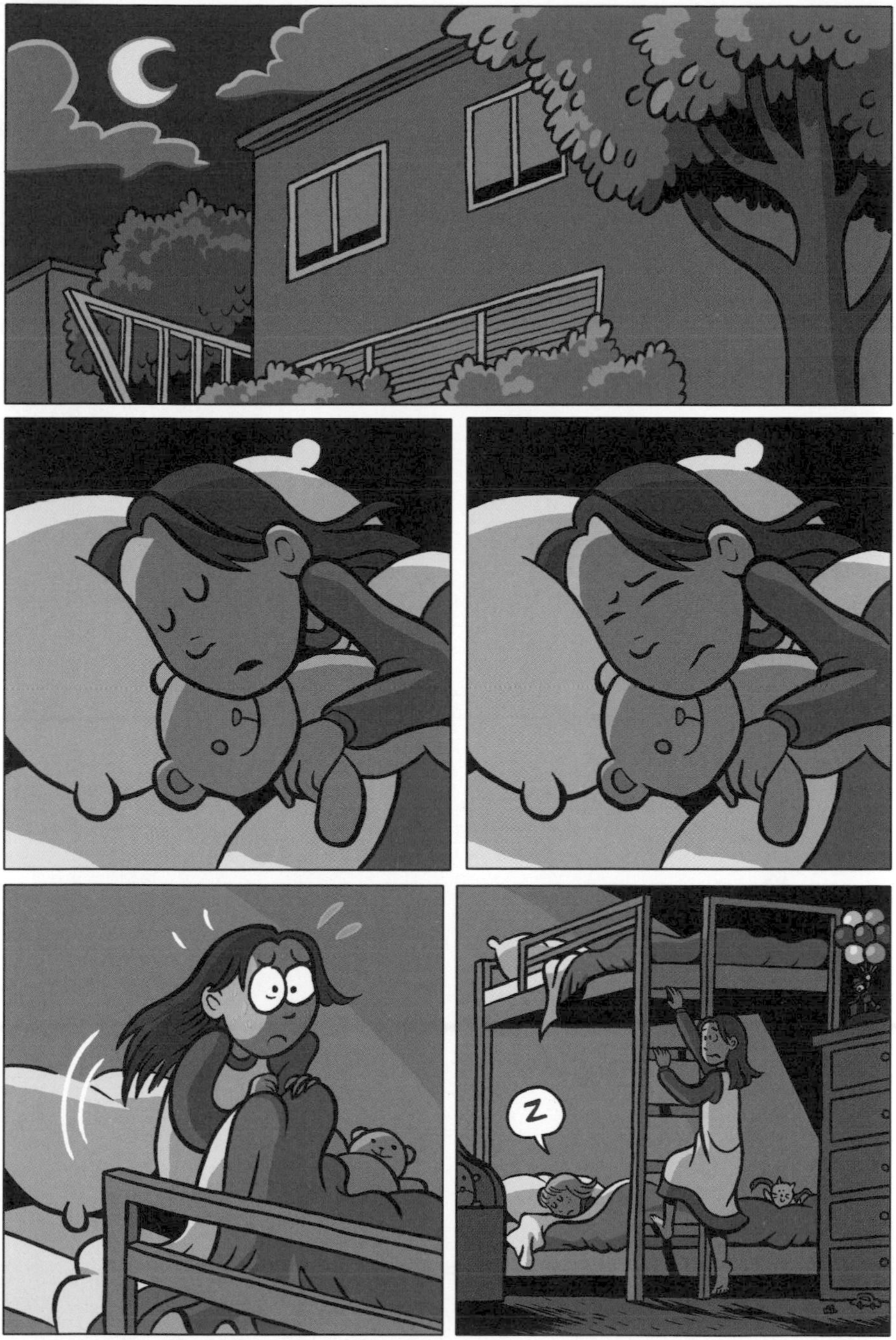
Z

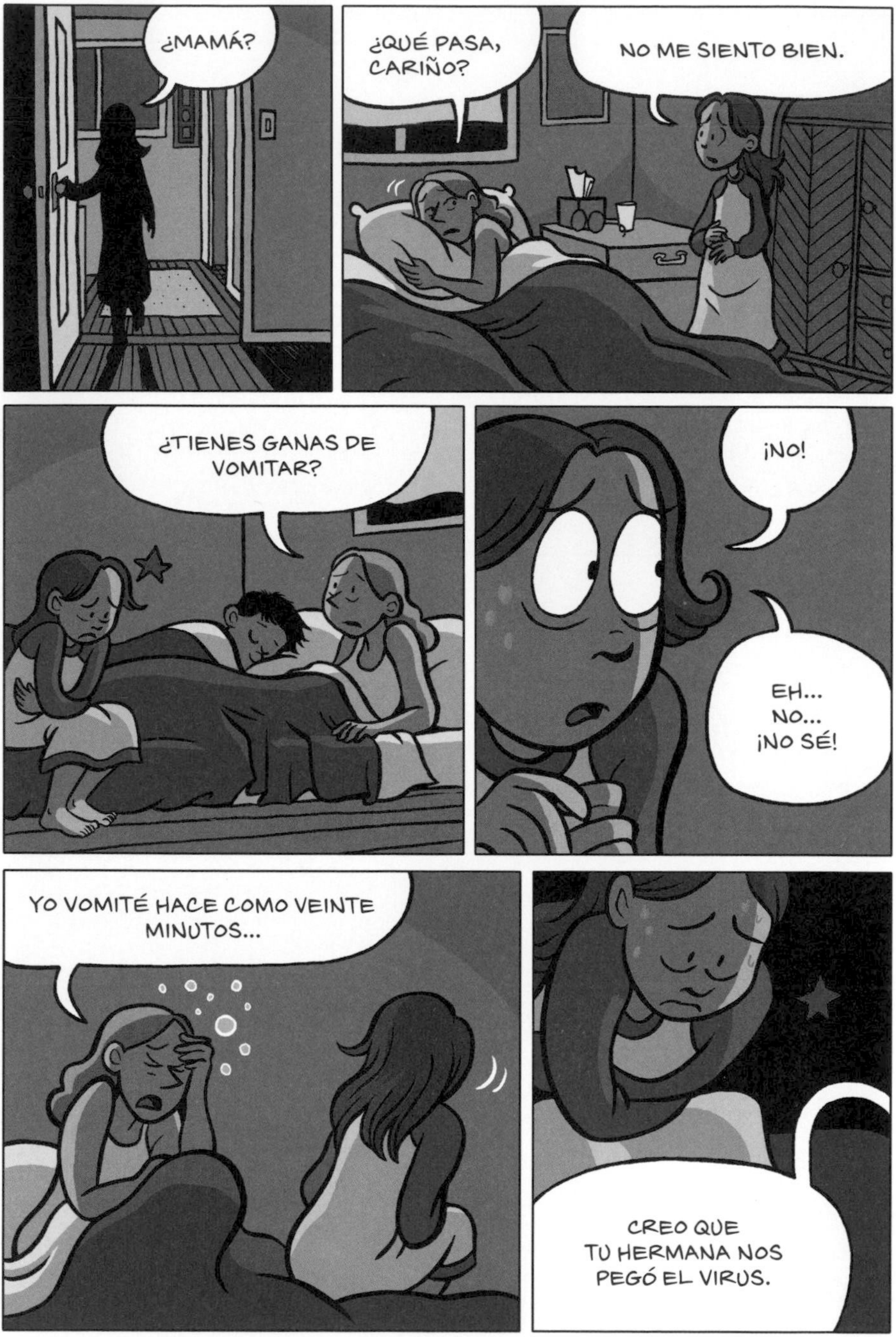
¿MAMÁ?
¿QUÉ PASA, CARIÑO?
NO ME SIENTO BIEN.
¿TIENES GANAS DE VOMITAR?
¡NO!
EH... NO... ¡NO SÉ!
YO VOMITÉ HACE COMO VEINTE MINUTOS...
CREO QUE TU HERMANA NOS PEGÓ EL VIRUS.

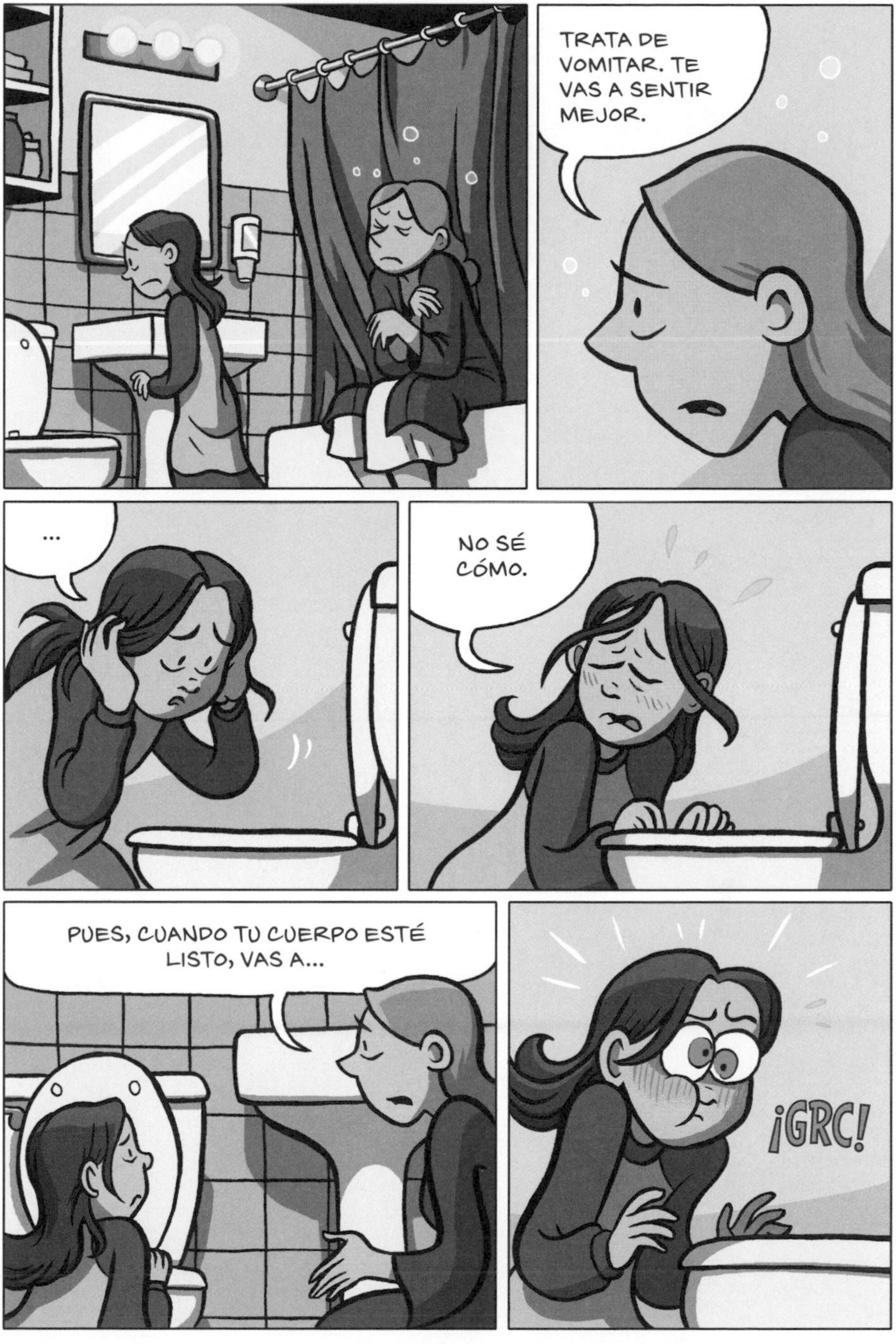
TRATA DE VOMITAR. TE VAS A SENTIR MEJOR.
...
NO SÉ CÓMO.
PUES, CUANDO TU CUERPO ESTÉ LISTO, VAS A...
¡GRC!

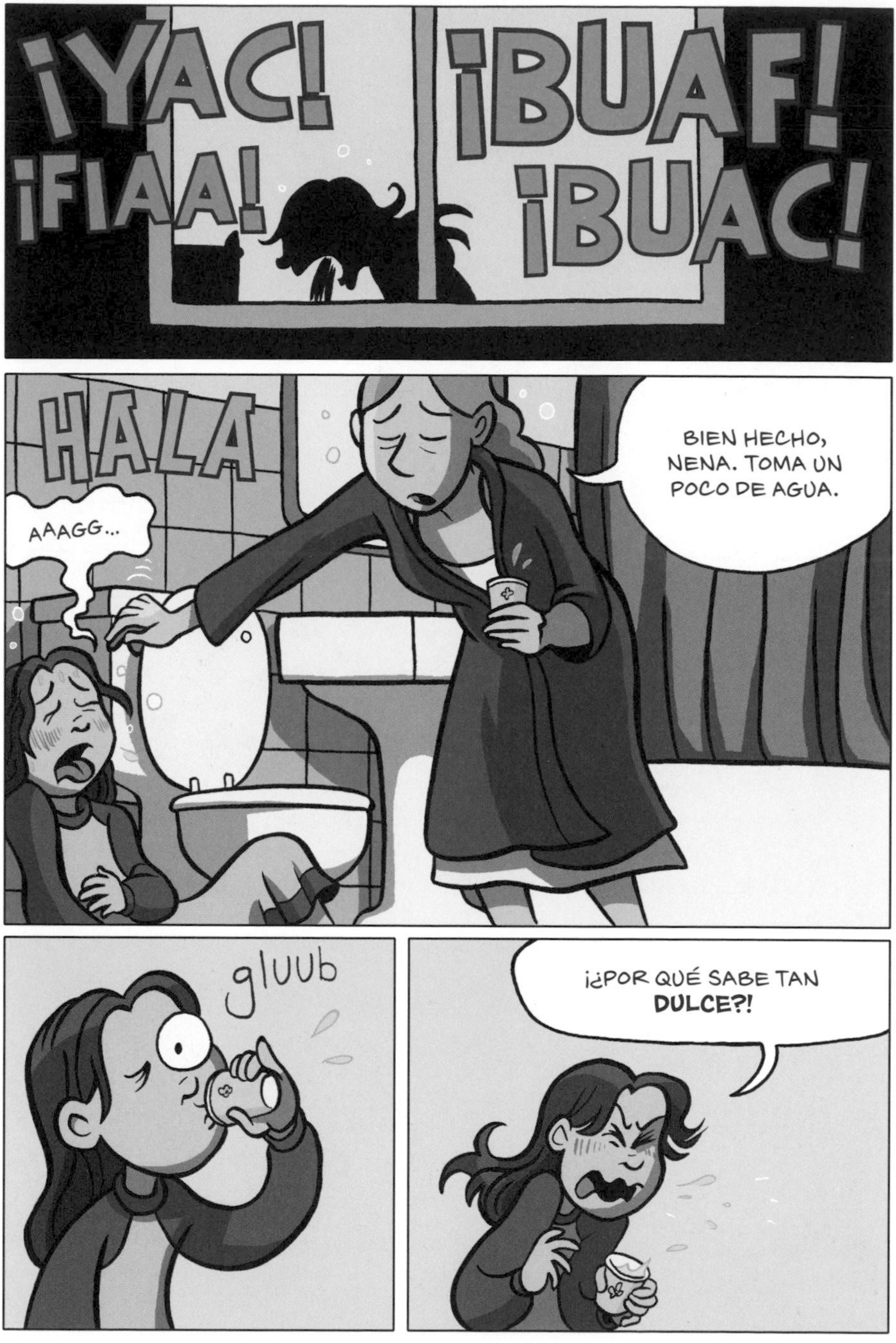
¡YAC!
¡FIAA!
¡BUAF!
¡BUAC!
HALA
AAAGG...
BIEN HECHO, NENA. TOMA UN POCO DE AGUA.
gluub
¡¿POR QUÉ SABE TAN **DULCE**?!

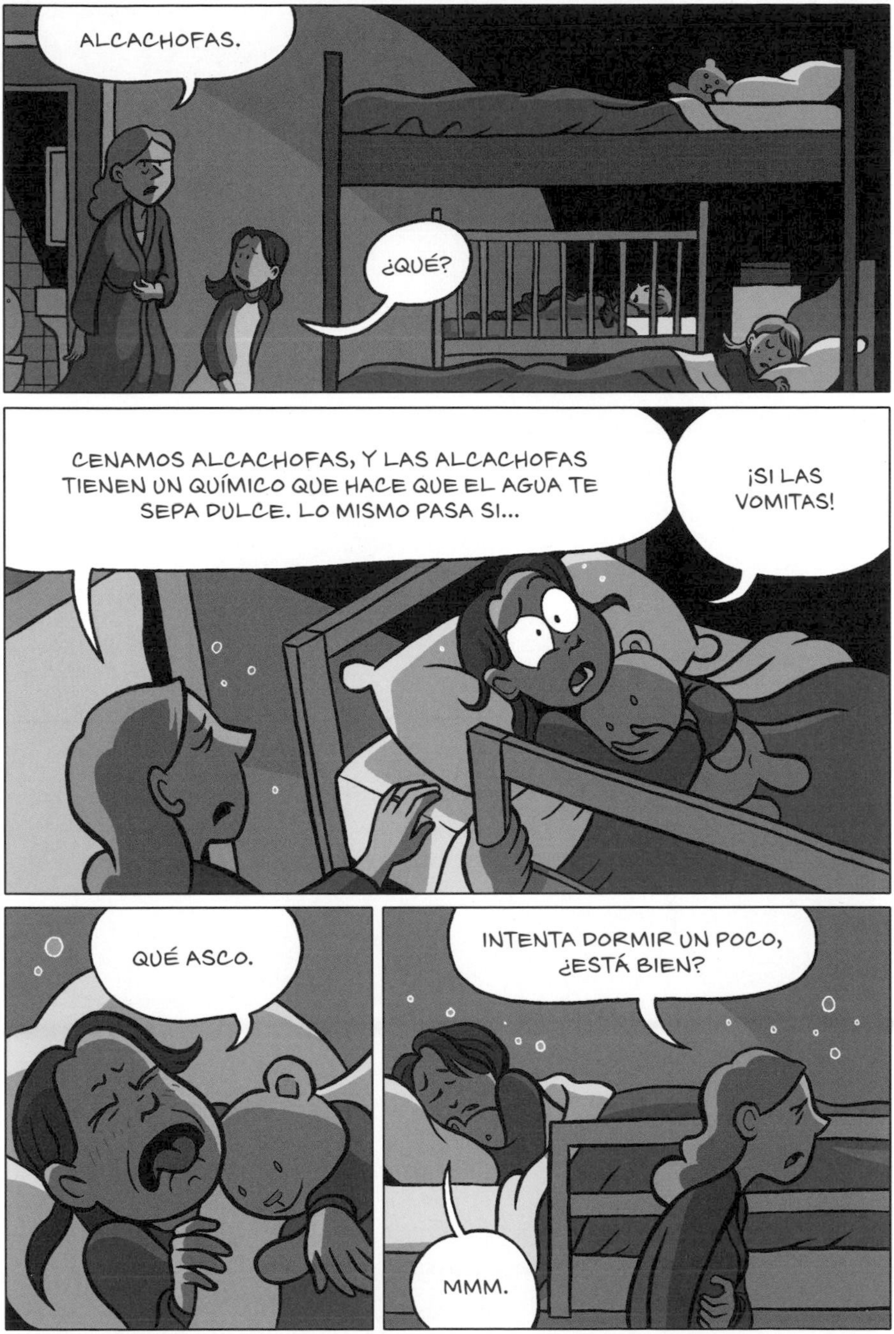
ALCACHOFAS.
¿QUÉ?
CENAMOS ALCACHOFAS, Y LAS ALCACHOFAS TIENEN UN QUÍMICO QUE HACE QUE EL AGUA TE SEPA DULCE. LO MISMO PASA SI...
¡SI LAS VOMITAS!
QUÉ ASCO.
INTENTA DORMIR UN POCO, ¿ESTÁ BIEN?
MMM.

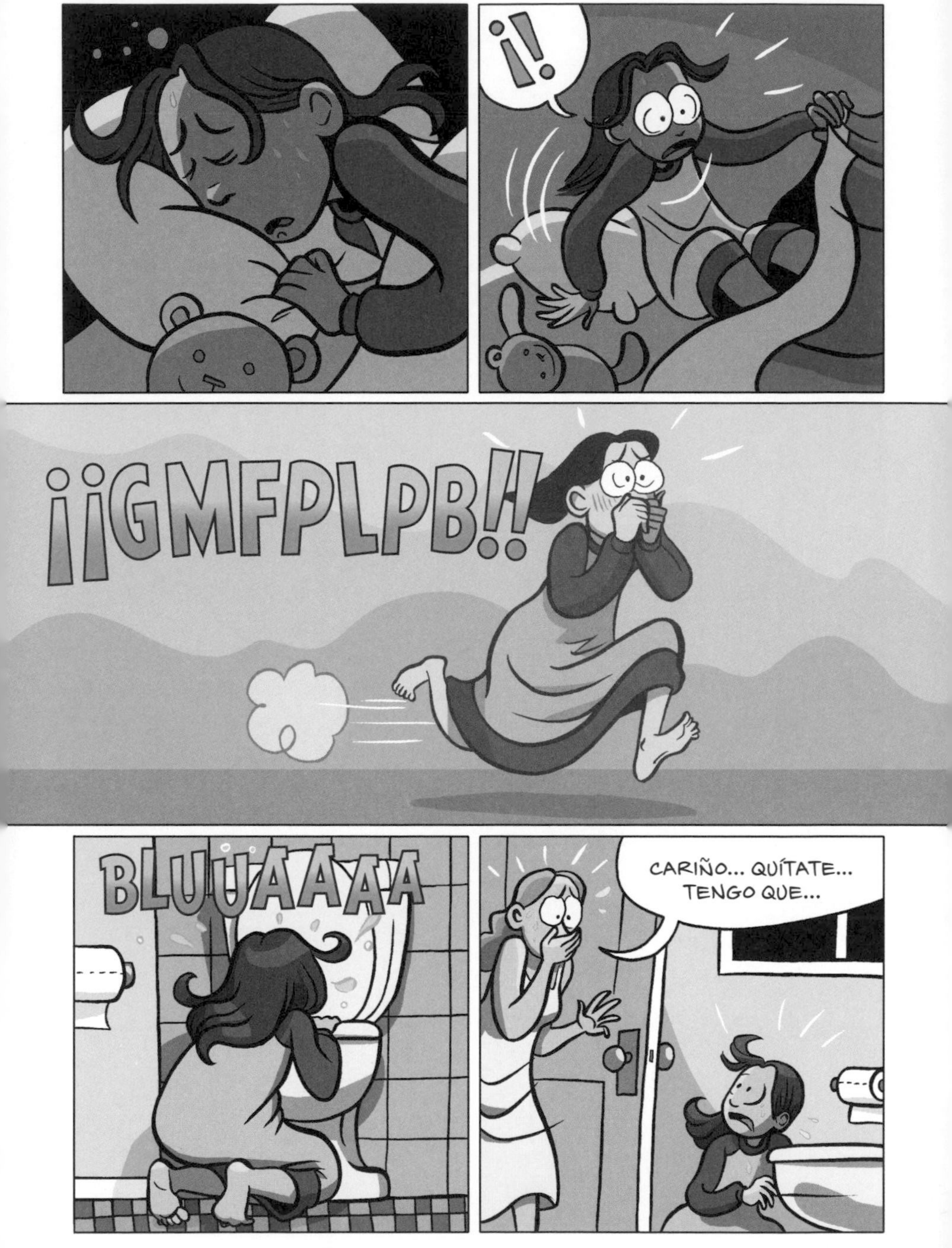
¡!
¡¡GMFPLPB!!
BLUUAAAA
CARIÑO... QUÍTATE...
TENGO QUE...

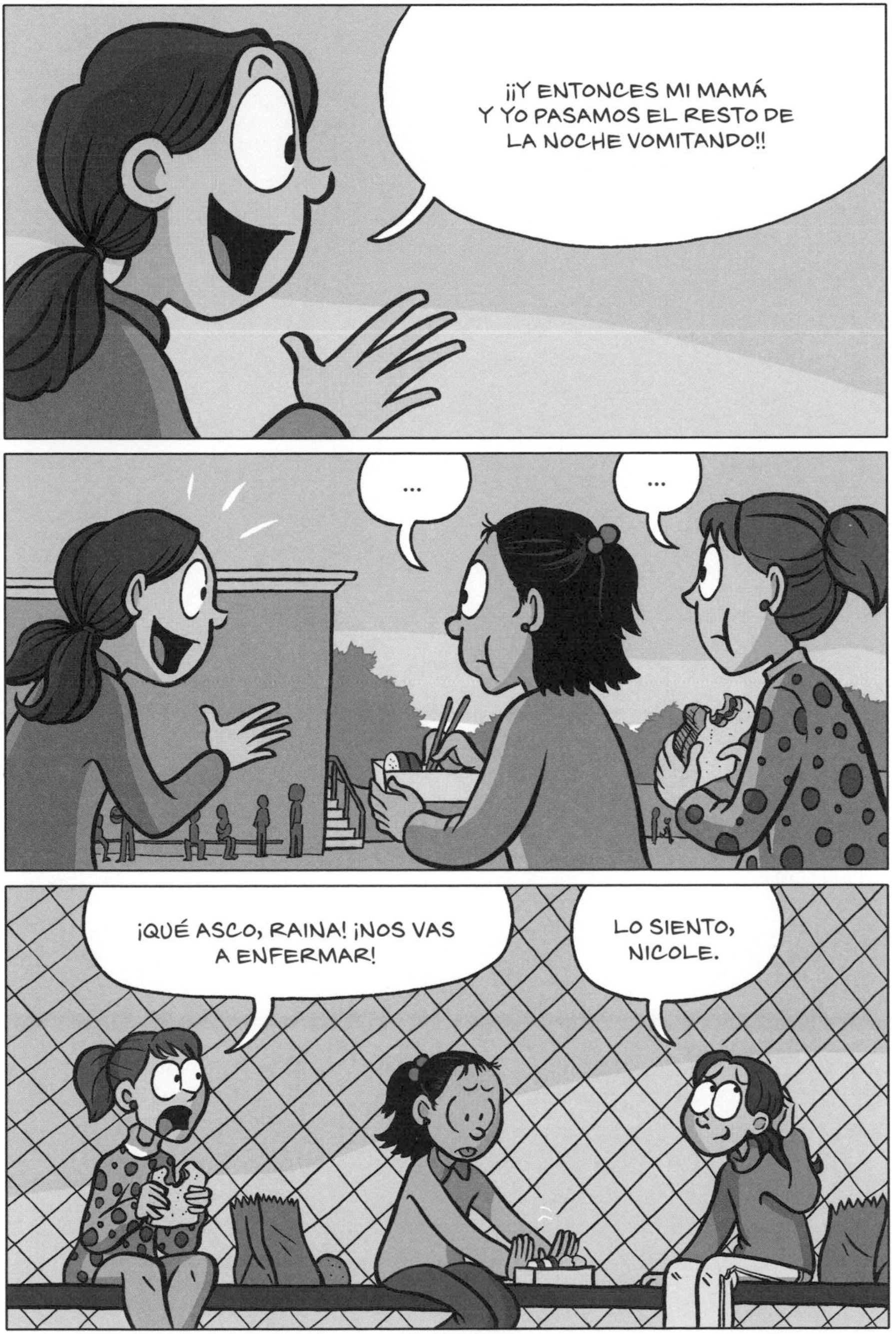
¡¡Y ENTONCES MI MAMÁ Y YO PASAMOS EL RESTO DE LA NOCHE VOMITANDO!!
...
...
¡QUÉ ASCO, RAINA! ¡NOS VAS A ENFERMAR!
LO SIENTO, NICOLE.

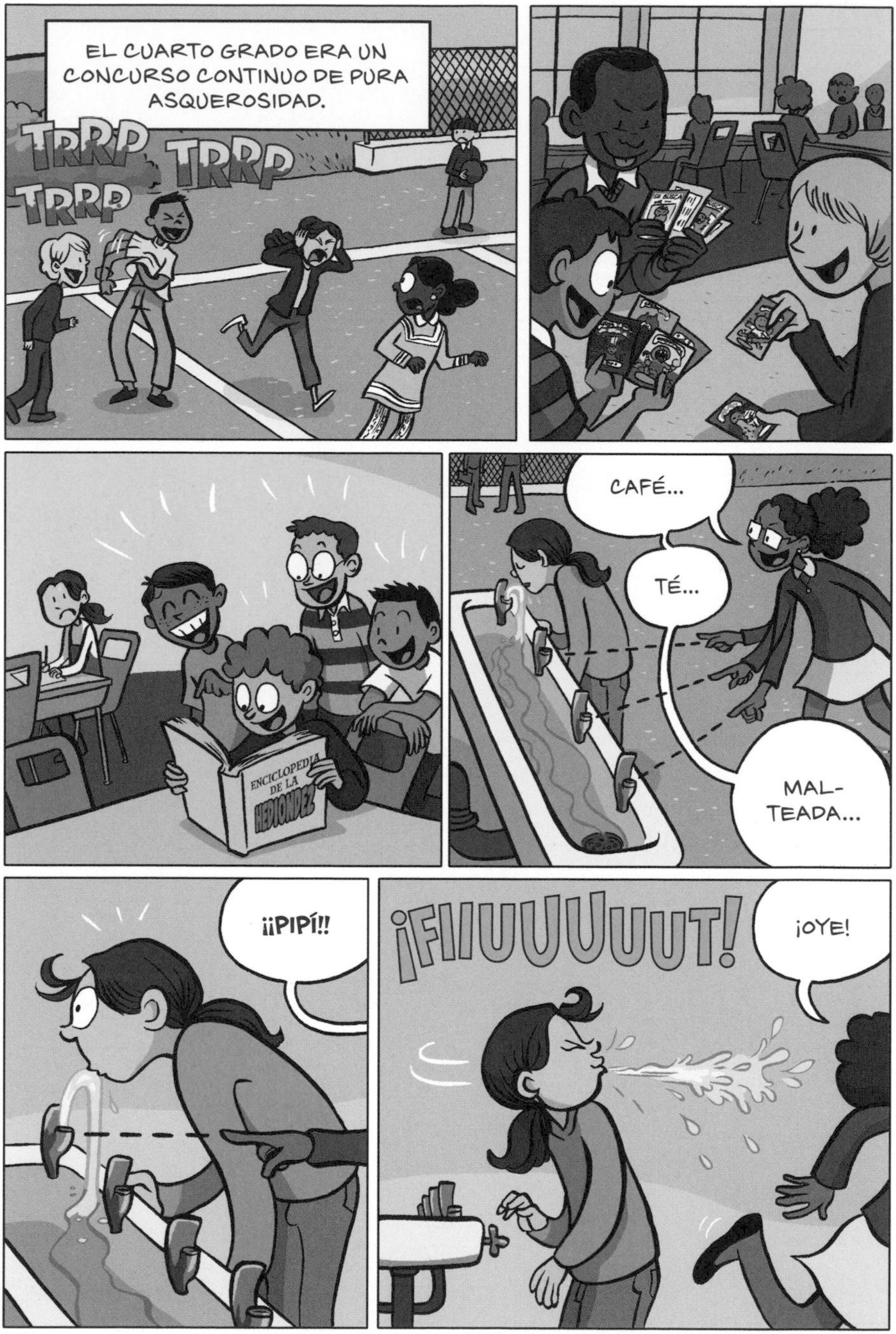
EL CUARTO GRADO ERA UN CONCURSO CONTINUO DE PURA ASQUEROSIDAD.
TRRP
TRRP
TRRP
SE BUSCA
ENCICLOPEDIA DE LA HEDIONDEZ
CAFÉ...
TÉ...
MAL-TEADA...
¡¡PIPÍ!!
¡FIIUUUUuuT!
¡OYE!

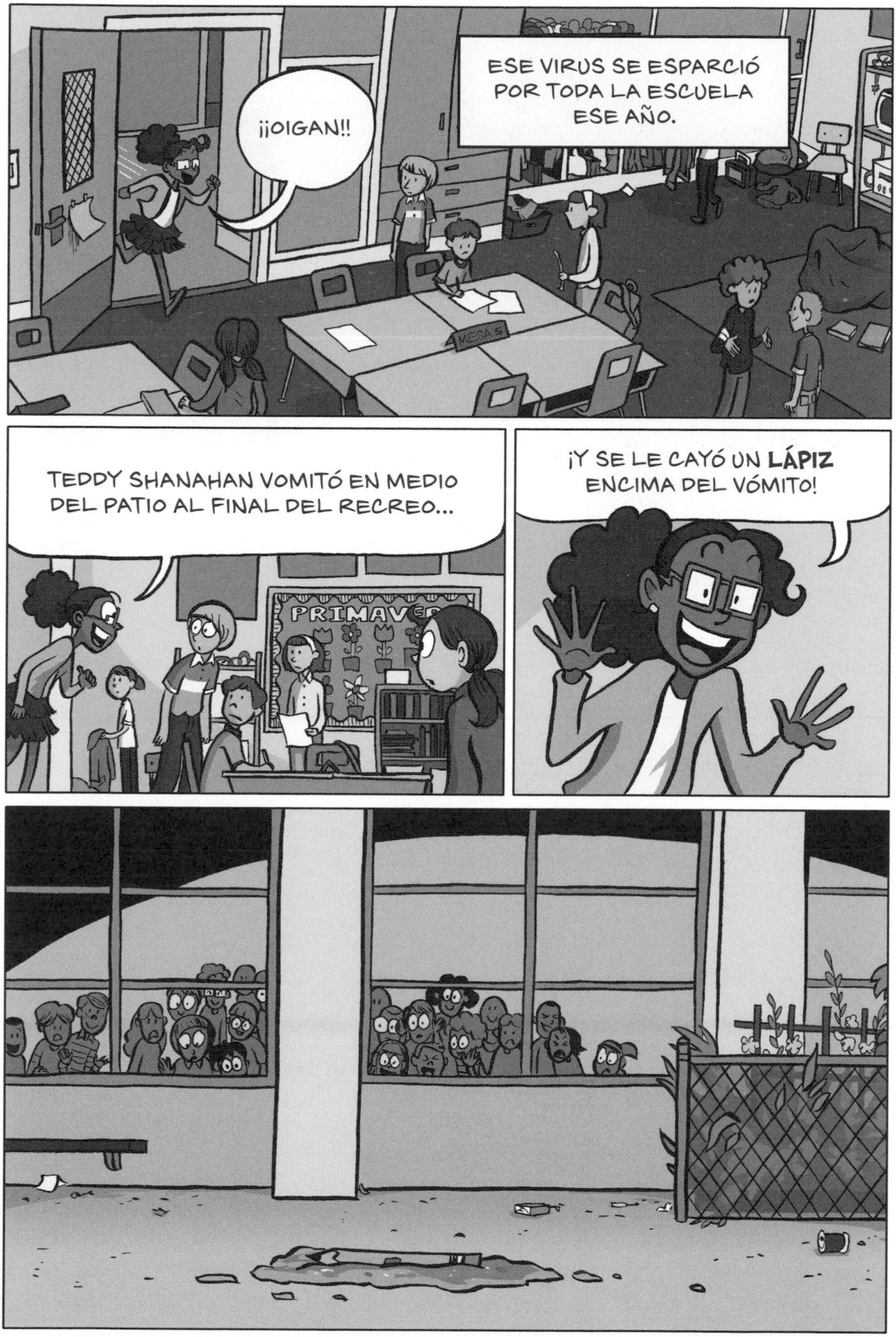
¡¡OIGAN!!
ESE VIRUS SE ESPARCIÓ POR TODA LA ESCUELA ESE AÑO.
MESA 5
TEDDY SHANAHAN VOMITÓ EN MEDIO DEL PATIO AL FINAL DEL RECREO...
¡Y SE LE CAYÓ UN **LÁPIZ** ENCIMA DEL VÓMITO!

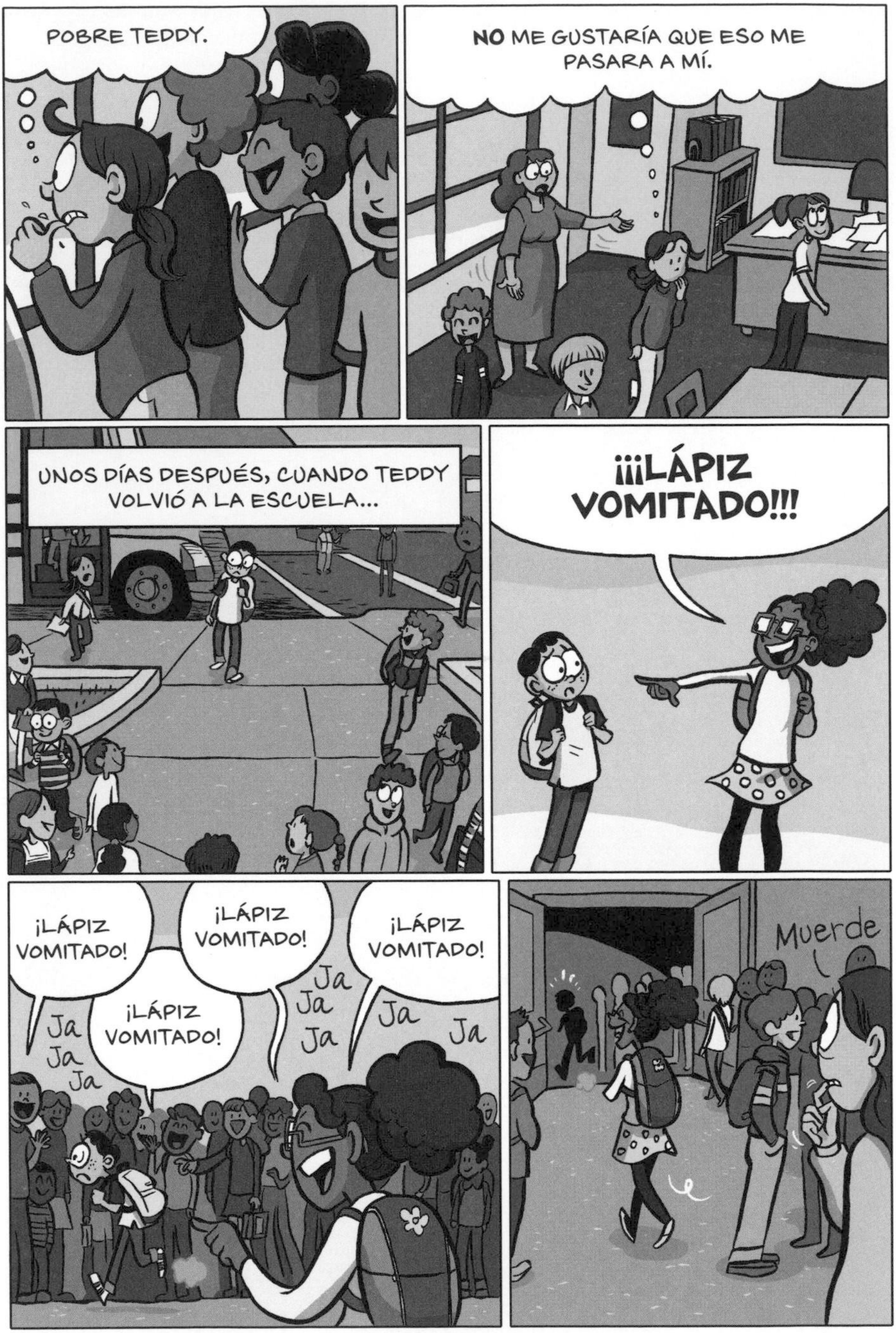
POBRE TEDDY.
NO ME GUSTARÍA QUE ESO ME PASARA A MÍ.
UNOS DÍAS DESPUÉS, CUANDO TEDDY VOLVIÓ A LA ESCUELA...
¡¡¡LÁPIZ VOMITADO!!!
¡LÁPIZ VOMITADO!
¡LÁPIZ VOMITADO!
¡LÁPIZ VOMITADO!
¡LÁPIZ VOMITADO!
Ja Ja Ja
Ja Ja Ja
Ja
Ja
Muerde

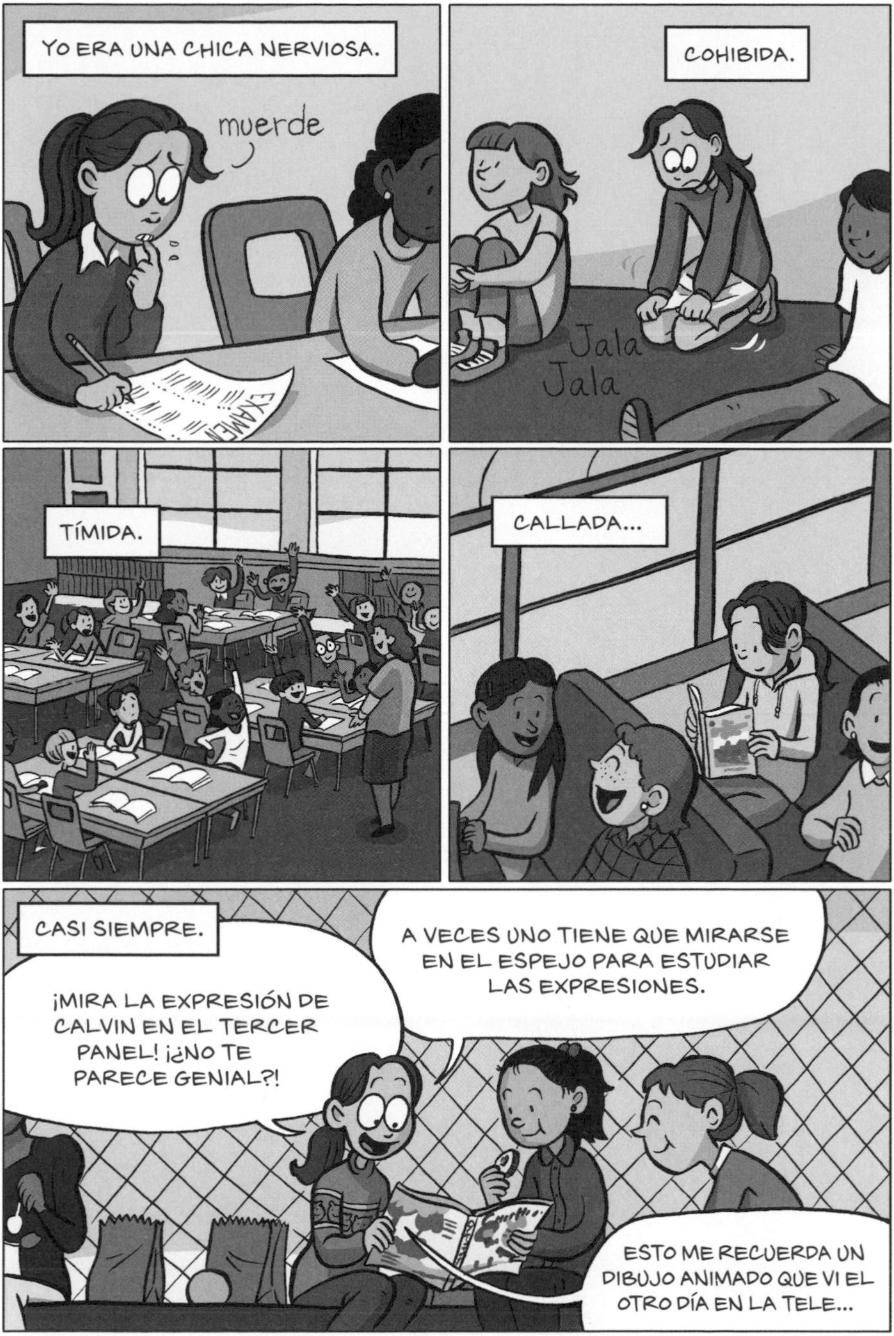
YO ERA UNA CHICA NERVIOSA.
muerde
EXAMEN
COHIBIDA.
Jala
Jala
TÍMIDA.
CALLADA...
CASI SIEMPRE.
¡MIRA LA EXPRESIÓN DE CALVIN EN EL TERCER PANEL! ¡¿NO TE PARECE GENIAL?!
A VECES UNO TIENE QUE MIRARSE EN EL ESPEJO PARA ESTUDIAR LAS EXPRESIONES.
ESTO ME RECUERDA UN DIBUJO ANIMADO QUE VI EL OTRO DÍA EN LA TELE...

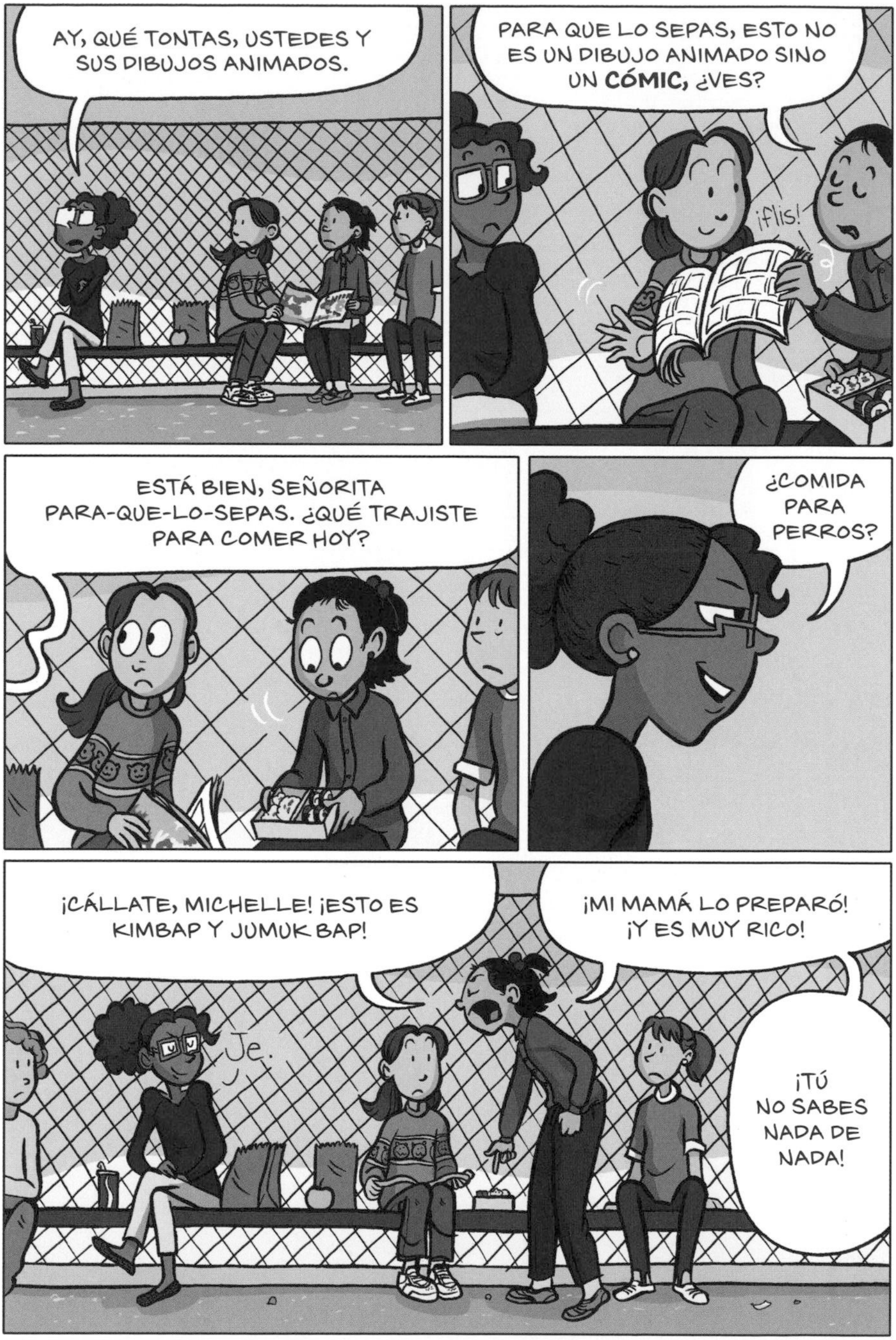
AY, QUÉ TONTAS, USTEDES Y SUS DIBUJOS ANIMADOS.
PARA QUE LO SEPAS, ESTO NO ES UN DIBUJO ANIMADO SINO UN **CÓMIC**, ¿VES?
¡flis!
ESTÁ BIEN, SEÑORITA PARA-QUE-LO-SEPAS. ¿QUÉ TRAJISTE PARA COMER HOY?
¿COMIDA PARA PERROS?
¡CÁLLATE, MICHELLE! ¡ESTO ES KIMBAP Y JUMUK BAP!
Je.
¡MI MAMÁ LO PREPARÓ! ¡Y ES MUY RICO!
¡TÚ NO SABES NADA DE NADA!

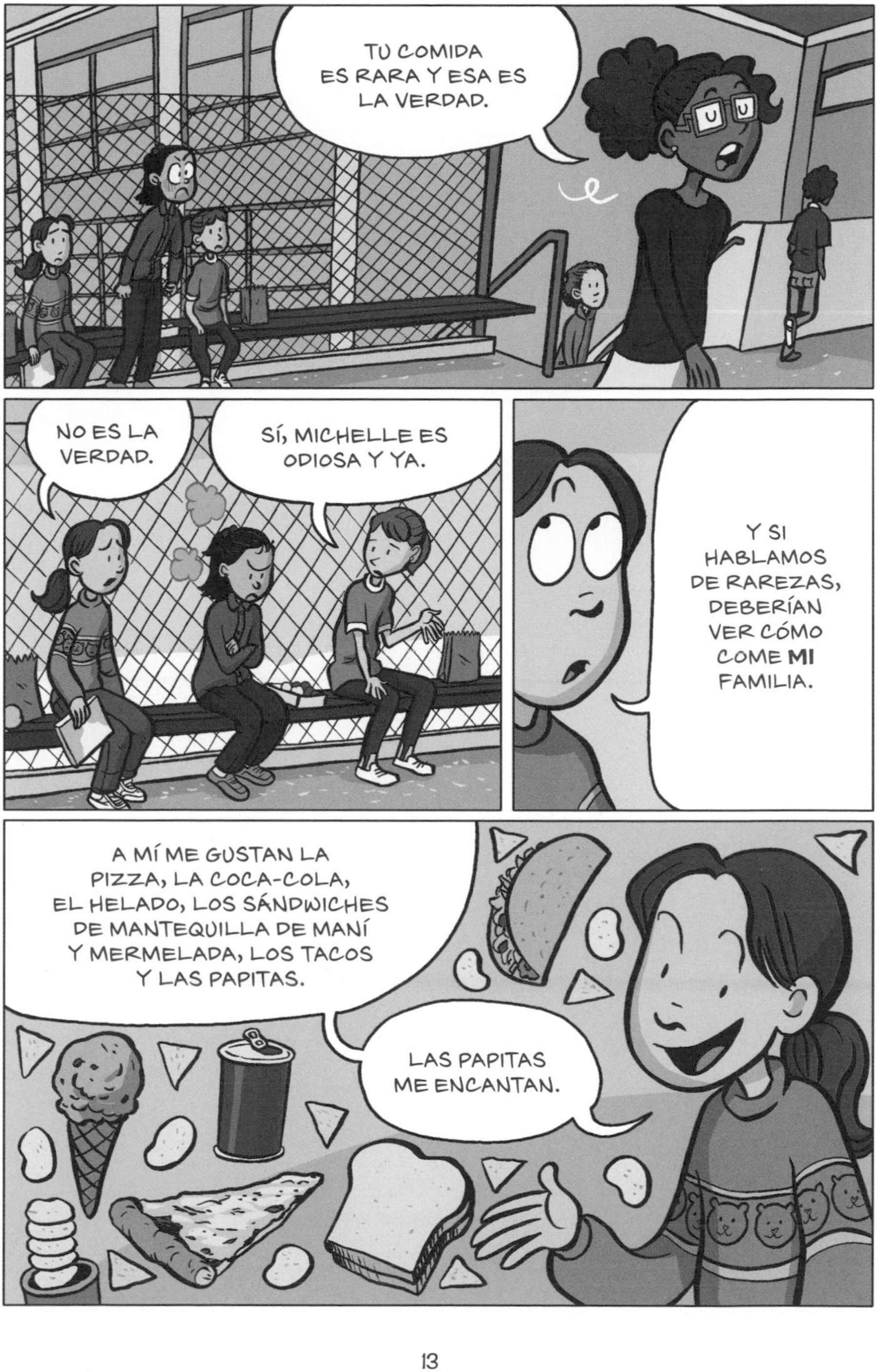
TU COMIDA ES RARA Y ESA ES LA VERDAD.
NO ES LA VERDAD.
SÍ, MICHELLE ES ODIOSA Y YA.
Y SI HABLAMOS DE RAREZAS, DEBERÍAN VER CÓMO COME **MI** FAMILIA.
A MÍ ME GUSTAN LA PIZZA, LA COCA-COLA, EL HELADO, LOS SÁNDWICHES DE MANTEQUILLA DE MANÍ Y MERMELADA, LOS TACOS Y LAS PAPITAS.
LAS PAPITAS ME ENCANTAN.

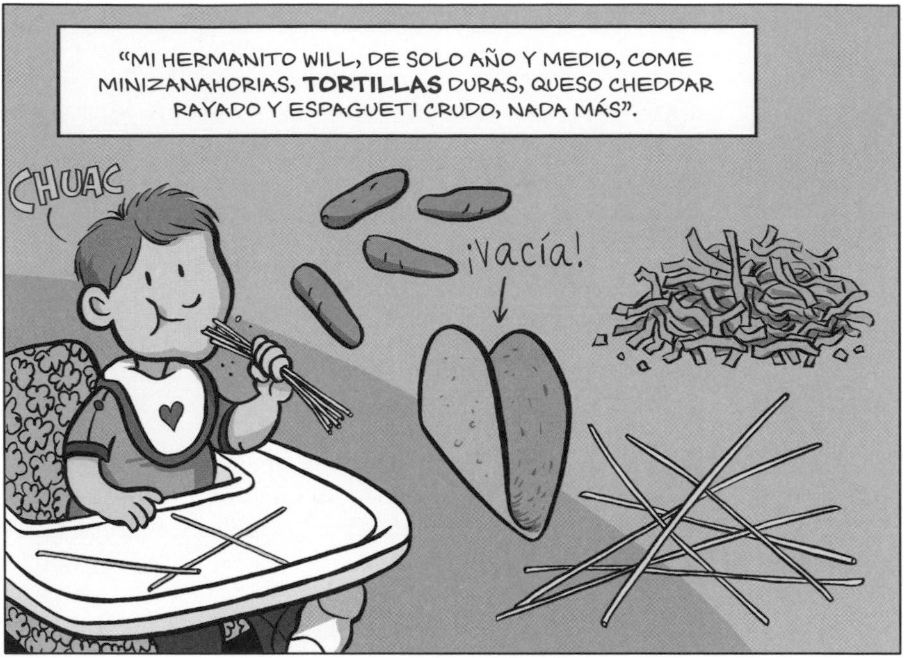
"MI HERMANITO WILL, DE SOLO AÑO Y MEDIO, COME MINIZANAHORIAS, **TORTILLAS** DURAS, QUESO CHEDDAR RAYADO Y ESPAGUETI CRUDO, NADA MÁS".
CHUAC
¡Vacía!

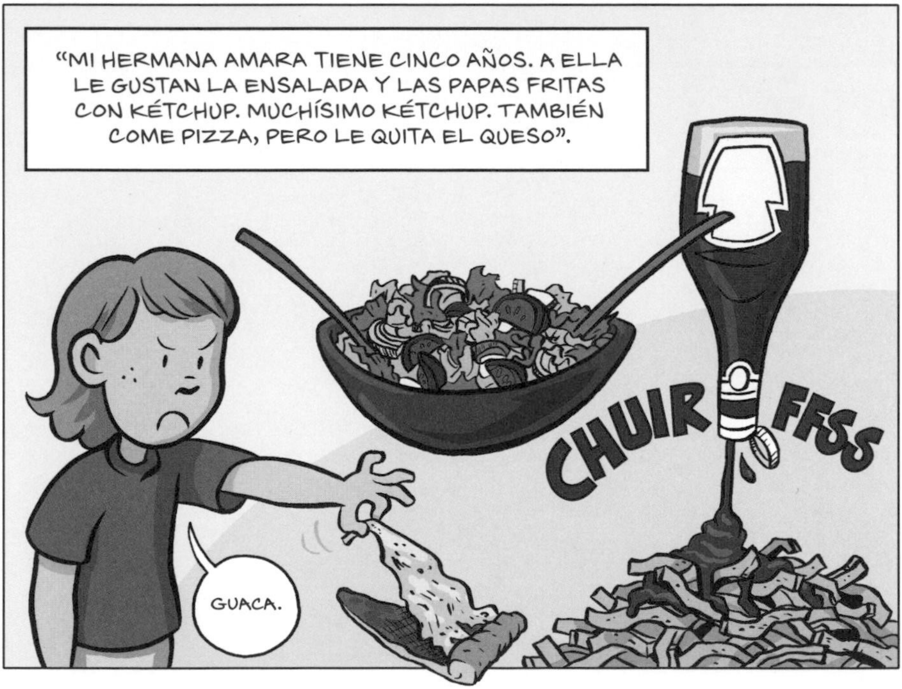
"MI HERMANA AMARA TIENE CINCO AÑOS. A ELLA LE GUSTAN LA ENSALADA Y LAS PAPAS FRITAS CON KÉTCHUP. MUCHÍSIMO KÉTCHUP. TAMBIÉN COME PIZZA, PERO LE QUITA EL QUESO".
CHUIR
FFSS
GUACA.

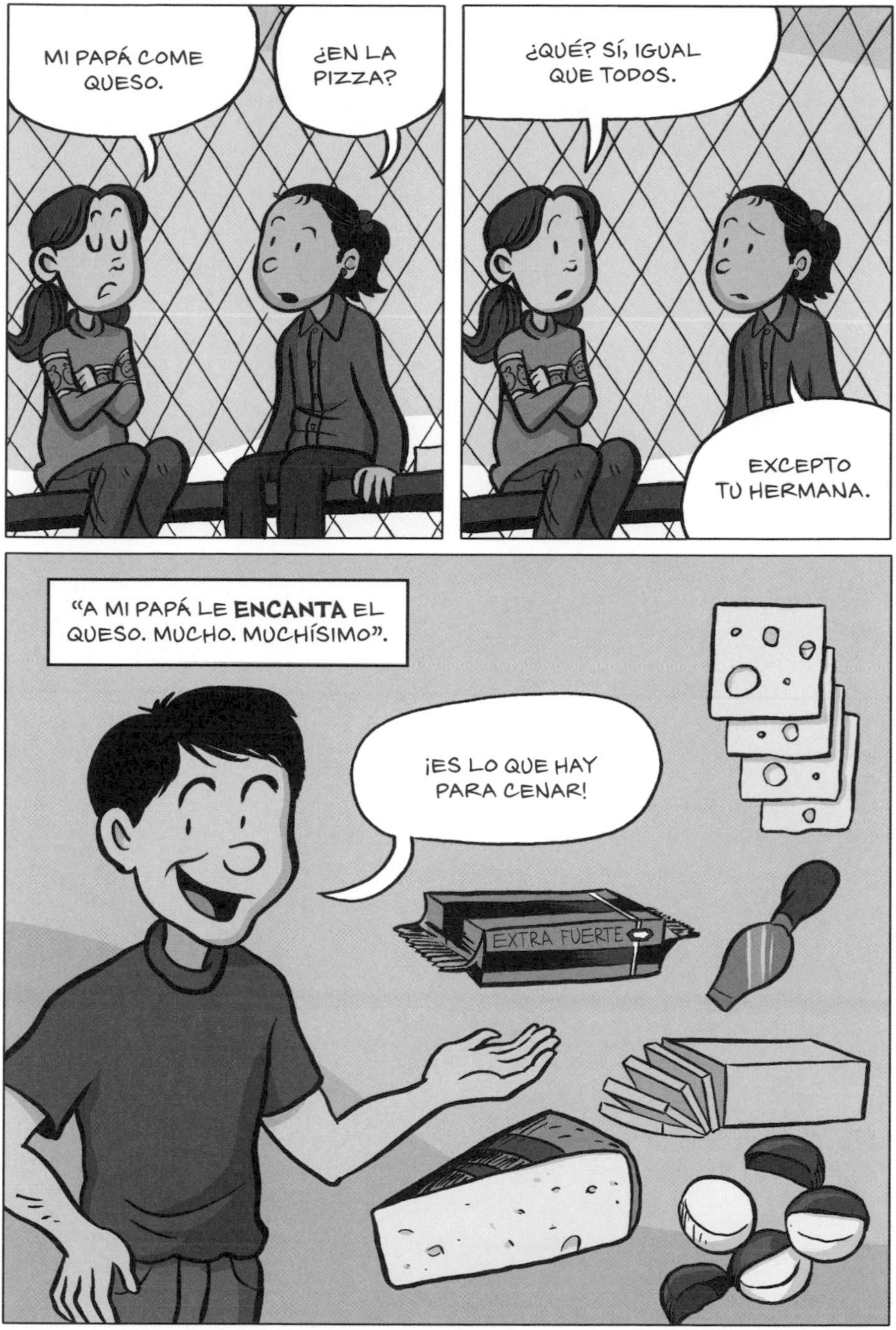
MI PAPÁ COME QUESO.
¿EN LA PIZZA?
¿QUÉ? SÍ, IGUAL QUE TODOS.
EXCEPTO TU HERMANA.
"A MI PAPÁ LE **ENCANTA** EL QUESO. MUCHO. MUCHÍSIMO".
¡ES LO QUE HAY PARA CENAR!
EXTRA FUERTE

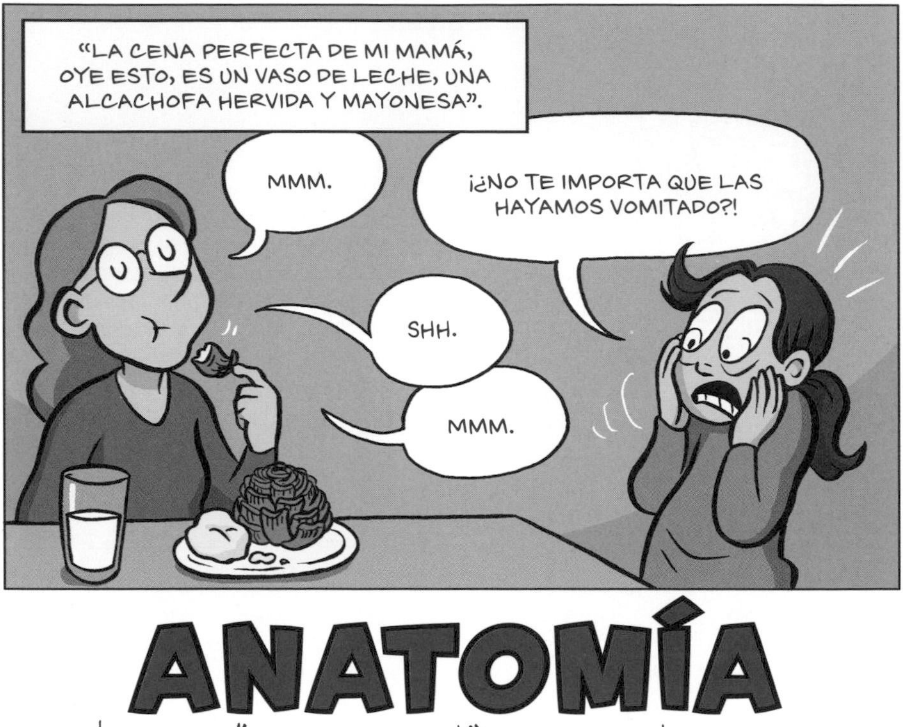
"LA CENA PERFECTA DE MI MAMÁ, OYE ESTO, ES UN VASO DE LECHE, UNA ALCACHOFA HERVIDA Y MAYONESA".
MMM.
¡¿NO TE IMPORTA QUE LAS HAYAMOS VOMITADO?!
SHH.
MMM.

ANATOMÍA

de una "cena normal" en nuestra casa

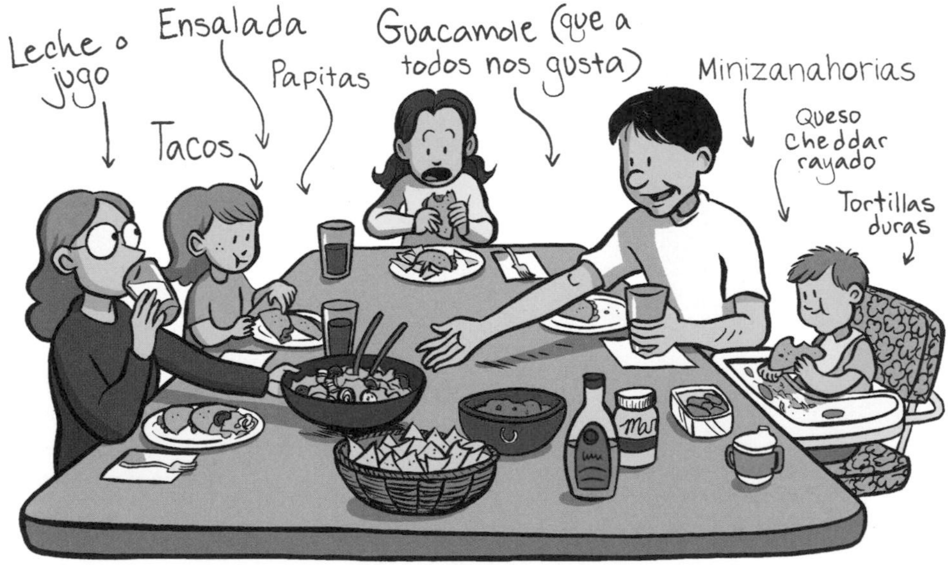
Leche o jugo
Ensalada
Tacos
Papitas
Guacamole (que a todos nos gusta)
Minizanahorias
Queso Cheddar rayado
Tortillas duras

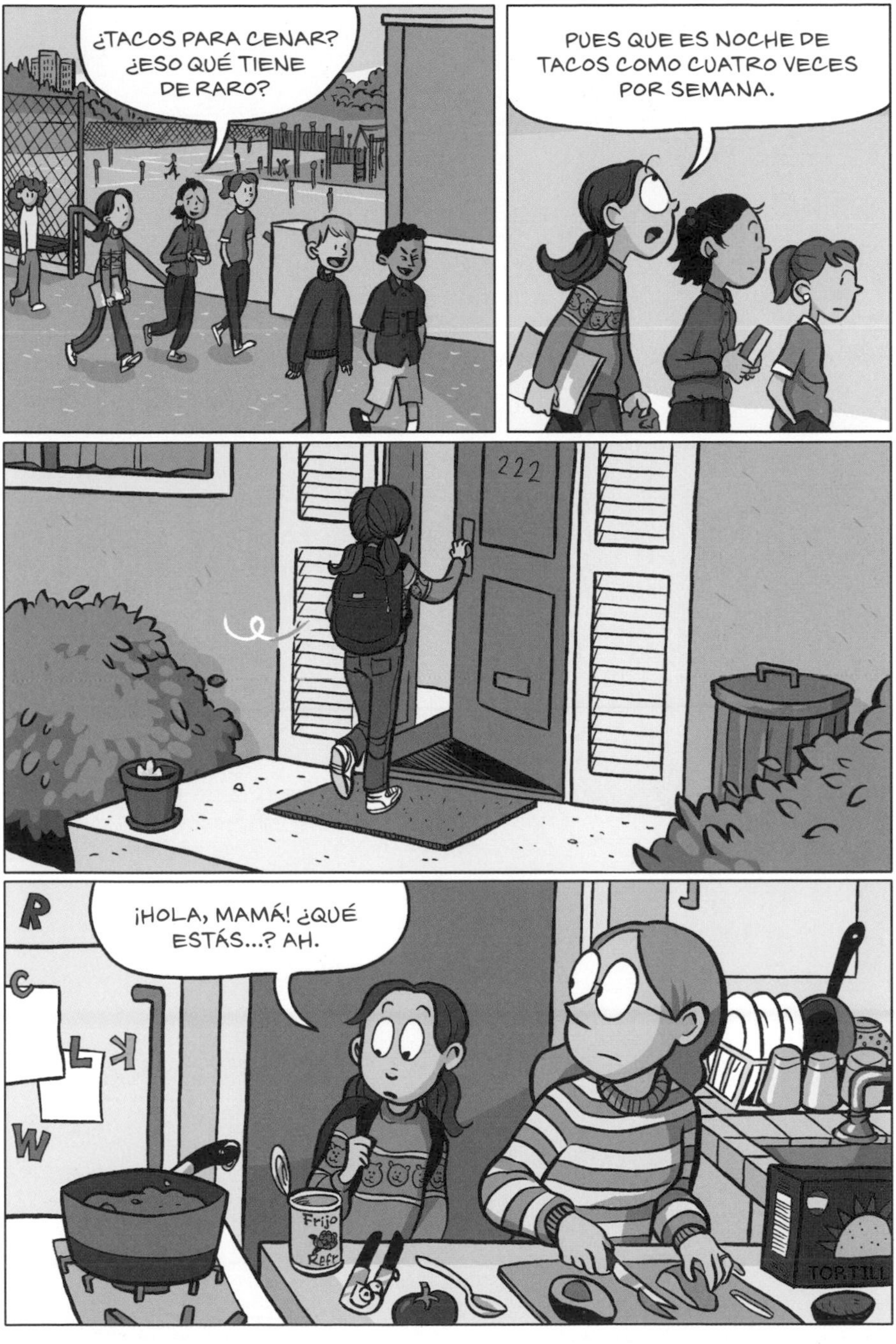
¿TACOS PARA CENAR? ¿ESO QUÉ TIENE DE RARO?
PUES QUE ES NOCHE DE TACOS COMO CUATRO VECES POR SEMANA.
222
¡HOLA, MAMÁ! ¿QUÉ ESTÁS...? AH.
Frijo
Refr
TORTILL

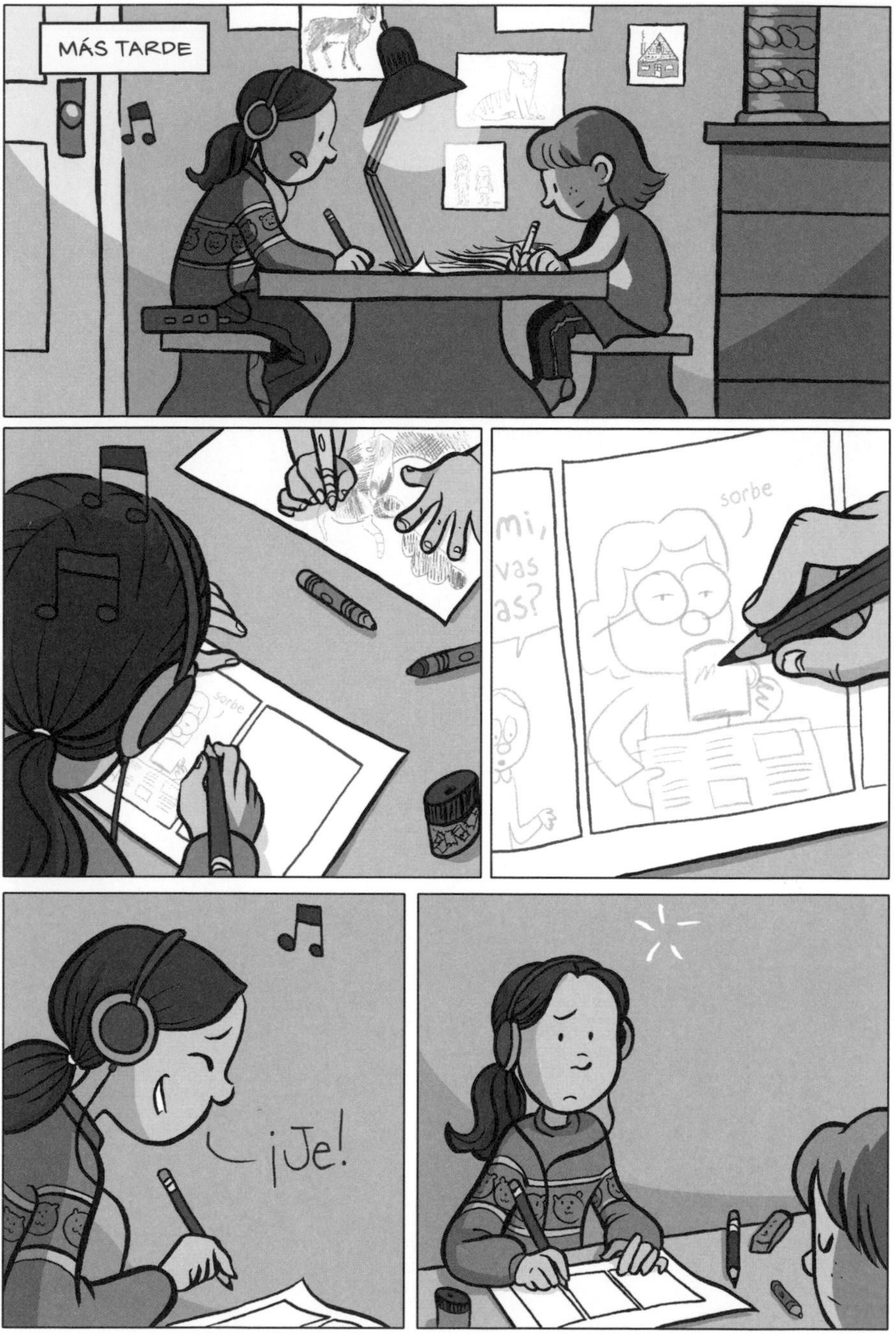
MÁS TARDE
sorbe
¡Je!

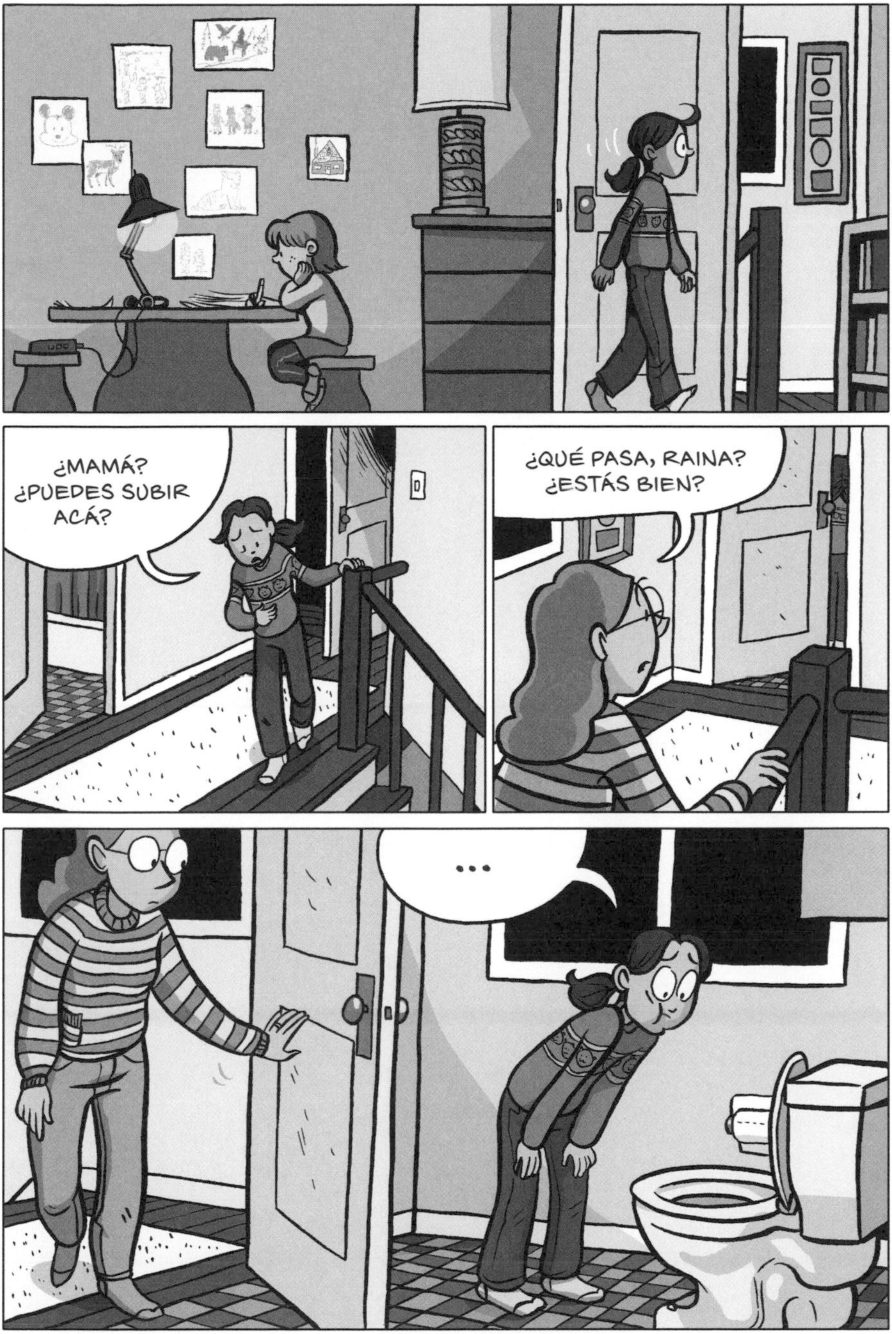
¿MAMÁ?
¿PUEDES SUBIR ACÁ?
¿QUÉ PASA, RAINA?
¿ESTÁS BIEN?
...

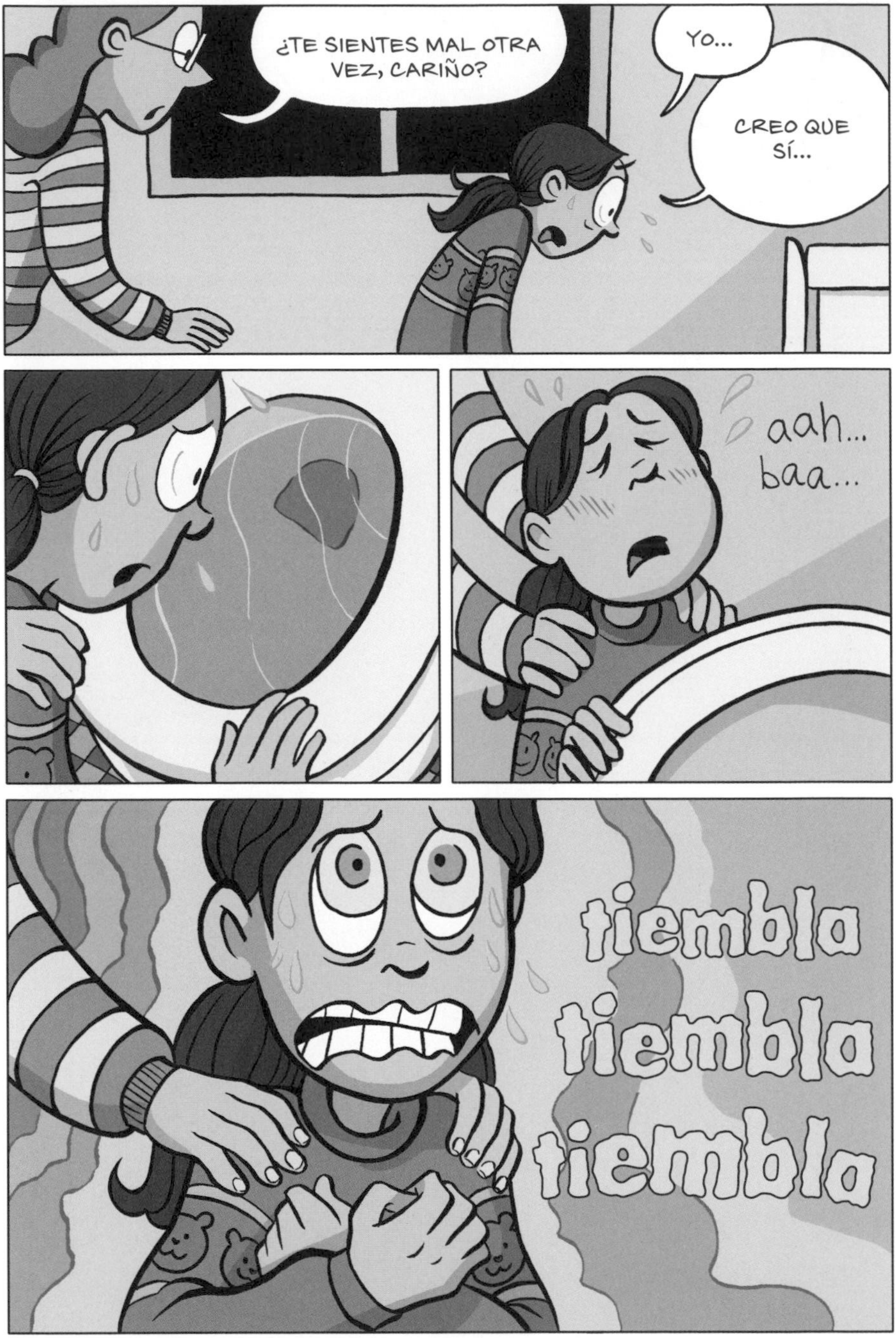
¿TE SIENTES MAL OTRA VEZ, CARIÑO?
YO...
CREO QUE SÍ...
aah... baa...
tiembla
tiembla
tiembla

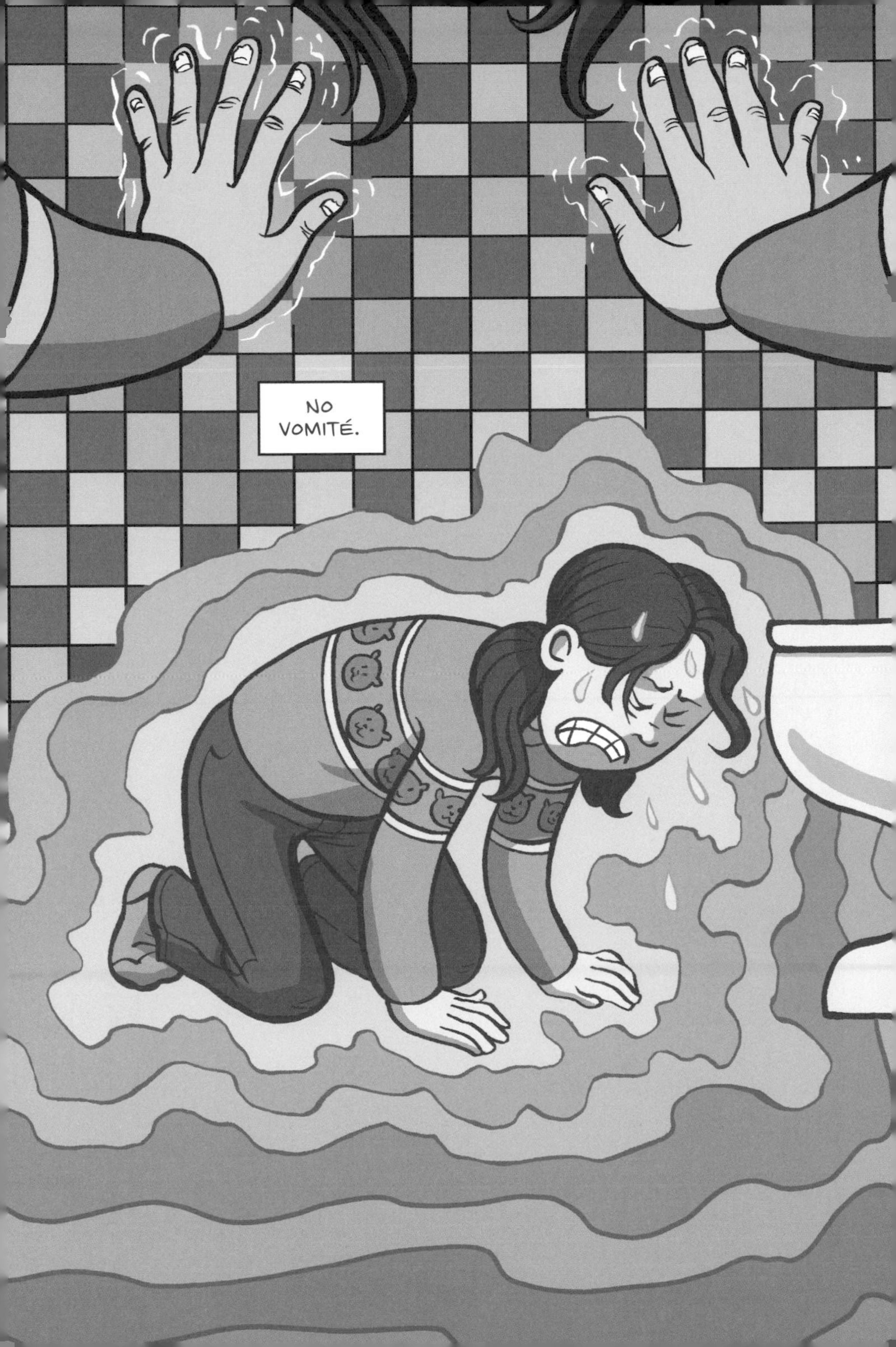
NO VOMITÉ.

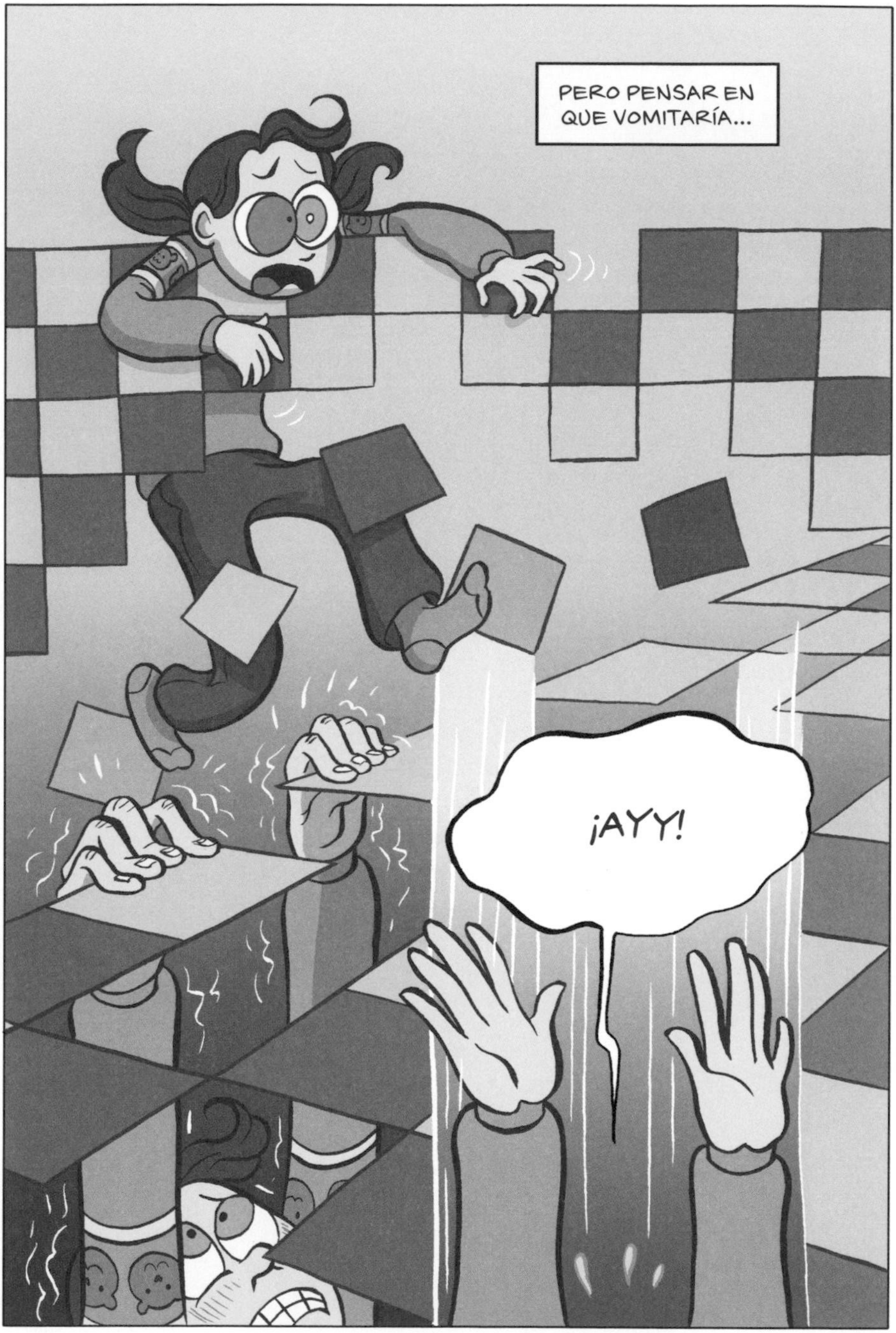
PERO PENSAR EN QUE VOMITARÍA...
¡AYY!

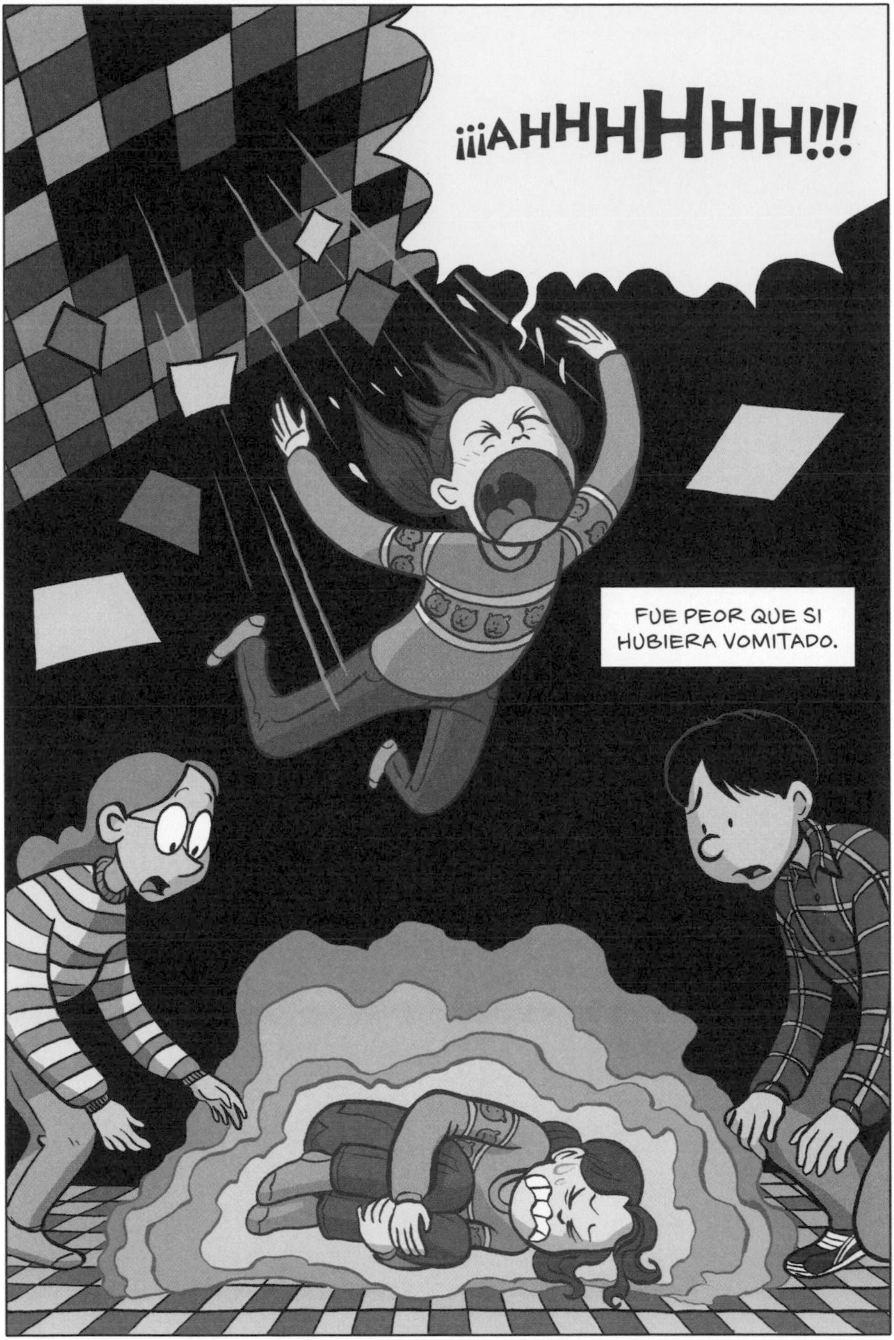
¡¡¡AHHHHHHH!!!
FUE PEOR QUE SI HUBIERA VOMITADO.

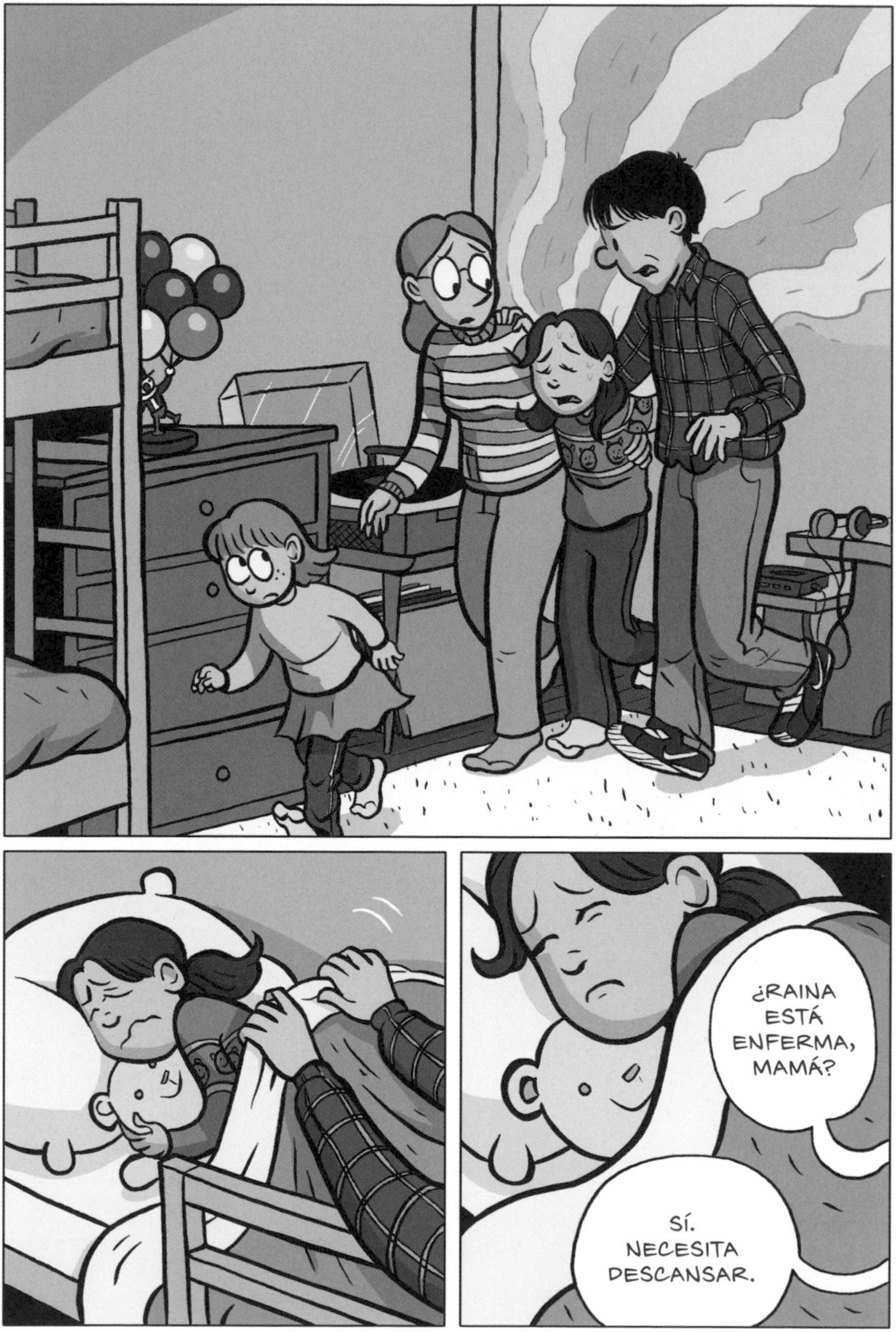
¿RAINA ESTÁ ENFERMA, MAMÁ?
SÍ. NECESITA DESCANSAR.

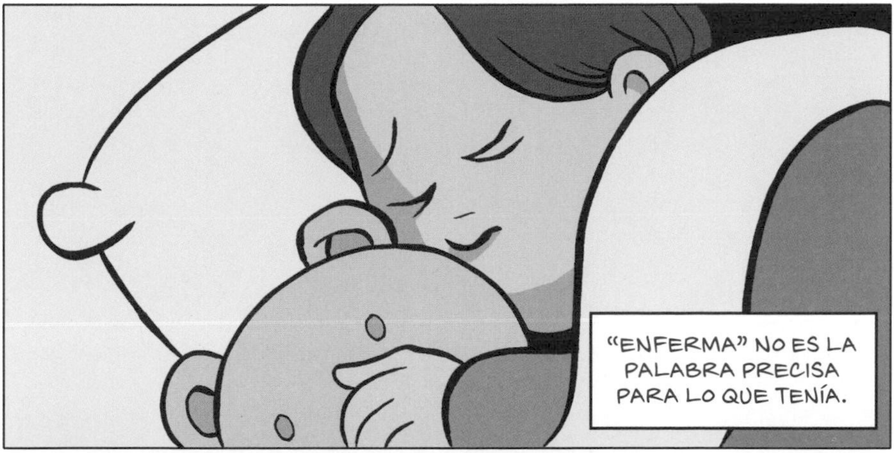
"ENFERMA" NO ES LA PALABRA PRECISA PARA LO QUE TENÍA.

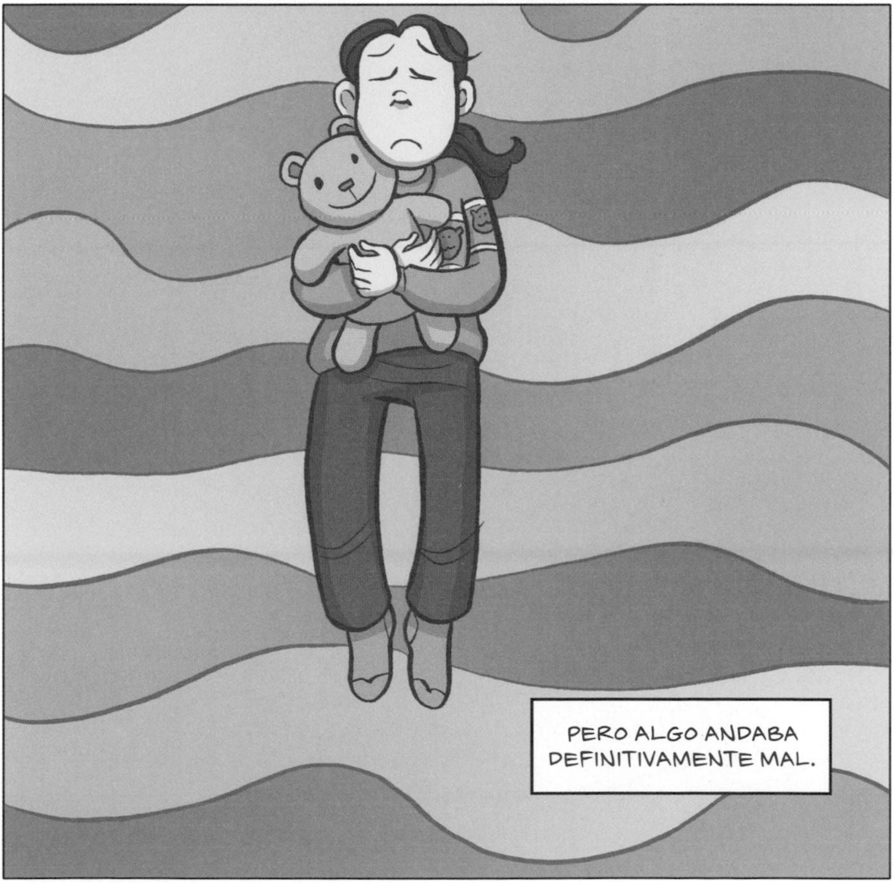
PERO ALGO ANDABA DEFINITIVAMENTE MAL.

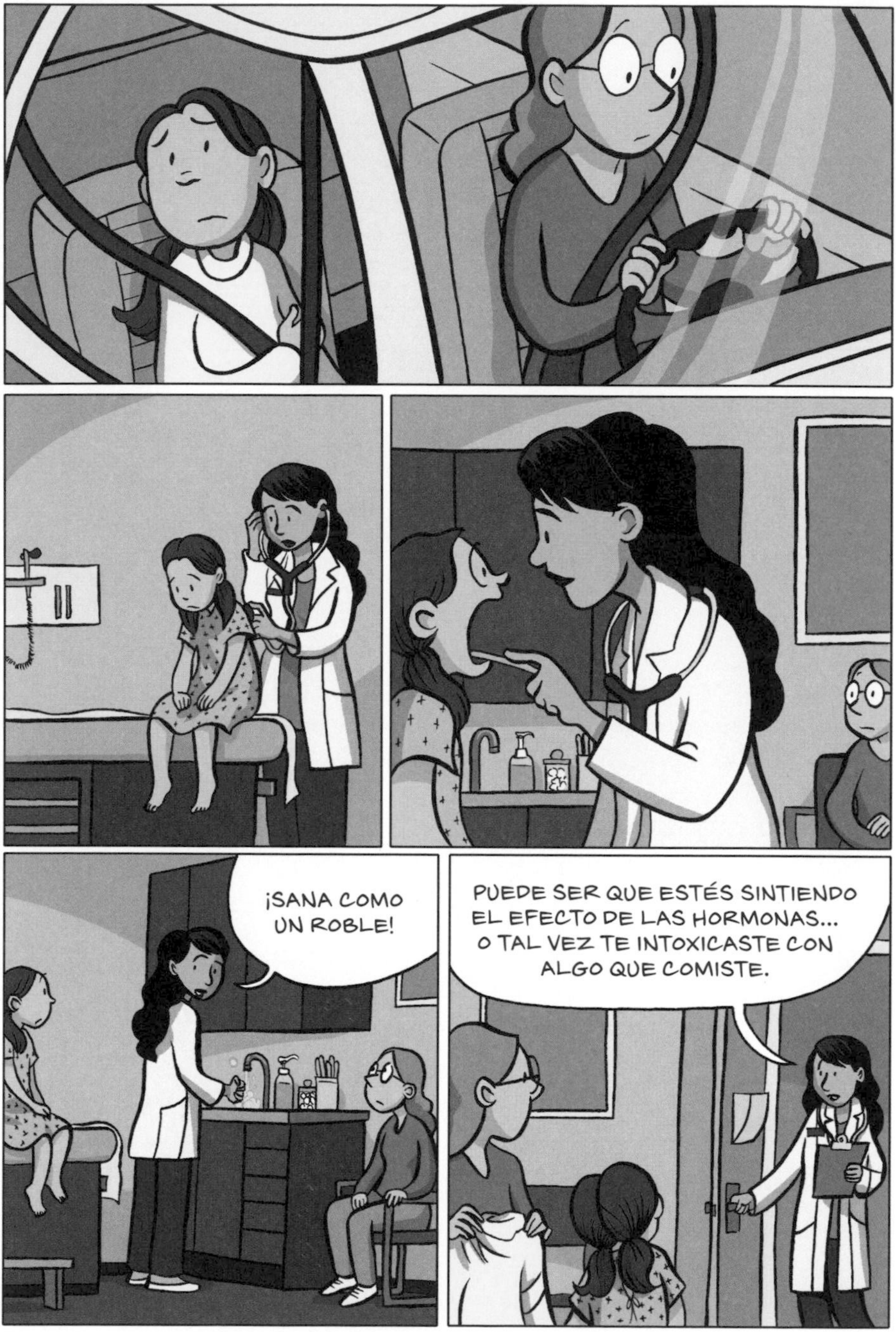
¡SANA COMO UN ROBLE!
PUEDE SER QUE ESTÉS SINTIENDO EL EFECTO DE LAS HORMONAS... O TAL VEZ TE INTOXICASTE CON ALGO QUE COMISTE.

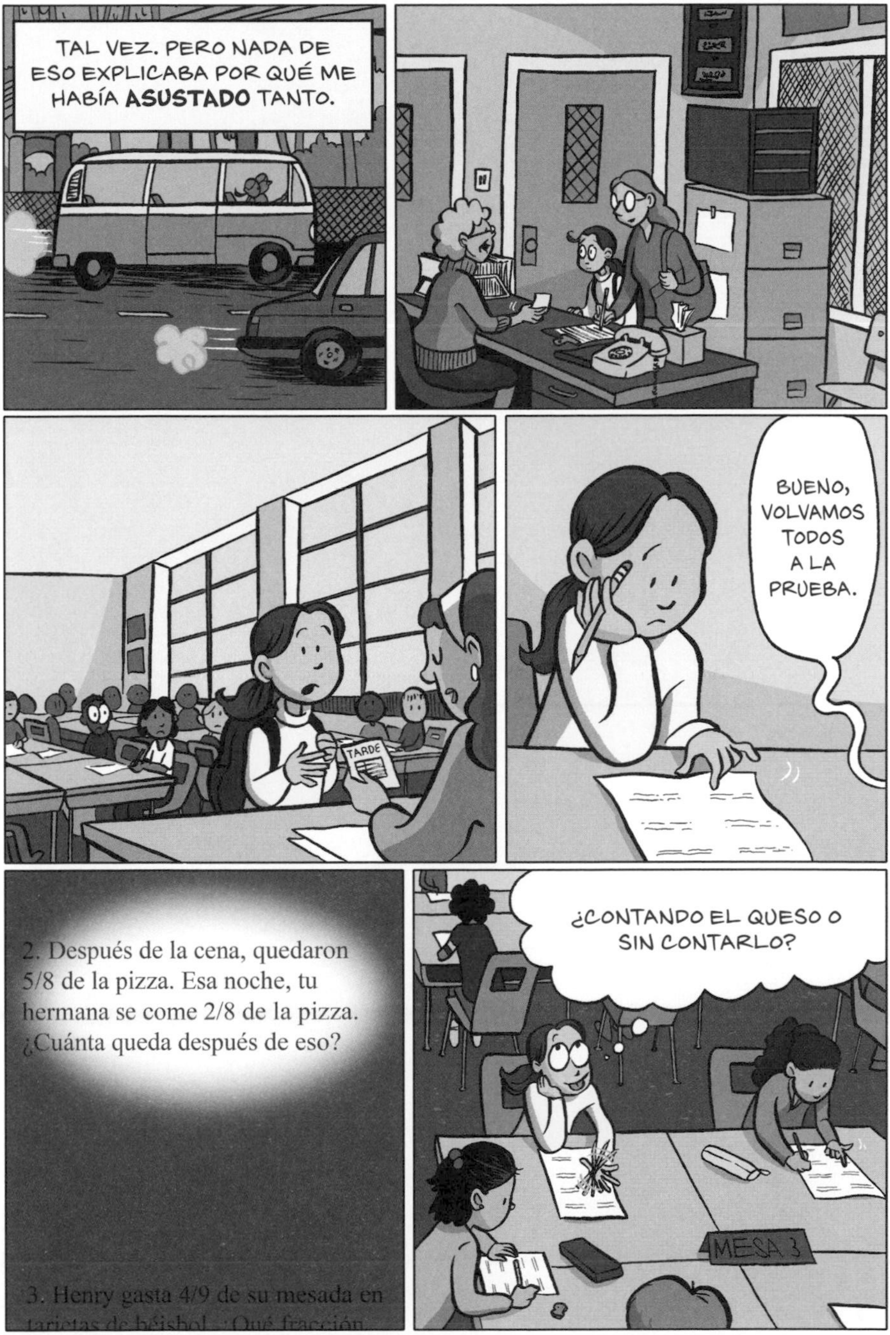
TAL VEZ. PERO NADA DE ESO EXPLICABA POR QUÉ ME HABÍA **ASUSTADO** TANTO.
TARDE
BUENO, VOLVAMOS TODOS A LA PRUEBA.
2. Después de la cena, quedaron 5/8 de la pizza. Esa noche, tu hermana se come 2/8 de la pizza. ¿Cuánta queda después de eso?
3. Henry gasta 4/9 de su mesada en
¿CONTANDO EL QUESO O SIN CONTARLO?
MESA 3

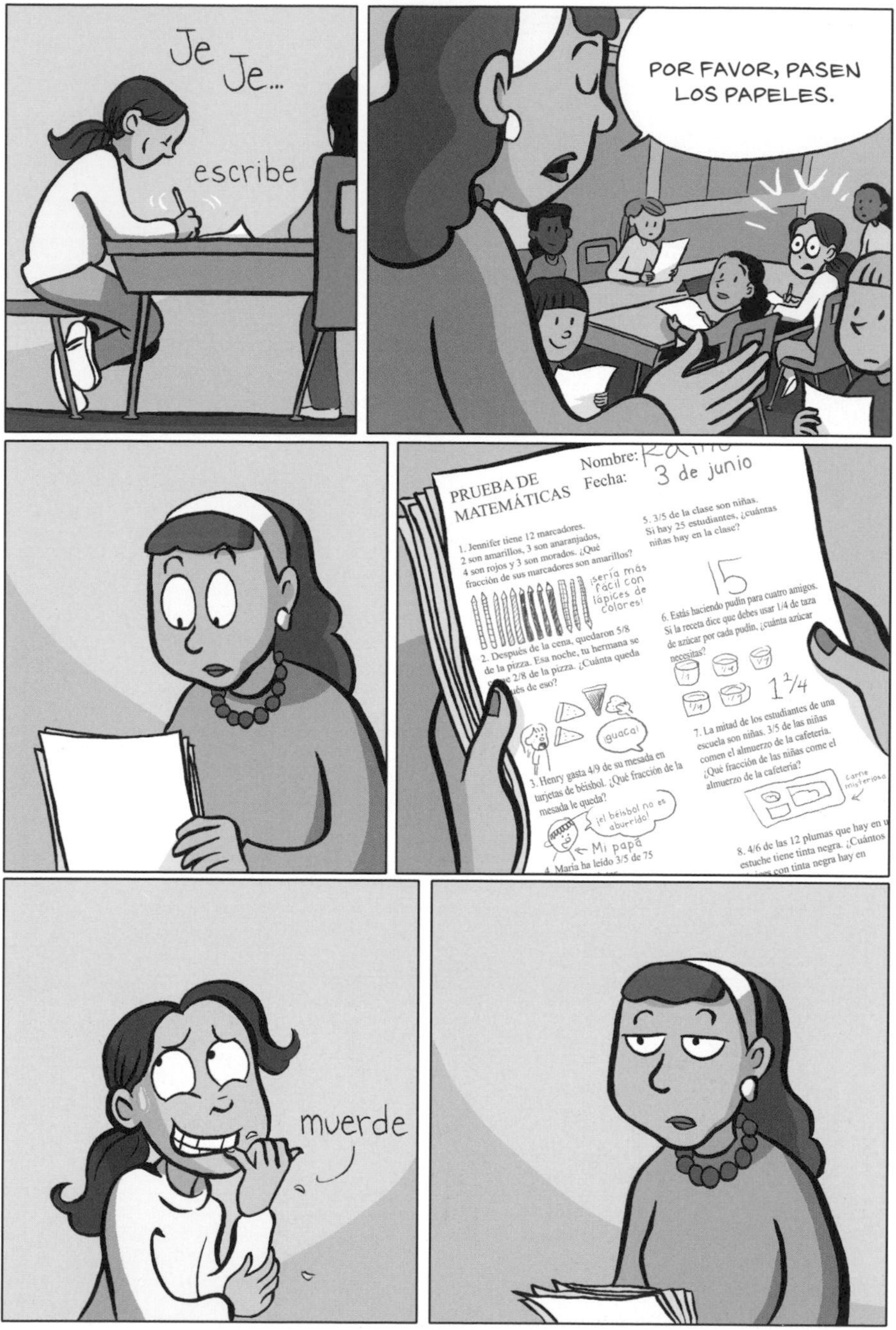
Je Je...
escribe
POR FAVOR, PASEN LOS PAPELES.
PRUEBA DE MATEMÁTICAS
Nombre:
Fecha: 3 de junio
1. Jennifer tiene 12 marcadores. 2 son amarillos, 3 son anaranjados, 4 son rojos y 3 son morados. ¿Qué fracción de sus marcadores son amarillos?
¡sería más fácil con lápices de colores!
2. Después de la cena, quedaron 5/8 de la pizza. Esa noche, tu hermana se
2/8 de la pizza. ¿Cuánta queda
de eso?
¡guaca!
3. Henry gasta 4/9 de su mesada en tarjetas de béisbol. ¿Qué fracción de la mesada le queda?
¡el béisbol no es aburrido!
Mi papá
4. María ha leído 3/5 de 75
5. 3/5 de la clase son niñas. Si hay 25 estudiantes, ¿cuántas niñas hay en la clase?
15
6. Estás haciendo pudín para cuatro amigos. Si la receta dice que debes usar 1/4 de taza de azúcar por cada pudín, ¿cuánta azúcar necesitas?
1 1/4
7. La mitad de los estudiantes de una escuela son niñas. 3/5 de las niñas comen el almuerzo de la cafetería. ¿Qué fracción de las niñas come el almuerzo de la cafetería?
carne misteriosa
8. 4/6 de las 12 plumas que hay en
estuche tiene tinta negra. ¿Cuántos
con tinta negra hay en
muerde

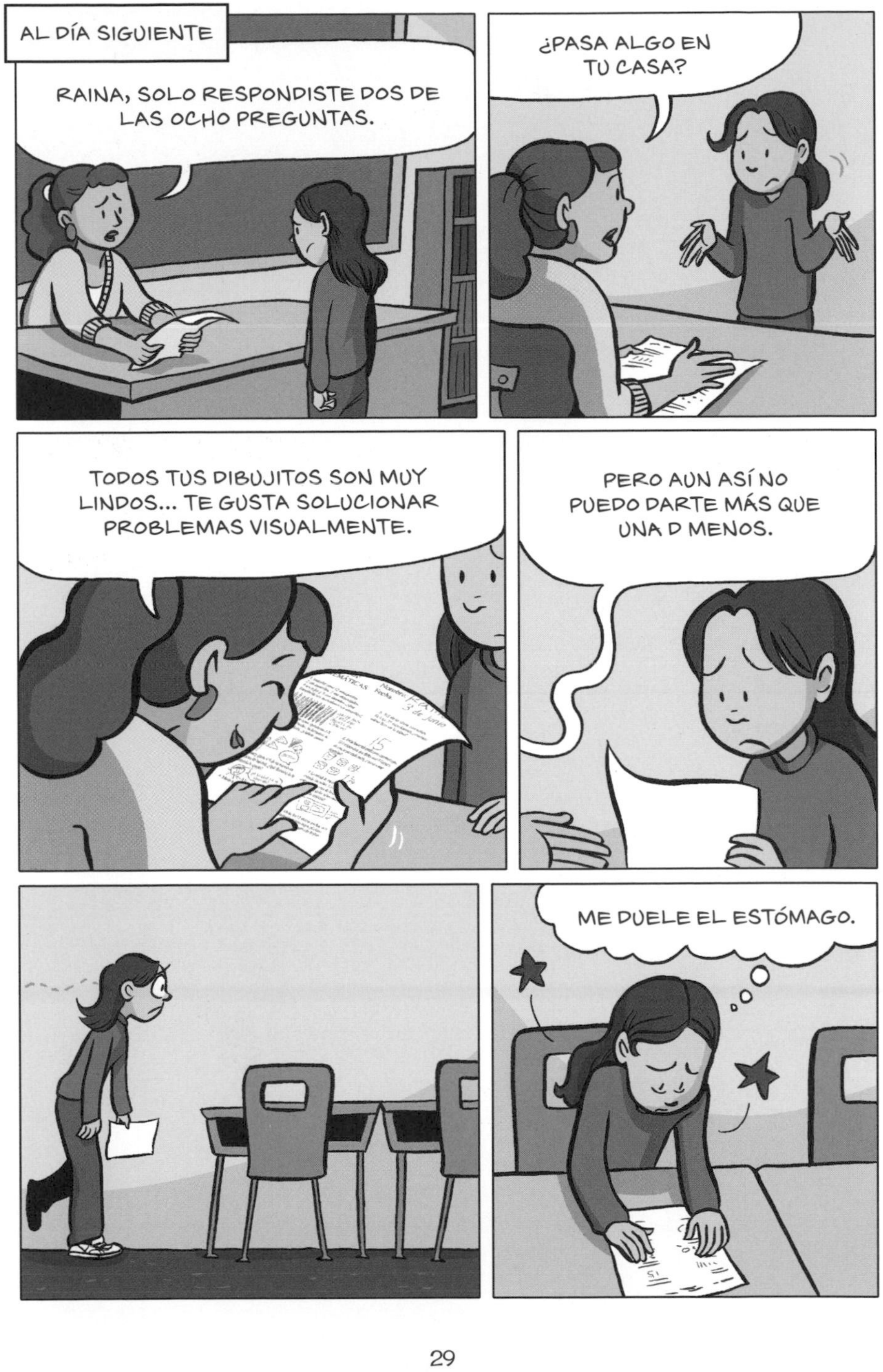
AL DÍA SIGUIENTE
RAINA, SOLO RESPONDISTE DOS DE LAS OCHO PREGUNTAS.
¿PASA ALGO EN TU CASA?
TODOS TUS DIBUJITOS SON MUY LINDOS... TE GUSTA SOLUCIONAR PROBLEMAS VISUALMENTE.
PERO AUN ASÍ NO PUEDO DARTE MÁS QUE UNA D MENOS.
ME DUELE EL ESTÓMAGO.

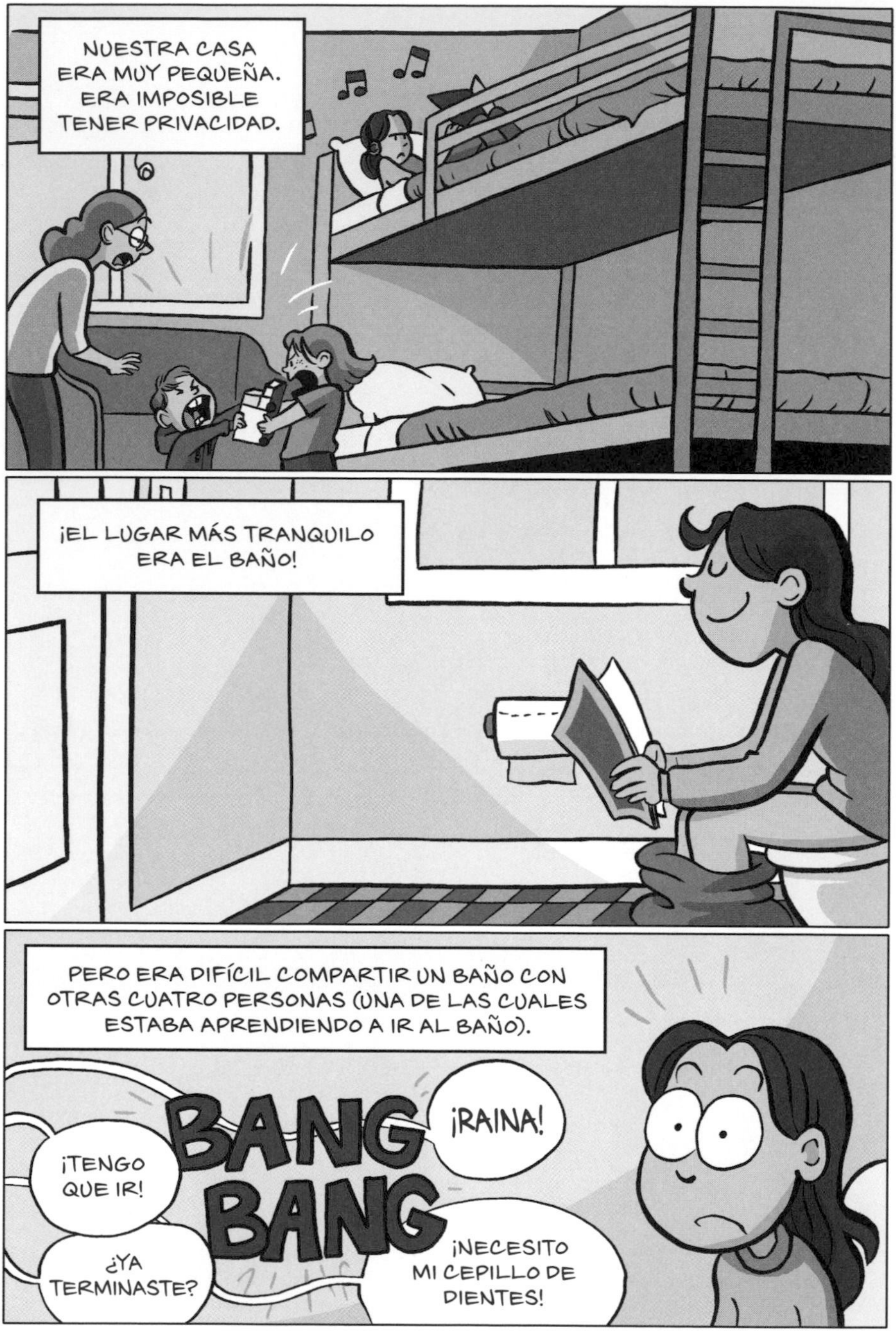
NUESTRA CASA ERA MUY PEQUEÑA. ERA IMPOSIBLE TENER PRIVACIDAD.
¡EL LUGAR MÁS TRANQUILO ERA EL BAÑO!
PERO ERA DIFÍCIL COMPARTIR UN BAÑO CON OTRAS CUATRO PERSONAS (UNA DE LAS CUALES ESTABA APRENDIENDO A IR AL BAÑO).
¡TENGO QUE IR!
BANG
¡RAINA!
BANG
¿YA TERMINASTE?
¡NECESITO MI CEPILLO DE DIENTES!

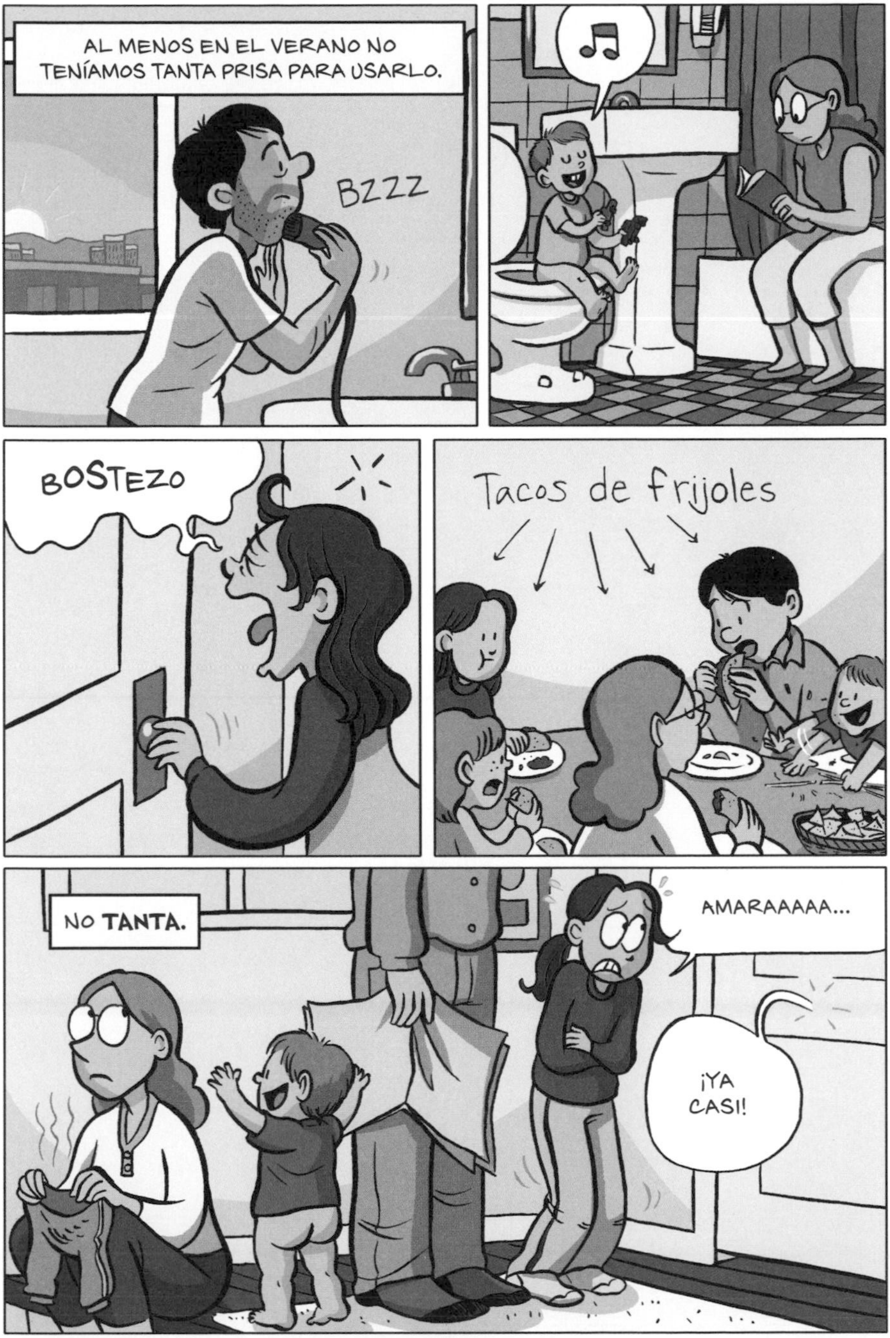
AL MENOS EN EL VERANO NO TENÍAMOS TANTA PRISA PARA USARLO.
BZZZ
BOSTEZO
Tacos de frijoles
NO TANTA.
AMARAAAAA...
¡YA CASI!

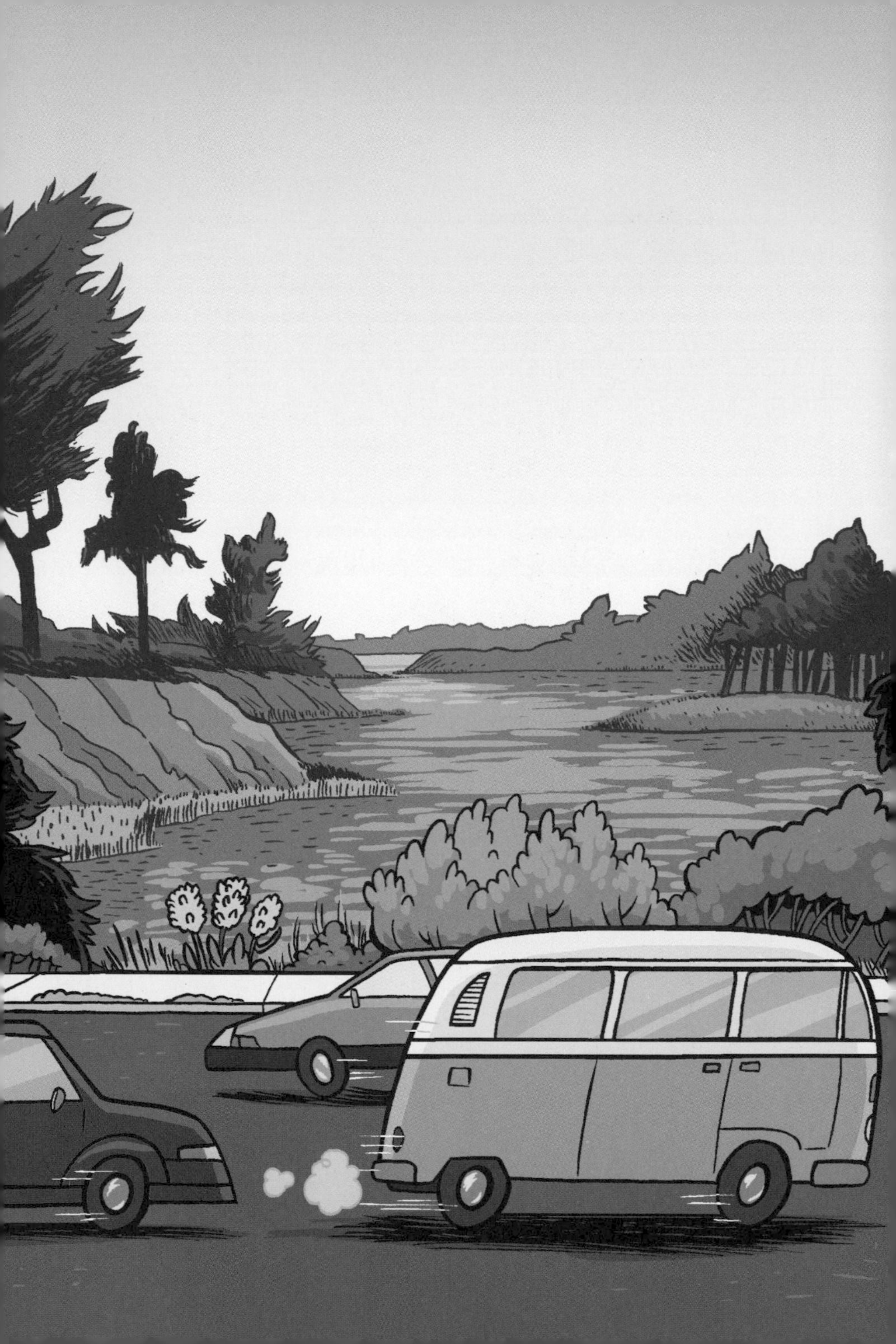

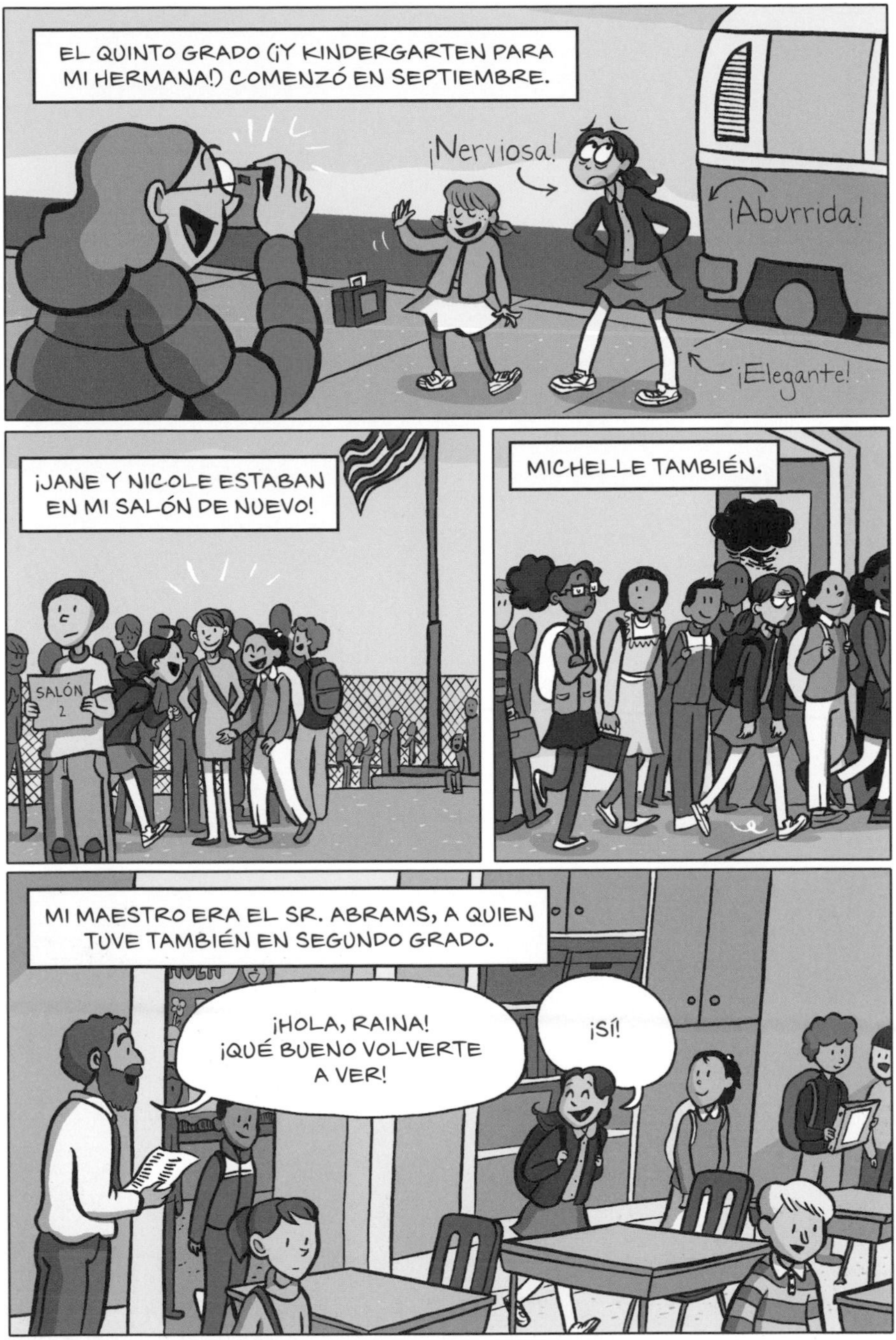
EL QUINTO GRADO (¡Y KINDERGARTEN PARA MI HERMANA!) COMENZÓ EN SEPTIEMBRE.
¡Nerviosa!
¡Aburrida!
¡Elegante!
¡JANE Y NICOLE ESTABAN EN MI SALÓN DE NUEVO!
SALÓN 2
MICHELLE TAMBIÉN.
MI MAESTRO ERA EL SR. ABRAMS, A QUIEN TUVE TAMBIÉN EN SEGUNDO GRADO.
¡HOLA, RAINA! ¡QUÉ BUENO VOLVERTE A VER!
¡SÍ!

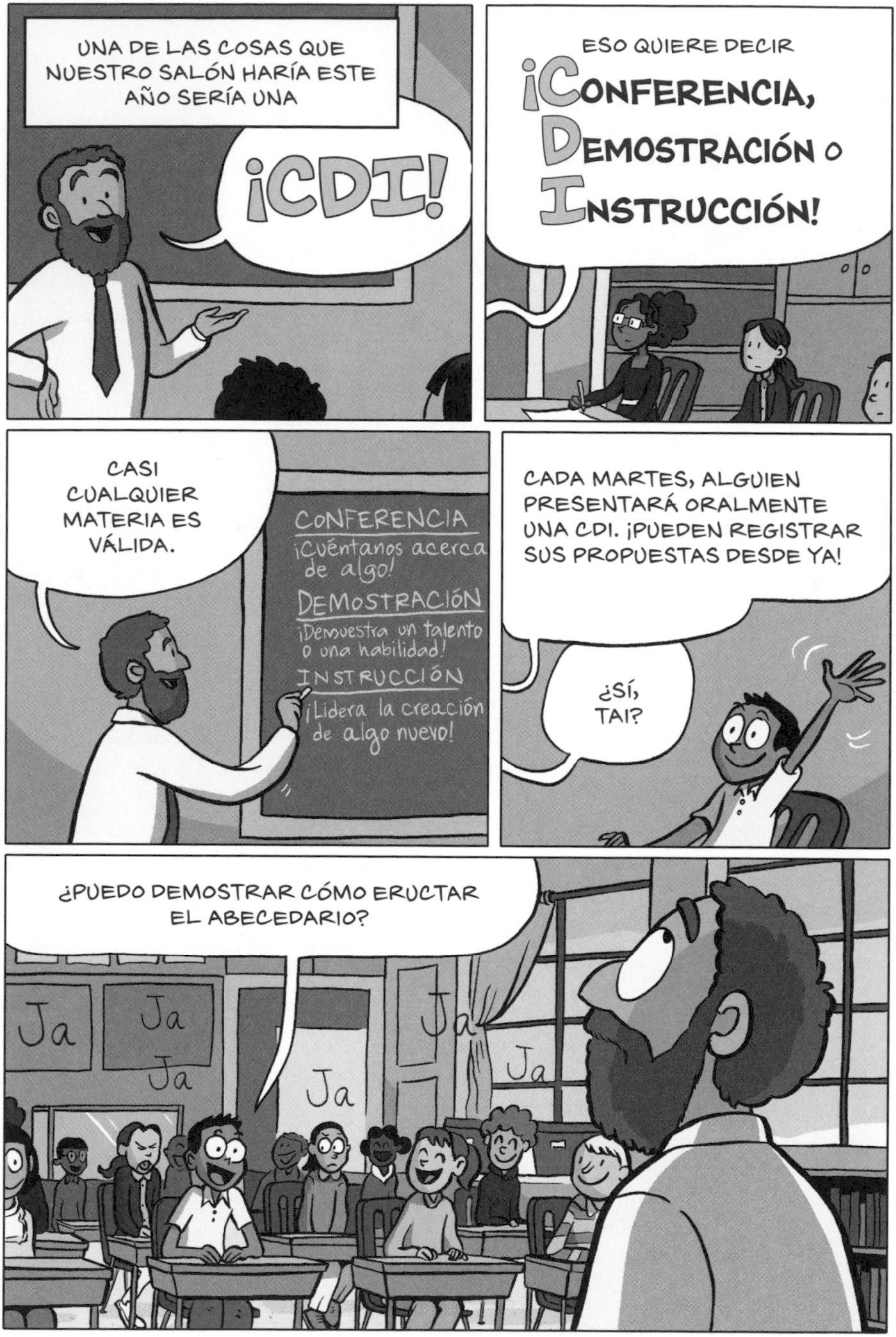
UNA DE LAS COSAS QUE NUESTRO SALÓN HARÍA ESTE AÑO SERÍA UNA
¡CDI!
ESO QUIERE DECIR
¡CONFERENCIA, DEMOSTRACIÓN O INSTRUCCIÓN!
CASI CUALQUIER MATERIA ES VÁLIDA.
CONFERENCIA
¡Cuéntanos acerca de algo!
DEMOSTRACIÓN
¡Demuestra un talento o una habilidad!
INSTRUCCIÓN
¡Lidera la creación de algo nuevo!
CADA MARTES, ALGUIEN PRESENTARÁ ORALMENTE UNA CDI. ¡PUEDEN REGISTRAR SUS PROPUESTAS DESDE YA!
¿SÍ, TAI?
¿PUEDO DEMOSTRAR CÓMO ERUCTAR EL ABECEDARIO?
Ja
Ja
Ja
Ja
Ja
Ja

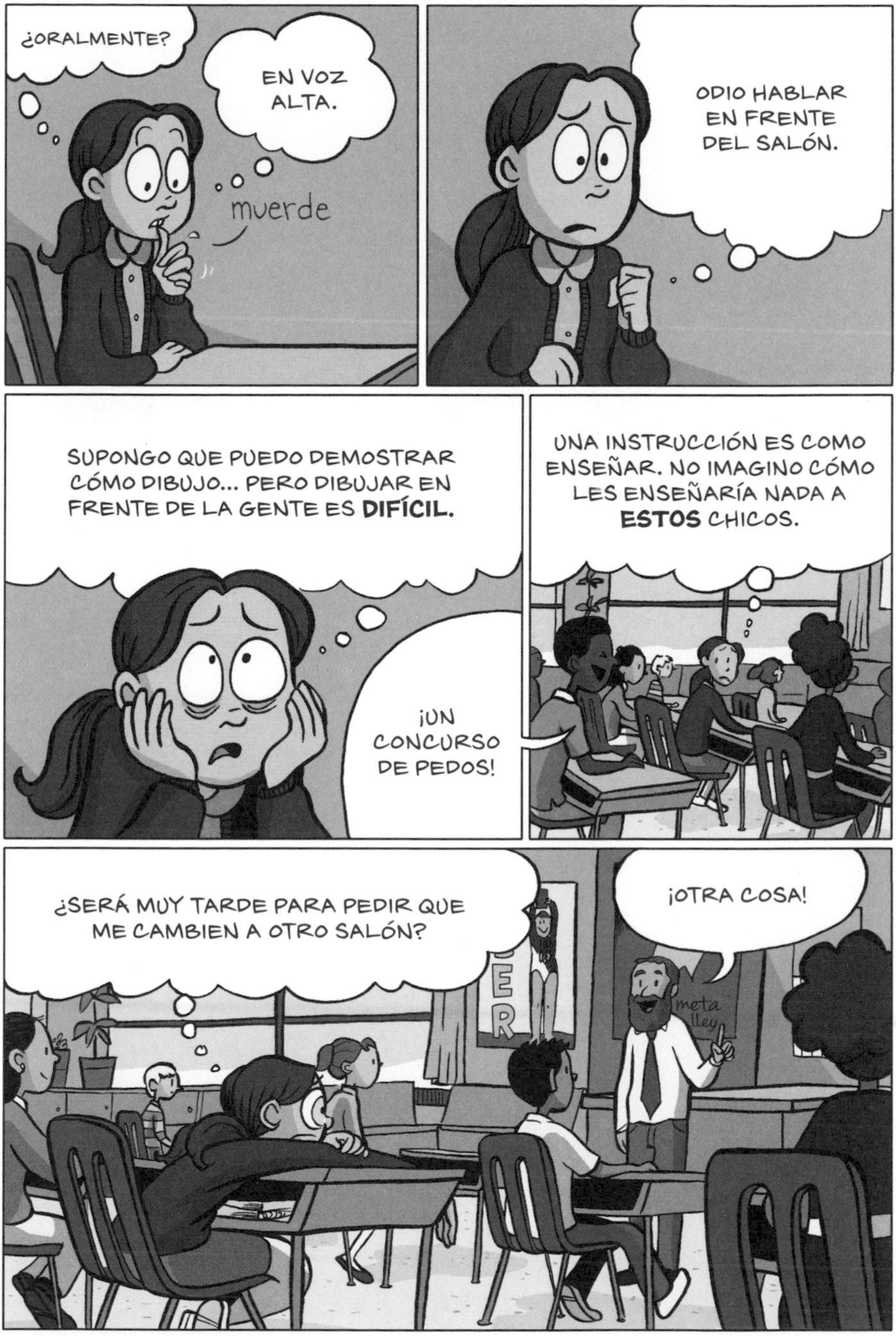
¿ORALMENTE?
EN VOZ ALTA.
muerde
ODIO HABLAR EN FRENTE DEL SALÓN.
SUPONGO QUE PUEDO DEMOSTRAR CÓMO DIBUJO... PERO DIBUJAR EN FRENTE DE LA GENTE ES **DIFÍCIL.**
UNA INSTRUCCIÓN ES COMO ENSEÑAR. NO IMAGINO CÓMO LES ENSEÑARÍA NADA A **ESTOS** CHICOS.
¡UN CONCURSO DE PEDOS!
¿SERÁ MUY TARDE PARA PEDIR QUE ME CAMBIEN A OTRO SALÓN?
¡OTRA COSA!

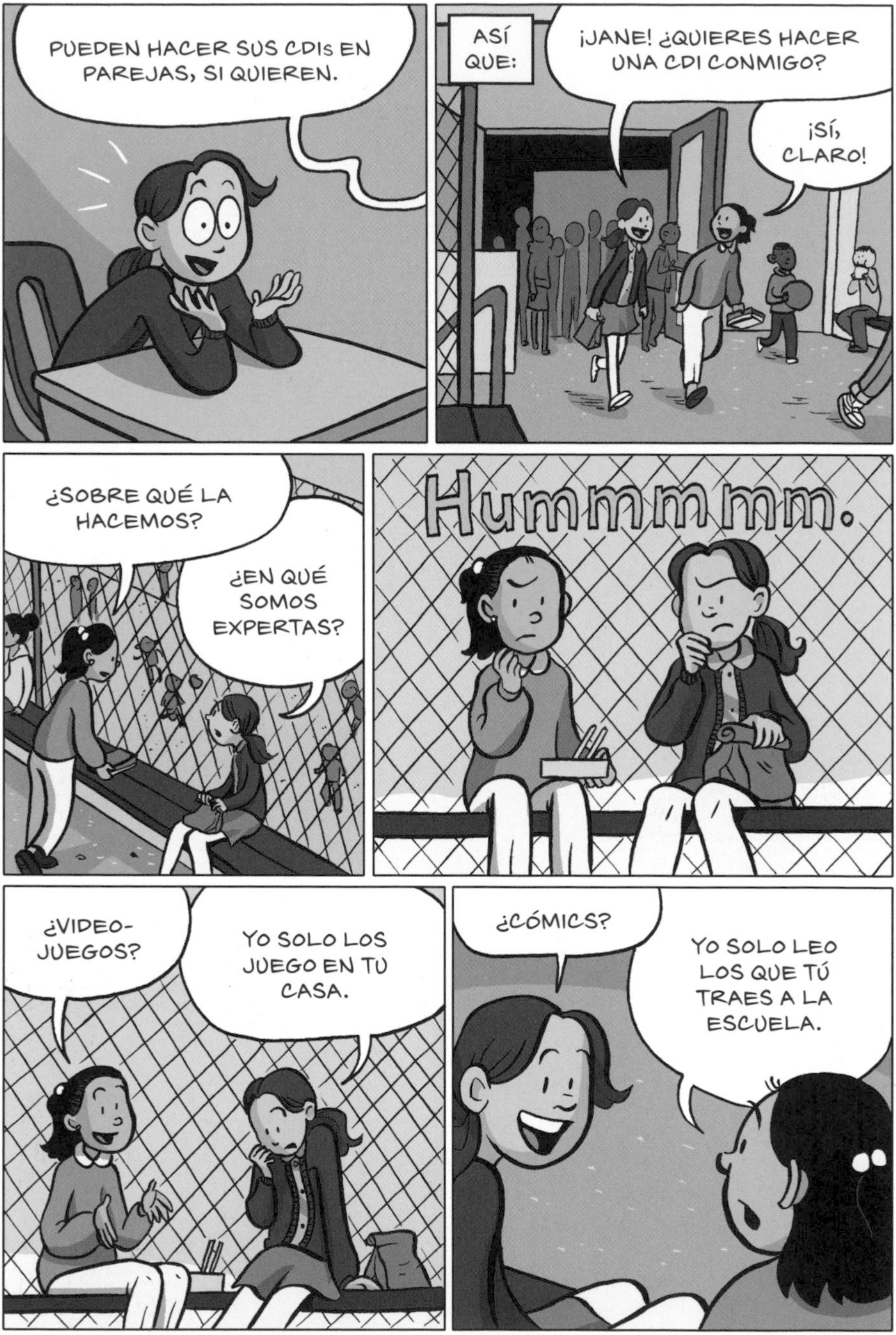
PUEDEN HACER SUS CDIs EN PAREJAS, SI QUIEREN.
ASÍ QUE:
¡JANE! ¿QUIERES HACER UNA CDI CONMIGO?
¡SÍ, CLARO!
¿SOBRE QUÉ LA HACEMOS?
¿EN QUÉ SOMOS EXPERTAS?
Hummmmm.
¿VIDEO-JUEGOS?
YO SOLO LOS JUEGO EN TU CASA.
¿CÓMICS?
YO SOLO LEO LOS QUE TÚ TRAES A LA ESCUELA.

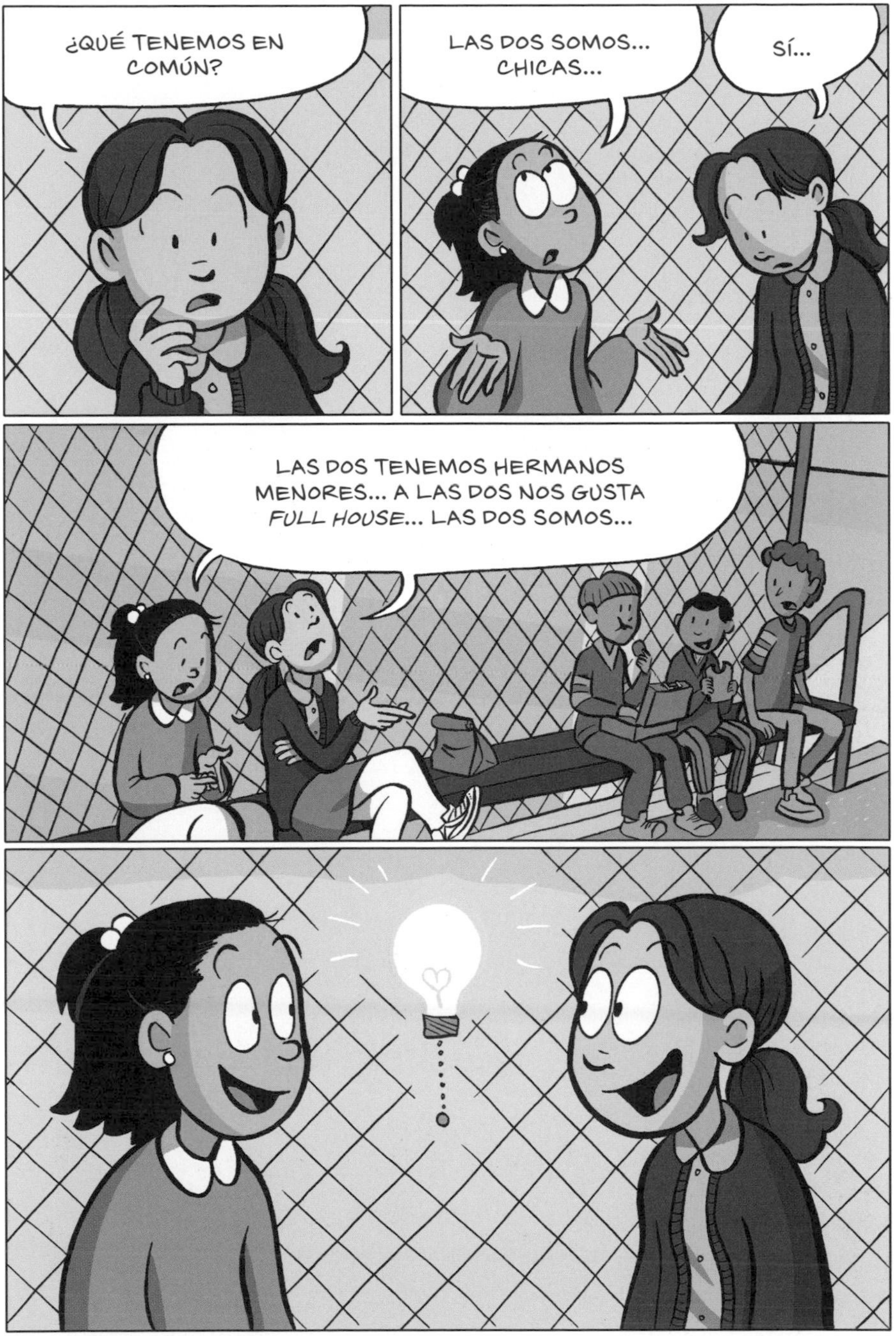
¿QUÉ TENEMOS EN COMÚN?
LAS DOS SOMOS... CHICAS...
SÍ...
LAS DOS TENEMOS HERMANOS MENORES... A LAS DOS NOS GUSTA *FULL HOUSE*... LAS DOS SOMOS...

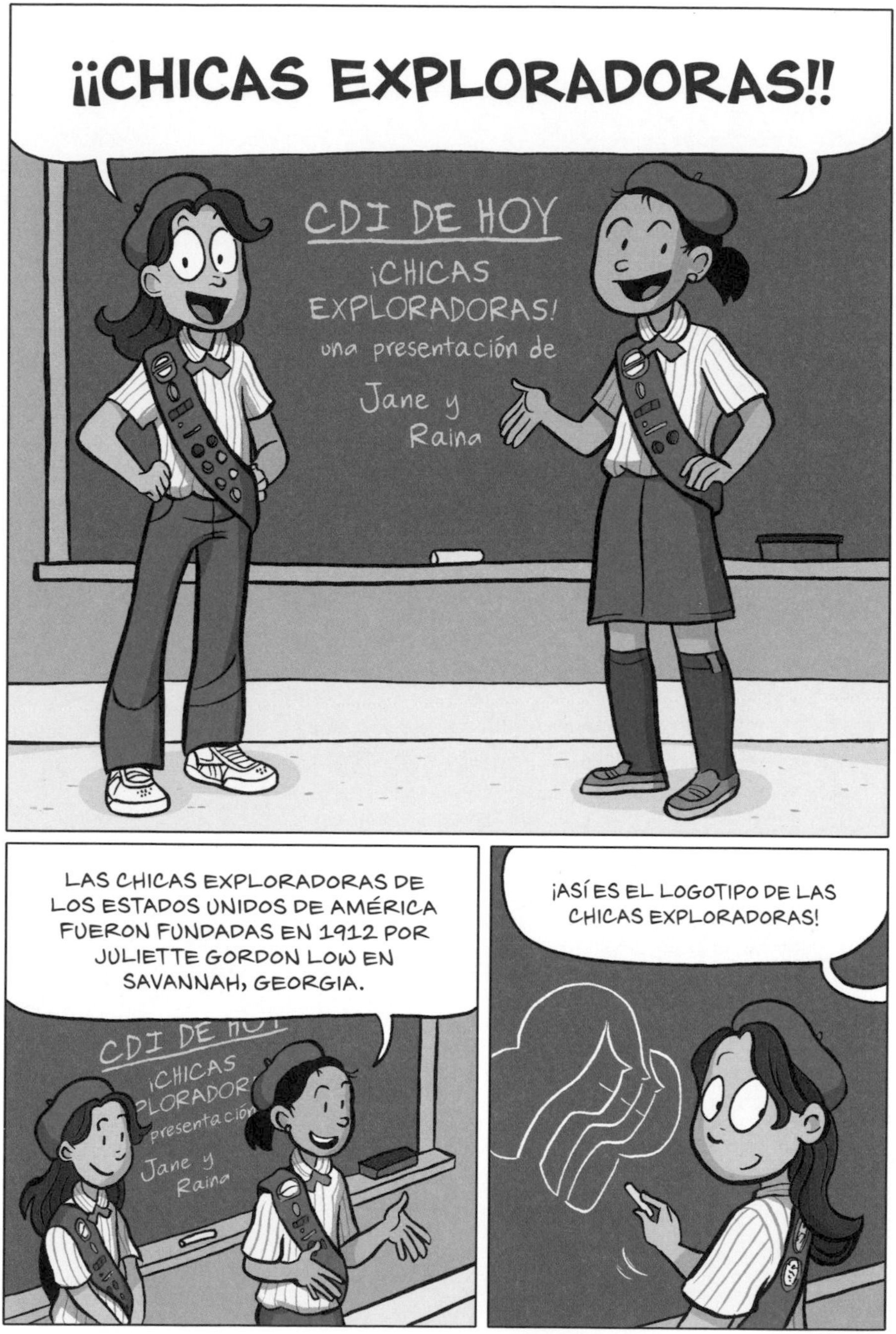
¡¡CHICAS EXPLORADORAS!!
CDI DE HOY
¡CHICAS EXPLORADORAS!
una presentación de
Jane y Raina
LAS CHICAS EXPLORADORAS DE LOS ESTADOS UNIDOS DE AMÉRICA FUERON FUNDADAS EN 1912 POR JULIETTE GORDON LOW EN SAVANNAH, GEORGIA.
¡ASÍ ES EL LOGOTIPO DE LAS CHICAS EXPLORADORAS!

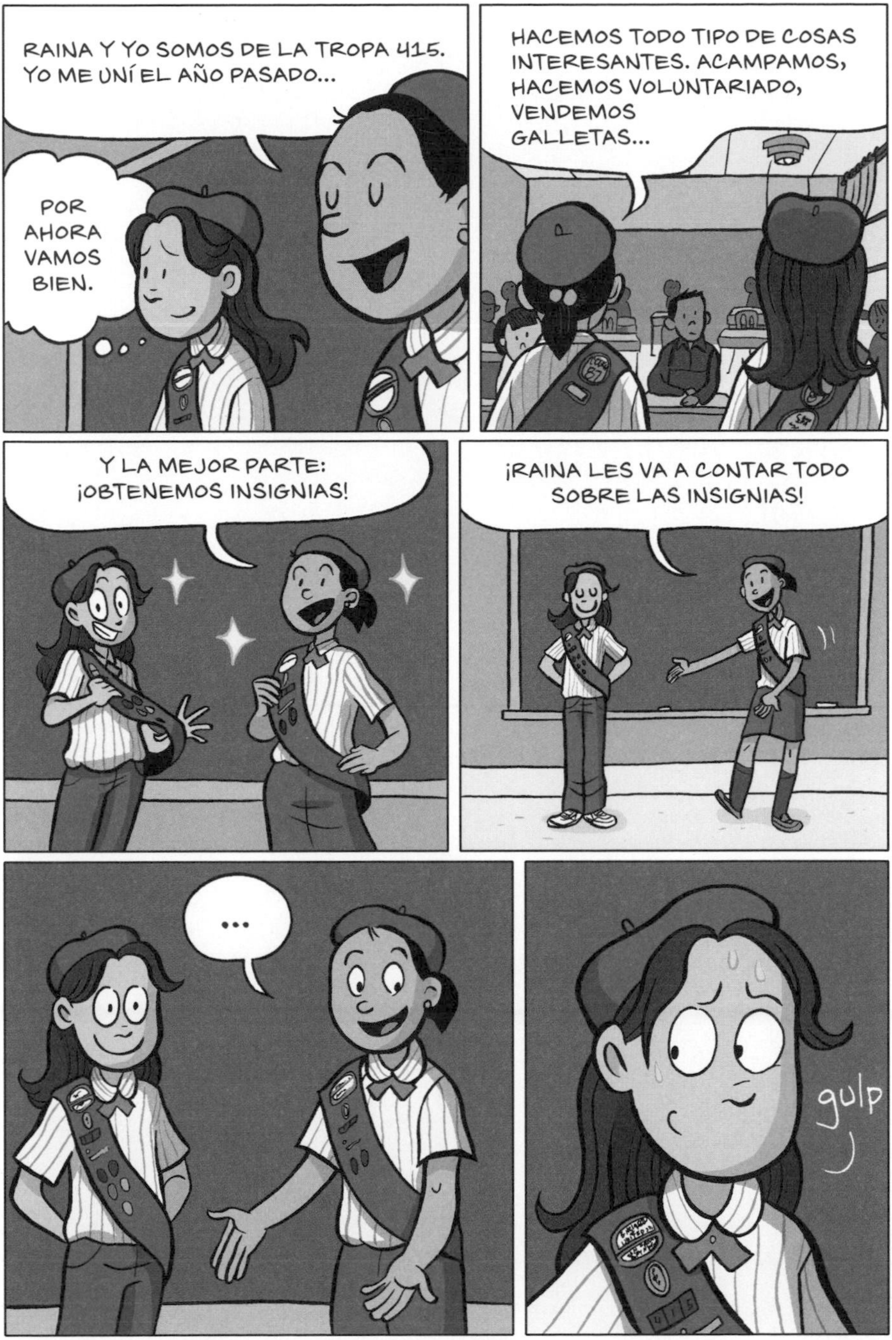
RAINA Y YO SOMOS DE LA TROPA 415. YO ME UNÍ EL AÑO PASADO...
POR AHORA VAMOS BIEN.
HACEMOS TODO TIPO DE COSAS INTERESANTES. ACAMPAMOS, HACEMOS VOLUNTARIADO, VENDEMOS GALLETAS...
Y LA MEJOR PARTE: ¡OBTENEMOS INSIGNIAS!
¡RAINA LES VA A CONTAR TODO SOBRE LAS INSIGNIAS!
...
gulp

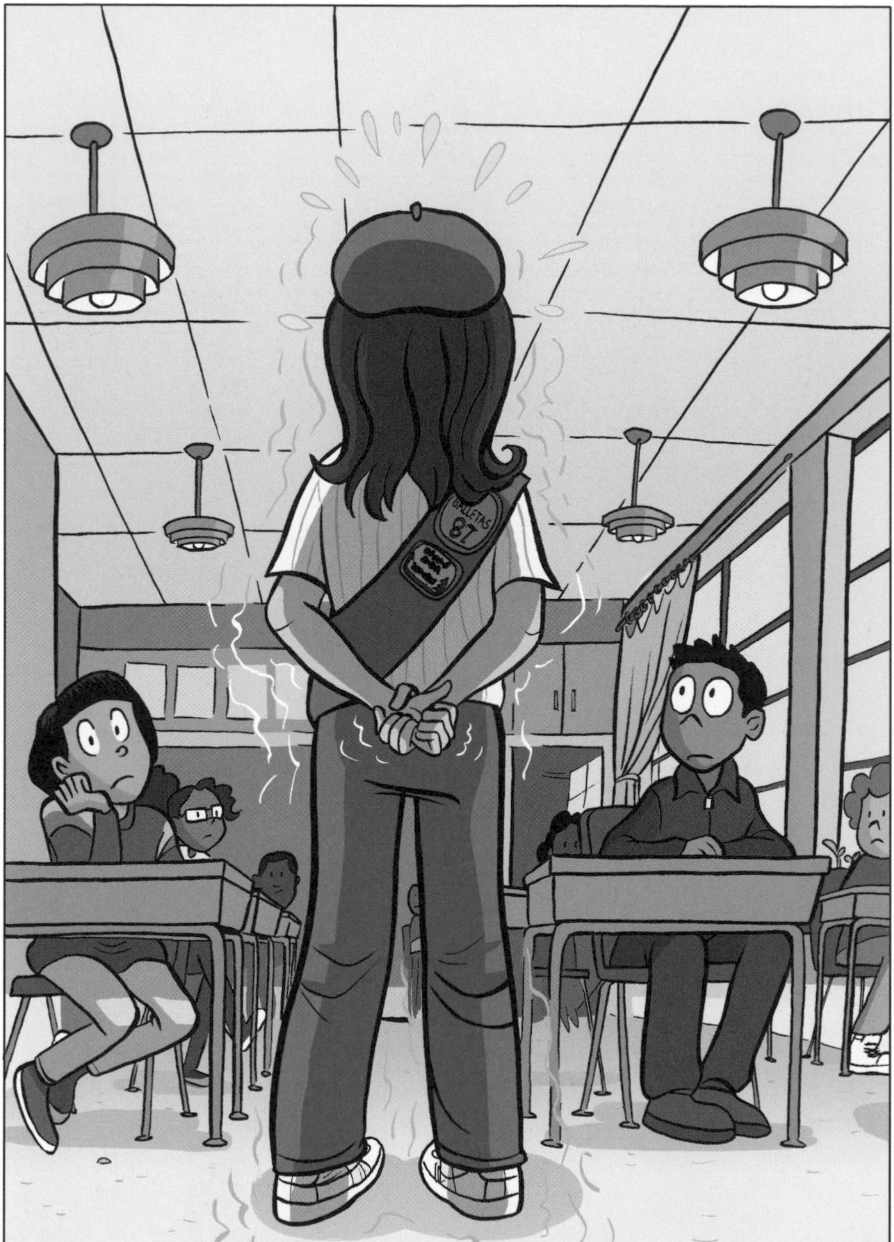
GALLETAS
87

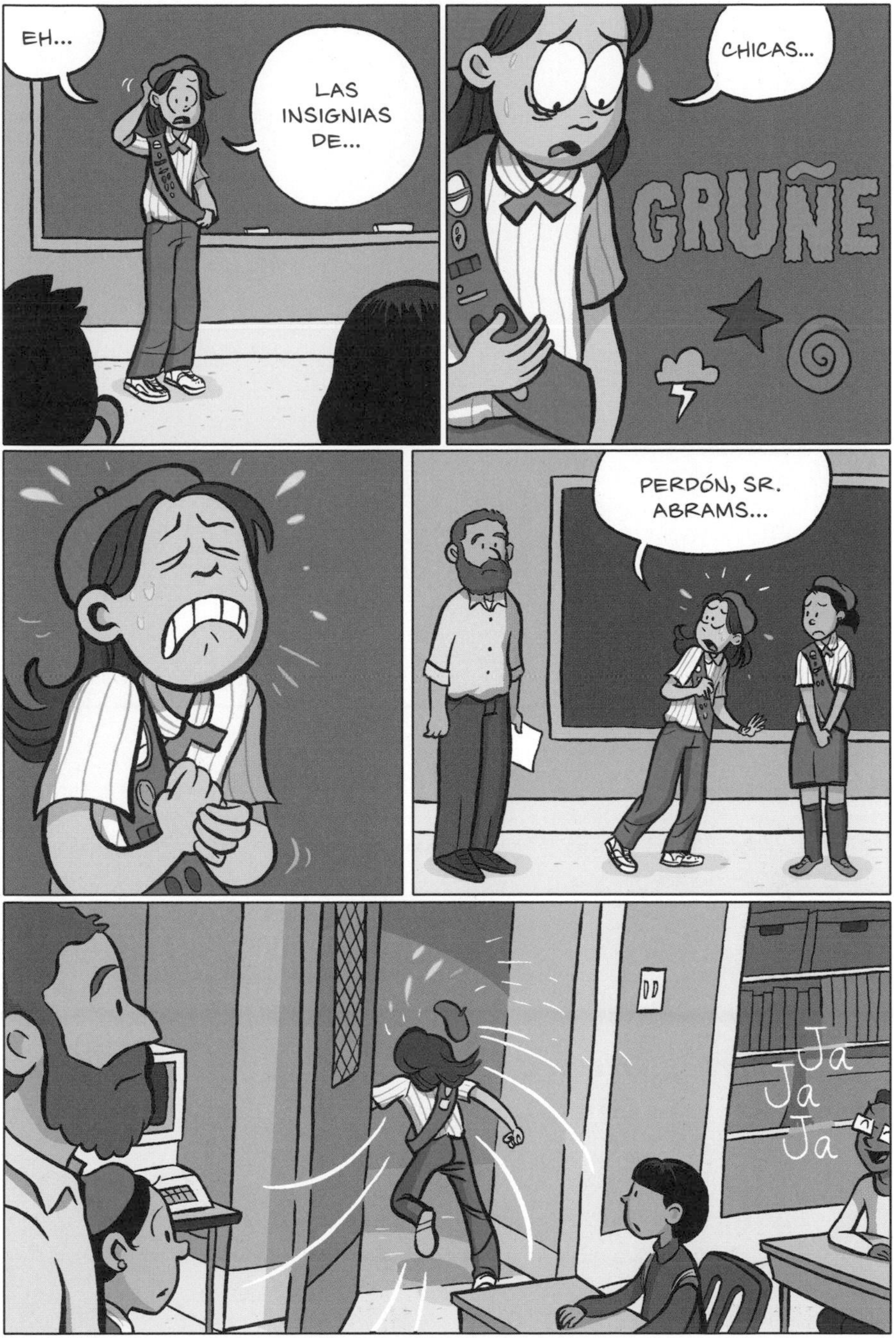
EH...
LAS INSIGNIAS DE...
CHICAS...
GRUÑE
PERDÓN, SR. ABRAMS...
Ja
Ja
Ja

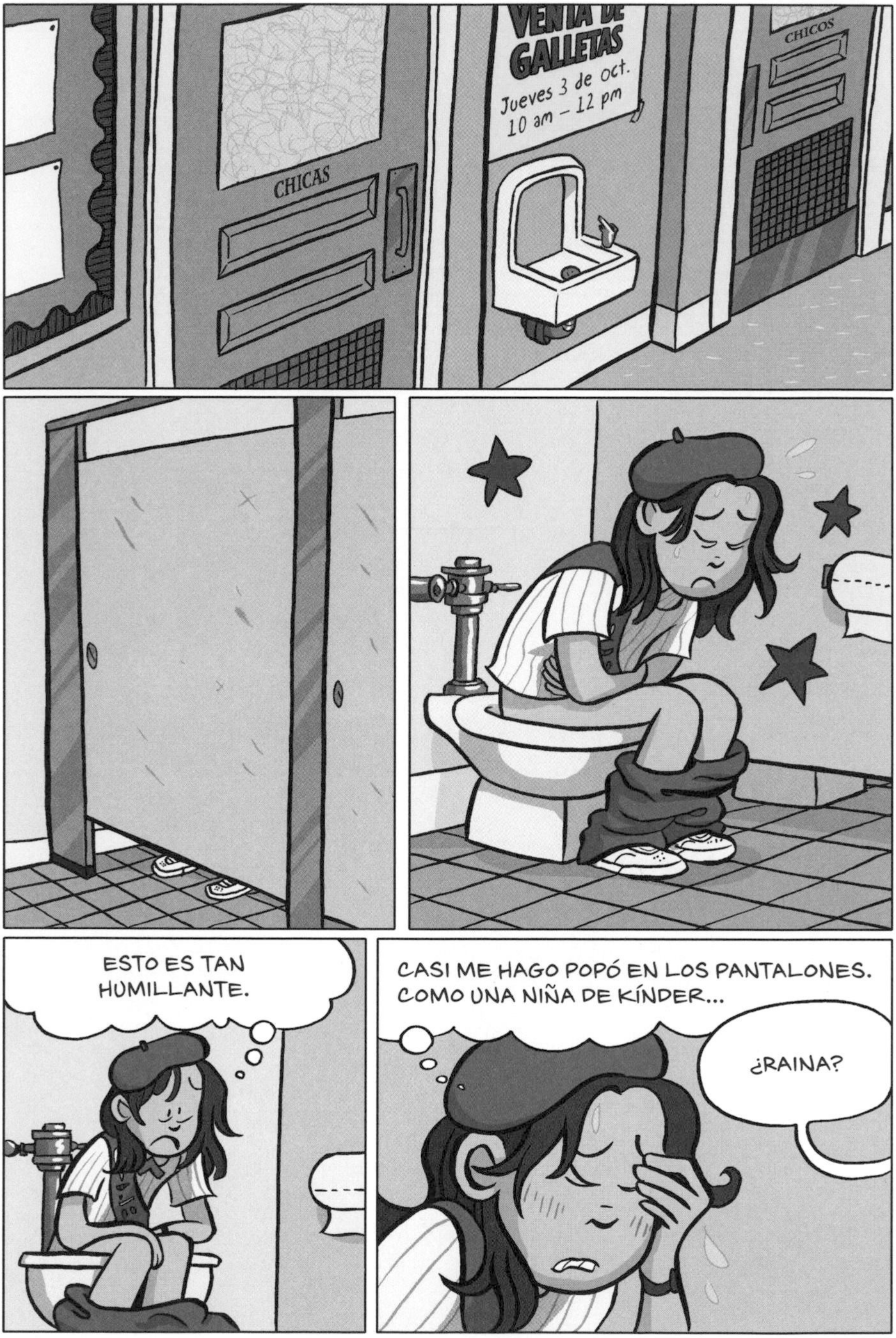
CHICAS
VENTA DE GALLETAS
Jueves 3 de oct.
10 am – 12 pm
CHICOS
ESTO ES TAN HUMILLANTE.
CASI ME HAGO POPÓ EN LOS PANTALONES. COMO UNA NIÑA DE KÍNDER...
¿RAINA?

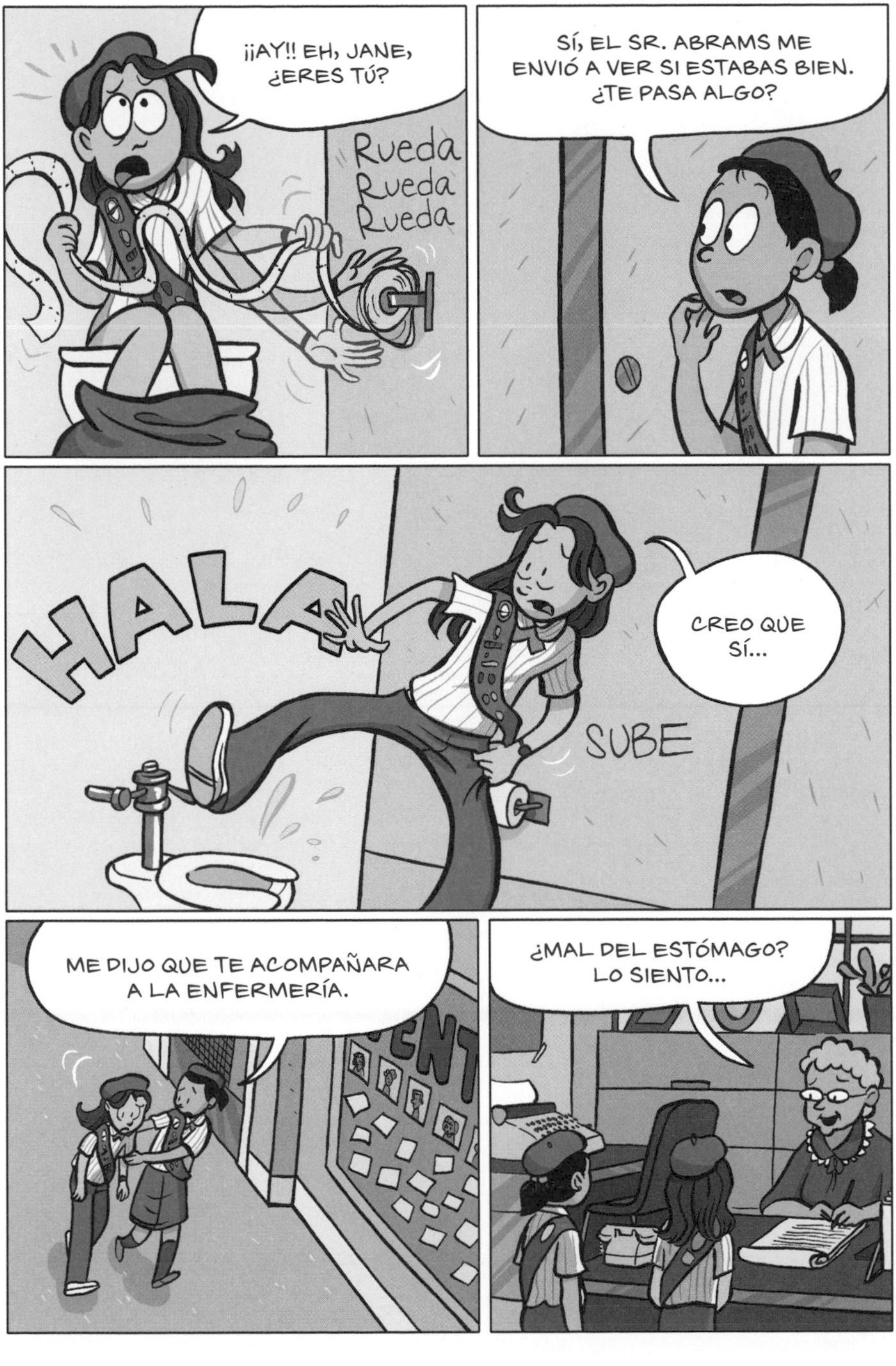
¡¡AY!! EH, JANE, ¿ERES TÚ?
Rueda
Rueda
Rueda
SÍ, EL SR. ABRAMS ME ENVIÓ A VER SI ESTABAS BIEN. ¿TE PASA ALGO?
HALA
CREO QUE SÍ...
SUBE
ME DIJO QUE TE ACOMPAÑARA A LA ENFERMERÍA.
¿MAL DEL ESTÓMAGO? LO SIENTO...

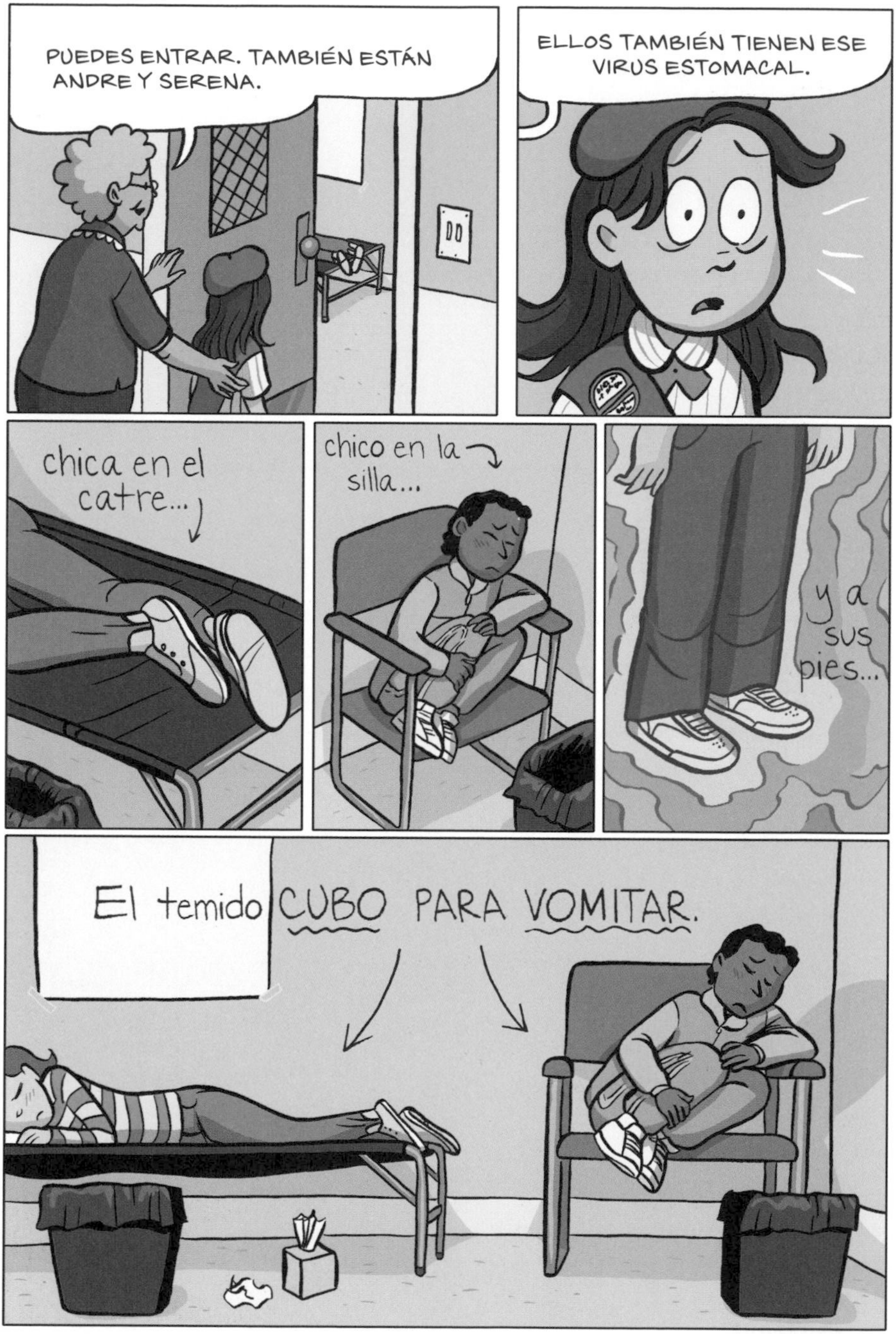
PUEDES ENTRAR. TAMBIÉN ESTÁN ANDRE Y SERENA.
ELLOS TAMBIÉN TIENEN ESE VIRUS ESTOMACAL.
chica en el catre...
chico en la silla...
y a sus pies...
El temido CUBO PARA VOMITAR.

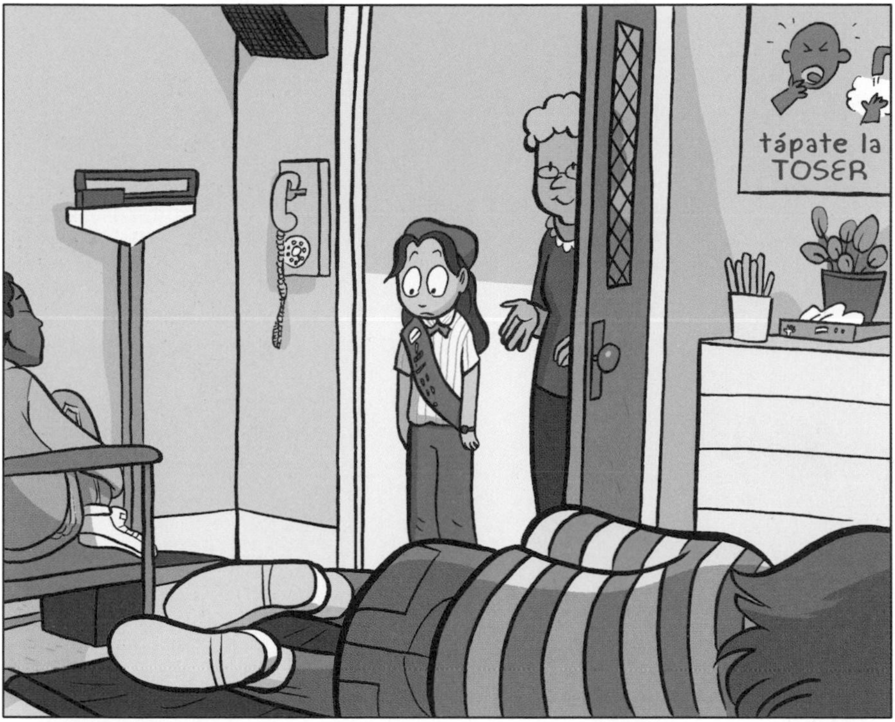
tápate la
TOSER

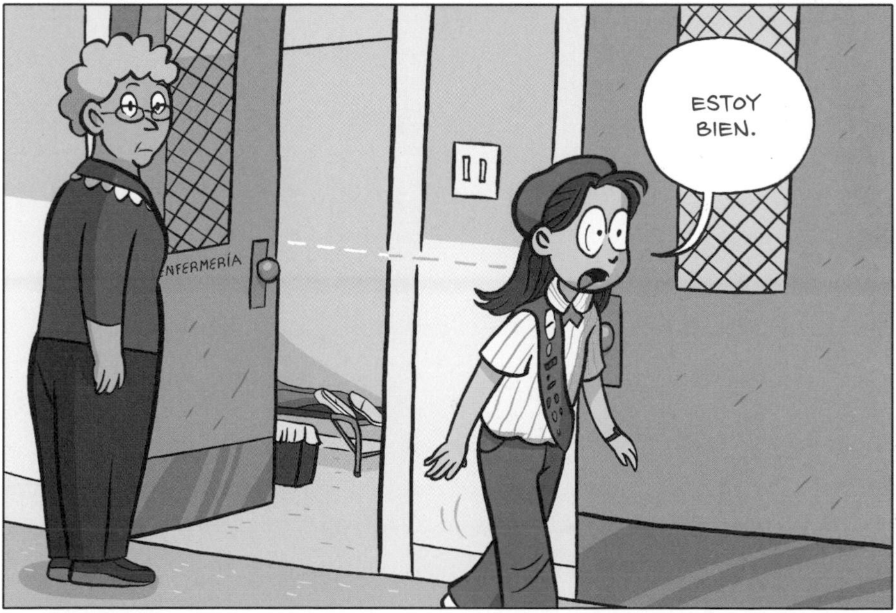
ENFERMERÍA
ESTOY BIEN.

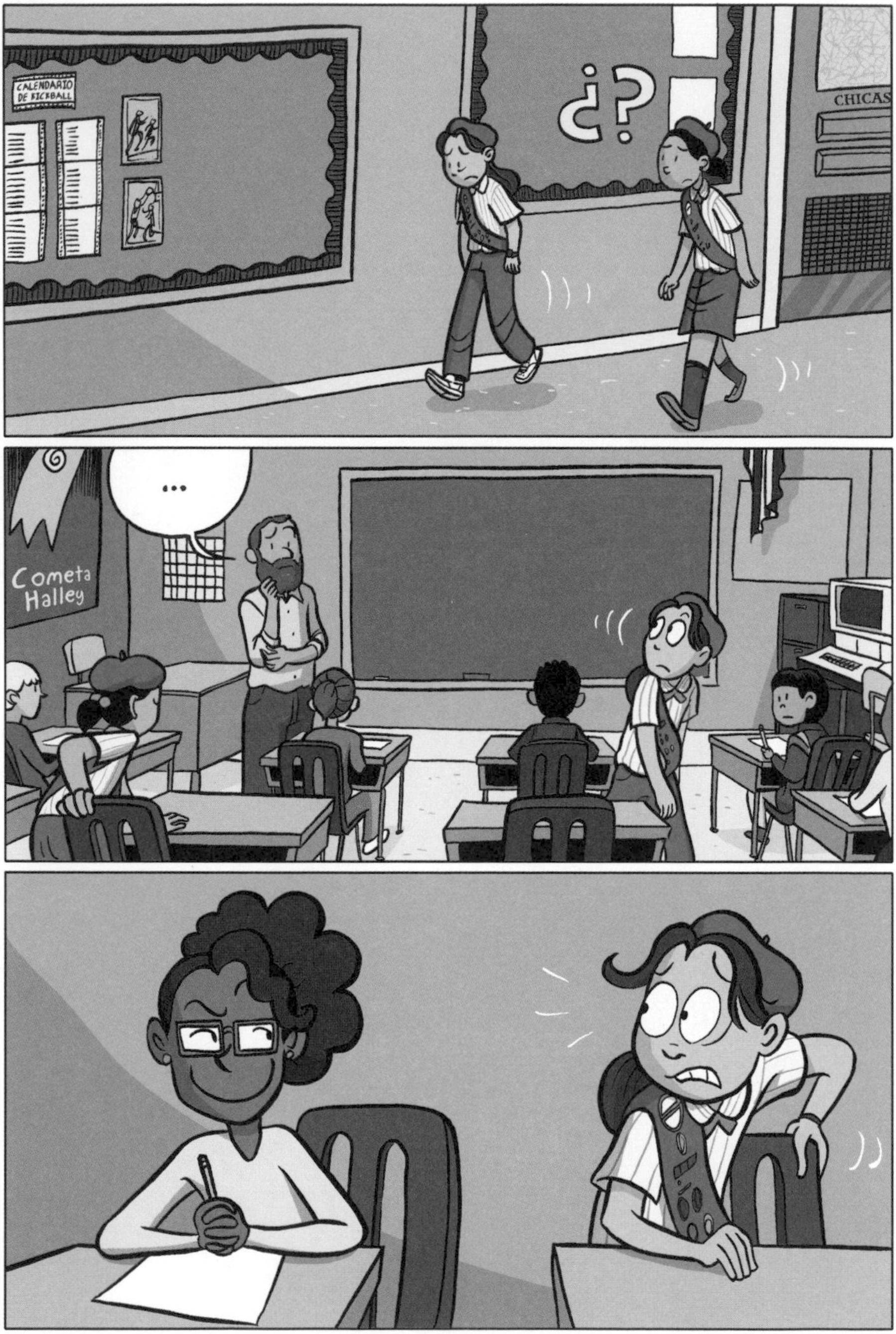
CALENDARIO DE KICKBALL
¿?
CHICAS
...
Cometa Halley

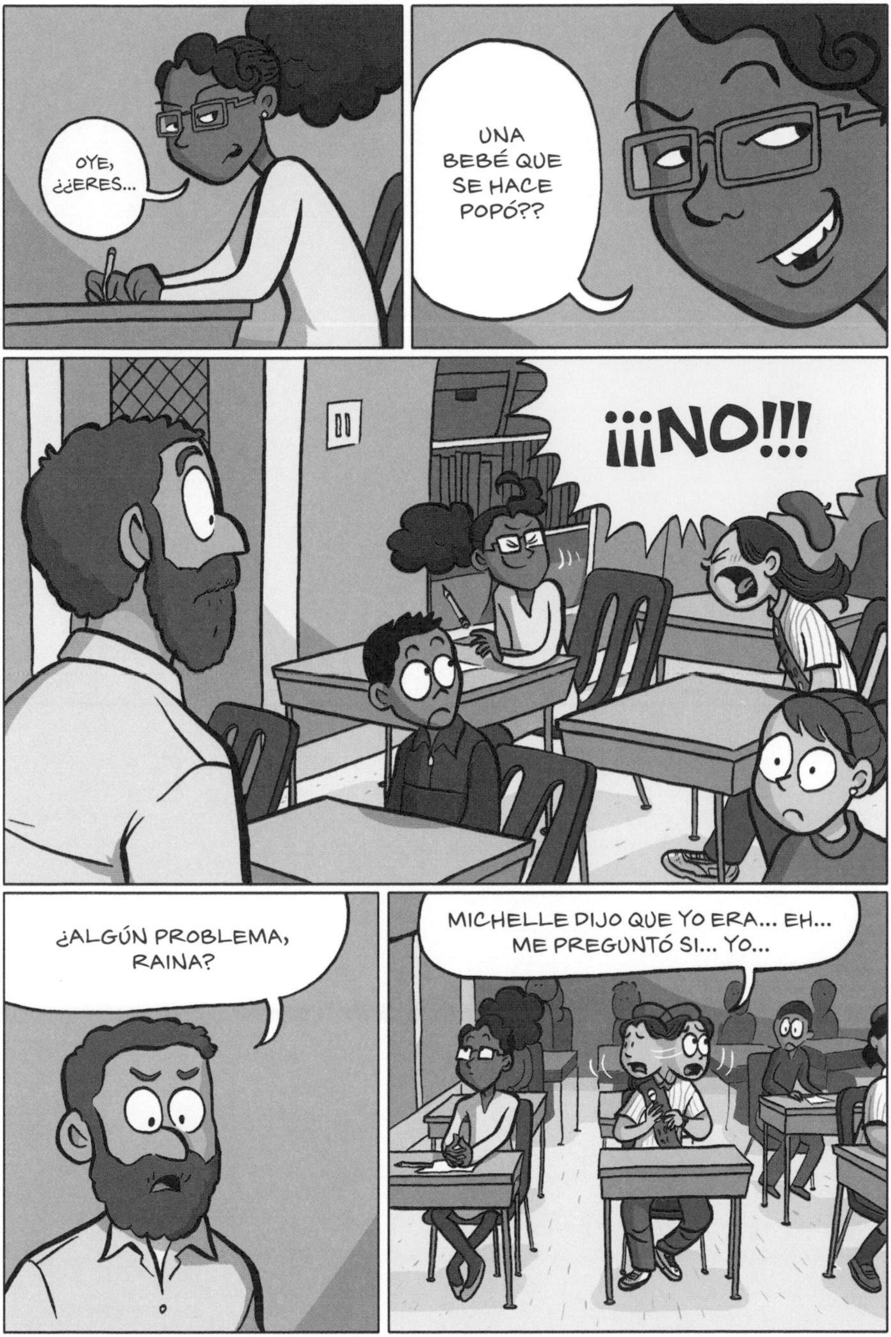
OYE, ¿¿ERES...
UNA BEBÉ QUE SE HACE POPÓ??
¡¡¡NO!!!
¿ALGÚN PROBLEMA, RAINA?
MICHELLE DIJO QUE YO ERA... EH... ME PREGUNTÓ SI... YO...

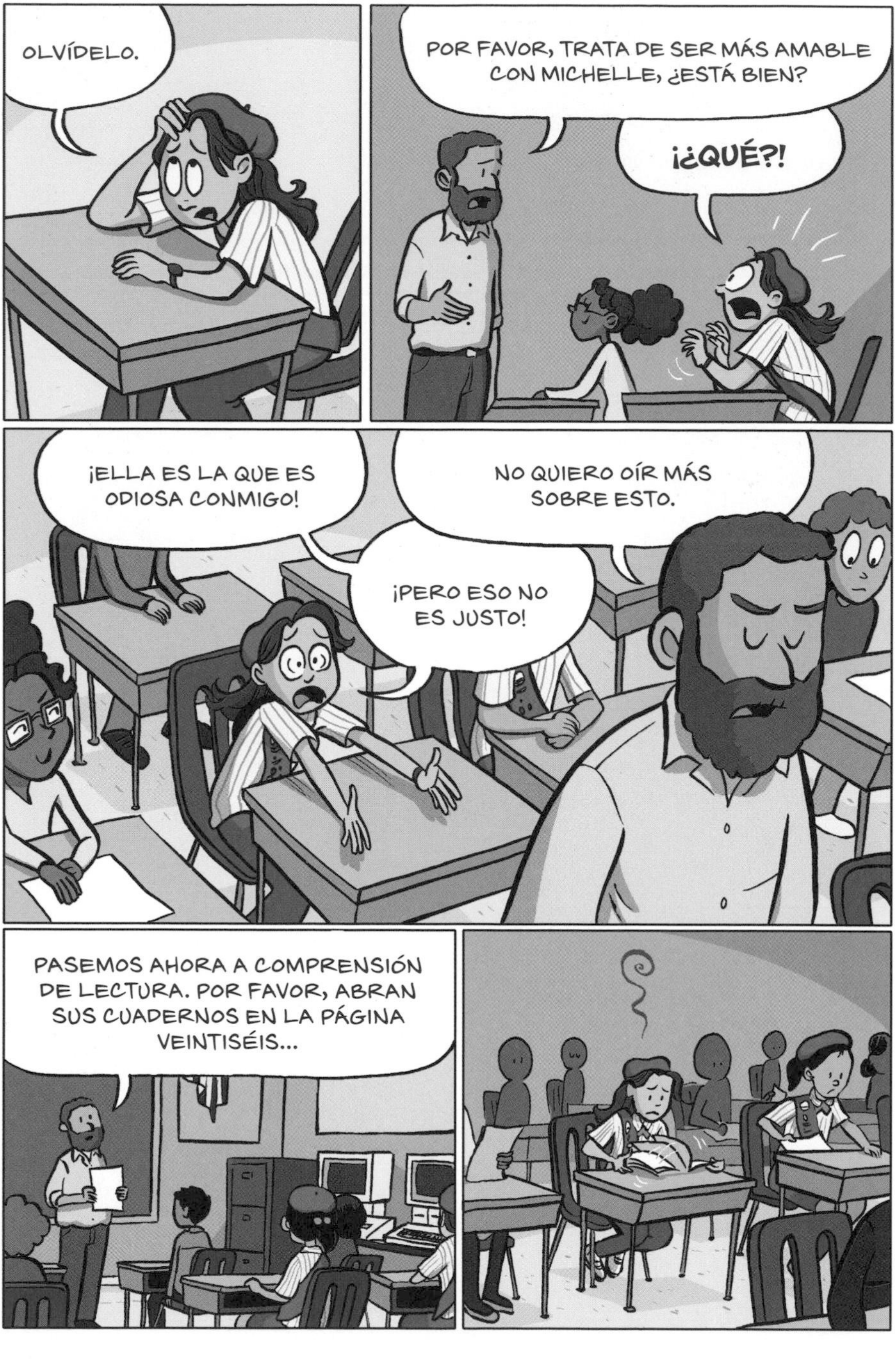
OLVÍDELO.
POR FAVOR, TRATA DE SER MÁS AMABLE CON MICHELLE, ¿ESTÁ BIEN?
¡¿QUÉ?!
¡ELLA ES LA QUE ES ODIOSA CONMIGO!
NO QUIERO OÍR MÁS SOBRE ESTO.
¡PERO ESO NO ES JUSTO!
PASEMOS AHORA A COMPRENSIÓN DE LECTURA. POR FAVOR, ABRAN SUS CUADERNOS EN LA PÁGINA VEINTISÉIS...

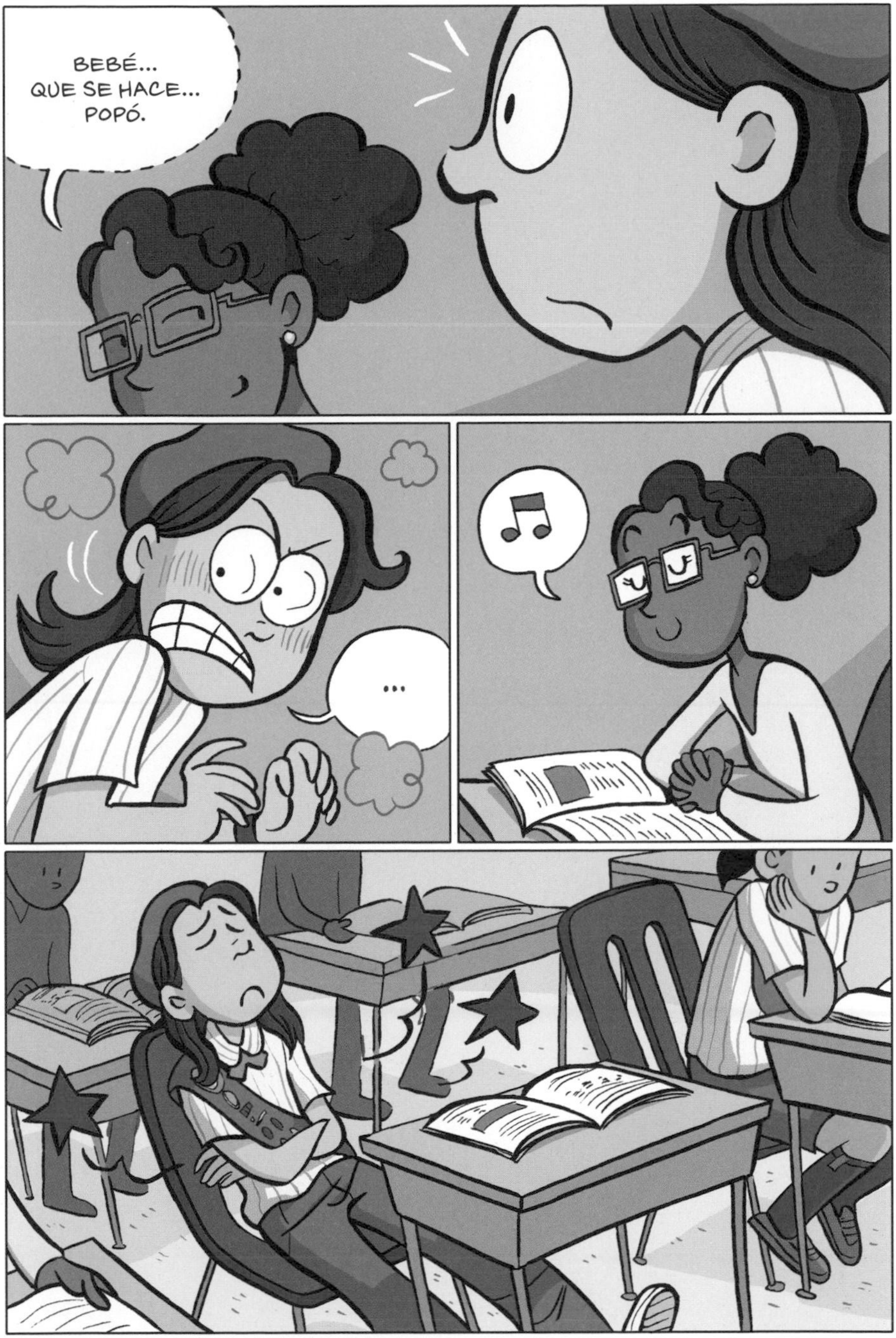
BEBÉ... QUE SE HACE... POPÓ.
...

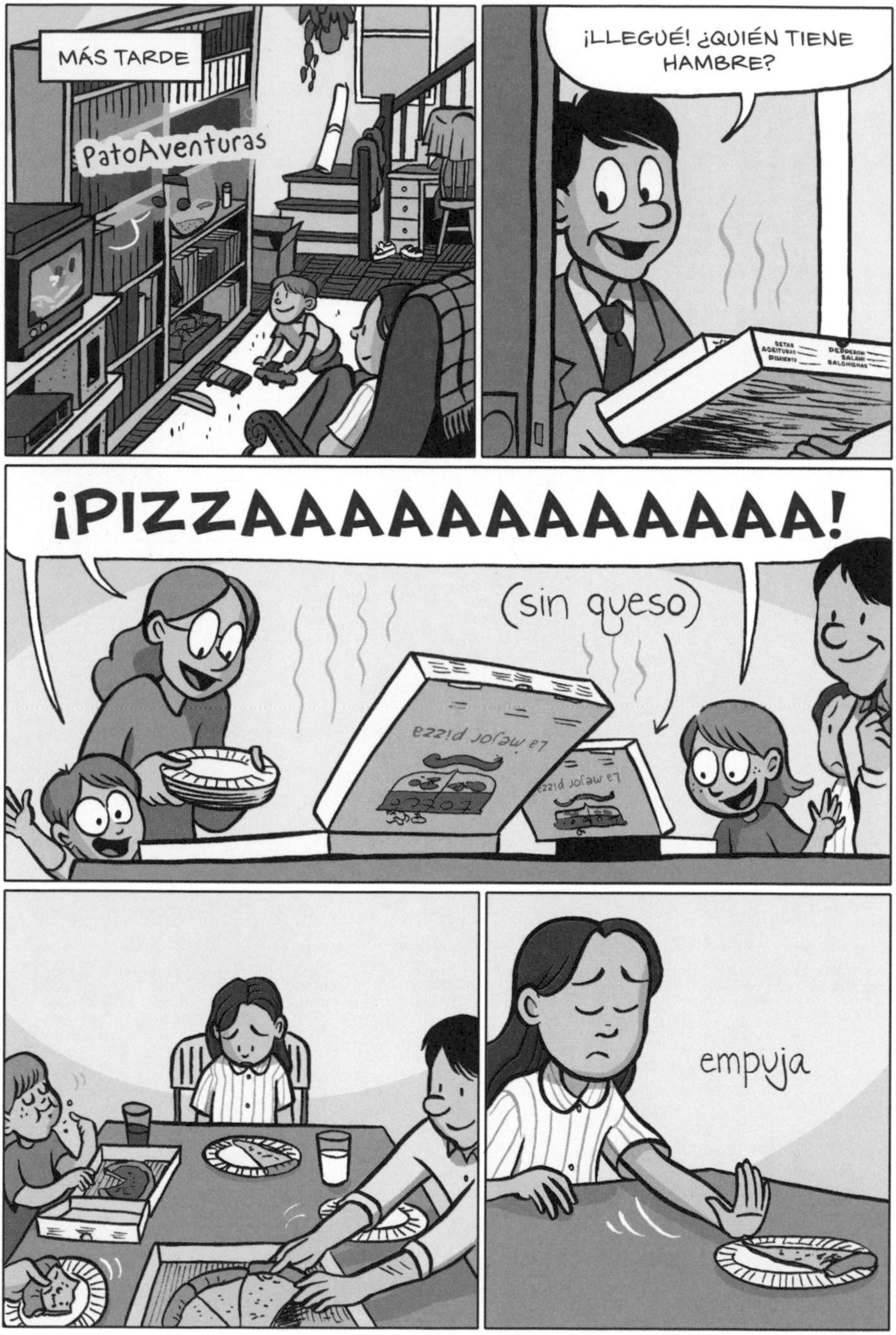
MÁS TARDE
PatoAventuras
¡LLEGUÉ! ¿QUIÉN TIENE HAMBRE?
¡PIZZAAAAAAAAAAAA!
(sin queso)
empuja

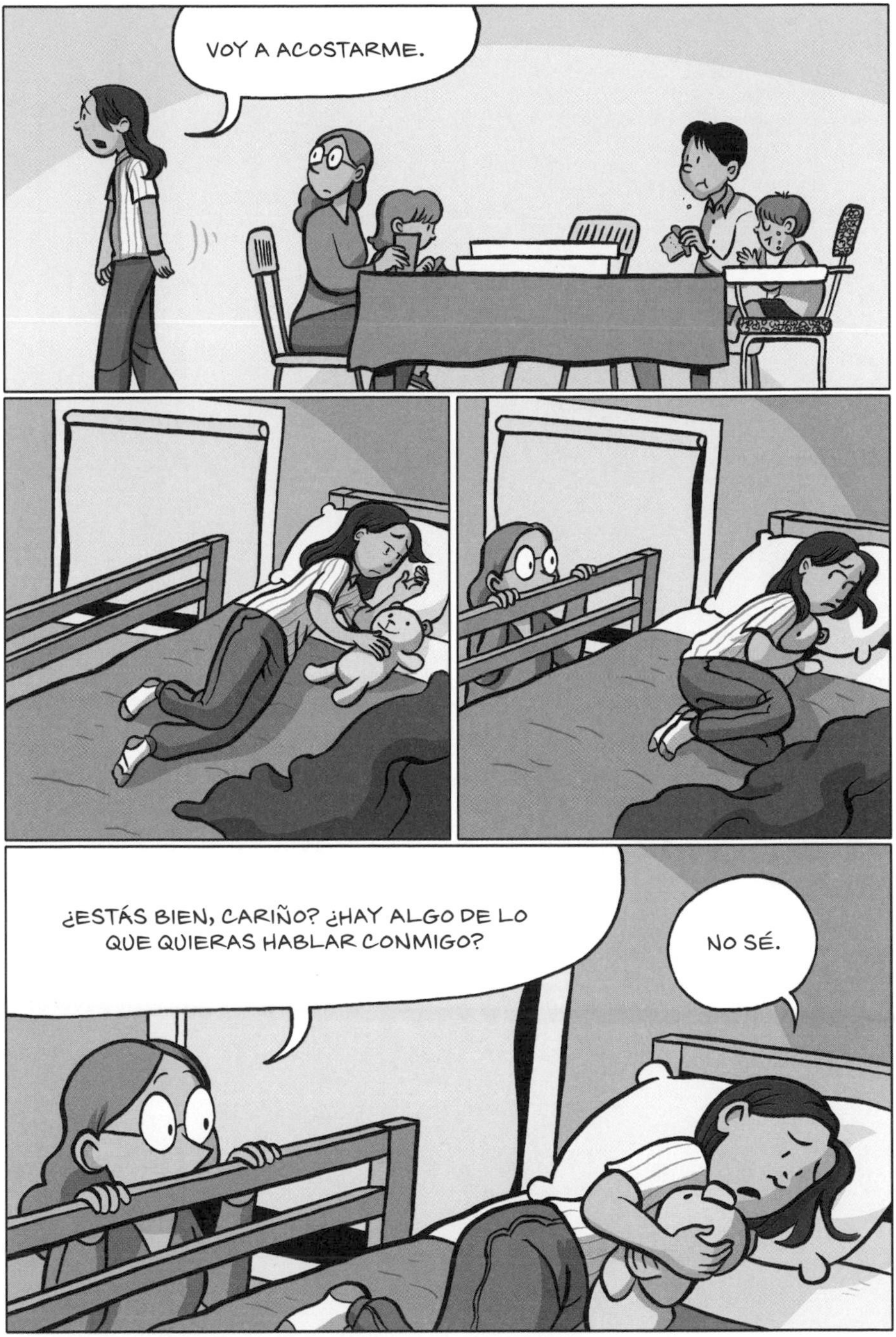
VOY A ACOSTARME.
¿ESTÁS BIEN, CARIÑO? ¿HAY ALGO DE LO QUE QUIERAS HABLAR CONMIGO?
NO SÉ.

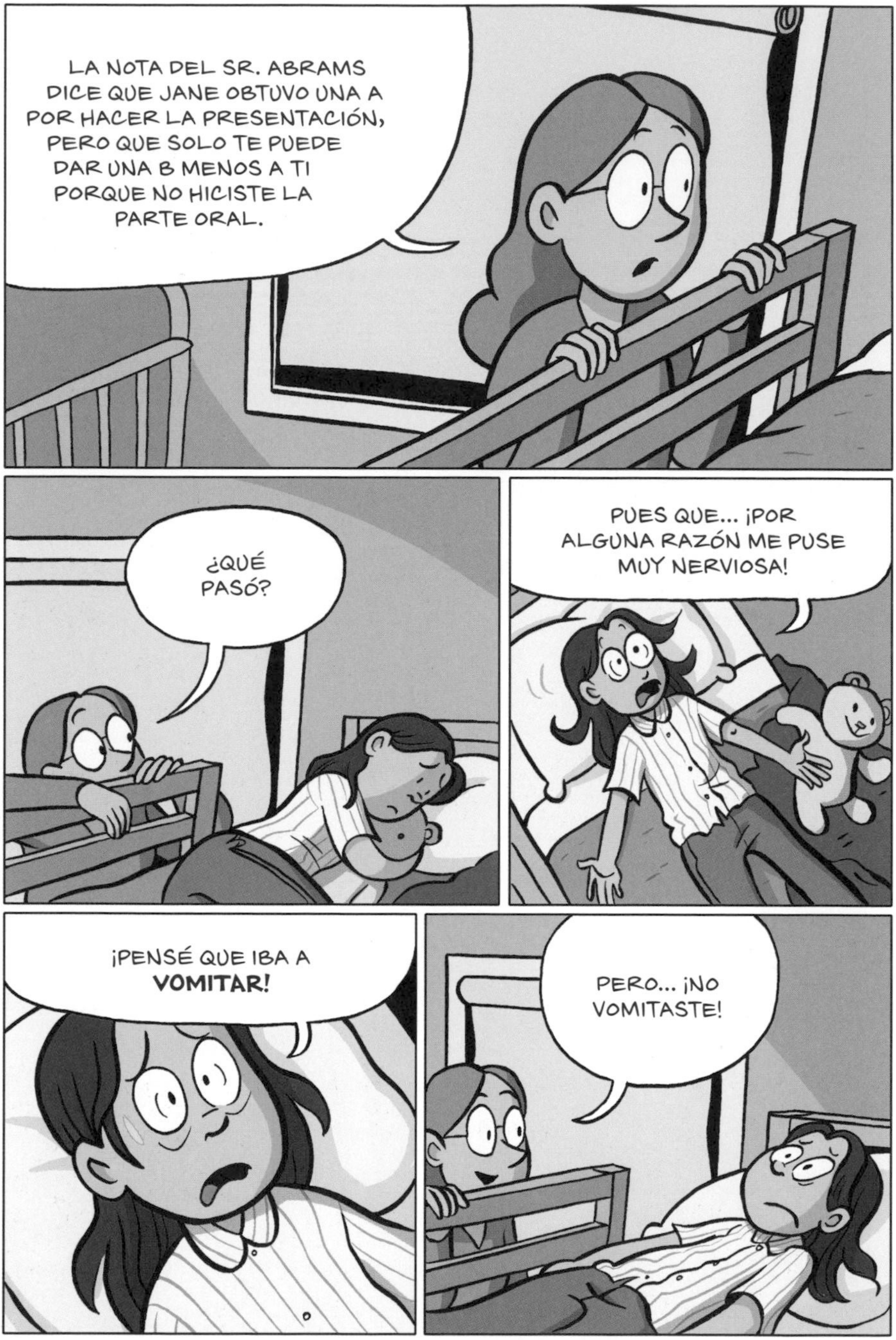
LA NOTA DEL SR. ABRAMS DICE QUE JANE OBTUVO UNA A POR HACER LA PRESENTACIÓN, PERO QUE SOLO TE PUEDE DAR UNA B MENOS A TI PORQUE NO HICISTE LA PARTE ORAL.
¿QUÉ PASÓ?
PUES QUE... ¡POR ALGUNA RAZÓN ME PUSE MUY NERVIOSA!
¡PENSÉ QUE IBA A **VOMITAR**!
PERO... ¡NO VOMITASTE!

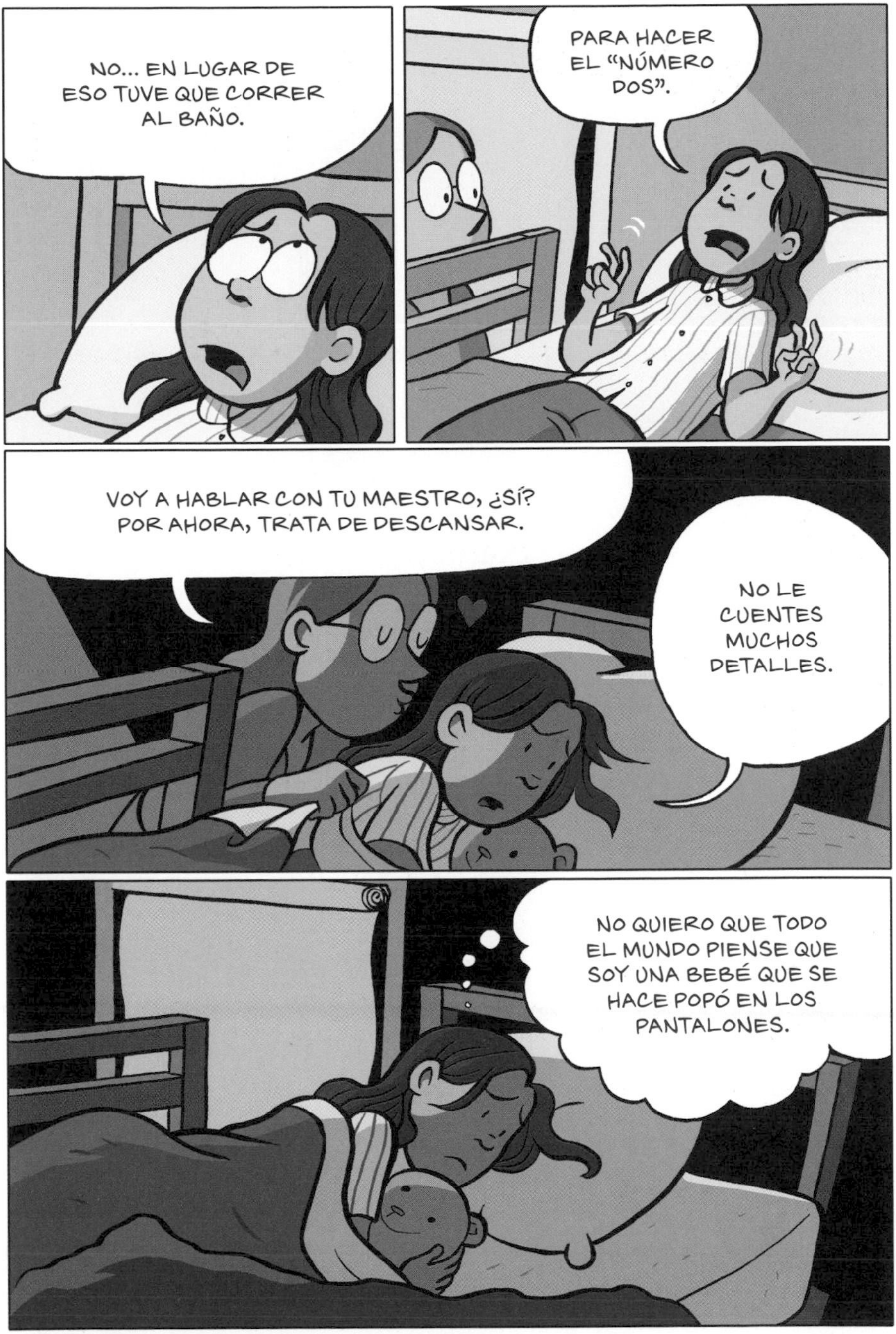
NO... EN LUGAR DE ESO TUVE QUE CORRER AL BAÑO.
PARA HACER EL "NÚMERO DOS".
VOY A HABLAR CON TU MAESTRO, ¿SÍ? POR AHORA, TRATA DE DESCANSAR.
NO LE CUENTES MUCHOS DETALLES.
NO QUIERO QUE TODO EL MUNDO PIENSE QUE SOY UNA BEBÉ QUE SE HACE POPÓ EN LOS PANTALONES.

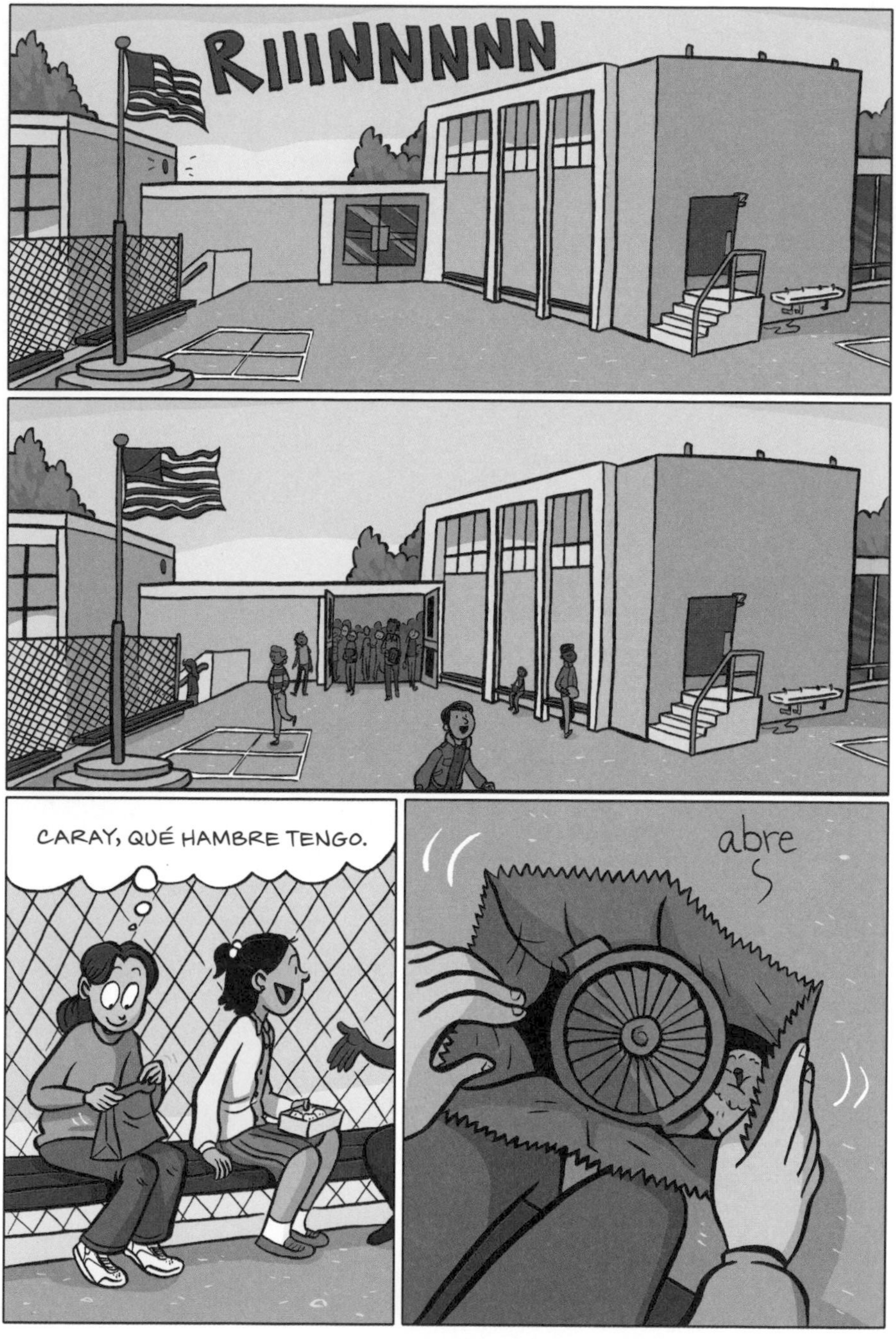
RIIINNNNN
CARAY, QUÉ HAMBRE TENGO.
abre

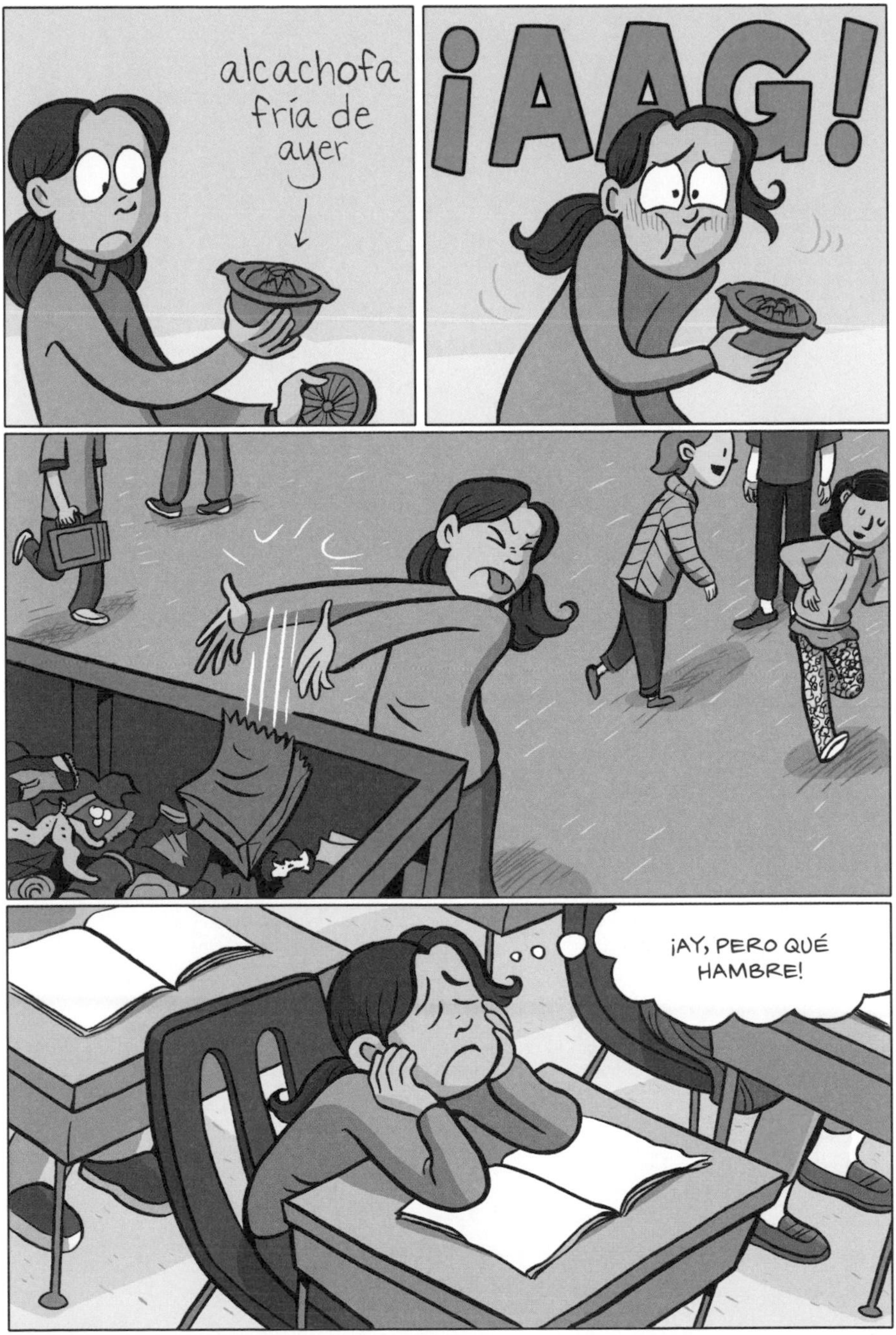
alcachofa fría de ayer
¡AAG!
¡AY, PERO QUÉ HAMBRE!

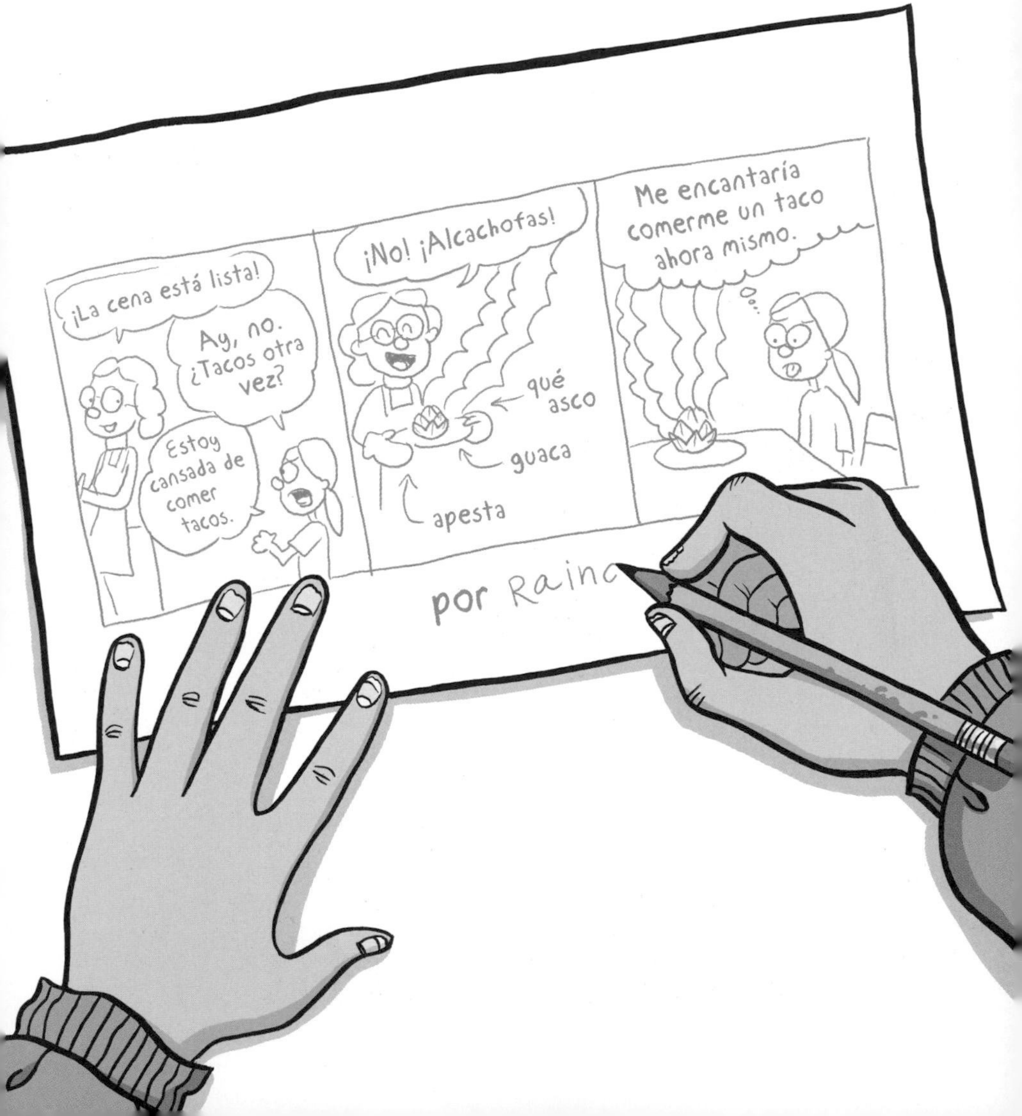
¡La cena está lista!
Ay, no. ¿Tacos otra vez?
Estoy cansada de comer tacos.
¡No! ¡Alcachofas!
qué asco
guaca
apesta
Me encantaría comerme un taco ahora mismo.
por Raina

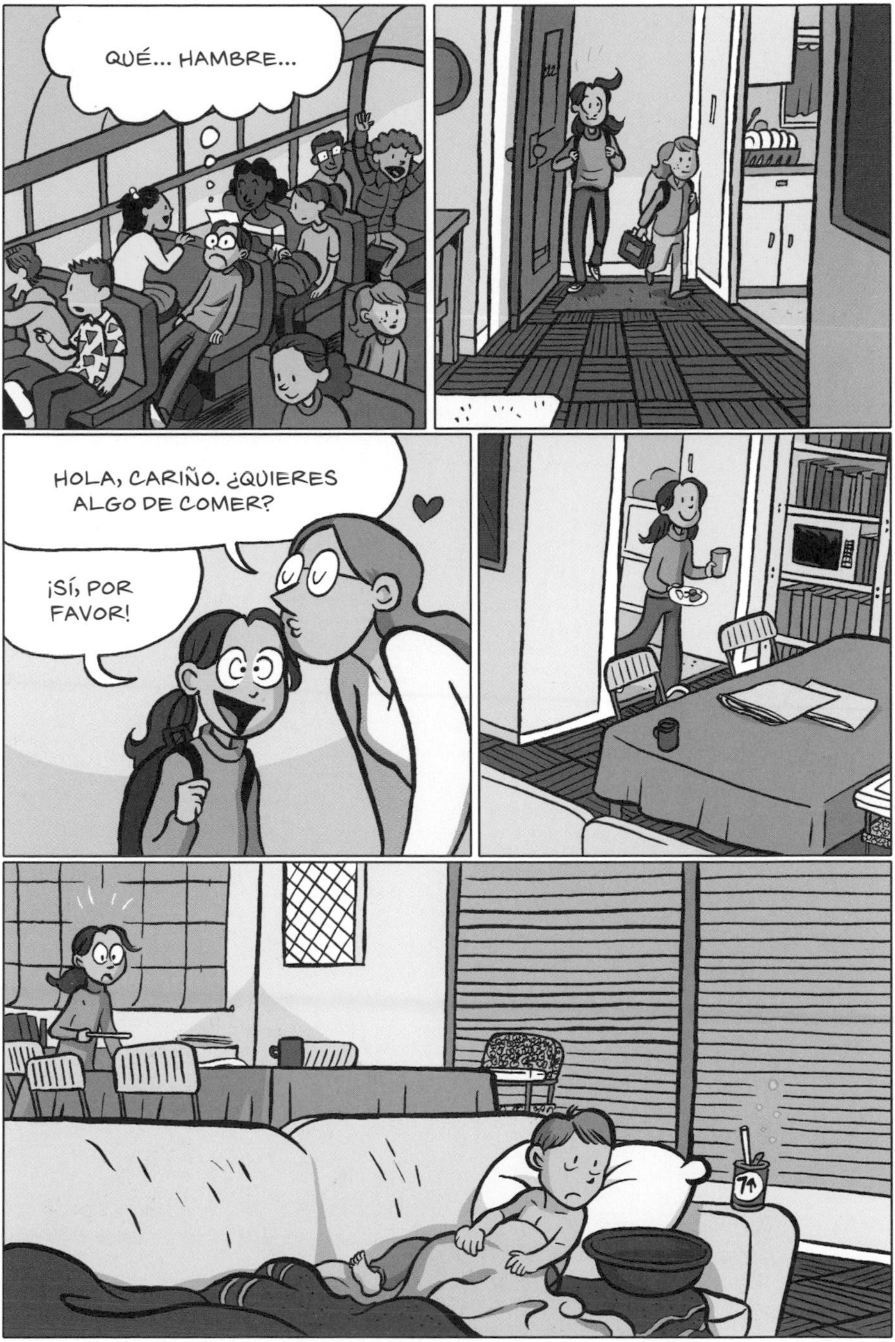
QUÉ... HAMBRE...
HOLA, CARIÑO. ¿QUIERES ALGO DE COMER?
¡SÍ, POR FAVOR!
7↑

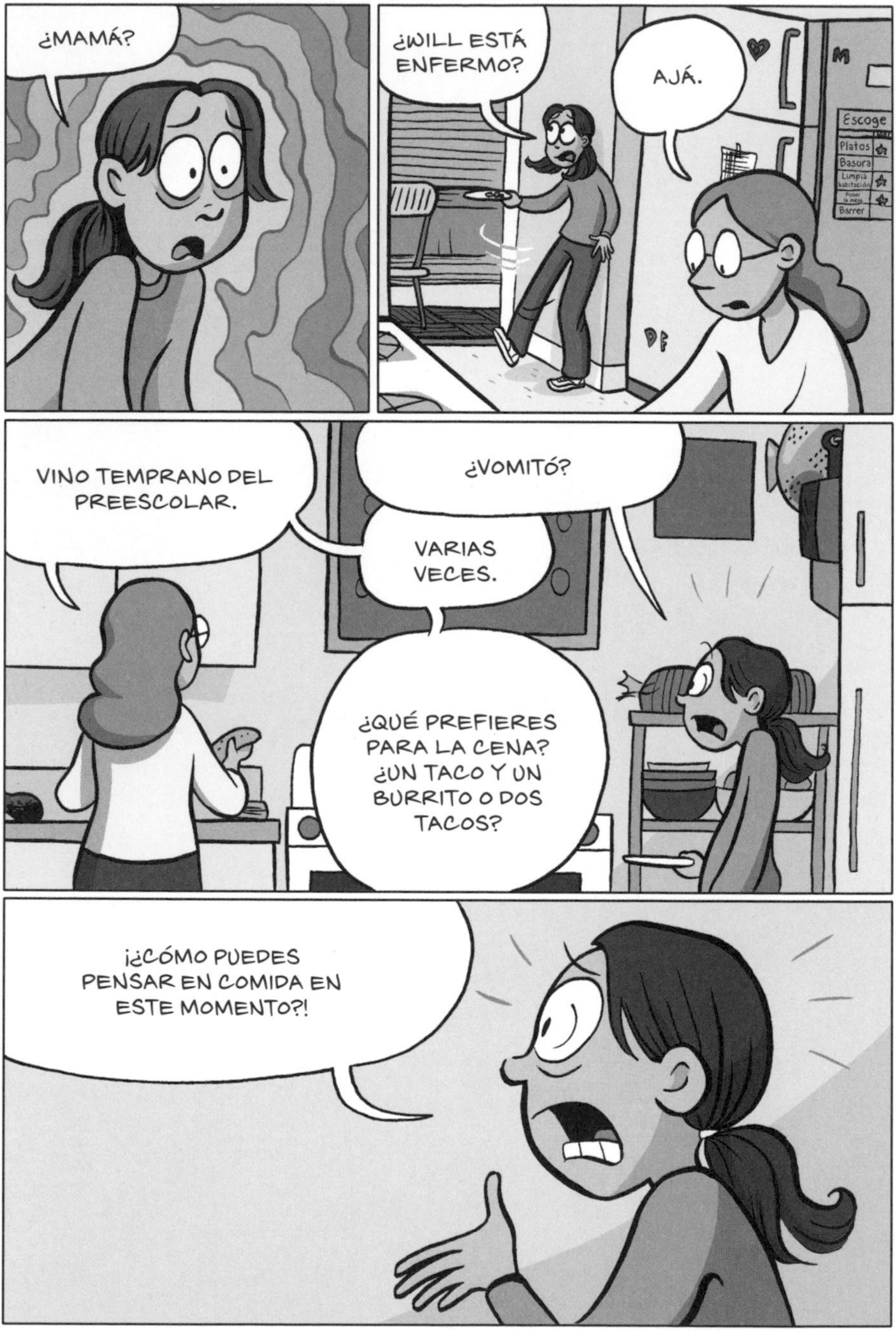
¿MAMÁ?
¿WILL ESTÁ ENFERMO?
AJÁ.
Escoge
Platos
Basura
Barrer
VINO TEMPRANO DEL PREESCOLAR.
¿VOMITÓ?
VARIAS VECES.
¿QUÉ PREFIERES PARA LA CENA? ¿UN TACO Y UN BURRITO O DOS TACOS?
¡¿CÓMO PUEDES PENSAR EN COMIDA EN ESTE MOMENTO?!

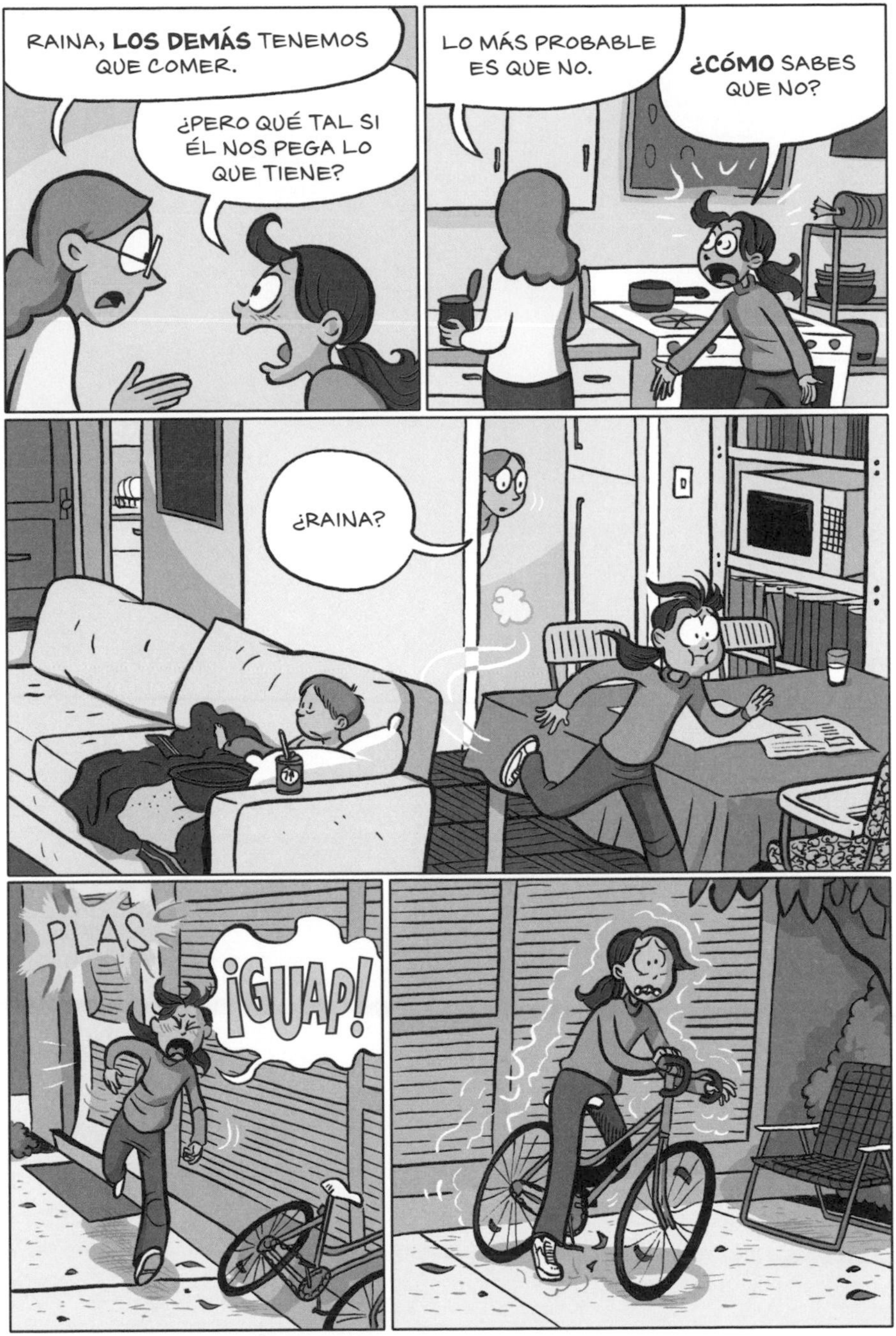
RAINA, **LOS DEMÁS** TENEMOS QUE COMER.
¿PERO QUÉ TAL SI ÉL NOS PEGA LO QUE TIENE?
LO MÁS PROBABLE ES QUE NO.
¿CÓMO SABES QUE NO?
¿RAINA?
PLAS
¡GUAP!

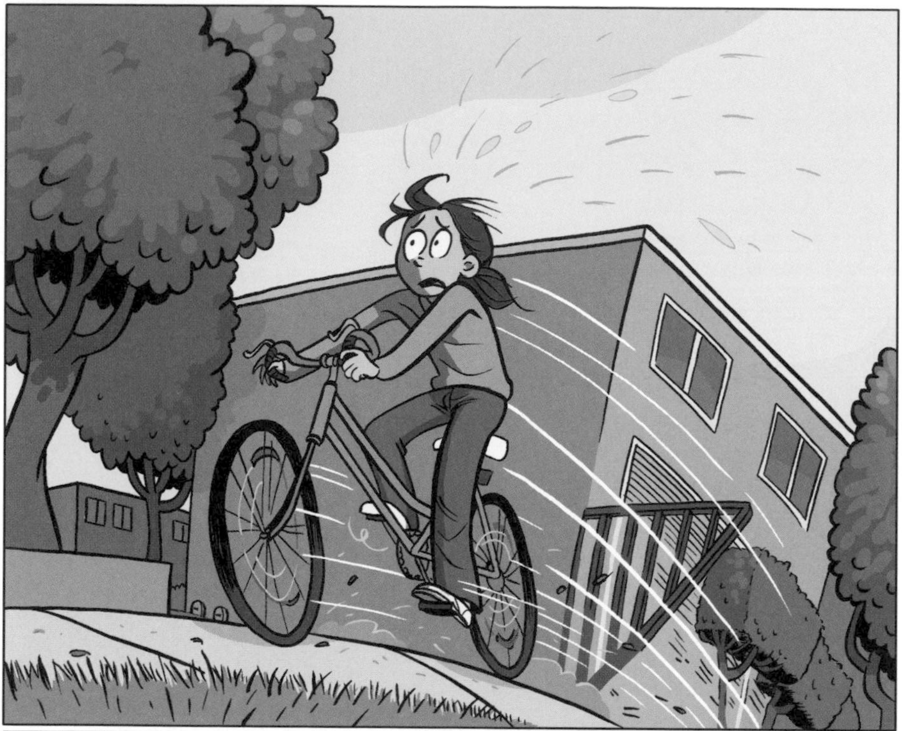

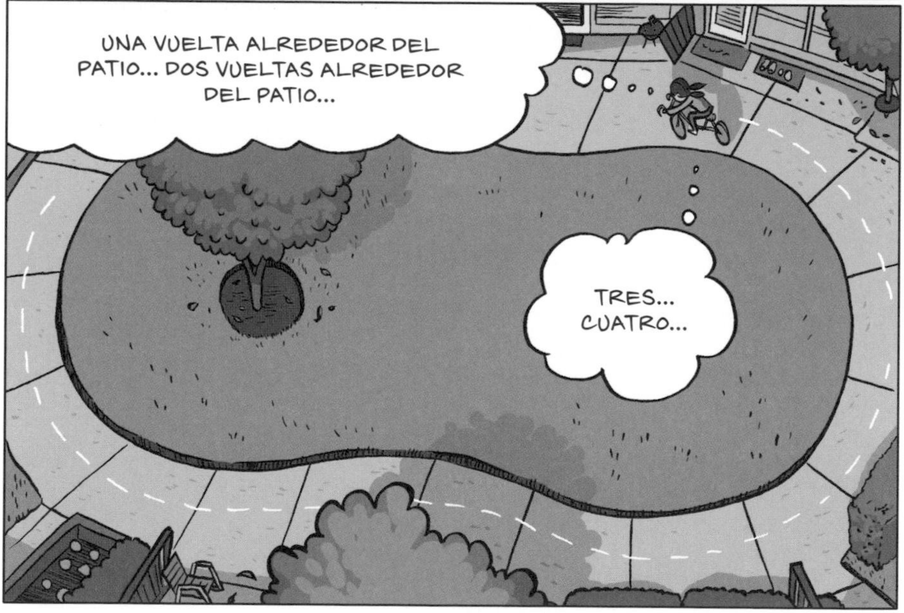
UNA VUELTA ALREDEDOR DEL PATIO... DOS VUELTAS ALREDEDOR DEL PATIO...
TRES... CUATRO...

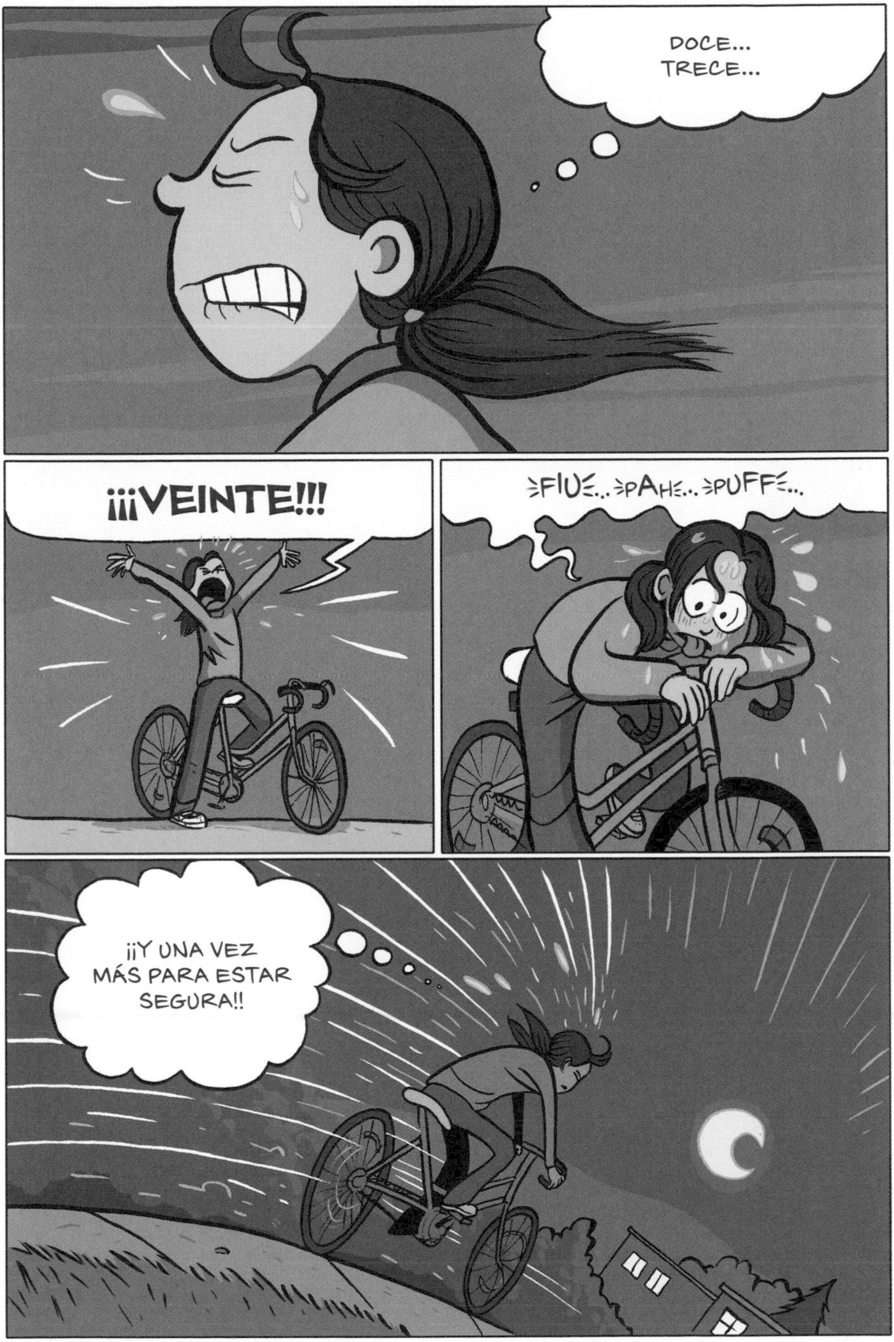
DOCE...
TRECE...
¡¡¡VEINTE!!!
FIU... PAH... PUFF...
¡¡Y UNA VEZ MÁS PARA ESTAR SEGURA!!

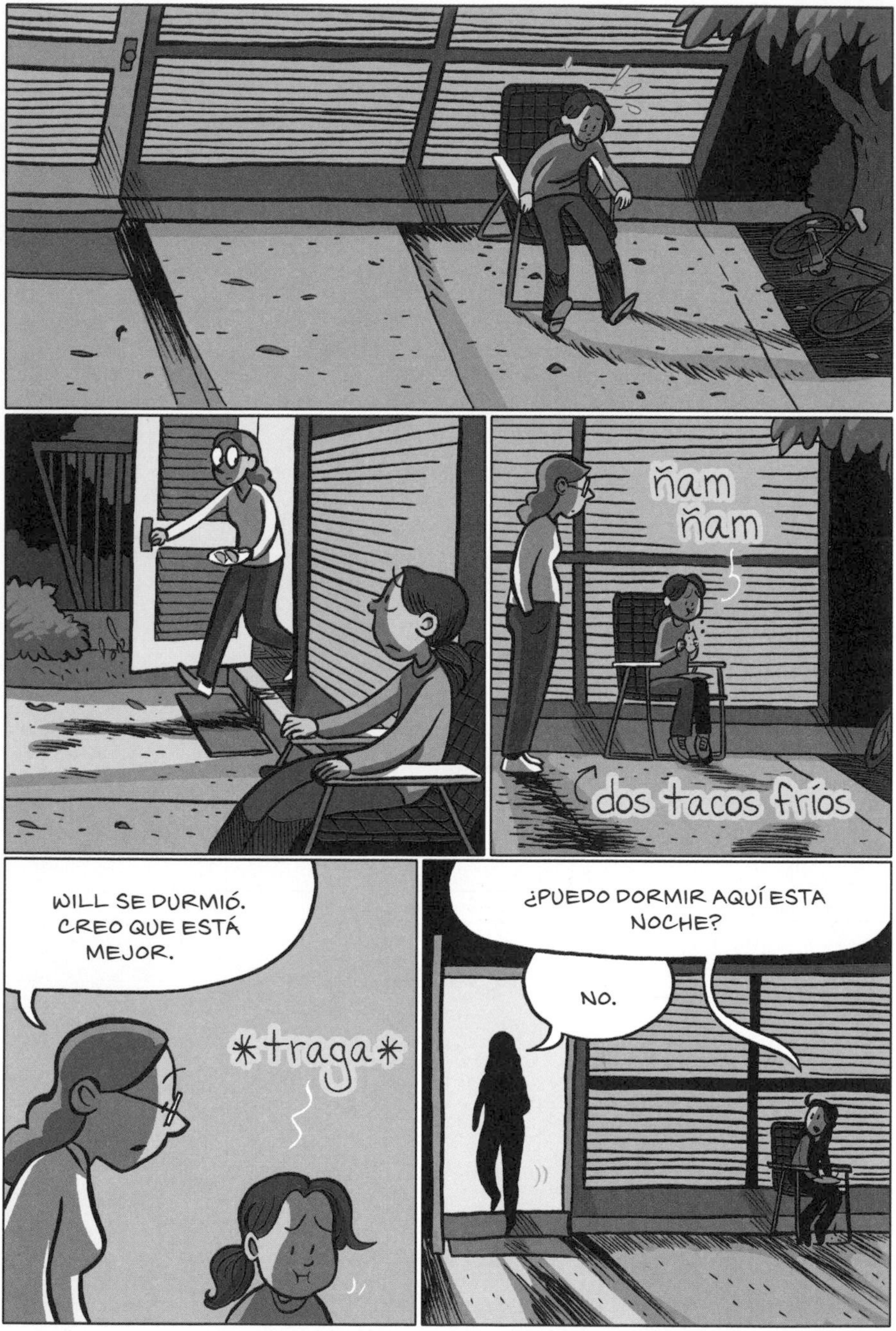
ñam
ñam
dos tacos fríos
WILL SE DURMIÓ. CREO QUE ESTÁ MEJOR.
traga
¿PUEDO DORMIR AQUÍ ESTA NOCHE?
NO.

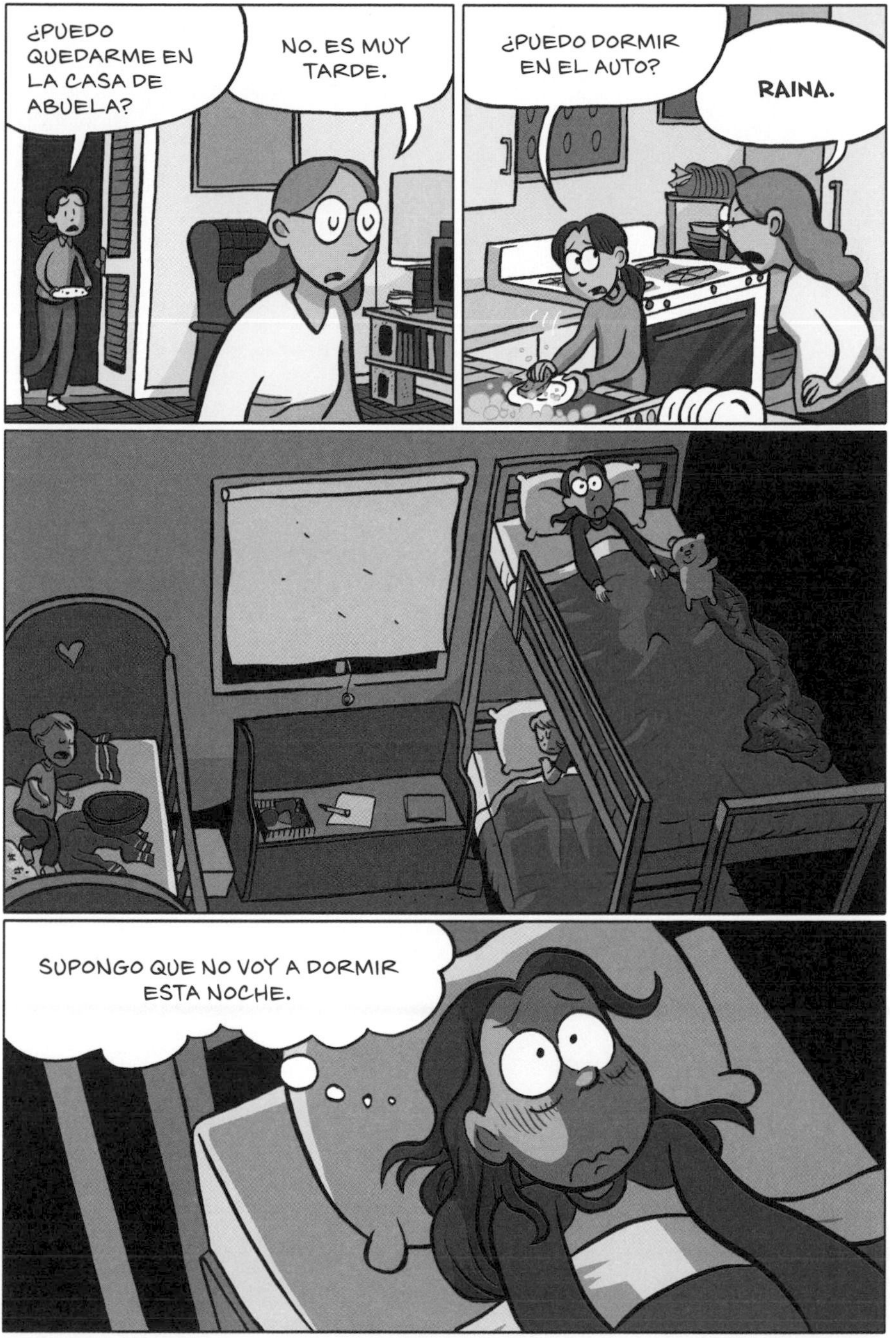
¿PUEDO QUEDARME EN LA CASA DE ABUELA?
NO. ES MUY TARDE.
¿PUEDO DORMIR EN EL AUTO?
RAINA.
SUPONGO QUE NO VOY A DORMIR ESTA NOCHE.

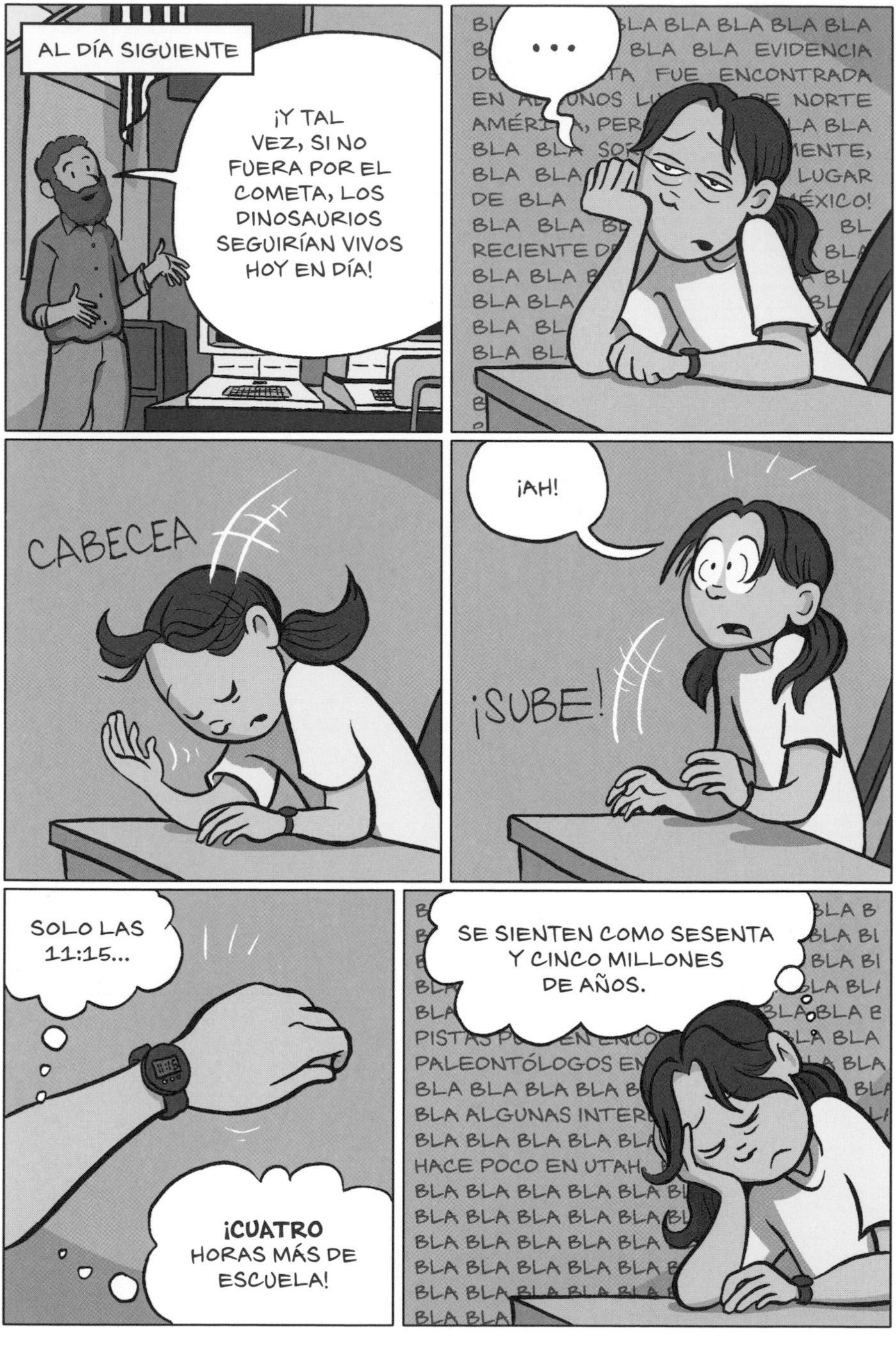
AL DÍA SIGUIENTE
¡Y TAL VEZ, SI NO FUERA POR EL COMETA, LOS DINOSAURIOS SEGUIRÍAN VIVOS HOY EN DÍA!
...
CABECEA
¡AH!
¡SUBE!
SOLO LAS 11:15...
¡CUATRO HORAS MÁS DE ESCUELA!
SE SIENTEN COMO SESENTA Y CINCO MILLONES DE AÑOS.

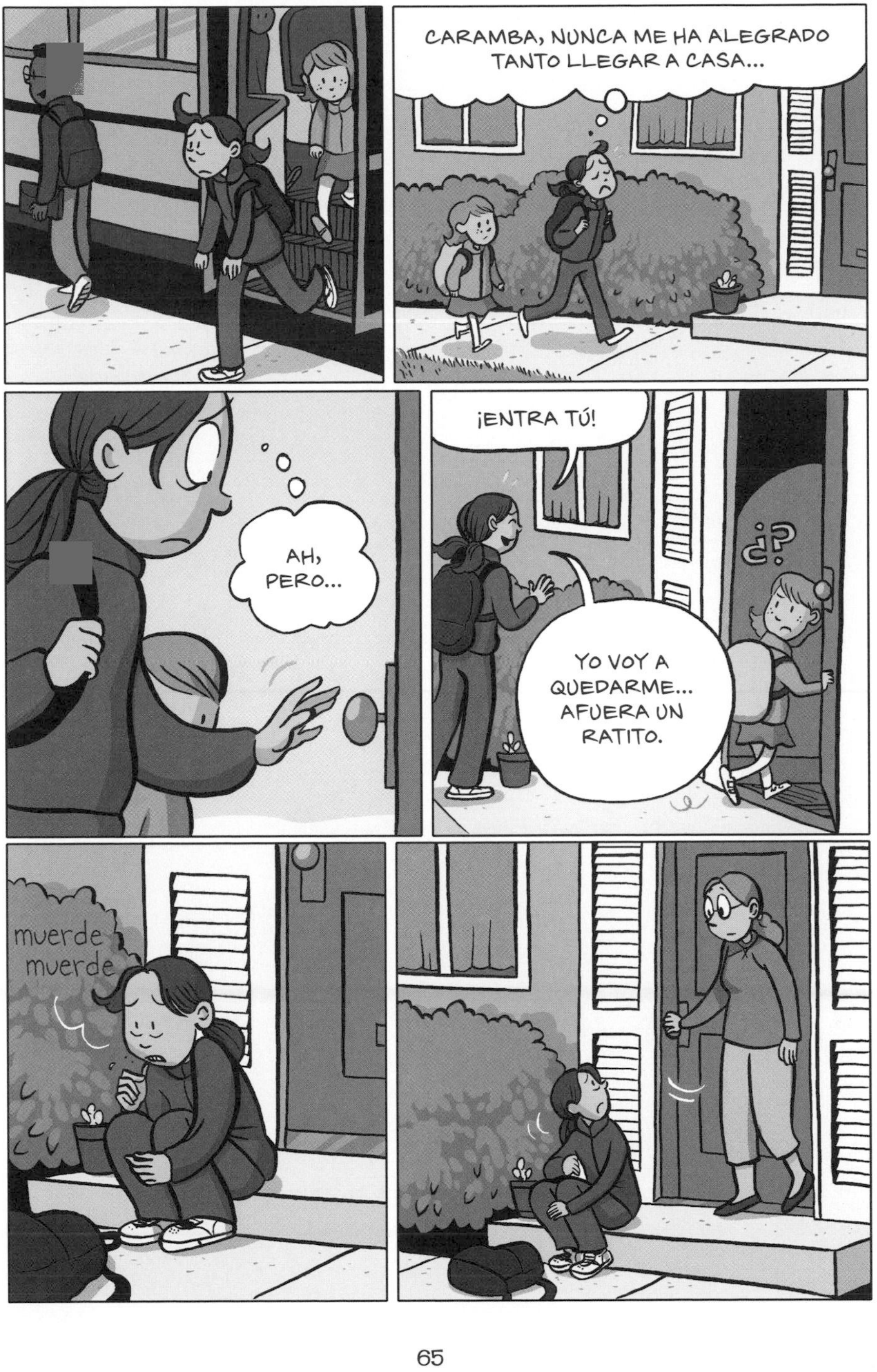
CARAMBA, NUNCA ME HA ALEGRADO TANTO LLEGAR A CASA...
AH, PERO...
¡ENTRA TÚ!
¿?
YO VOY A QUEDARME... AFUERA UN RATITO.
muerde
muerde

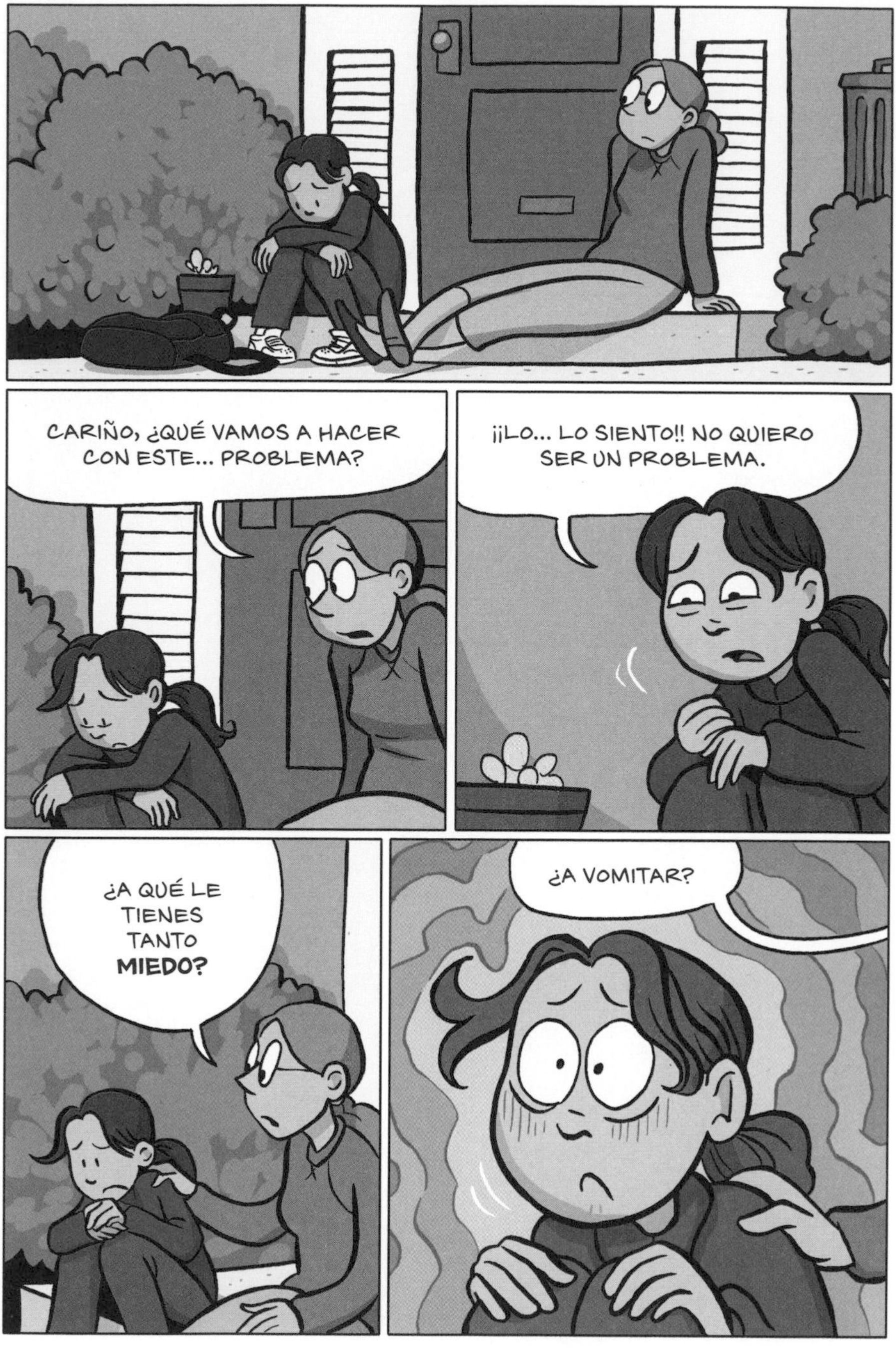
CARIÑO, ¿QUÉ VAMOS A HACER CON ESTE... PROBLEMA?
¡¡LO... LO SIENTO!! NO QUIERO SER UN PROBLEMA.
¿A QUÉ LE TIENES TANTO **MIEDO?**
¿A VOMITAR?

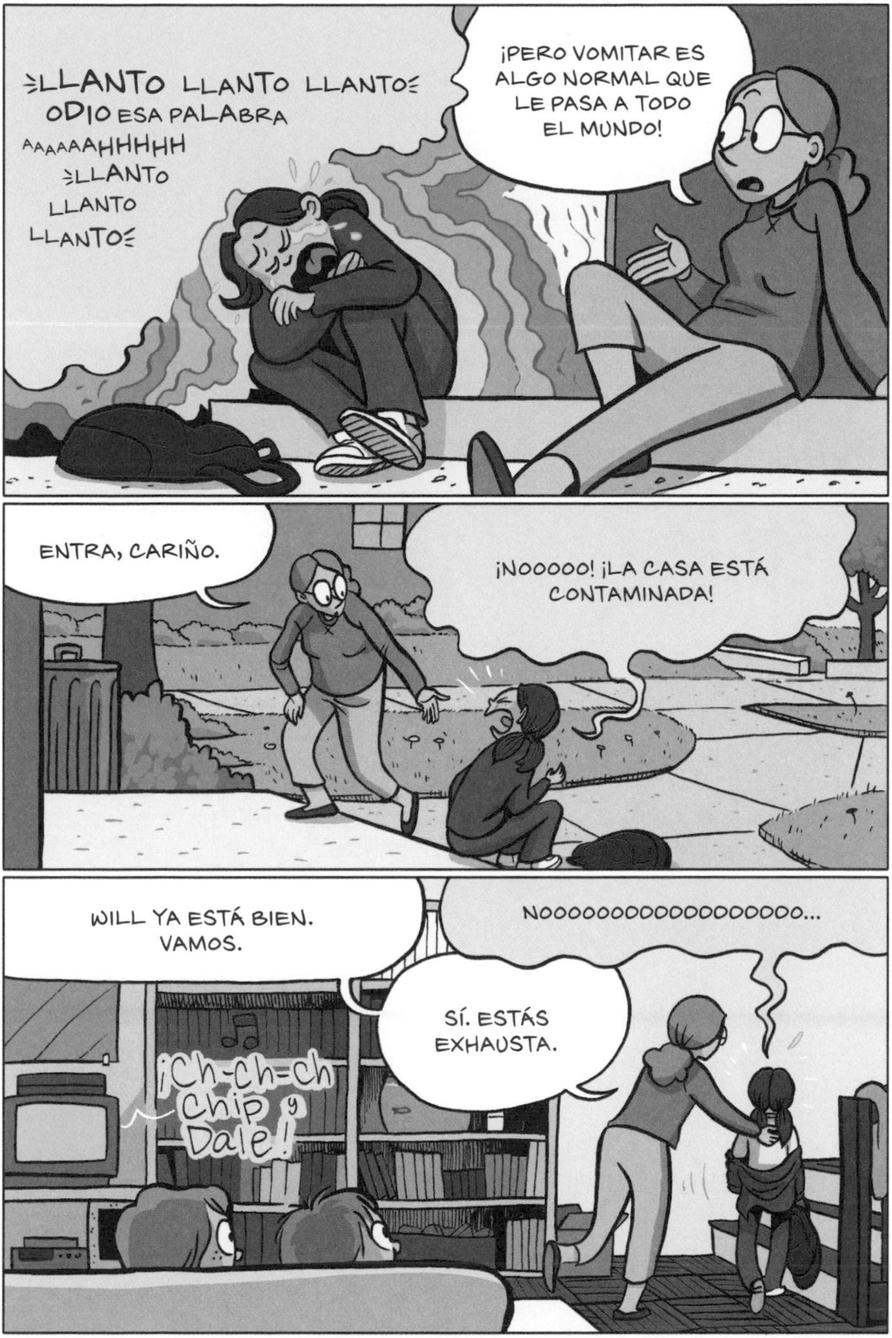
LLANTO LLANTO LLANTO
ODIO ESA PALABRA
AAAAAAHHHHH
LLANTO
LLANTO
LLANTO
¡PERO VOMITAR ES ALGO NORMAL QUE LE PASA A TODO EL MUNDO!
ENTRA, CARIÑO.
¡NOOOOO! ¡LA CASA ESTÁ CONTAMINADA!
WILL YA ESTÁ BIEN. VAMOS.
NOOOOOOOOOOOOOOOOOO...
SÍ. ESTÁS EXHAUSTA.
¡Ch-Ch-Ch Chip y Dale!

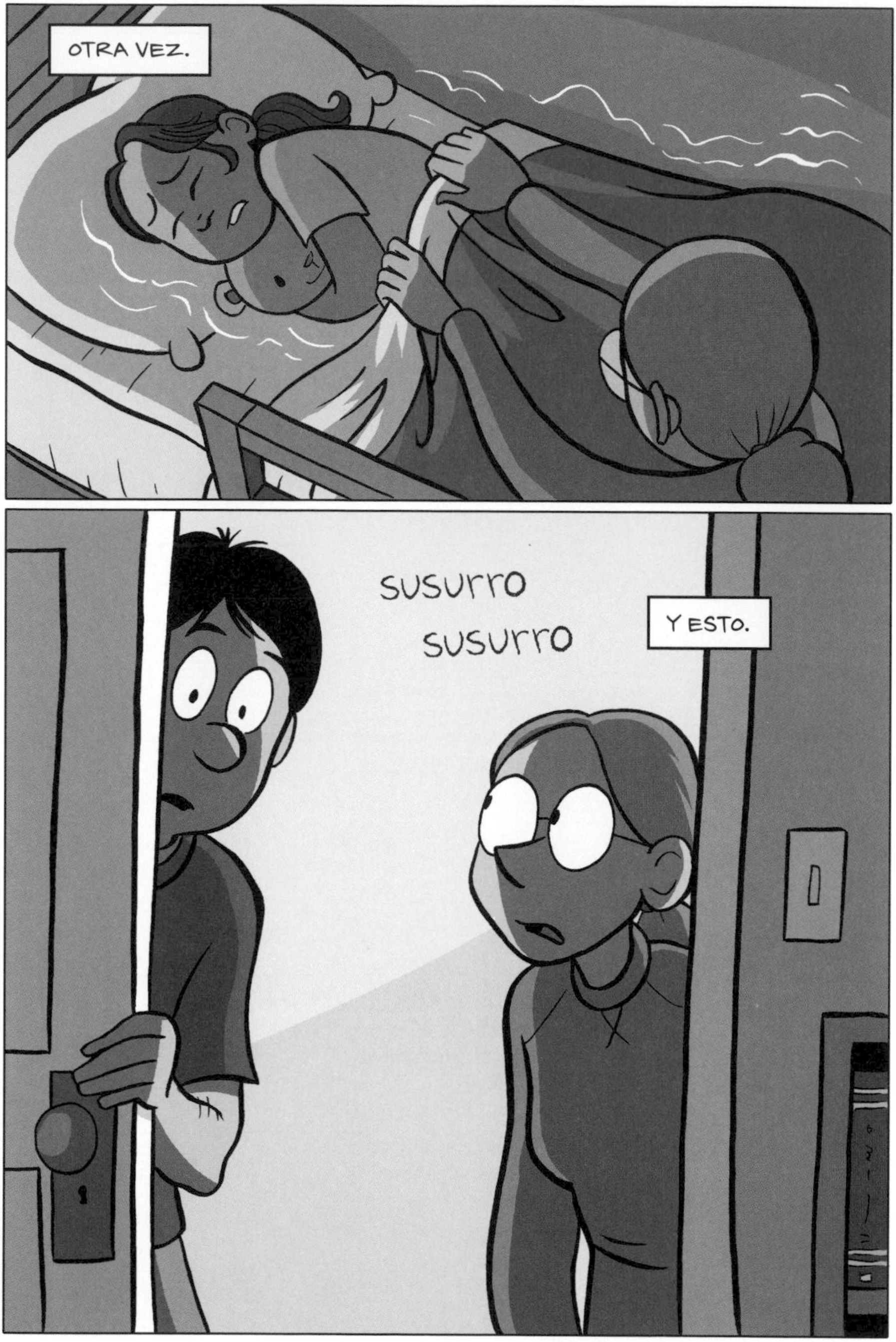
OTRA VEZ.
SUSURRO
SUSURRO
Y ESTO.

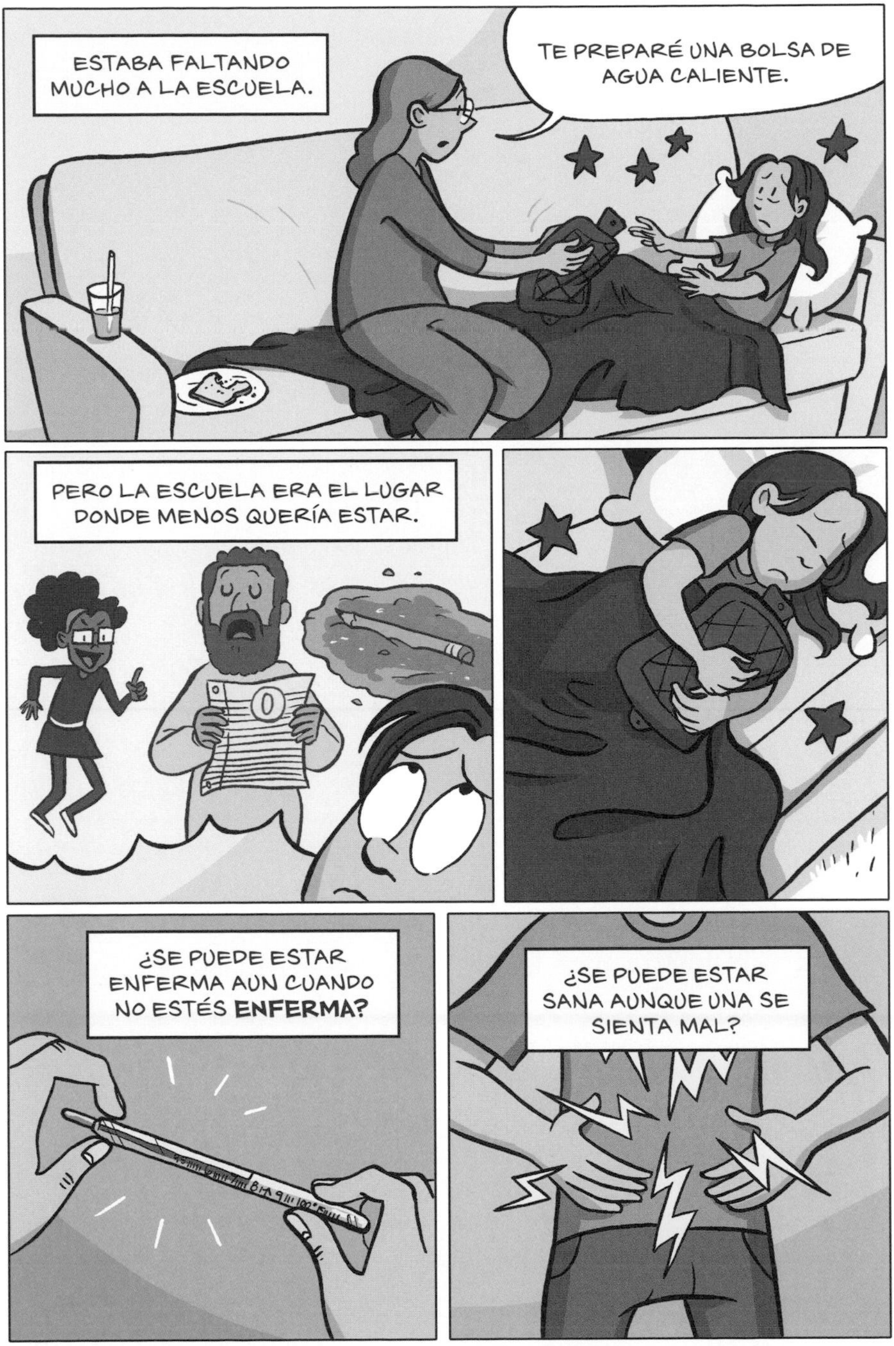
ESTABA FALTANDO MUCHO A LA ESCUELA.
TE PREPARÉ UNA BOLSA DE AGUA CALIENTE.
PERO LA ESCUELA ERA EL LUGAR DONDE MENOS QUERÍA ESTAR.
¿SE PUEDE ESTAR ENFERMA AUN CUANDO NO ESTÉS **ENFERMA?**
¿SE PUEDE ESTAR SANA AUNQUE UNA SE SIENTA MAL?

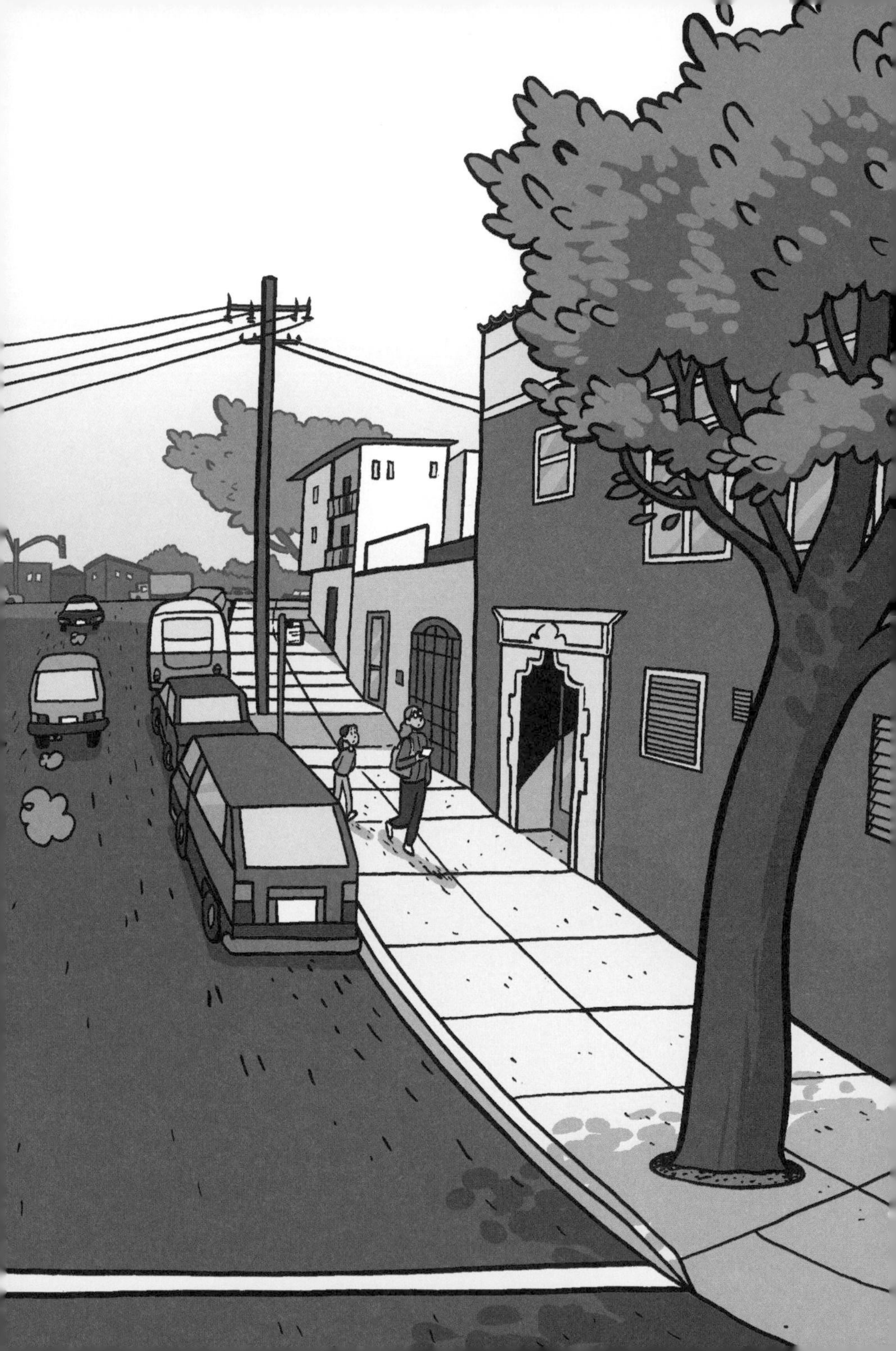

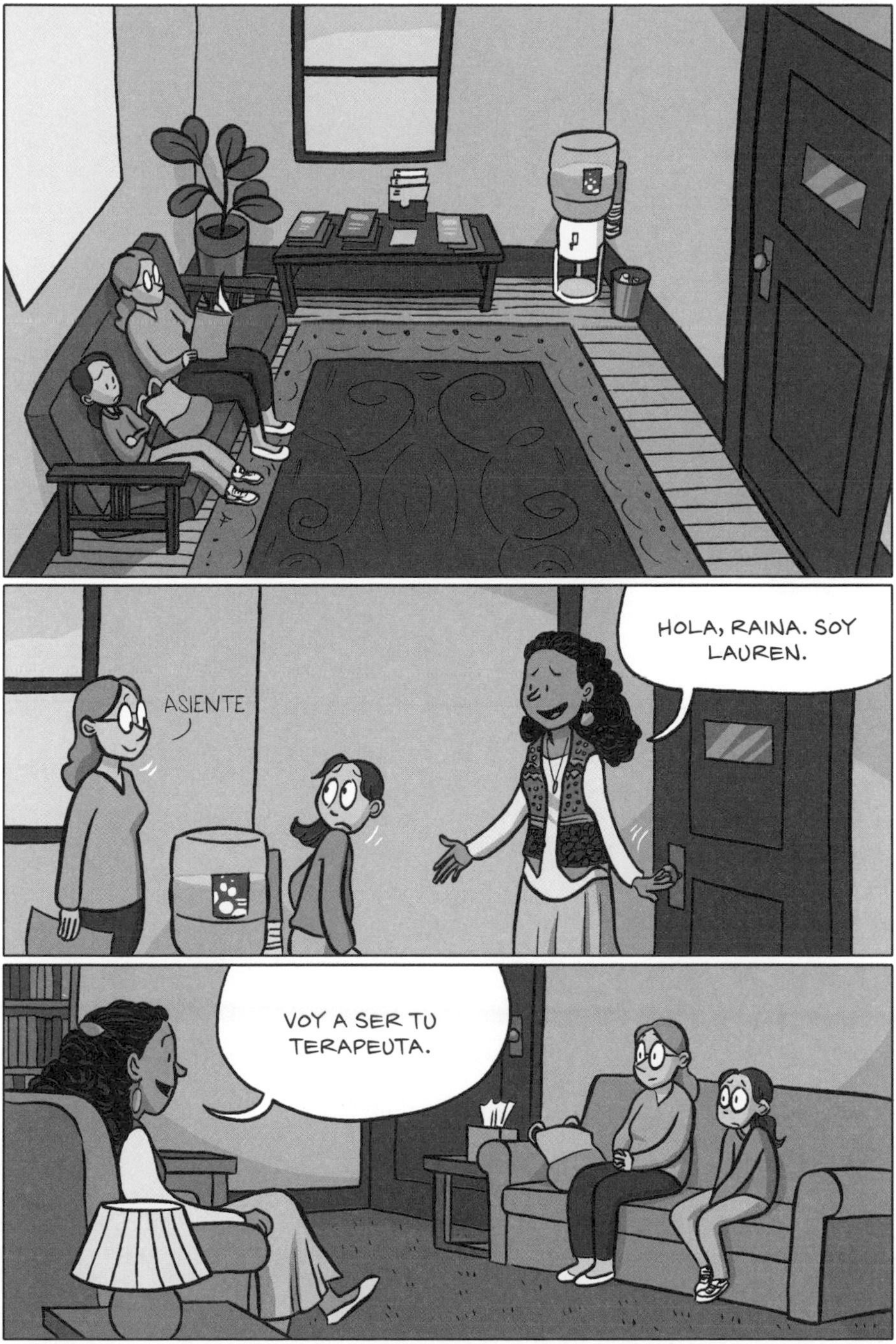
HOLA, RAINA. SOY LAUREN.
ASIENTE
VOY A SER TU TERAPEUTA.

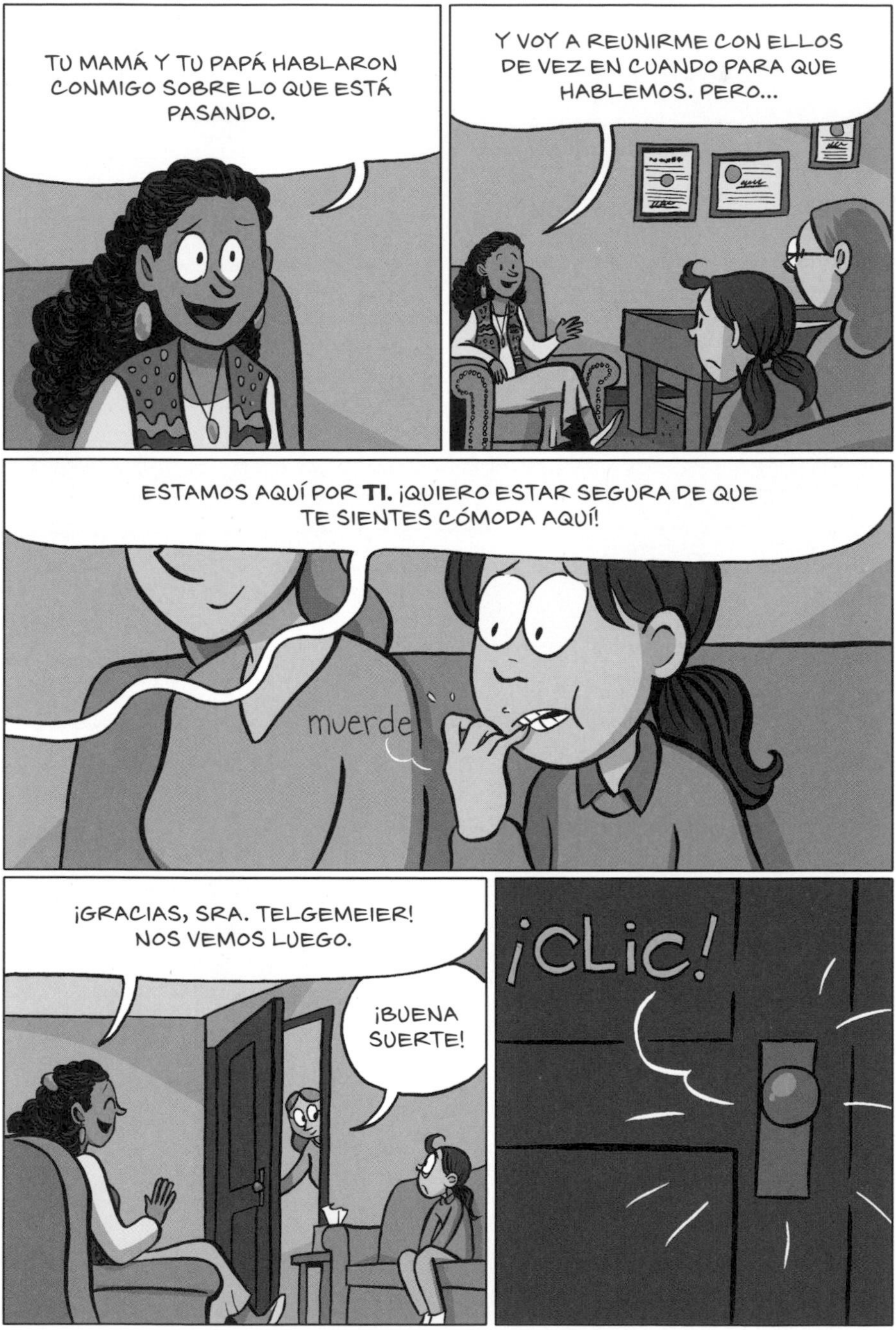
TU MAMÁ Y TU PAPÁ HABLARON CONMIGO SOBRE LO QUE ESTÁ PASANDO.
Y VOY A REUNIRME CON ELLOS DE VEZ EN CUANDO PARA QUE HABLEMOS. PERO...
ESTAMOS AQUÍ POR **TI.** ¡QUIERO ESTAR SEGURA DE QUE TE SIENTES CÓMODA AQUÍ!
muerde
¡GRACIAS, SRA. TELGEMEIER! NOS VEMOS LUEGO.
¡BUENA SUERTE!
¡CLIC!

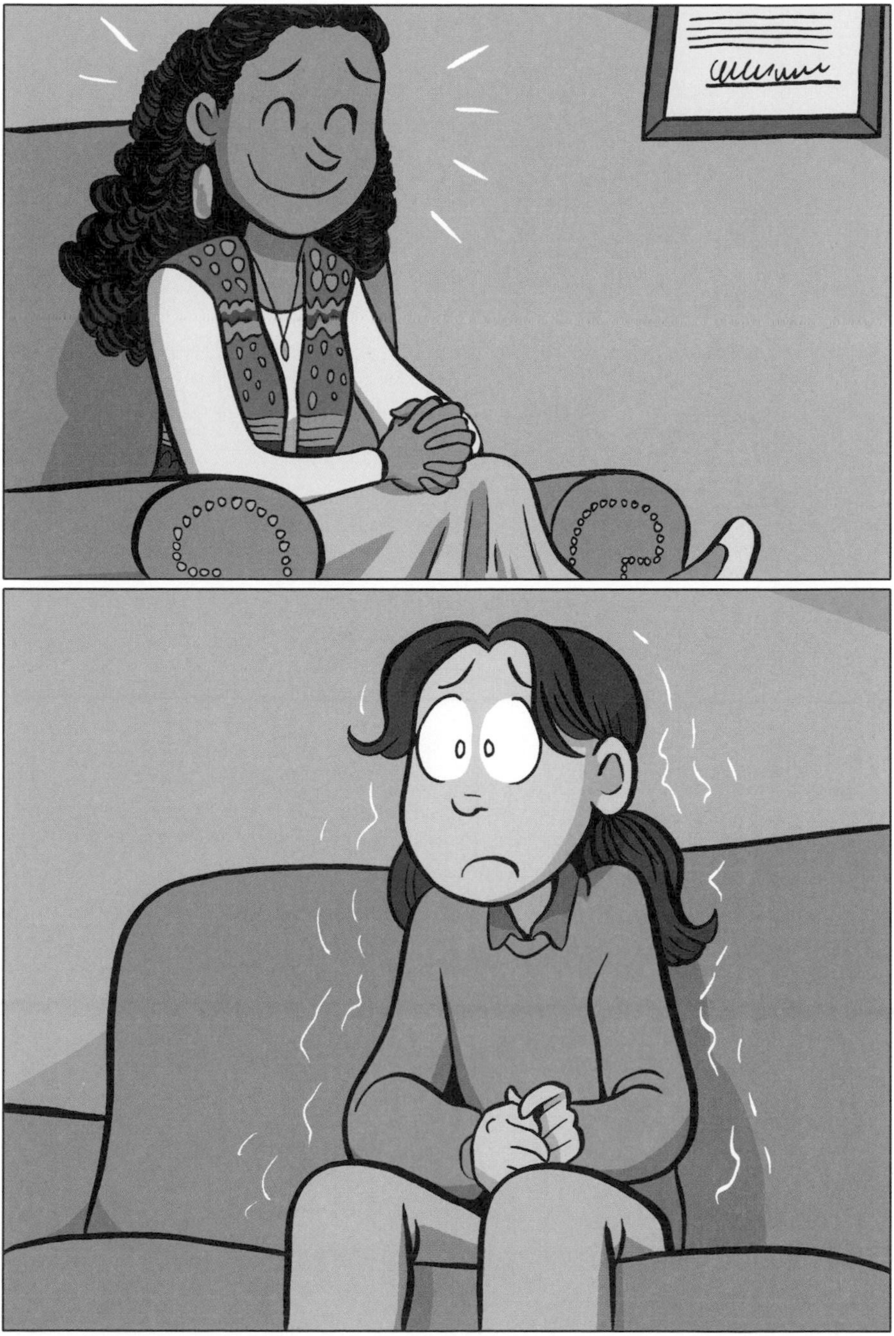

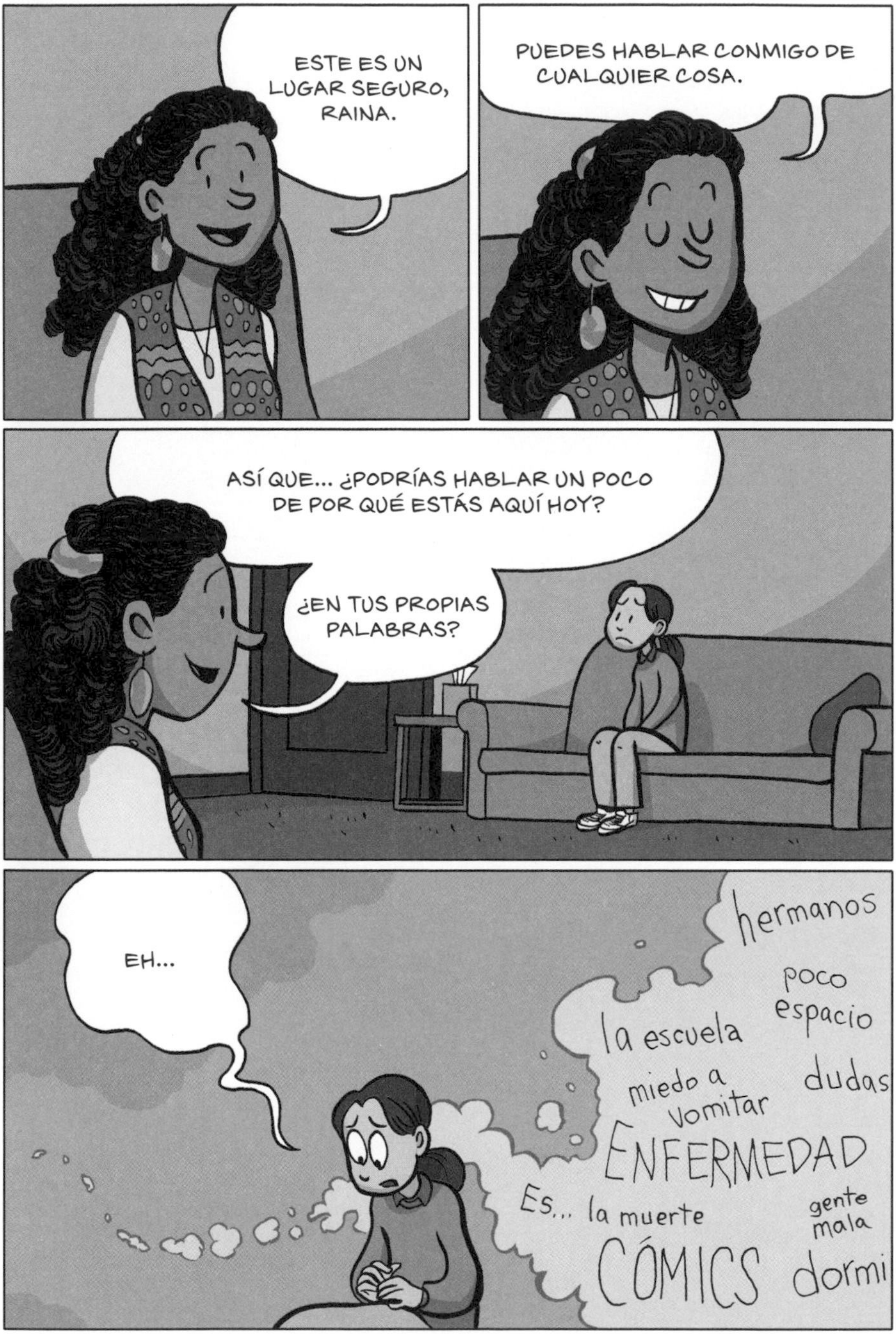
ESTE ES UN LUGAR SEGURO, RAINA.
PUEDES HABLAR CONMIGO DE CUALQUIER COSA.
ASÍ QUE... ¿PODRÍAS HABLAR UN POCO DE POR QUÉ ESTÁS AQUÍ HOY?
¿EN TUS PROPIAS PALABRAS?
EH...
hermanos
poco espacio
la escuela
miedo a vomitar
dudas
ENFERMEDAD
Es... la muerte
gente mala
CÓMICS
dormi

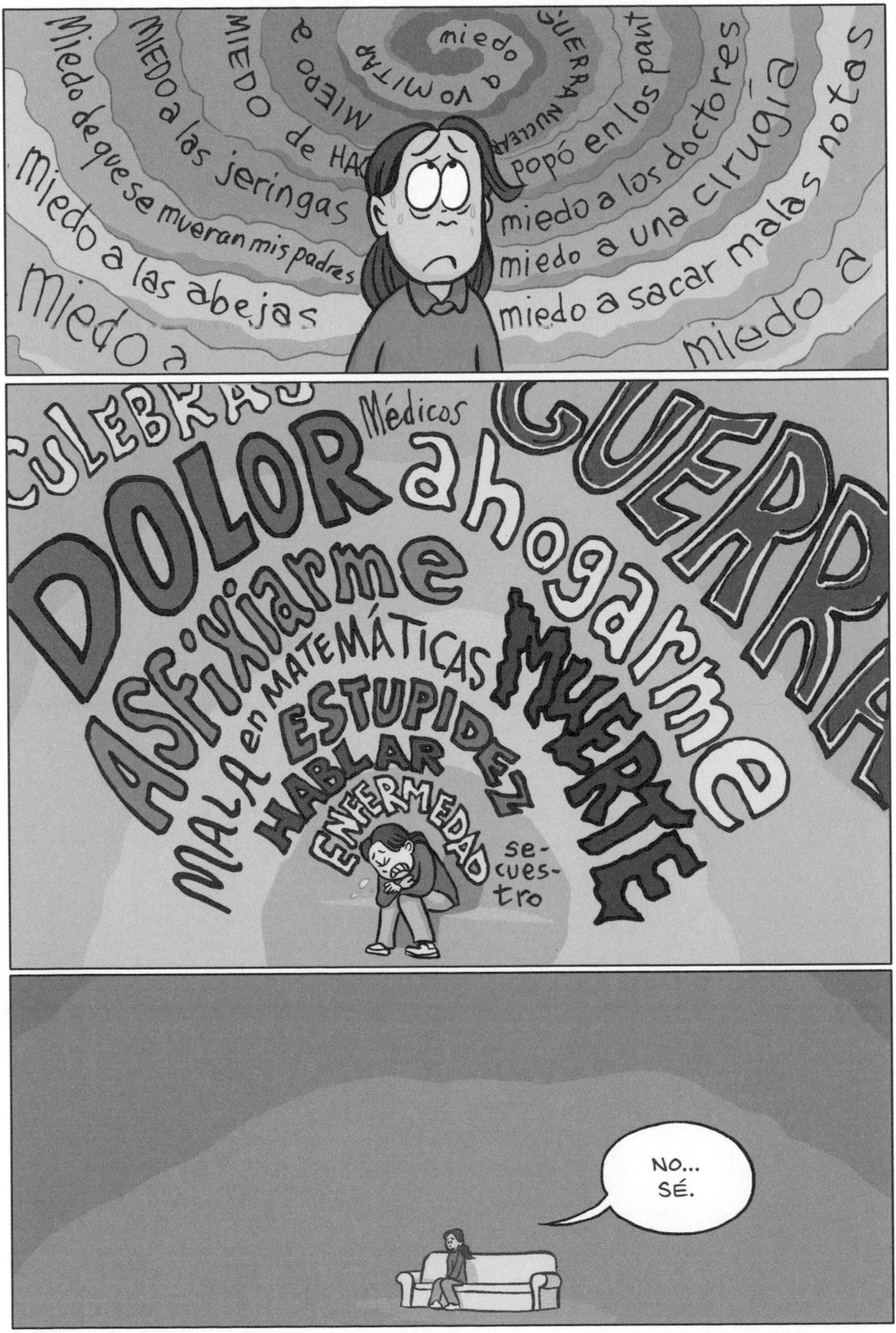
miedo a vomitar
MIEDO
miedo a
MIEDO a las jeringas
Miedo de que se mueran mis padres
miedo a las abejas
Miedo a
GUERRA NUCLEAR
popó en los pant
miedo a los doctores
miedo a una cirugía
miedo a sacar malas notas
miedo a
CULEBRAS
Médicos
DOLOR
ahogarme
GUERRA
Asfixiarme
MALA en MATEMÁTICAS
ESTUPIDEZ
MUERTE
HABLAR
ENFERMEDAD
se-cues-tro
NO... SÉ.

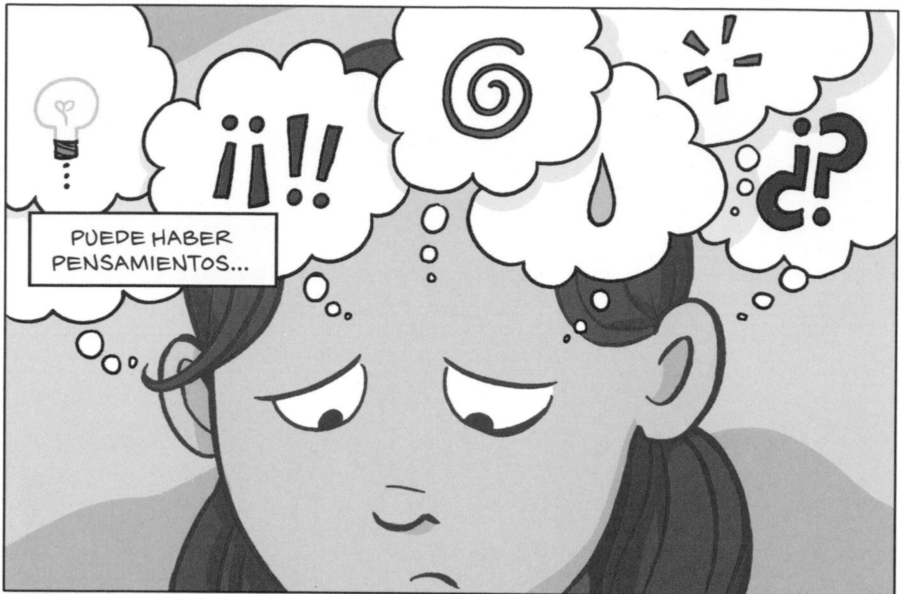
¡¡!!
¿?
PUEDE HABER PENSAMIENTOS...

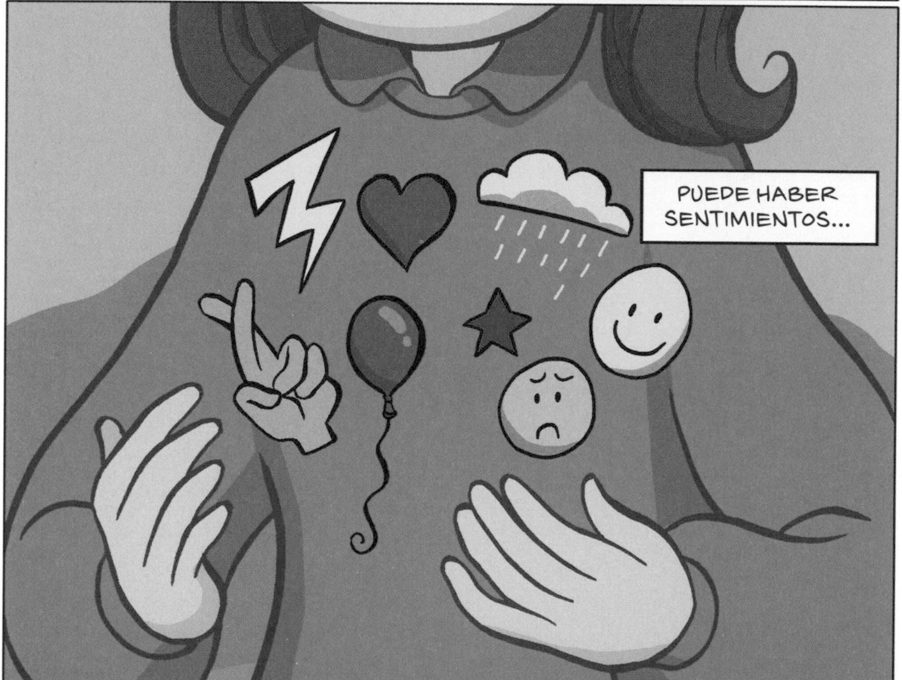
PUEDE HABER SENTIMIENTOS...

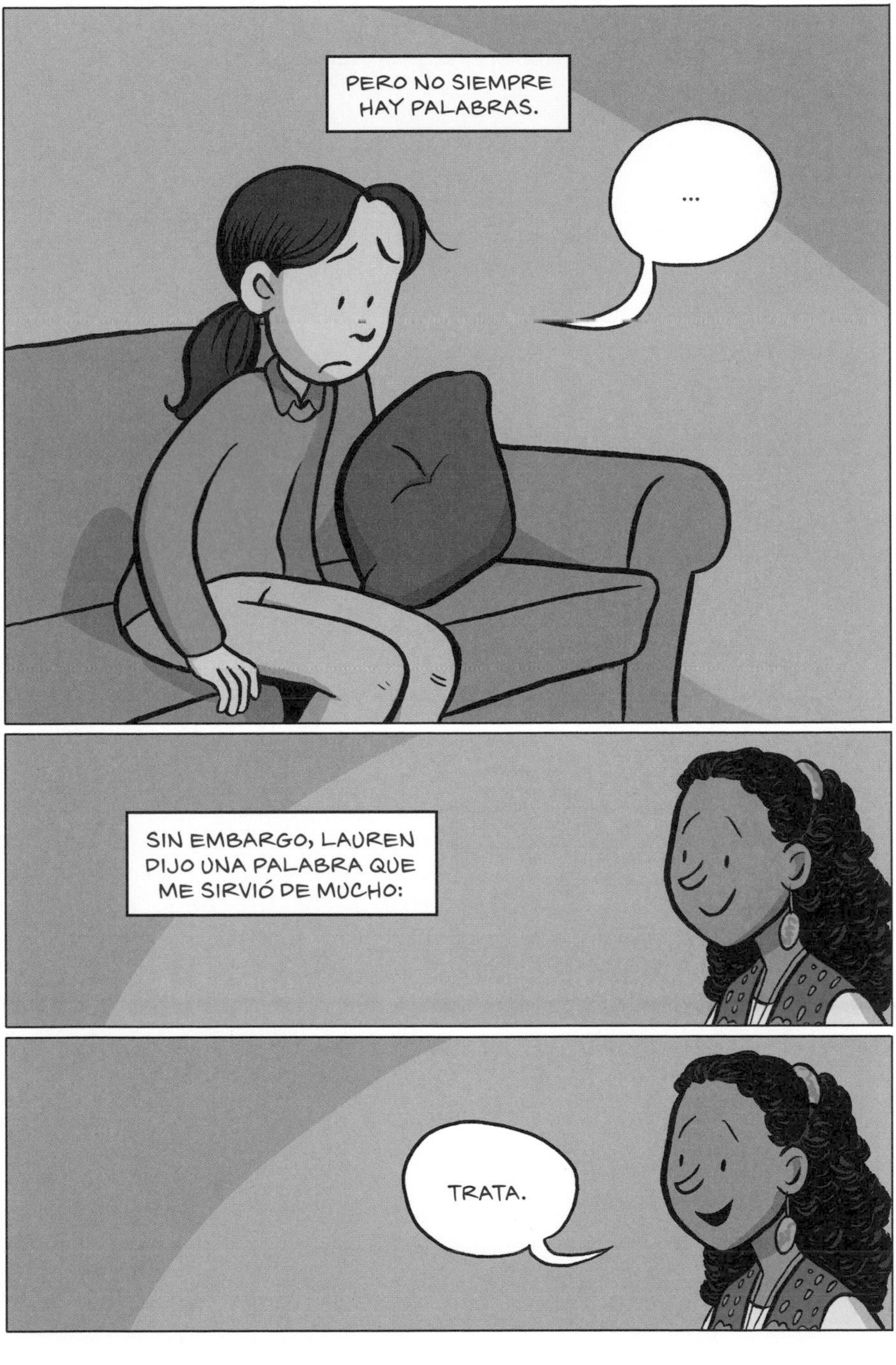
PERO NO SIEMPRE HAY PALABRAS.
...
SIN EMBARGO, LAUREN DIJO UNA PALABRA QUE ME SIRVIÓ DE MUCHO:
TRATA.

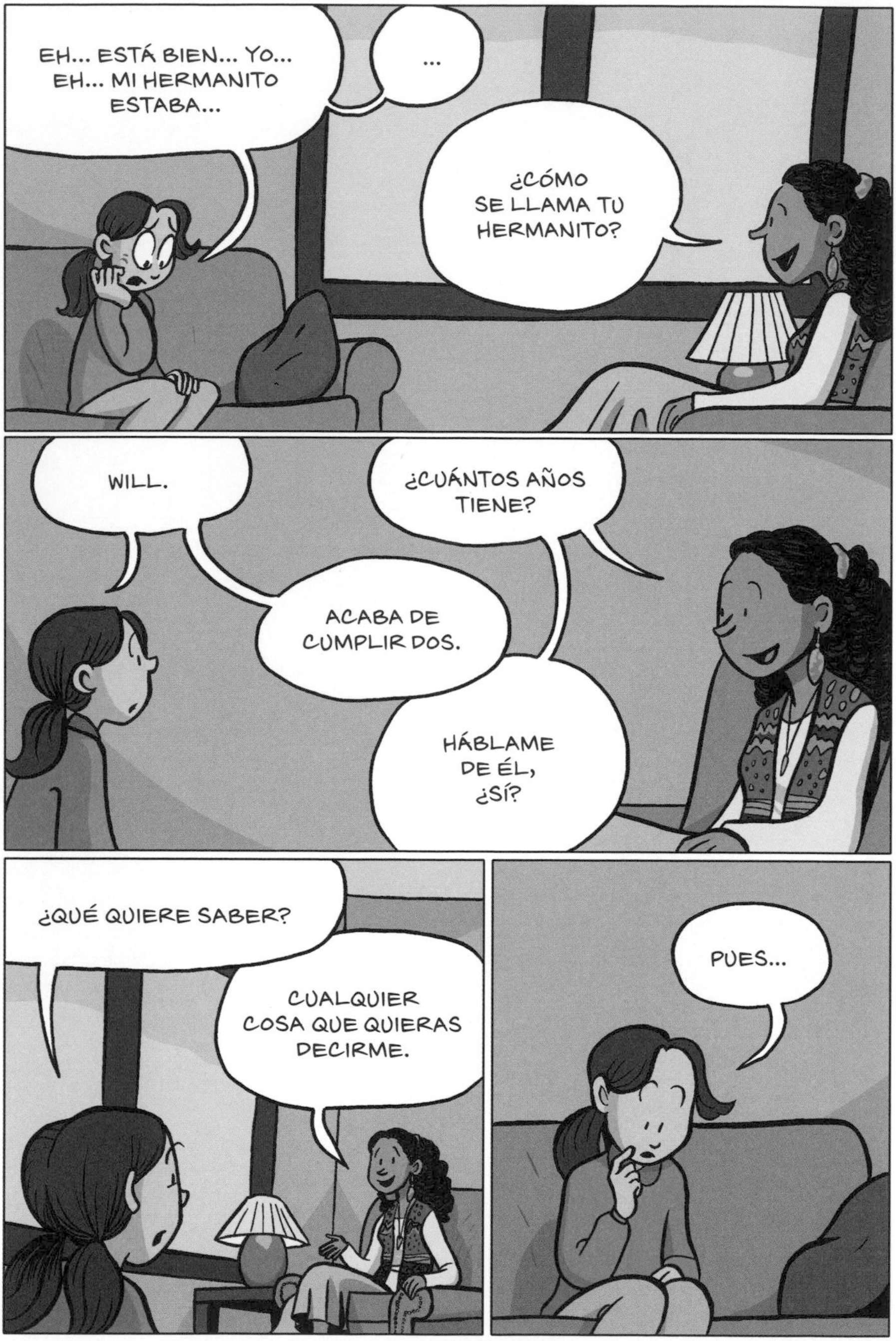
EH... ESTÁ BIEN... YO... EH... MI HERMANITO ESTABA...
...
¿CÓMO SE LLAMA TU HERMANITO?
WILL.
¿CUÁNTOS AÑOS TIENE?
ACABA DE CUMPLIR DOS.
HÁBLAME DE ÉL, ¿SÍ?
¿QUÉ QUIERE SABER?
CUALQUIER COSA QUE QUIERAS DECIRME.
PUES...

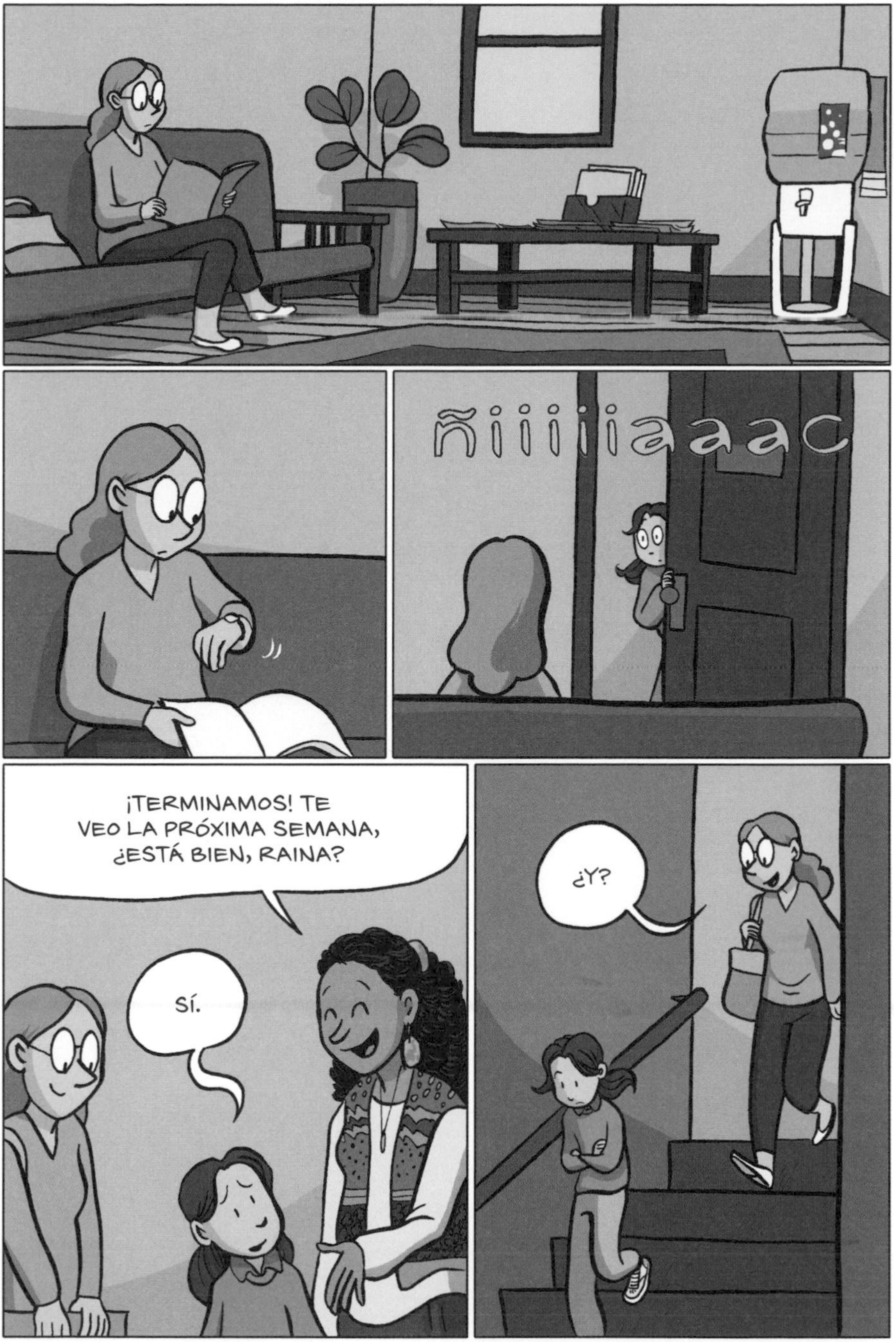
ñiiiiaaac
¡TERMINAMOS! TE VEO LA PRÓXIMA SEMANA, ¿ESTÁ BIEN, RAINA?
SÍ.
¿Y?

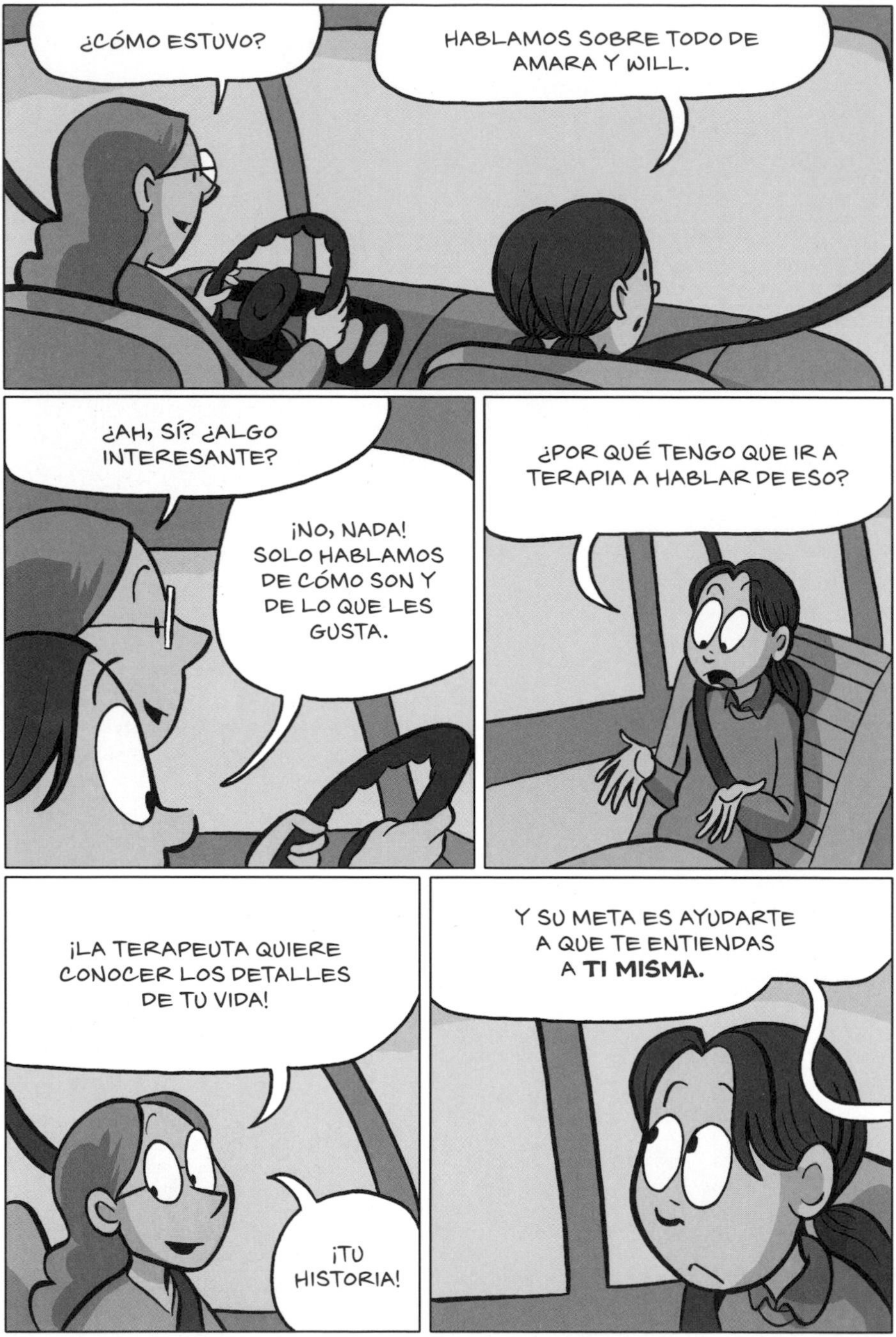

¿CÓMO ESTUVO?
HABLAMOS SOBRE TODO DE AMARA Y WILL.
¿AH, SÍ? ¿ALGO INTERESANTE?
¡NO, NADA! SOLO HABLAMOS DE CÓMO SON Y DE LO QUE LES GUSTA.
¿POR QUÉ TENGO QUE IR A TERAPIA A HABLAR DE ESO?
¡LA TERAPEUTA QUIERE CONOCER LOS DETALLES DE TU VIDA!
¡TU HISTORIA!
Y SU META ES AYUDARTE A QUE TE ENTIENDAS A **TI MISMA.**

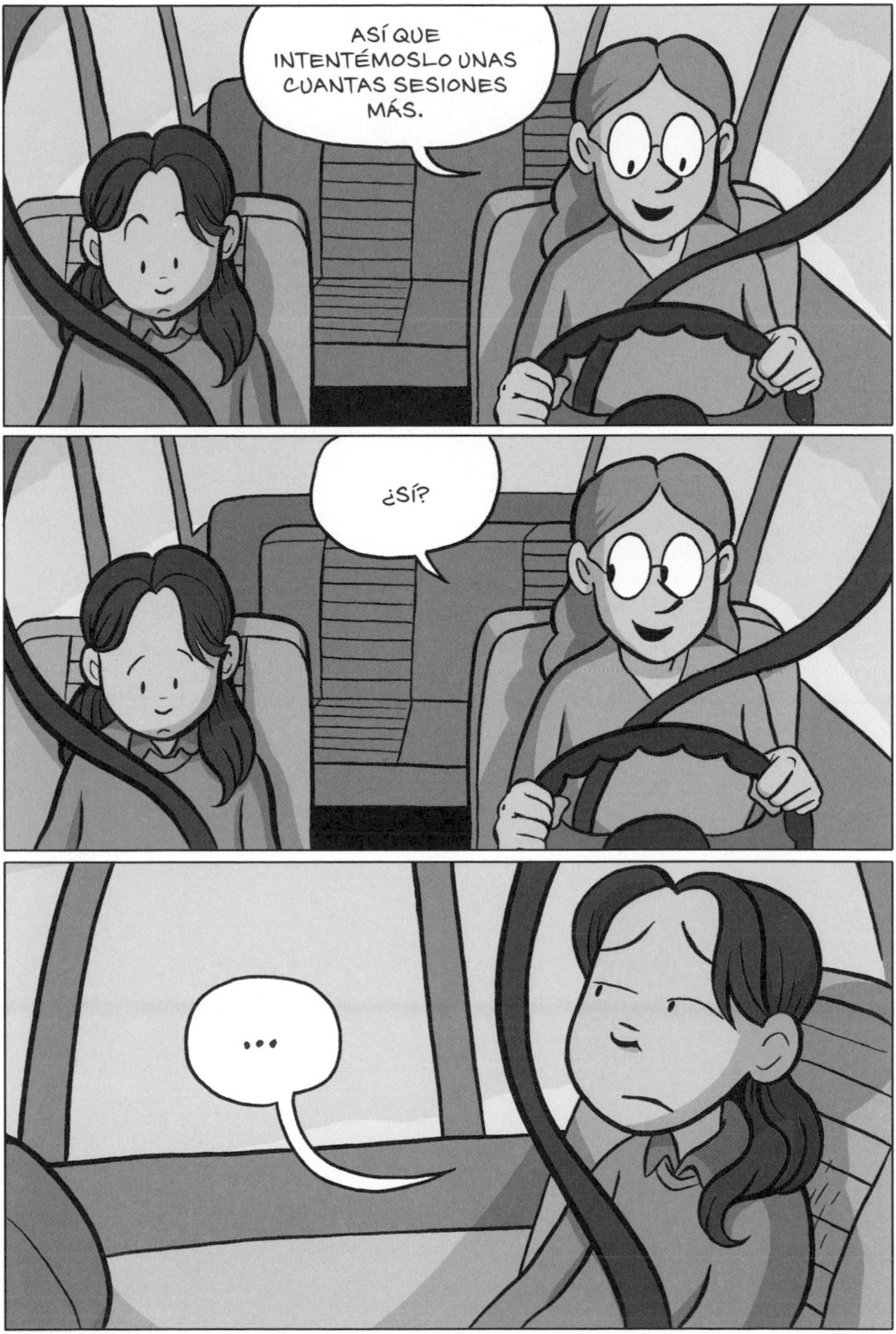
ASÍ QUE INTENTÉMOSLO UNAS CUANTAS SESIONES MÁS.
¿SÍ?
...

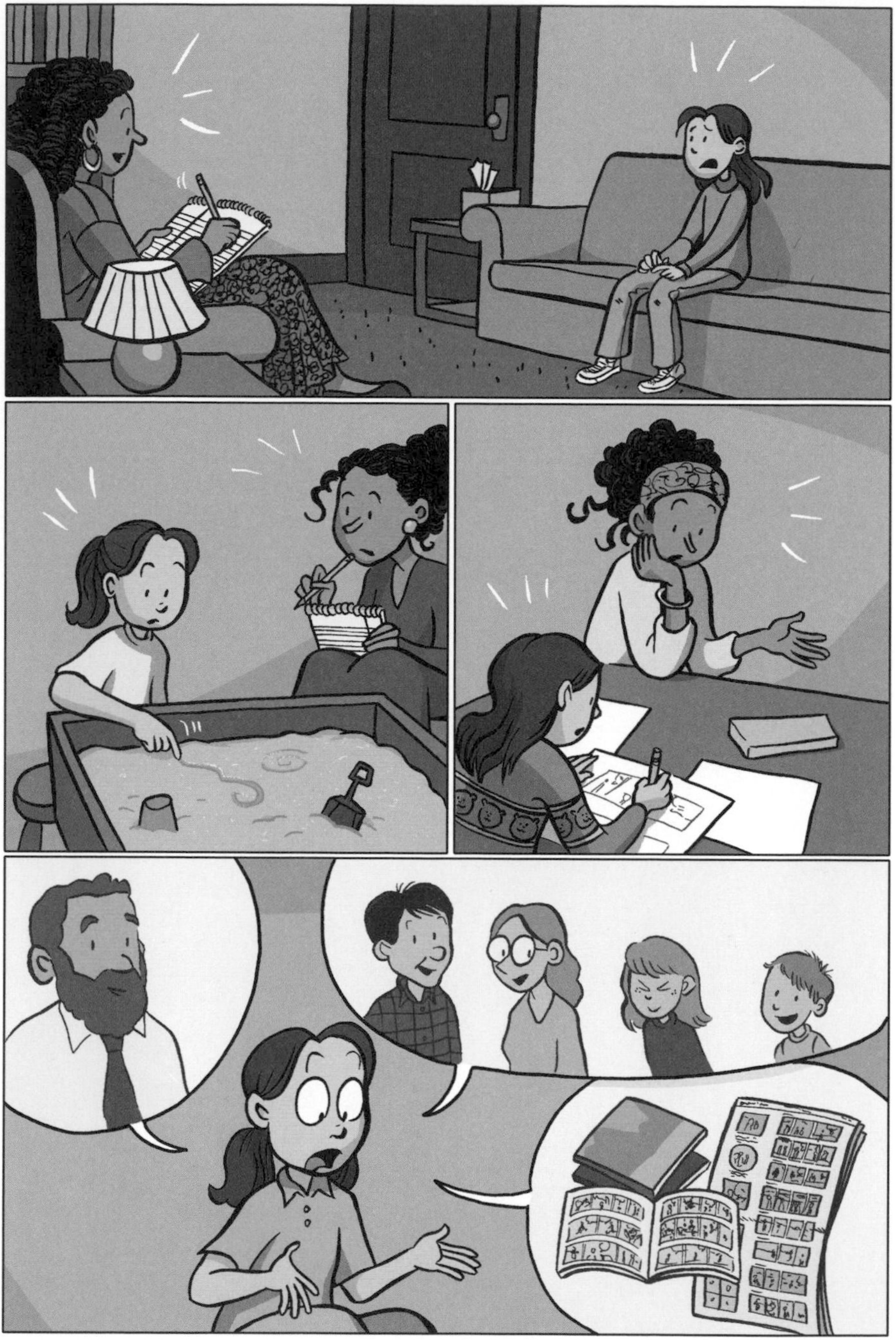

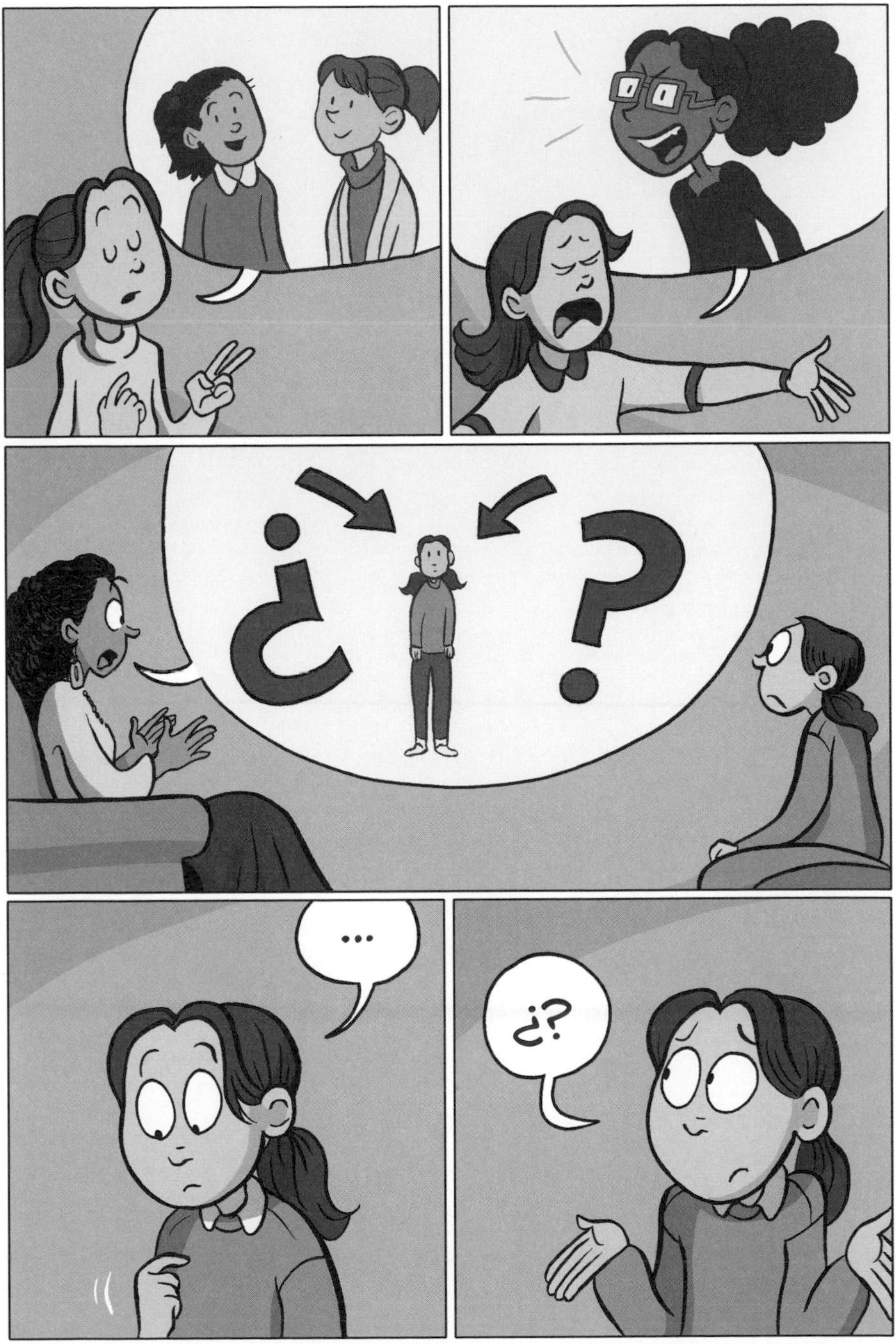
¿?
...
¿?

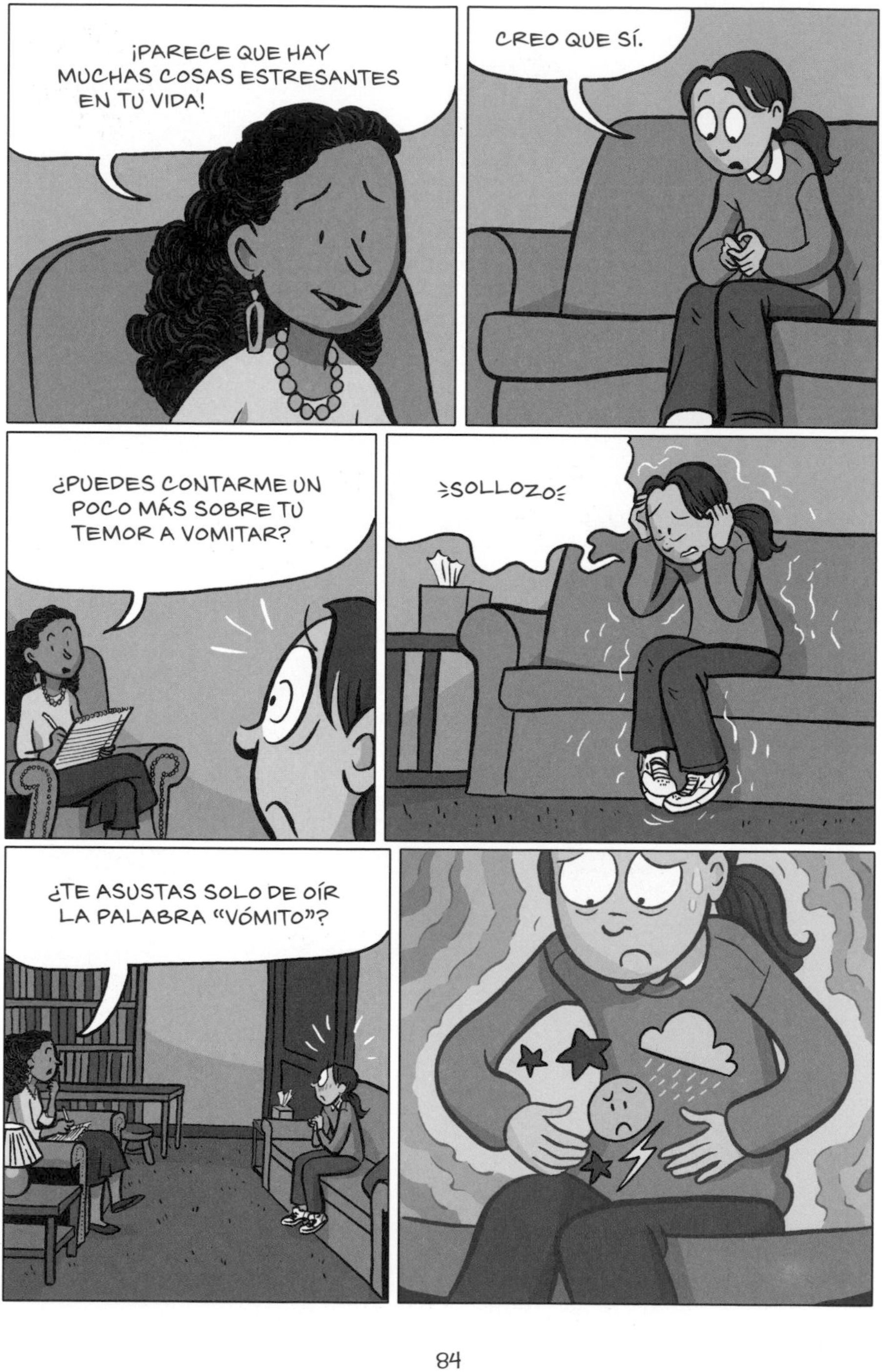
¡PARECE QUE HAY MUCHAS COSAS ESTRESANTES EN TU VIDA!
CREO QUE SÍ.
¿PUEDES CONTARME UN POCO MÁS SOBRE TU TEMOR A VOMITAR?
SOLLOZO
¿TE ASUSTAS SOLO DE OÍR LA PALABRA "VÓMITO"?

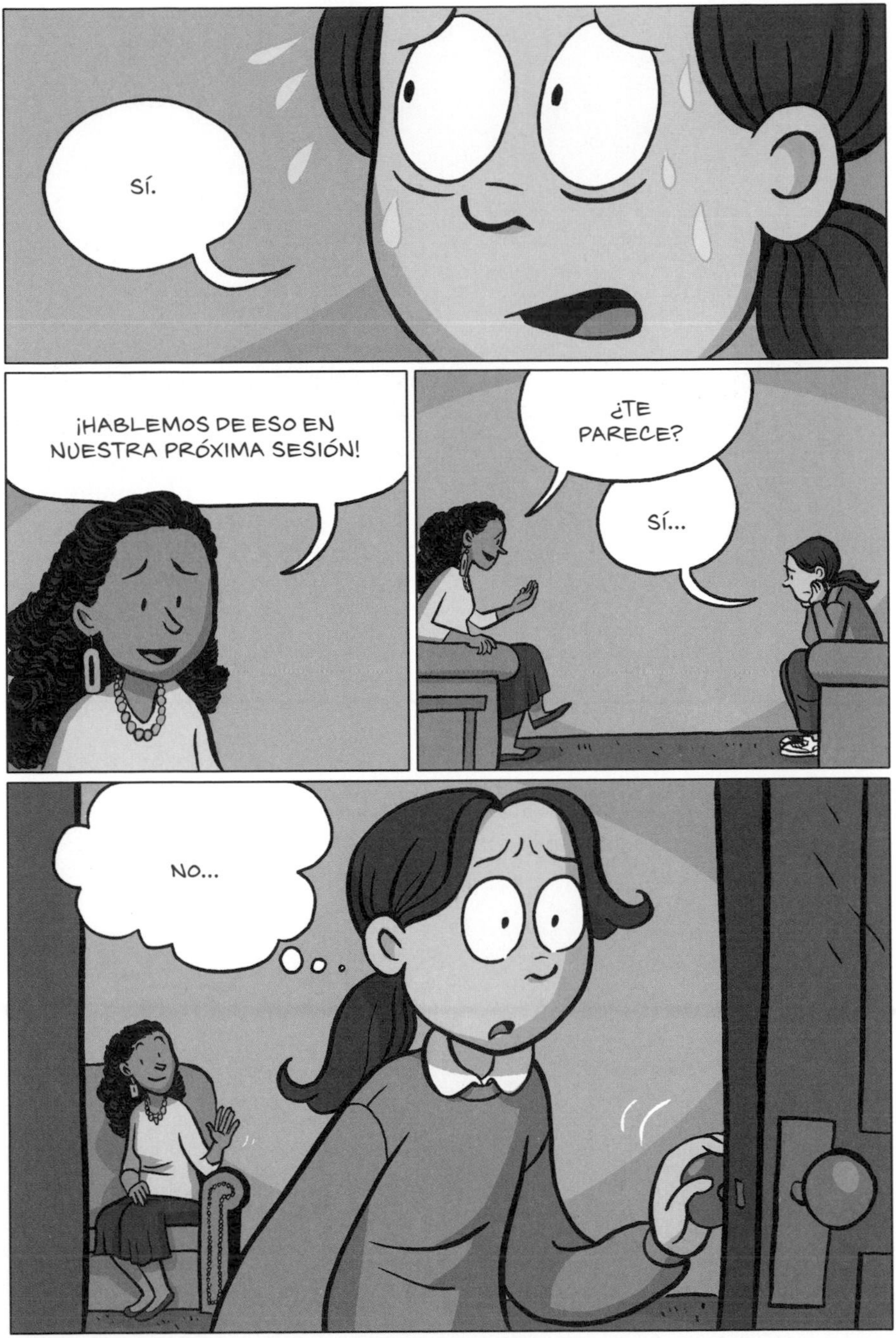
SÍ.
¡HABLEMOS DE ESO EN NUESTRA PRÓXIMA SESIÓN!
¿TE PARECE?
SÍ...
NO...

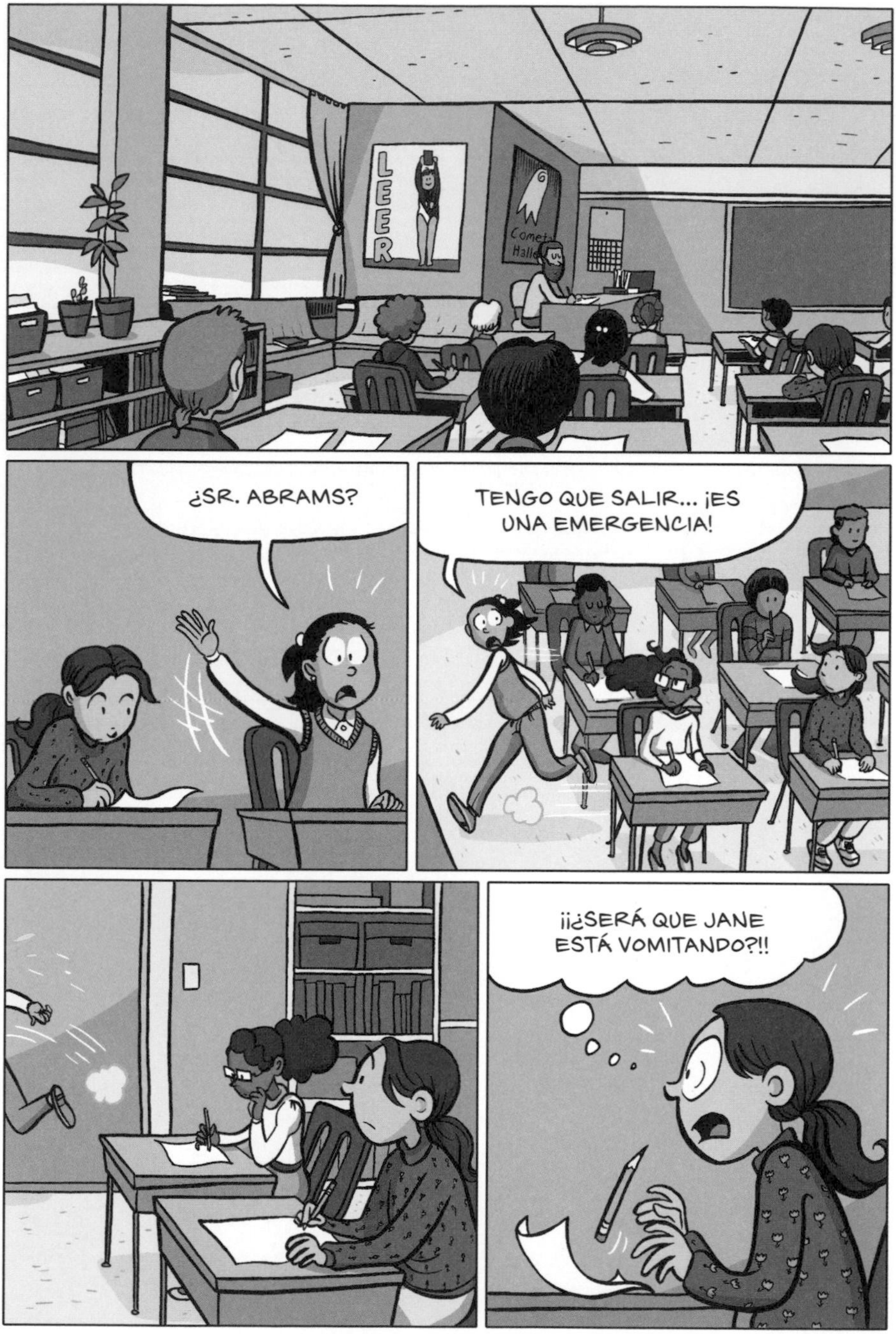
LEER
Cometa Halley
¿SR. ABRAMS?
TENGO QUE SALIR... ¡ES UNA EMERGENCIA!
¡¡¿SERÁ QUE JANE ESTÁ VOMITANDO?!!

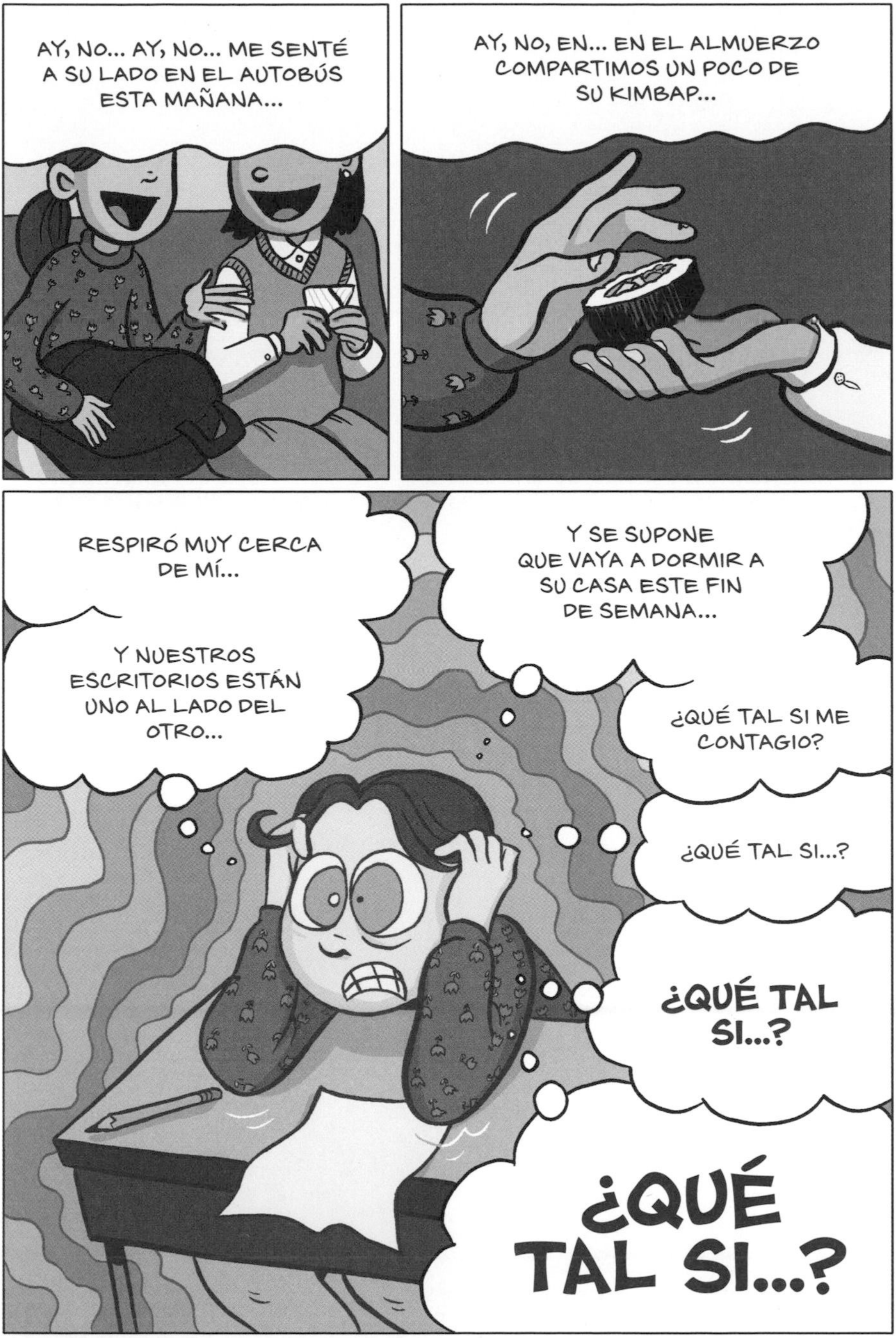
AY, NO... AY, NO... ME SENTÉ A SU LADO EN EL AUTOBÚS ESTA MAÑANA...
AY, NO, EN... EN EL ALMUERZO COMPARTIMOS UN POCO DE SU KIMBAP...
RESPIRÓ MUY CERCA DE MÍ...
Y NUESTROS ESCRITORIOS ESTÁN UNO AL LADO DEL OTRO...
Y SE SUPONE QUE VAYA A DORMIR A SU CASA ESTE FIN DE SEMANA...
¿QUÉ TAL SI ME CONTAGIO?
¿QUÉ TAL SI...?
¿QUÉ TAL SI...?
¿QUÉ TAL SI...?

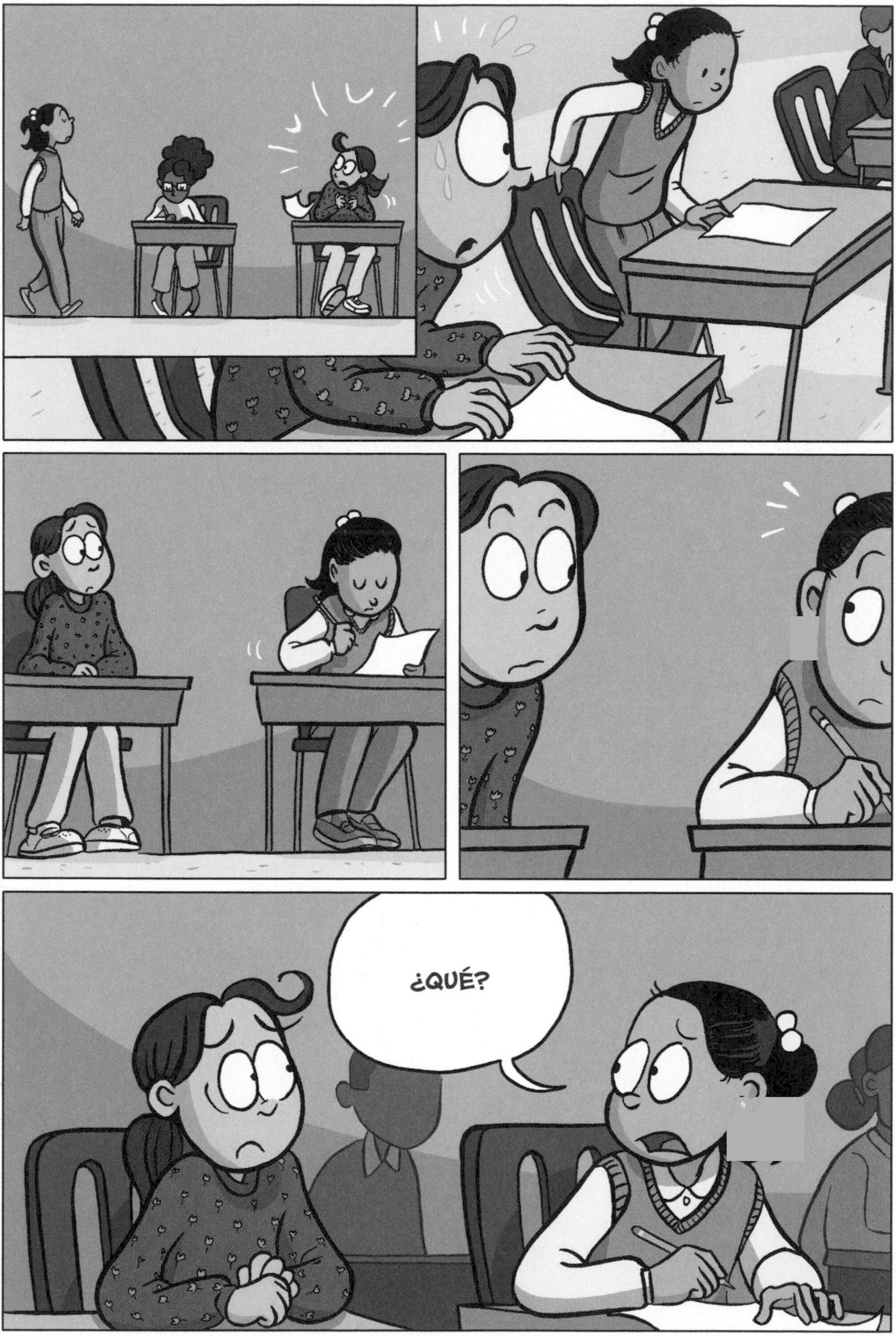
¿QUÉ?

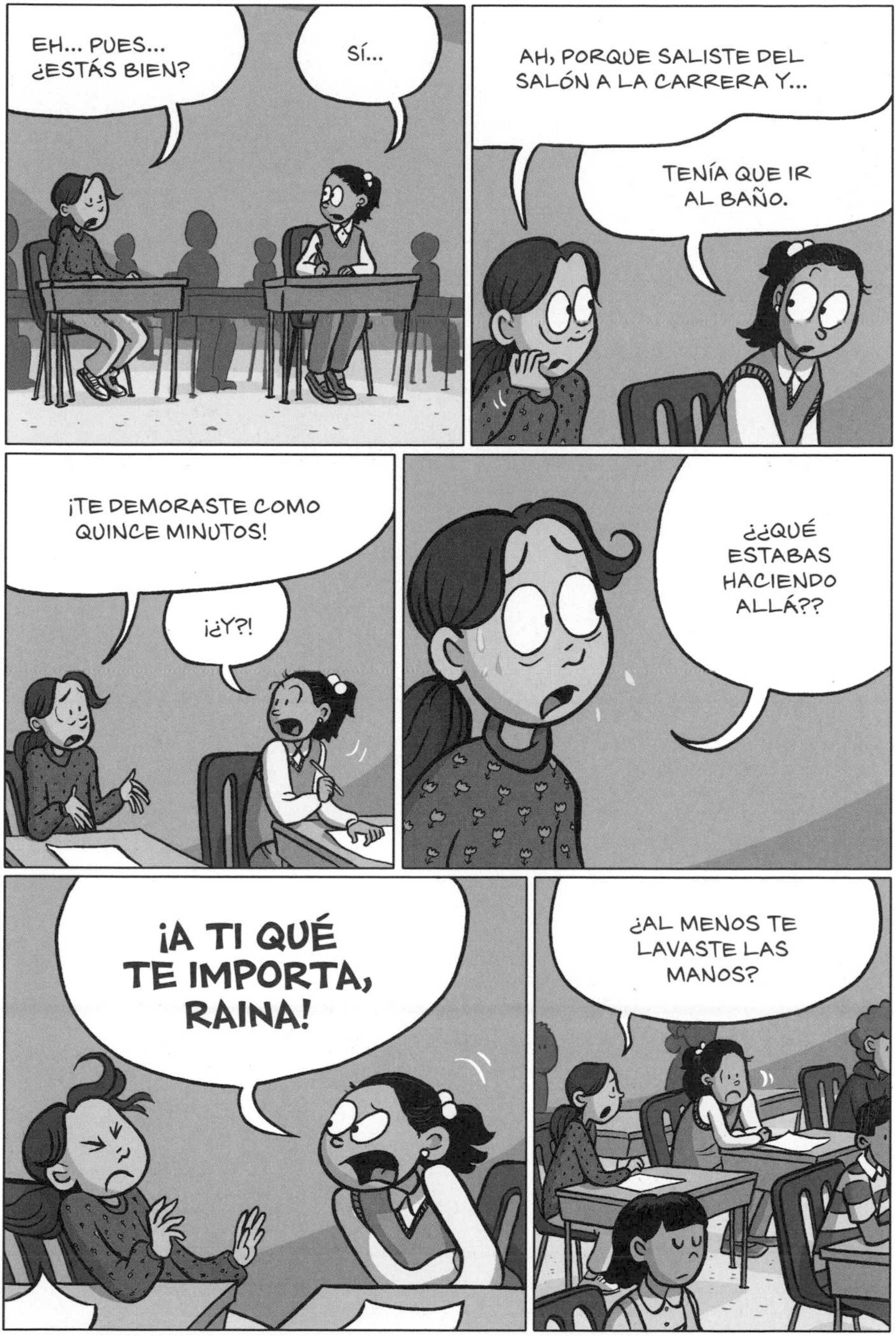
EH... PUES... ¿ESTÁS BIEN?
SÍ...
AH, PORQUE SALISTE DEL SALÓN A LA CARRERA Y...
TENÍA QUE IR AL BAÑO.
¡TE DEMORASTE COMO QUINCE MINUTOS!
¡¿Y?!
¿¿QUÉ ESTABAS HACIENDO ALLÁ??
¡A TI QUÉ TE IMPORTA, RAINA!
¿AL MENOS TE LAVASTE LAS MANOS?

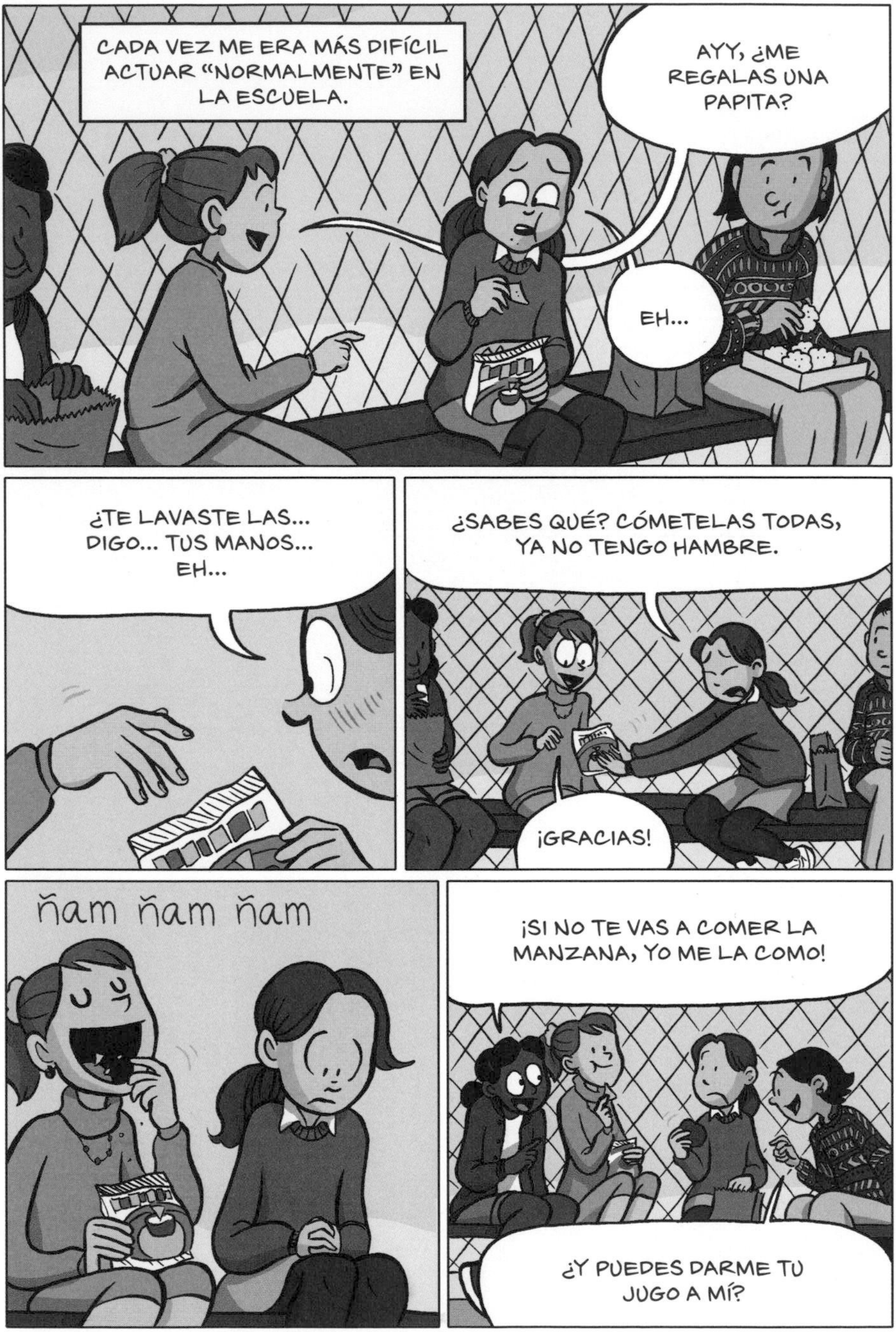
CADA VEZ ME ERA MÁS DIFÍCIL ACTUAR "NORMALMENTE" EN LA ESCUELA.
AYY, ¿ME REGALAS UNA PAPITA?
EH...
¿TE LAVASTE LAS... DIGO... TUS MANOS... EH...
¿SABES QUÉ? CÓMETELAS TODAS, YA NO TENGO HAMBRE.
¡GRACIAS!
ñam ñam ñam
¡SI NO TE VAS A COMER LA MANZANA, YO ME LA COMO!
¿Y PUEDES DARME TU JUGO A MÍ?

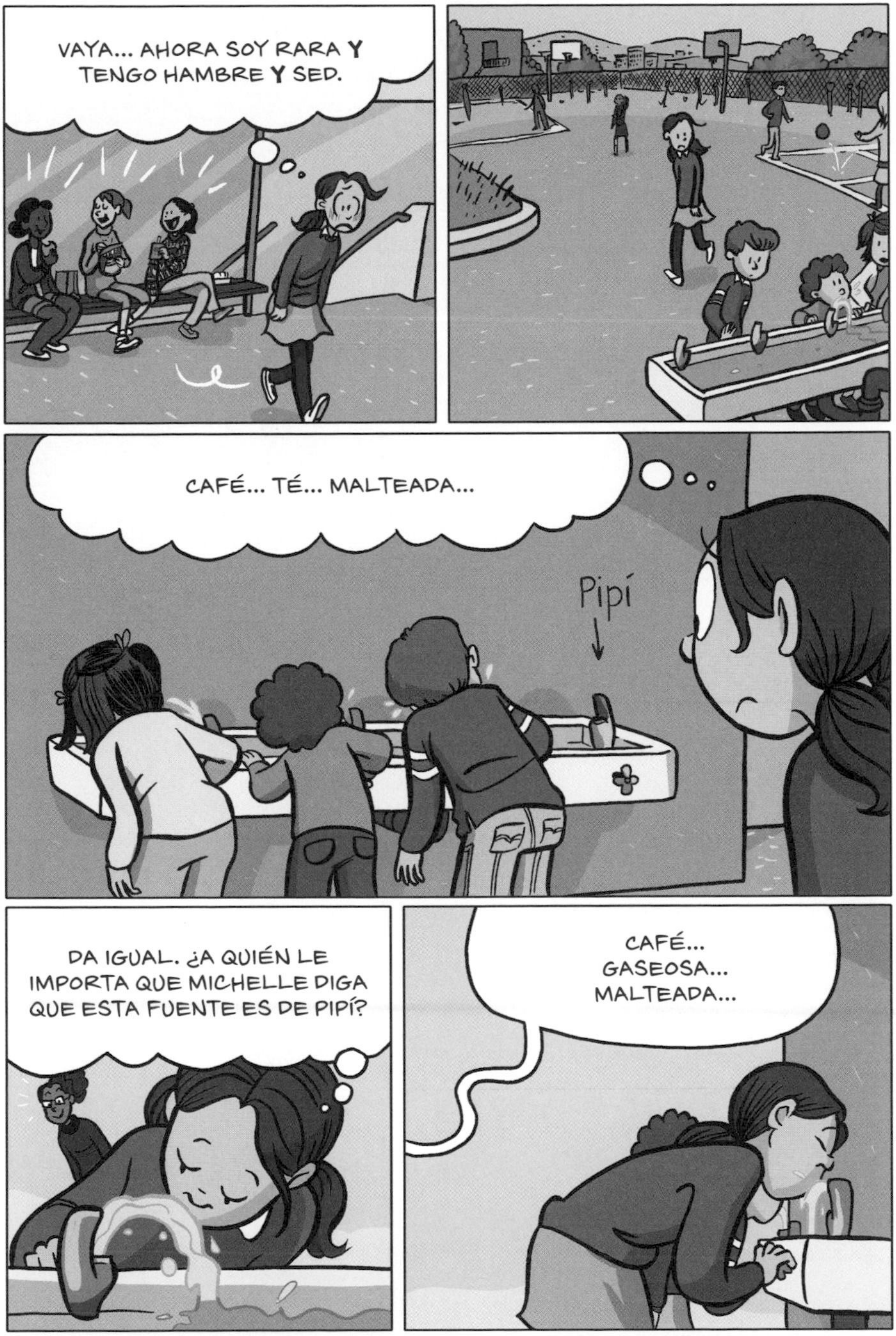
VAYA... AHORA SOY RARA Y TENGO HAMBRE Y SED.
CAFÉ... TÉ... MALTEADA...
Pipí
DA IGUAL. ¿A QUIÉN LE IMPORTA QUE MICHELLE DIGA QUE ESTA FUENTE ES DE PIPÍ?
CAFÉ... GASEOSA... MALTEADA...

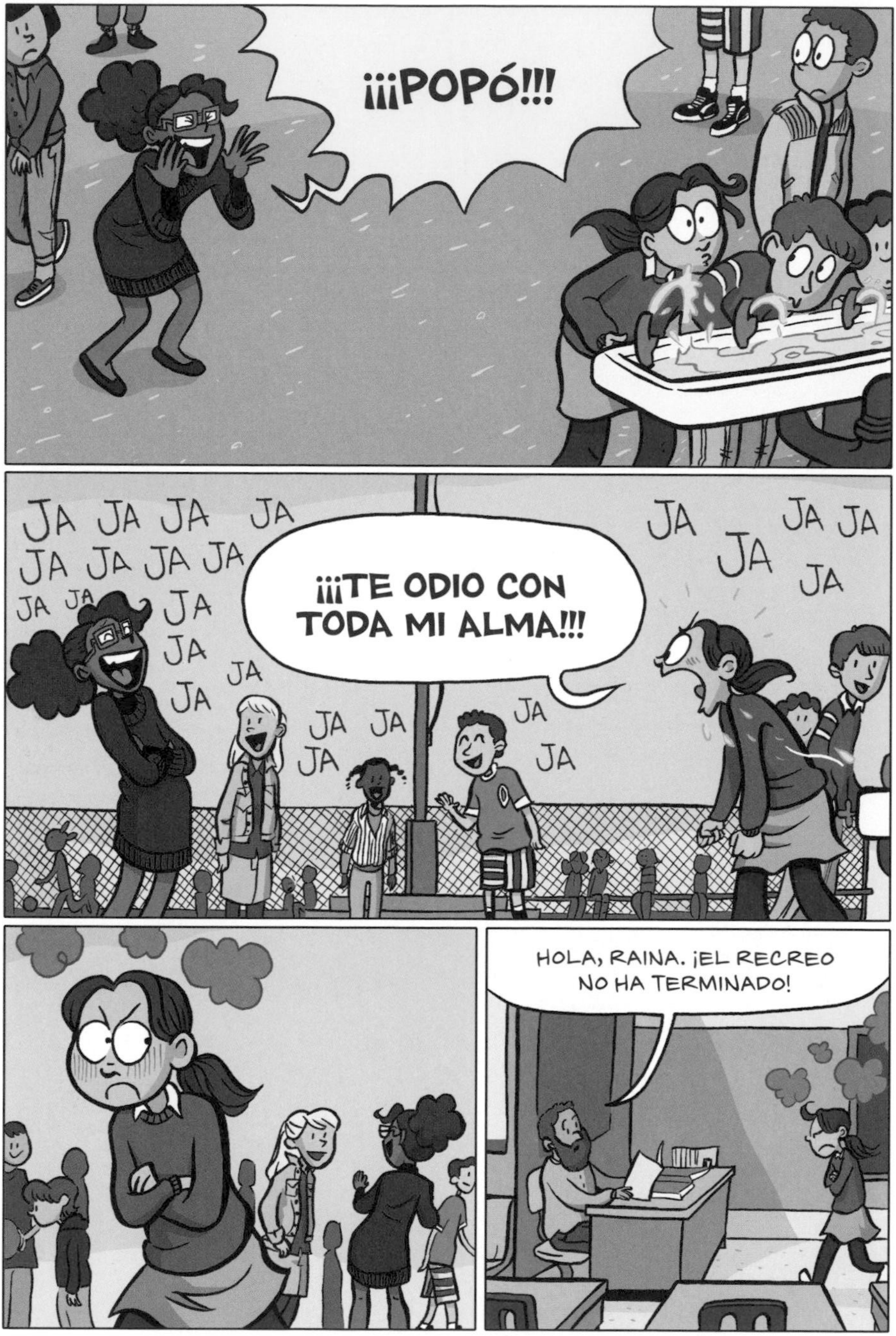
¡¡¡POPÓ!!!
JA JA JA JA JA JA JA JA JA JA JA JA JA JA JA JA JA JA
¡¡¡TE ODIO CON TODA MI ALMA!!!
JA JA JA JA JA JA
HOLA, RAINA. ¡EL RECREO NO HA TERMINADO!

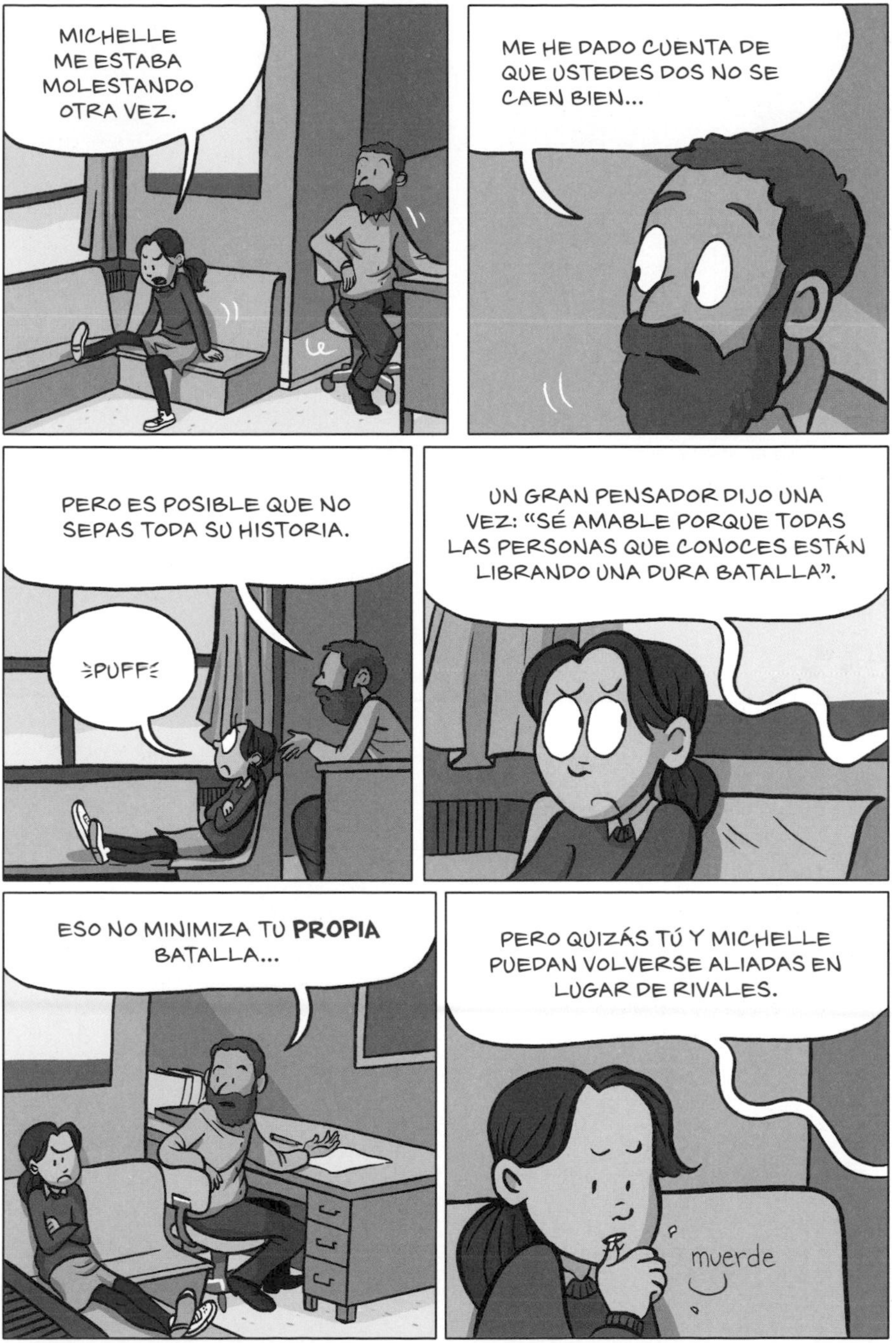
MICHELLE ME ESTABA MOLESTANDO OTRA VEZ.
ME HE DADO CUENTA DE QUE USTEDES DOS NO SE CAEN BIEN...
PERO ES POSIBLE QUE NO SEPAS TODA SU HISTORIA.
PUFF
UN GRAN PENSADOR DIJO UNA VEZ: "SÉ AMABLE PORQUE TODAS LAS PERSONAS QUE CONOCES ESTÁN LIBRANDO UNA DURA BATALLA".
ESO NO MINIMIZA TU **PROPIA** BATALLA...
PERO QUIZÁS TÚ Y MICHELLE PUEDAN VOLVERSE ALIADAS EN LUGAR DE RIVALES.
muerde

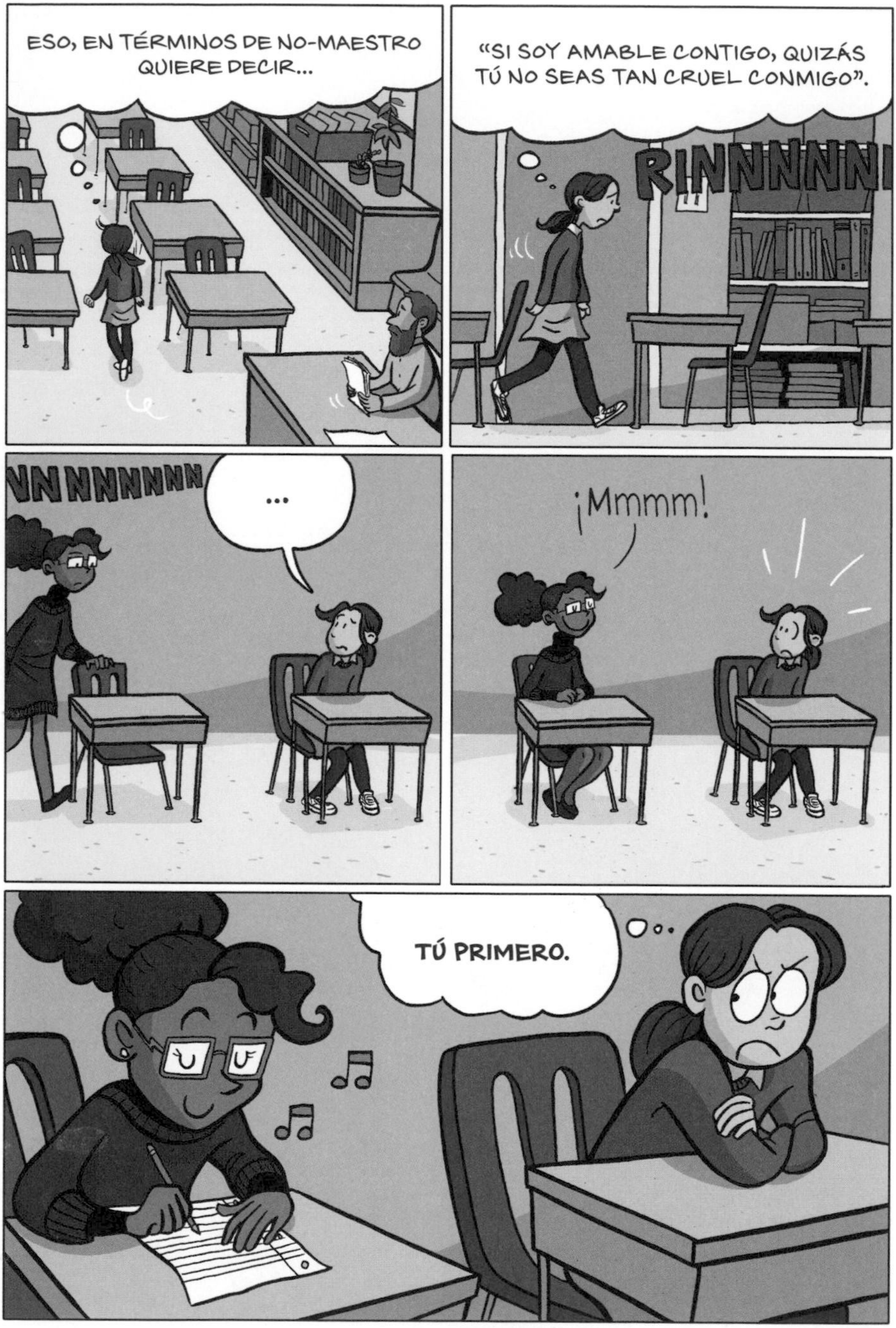
ESO, EN TÉRMINOS DE NO-MAESTRO QUIERE DECIR...
"SI SOY AMABLE CONTIGO, QUIZÁS TÚ NO SEAS TAN CRUEL CONMIGO".
RINNNNNN
NNNNNNNN
...
¡Mmmm!
TÚ PRIMERO.

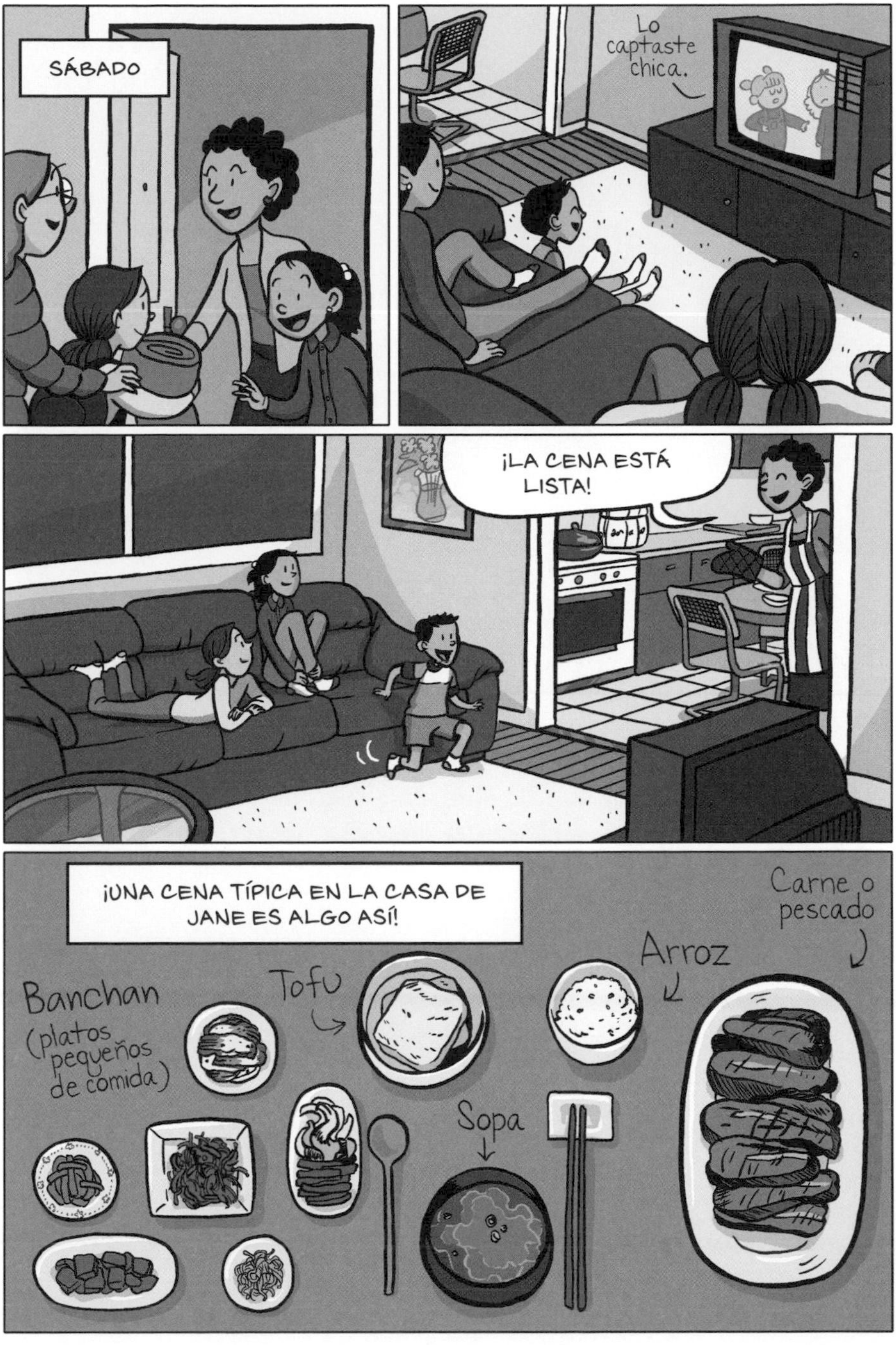
SÁBADO
Lo captaste chica.
¡LA CENA ESTÁ LISTA!
¡UNA CENA TÍPICA EN LA CASA DE JANE ES ALGO ASÍ!
Carne o pescado
Arroz
Tofu
Banchan (platos pequeños de comida)
Sopa

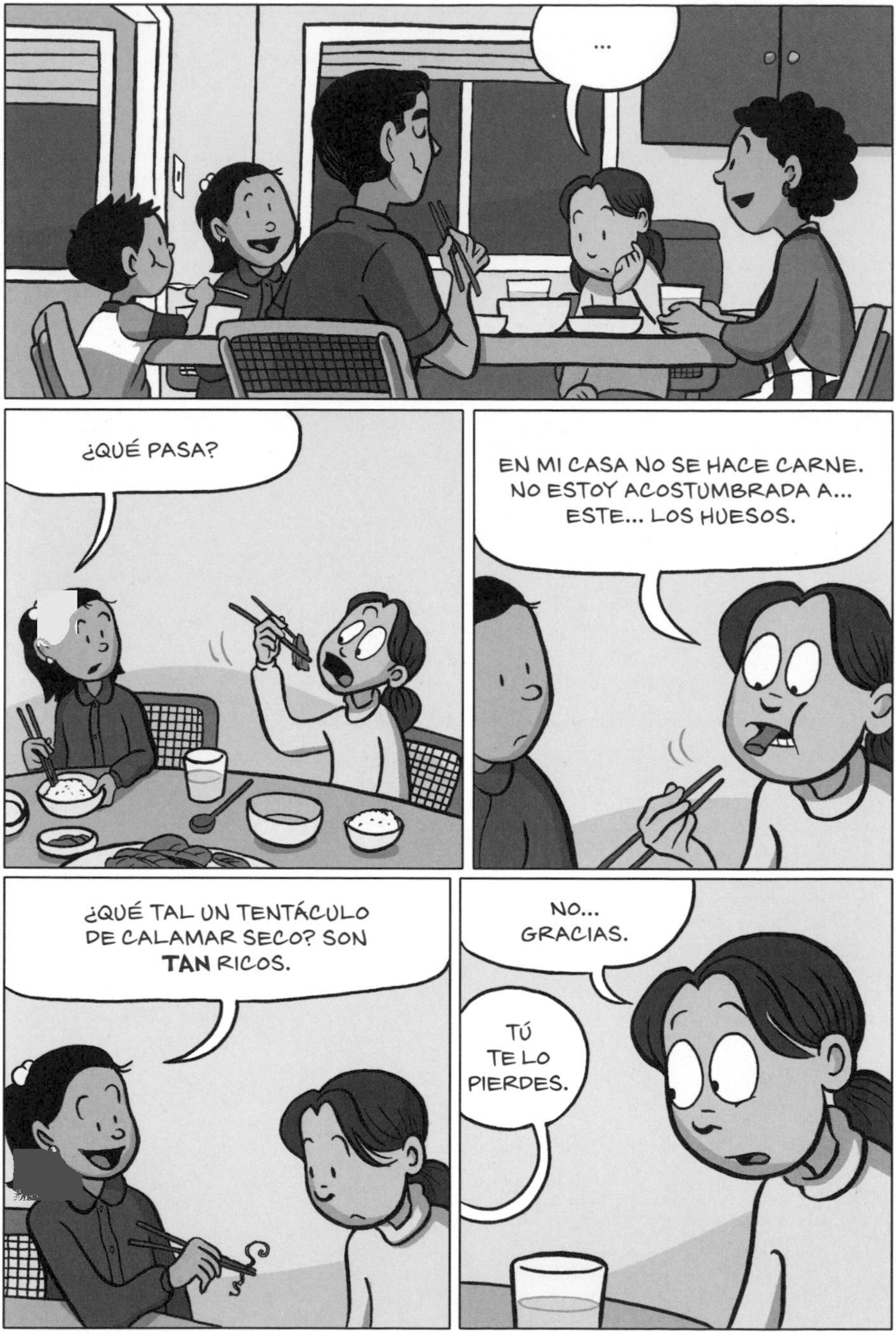
...
¿QUÉ PASA?
EN MI CASA NO SE HACE CARNE. NO ESTOY ACOSTUMBRADA A... ESTE... LOS HUESOS.
¿QUÉ TAL UN TENTÁCULO DE CALAMAR SECO? SON **TAN** RICOS.
NO... GRACIAS.
TÚ TE LO PIERDES.

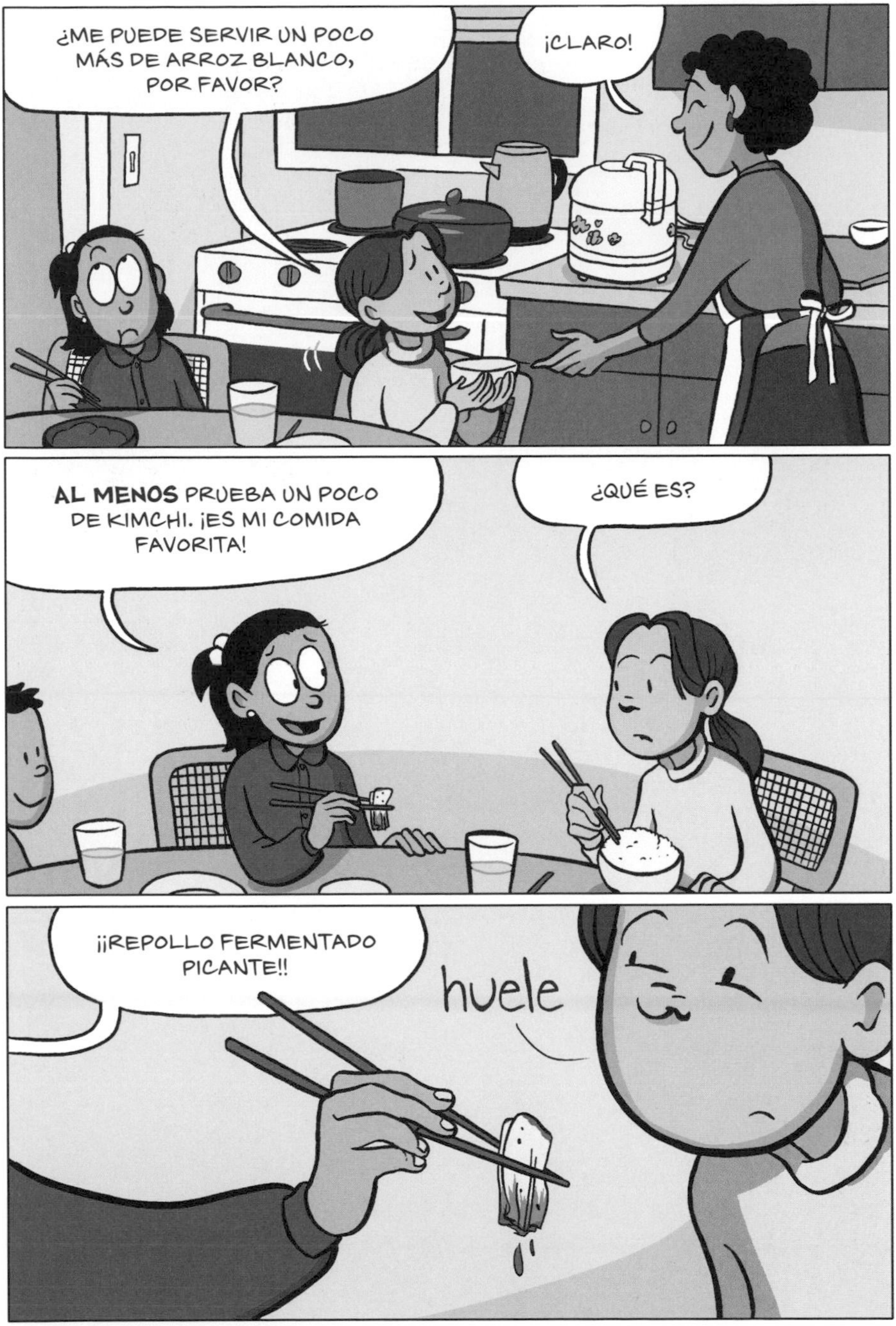
¿ME PUEDE SERVIR UN POCO MÁS DE ARROZ BLANCO, POR FAVOR?
¡CLARO!
AL MENOS PRUEBA UN POCO DE KIMCHI. ¡ES MI COMIDA FAVORITA!
¿QUÉ ES?
¡¡REPOLLO FERMENTADO PICANTE!!
huele

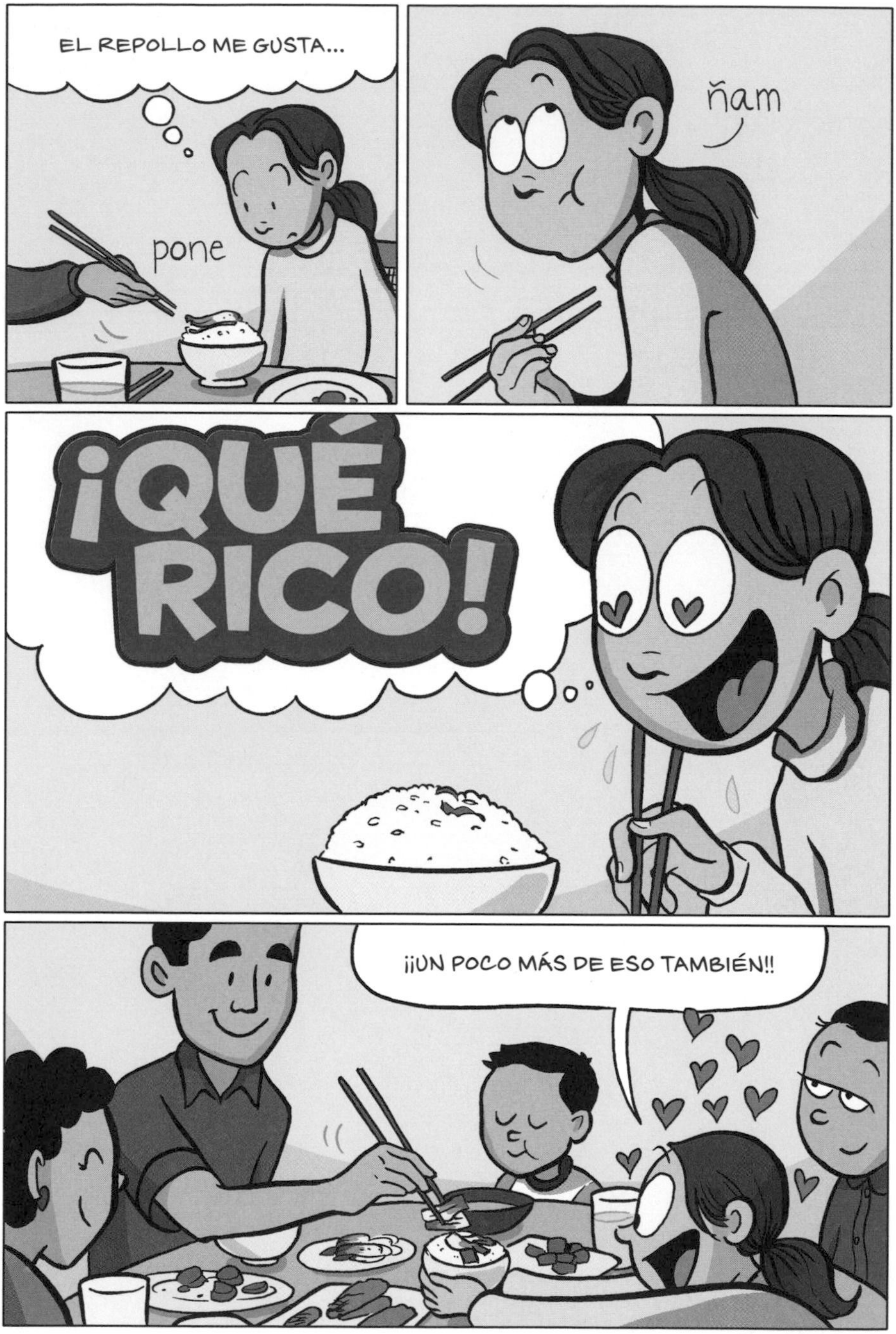
EL REPOLLO ME GUSTA...
pone
ñam
¡QUÉ RICO!
¡¡UN POCO MÁS DE ESO TAMBIÉN!!

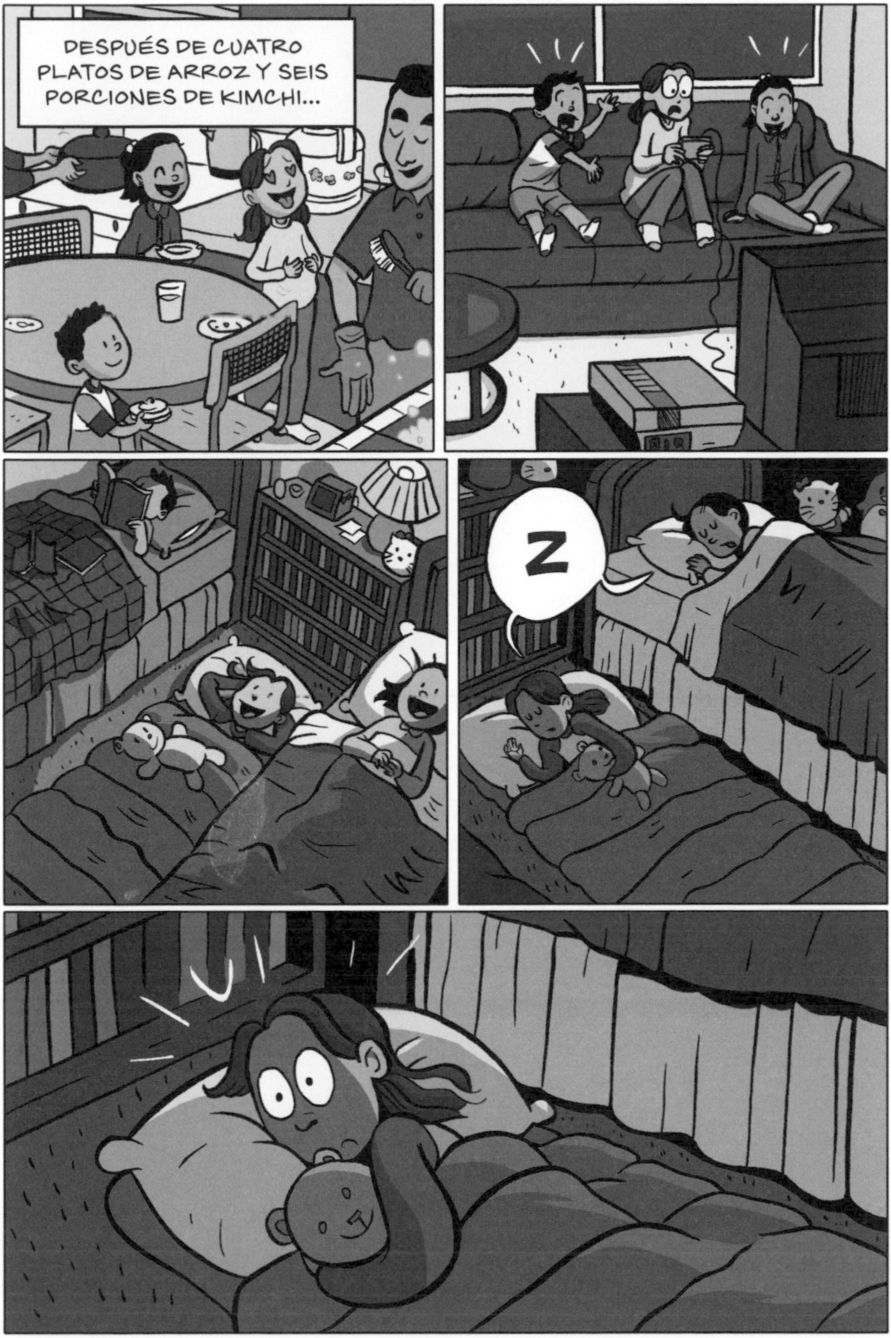
DESPUÉS DE CUATRO PLATOS DE ARROZ Y SEIS PORCIONES DE KIMCHI...
Z

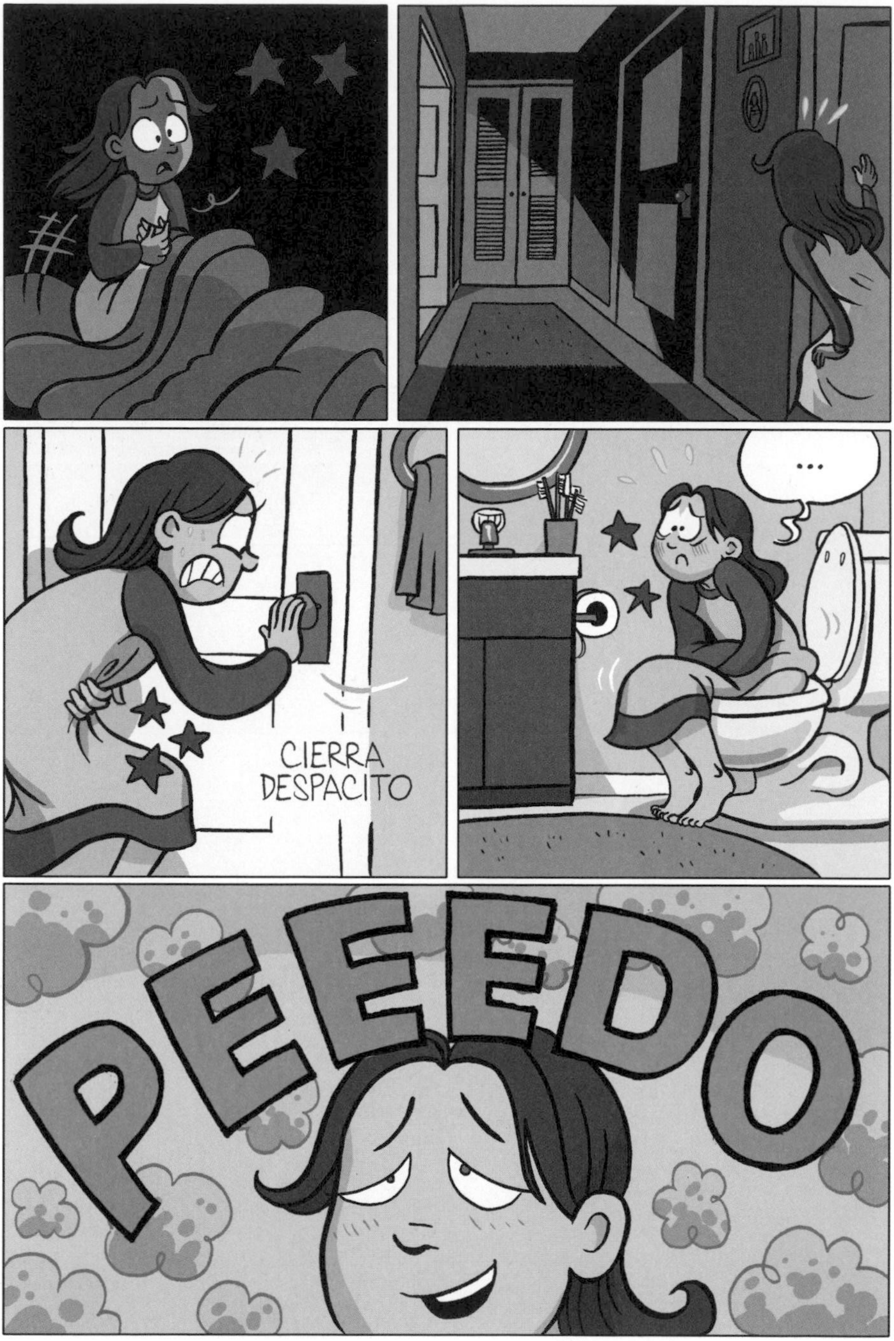
CIERRA DESPACITO
...
PEEEDO

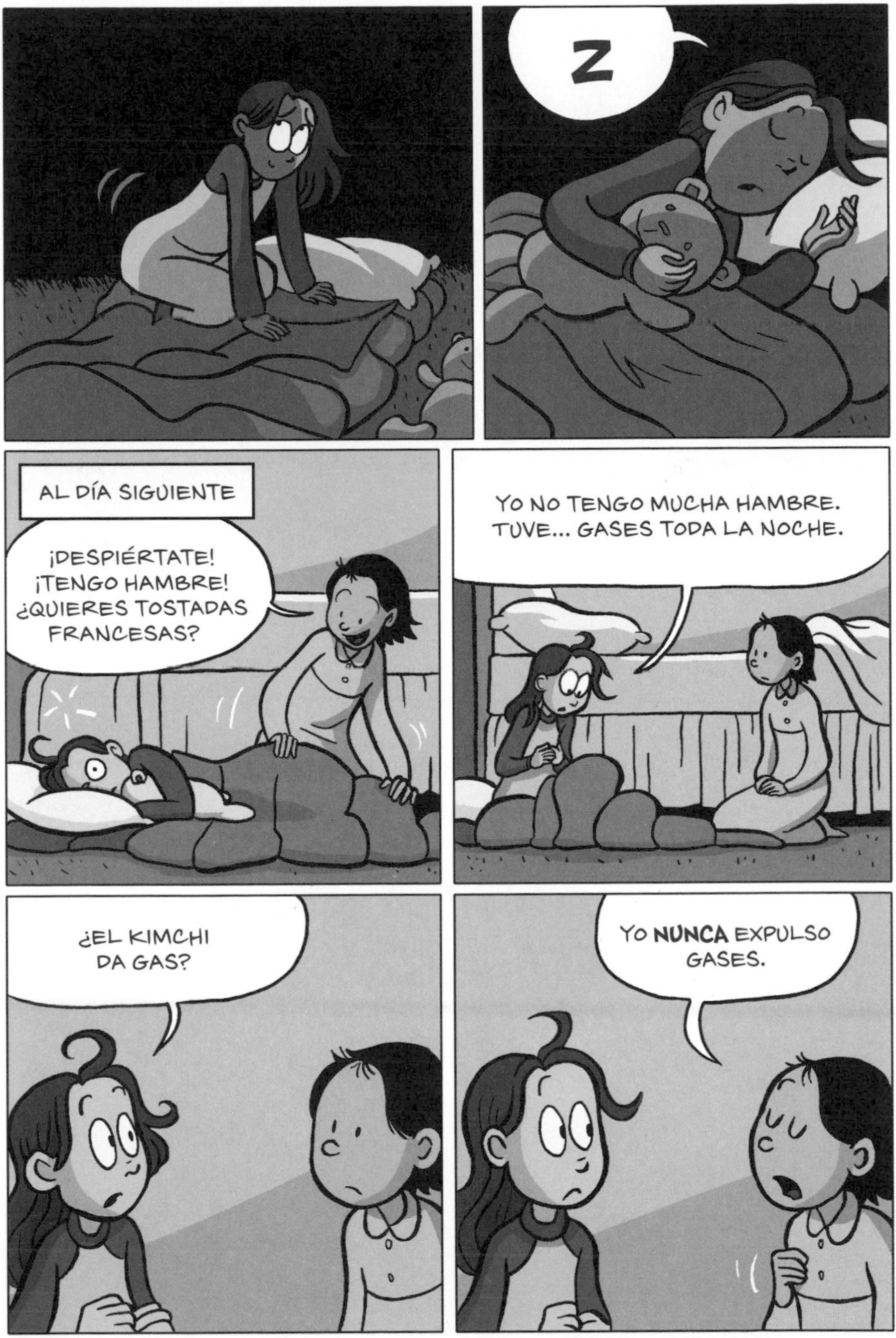
Z
AL DÍA SIGUIENTE
¡DESPIÉRTATE! ¡TENGO HAMBRE! ¿QUIERES TOSTADAS FRANCESAS?
YO NO TENGO MUCHA HAMBRE. TUVE... GASES TODA LA NOCHE.
¿EL KIMCHI DA GAS?
YO **NUNCA** EXPULSO GASES.

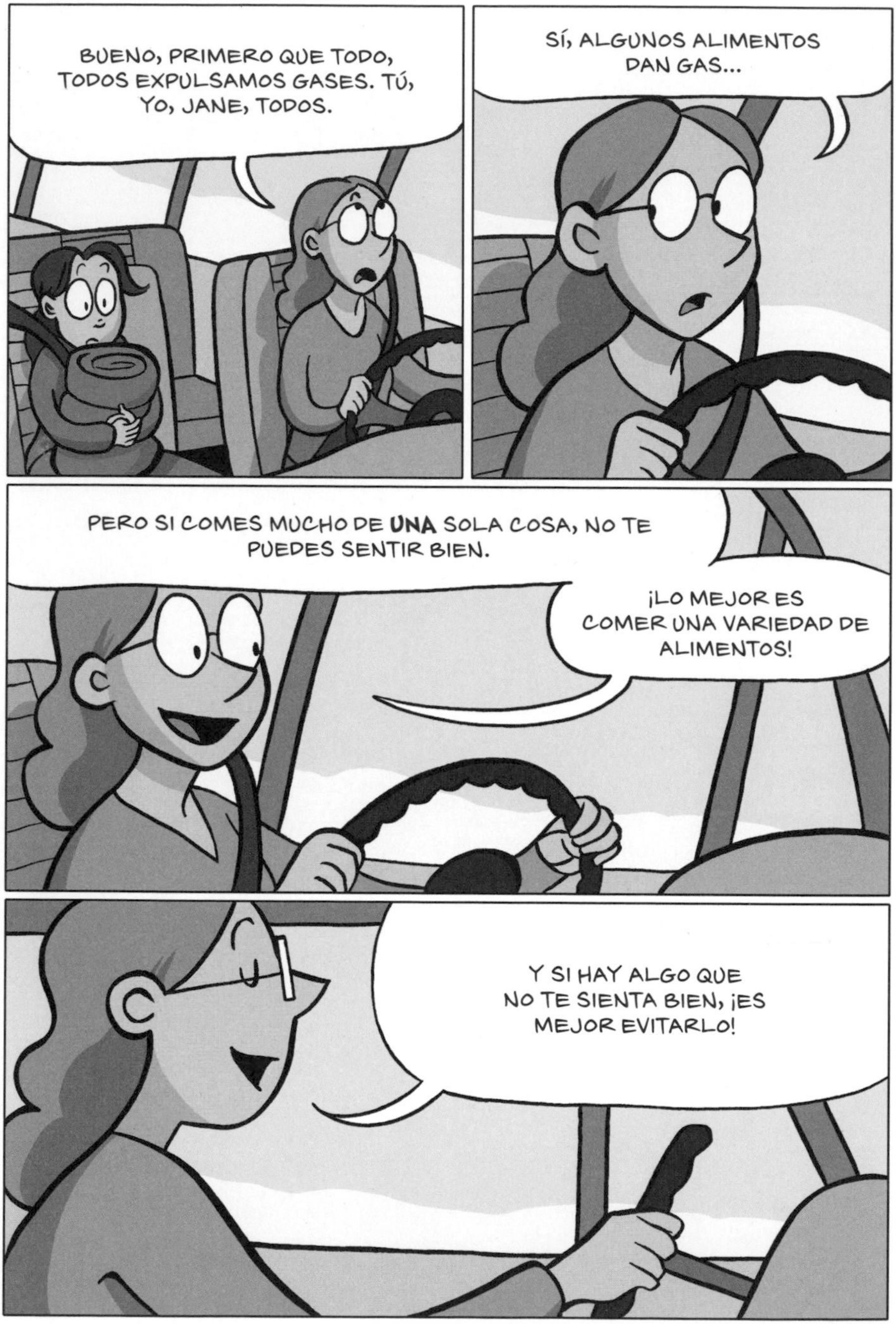
BUENO, PRIMERO QUE TODO, TODOS EXPULSAMOS GASES. TÚ, YO, JANE, TODOS.
SÍ, ALGUNOS ALIMENTOS DAN GAS...
PERO SI COMES MUCHO DE **UNA** SOLA COSA, NO TE PUEDES SENTIR BIEN.
¡LO MEJOR ES COMER UNA VARIEDAD DE ALIMENTOS!
Y SI HAY ALGO QUE NO TE SIENTA BIEN, ¡ES MEJOR EVITARLO!

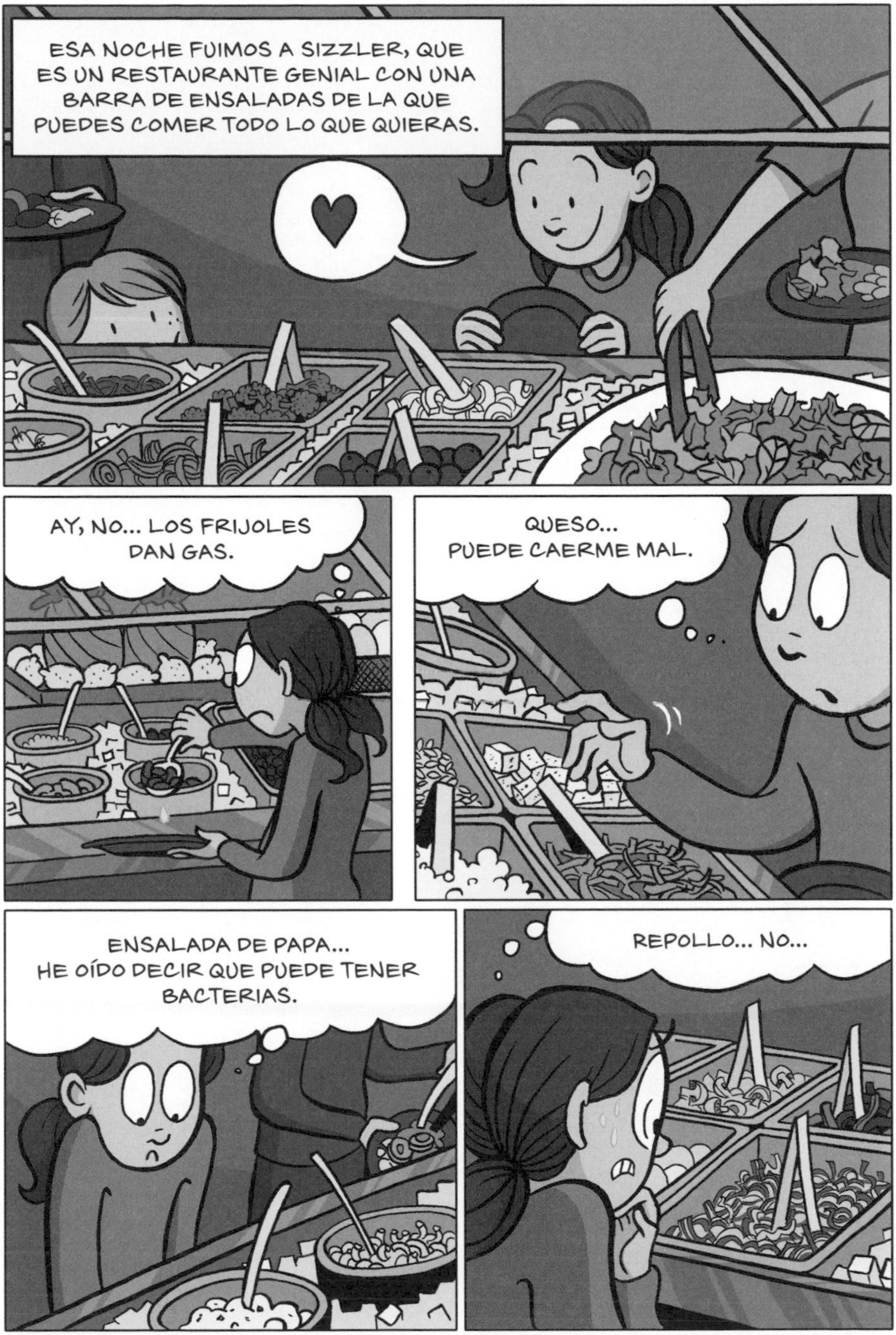
ESA NOCHE FUIMOS A SIZZLER, QUE ES UN RESTAURANTE GENIAL CON UNA BARRA DE ENSALADAS DE LA QUE PUEDES COMER TODO LO QUE QUIERAS.
AY, NO... LOS FRIJOLES DAN GAS.
QUESO... PUEDE CAERME MAL.
ENSALADA DE PAPA... HE OÍDO DECIR QUE PUEDE TENER BACTERIAS.
REPOLLO... NO...

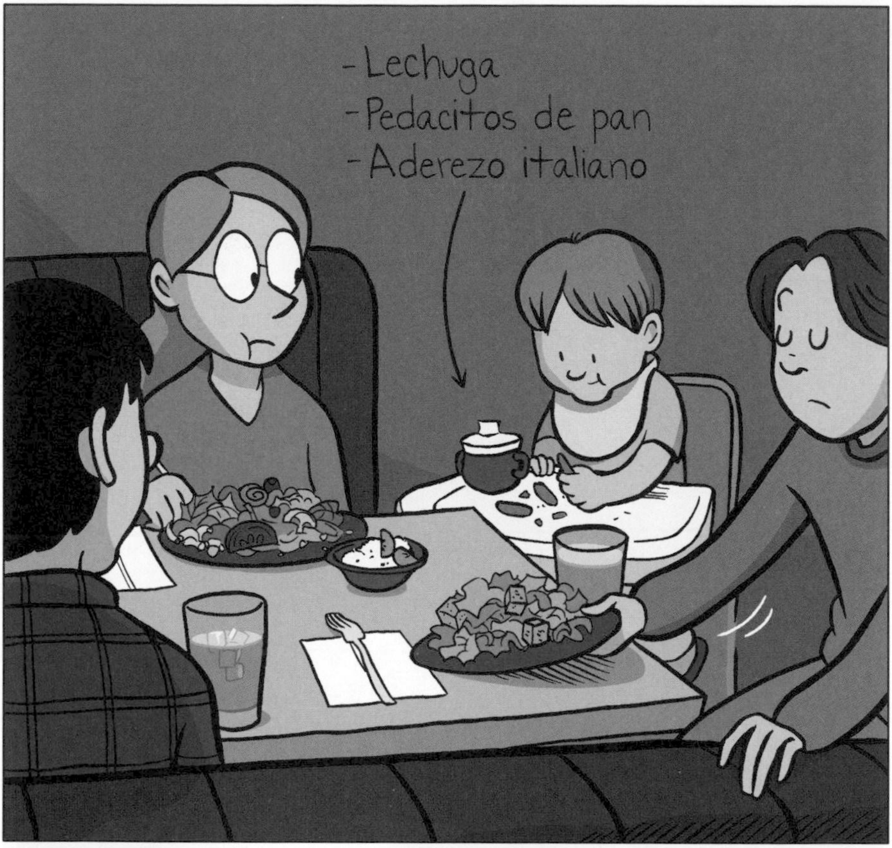
-Lechuga
-Pedacitos de pan
-Aderezo italiano

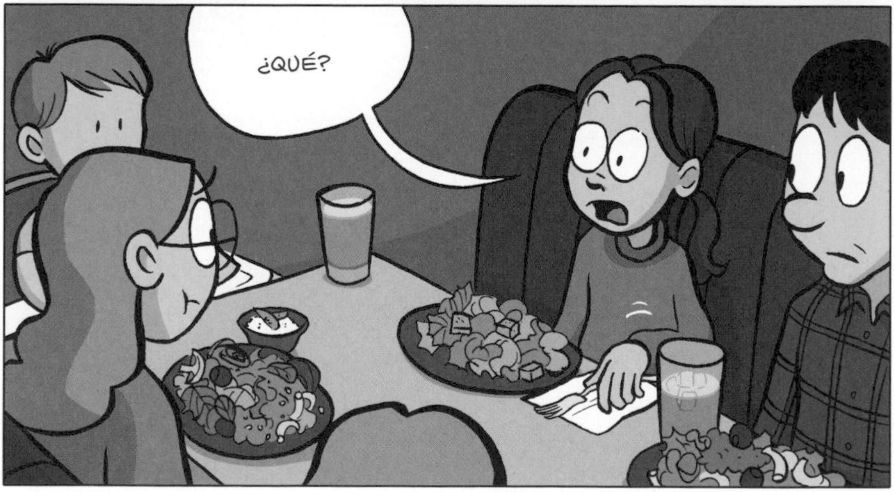
¿QUÉ?

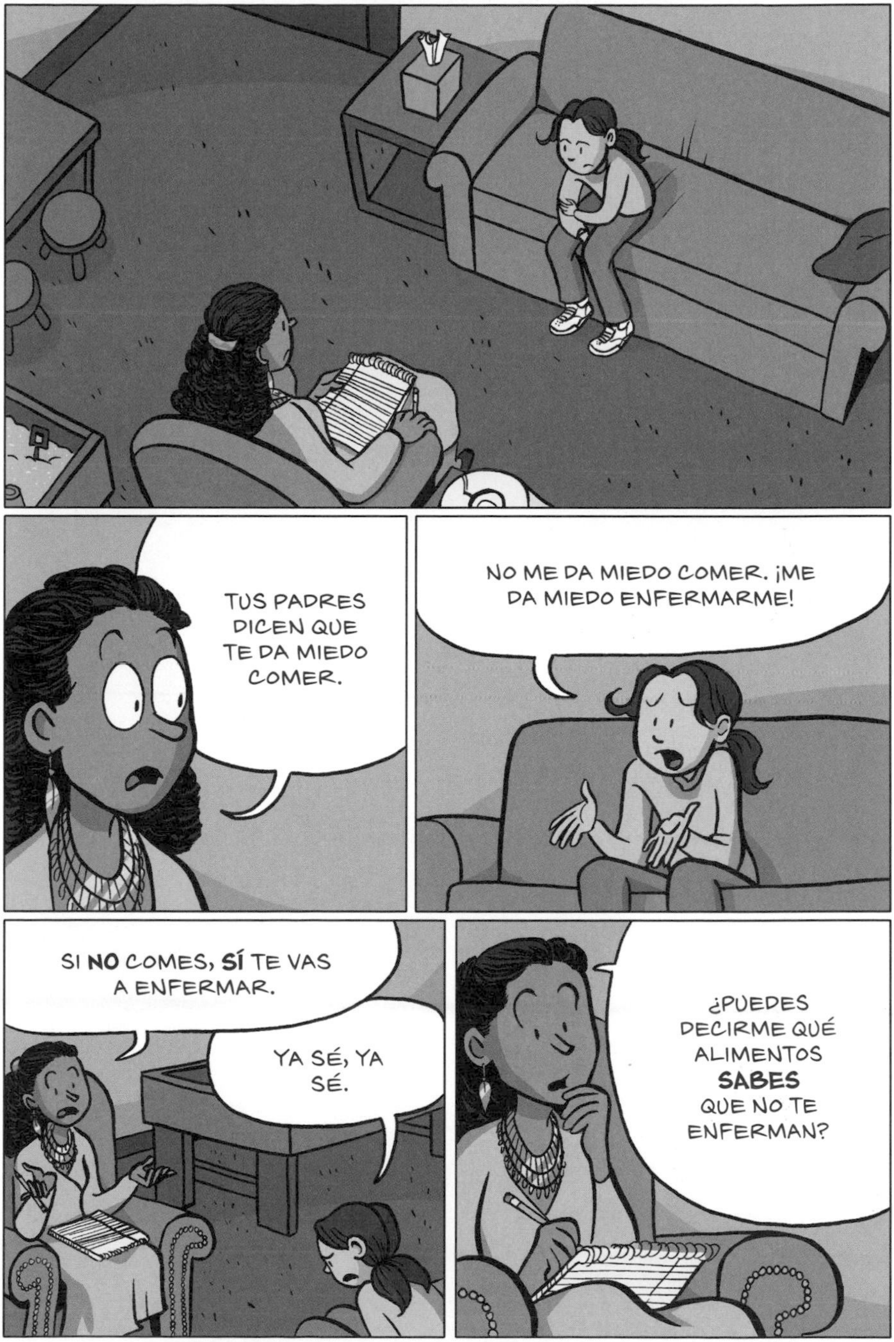
TUS PADRES DICEN QUE TE DA MIEDO COMER.
NO ME DA MIEDO COMER. ¡ME DA MIEDO ENFERMARME!
SI **NO** COMES, **SÍ** TE VAS A ENFERMAR.
YA SÉ, YA SÉ.
¿PUEDES DECIRME QUÉ ALIMENTOS **SABES** QUE NO TE ENFERMAN?

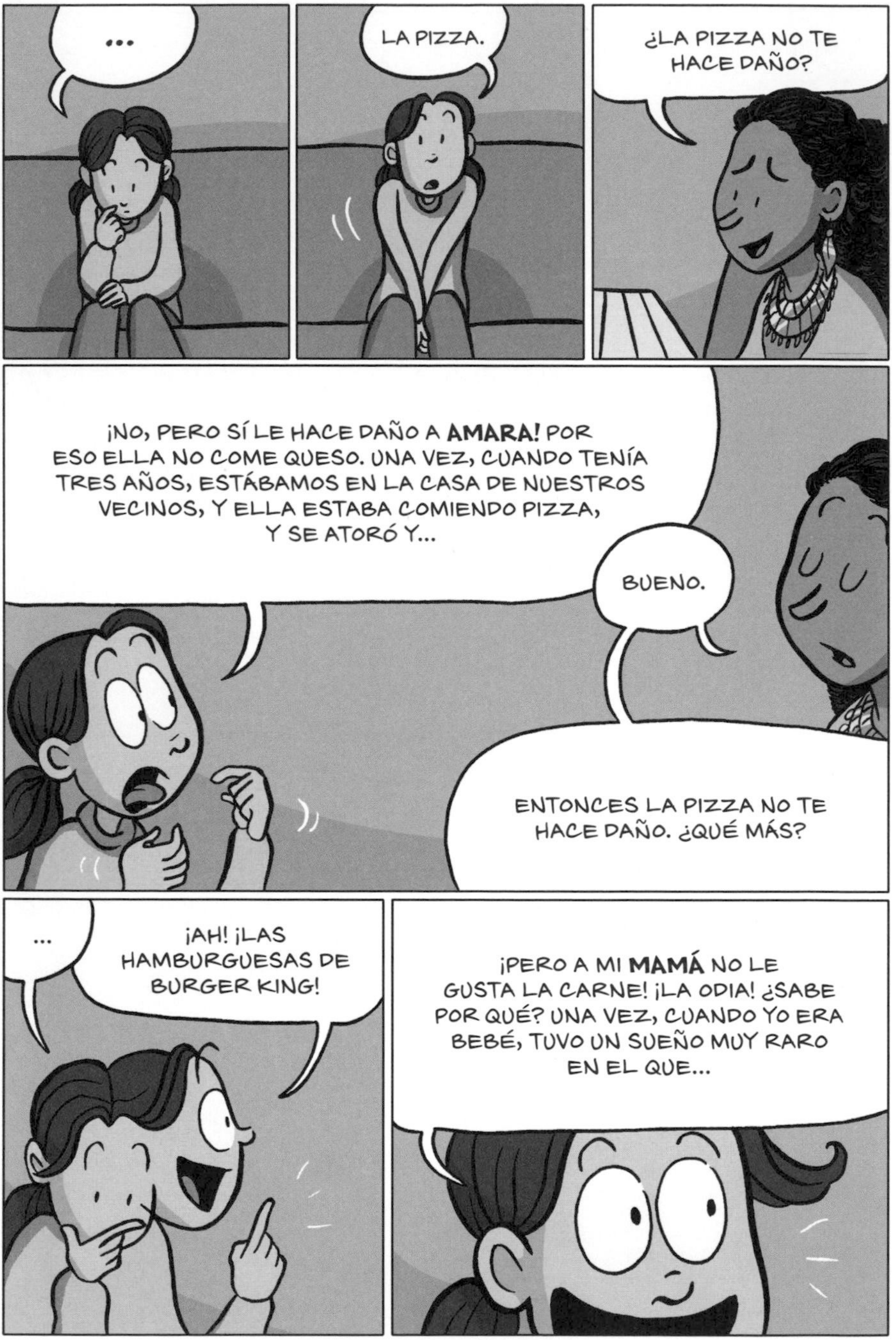
...
LA PIZZA.
¿LA PIZZA NO TE HACE DAÑO?
¡NO, PERO SÍ LE HACE DAÑO A **AMARA!** POR ESO ELLA NO COME QUESO. UNA VEZ, CUANDO TENÍA TRES AÑOS, ESTÁBAMOS EN LA CASA DE NUESTROS VECINOS, Y ELLA ESTABA COMIENDO PIZZA, Y SE ATORÓ Y...
BUENO.
ENTONCES LA PIZZA NO TE HACE DAÑO. ¿QUÉ MÁS?
...
¡AH! ¡LAS HAMBURGUESAS DE BURGER KING!
¡PERO A MI **MAMÁ** NO LE GUSTA LA CARNE! ¡LA ODIA! ¿SABE POR QUÉ? UNA VEZ, CUANDO YO ERA BEBÉ, TUVO UN SUEÑO MUY RARO EN EL QUE...

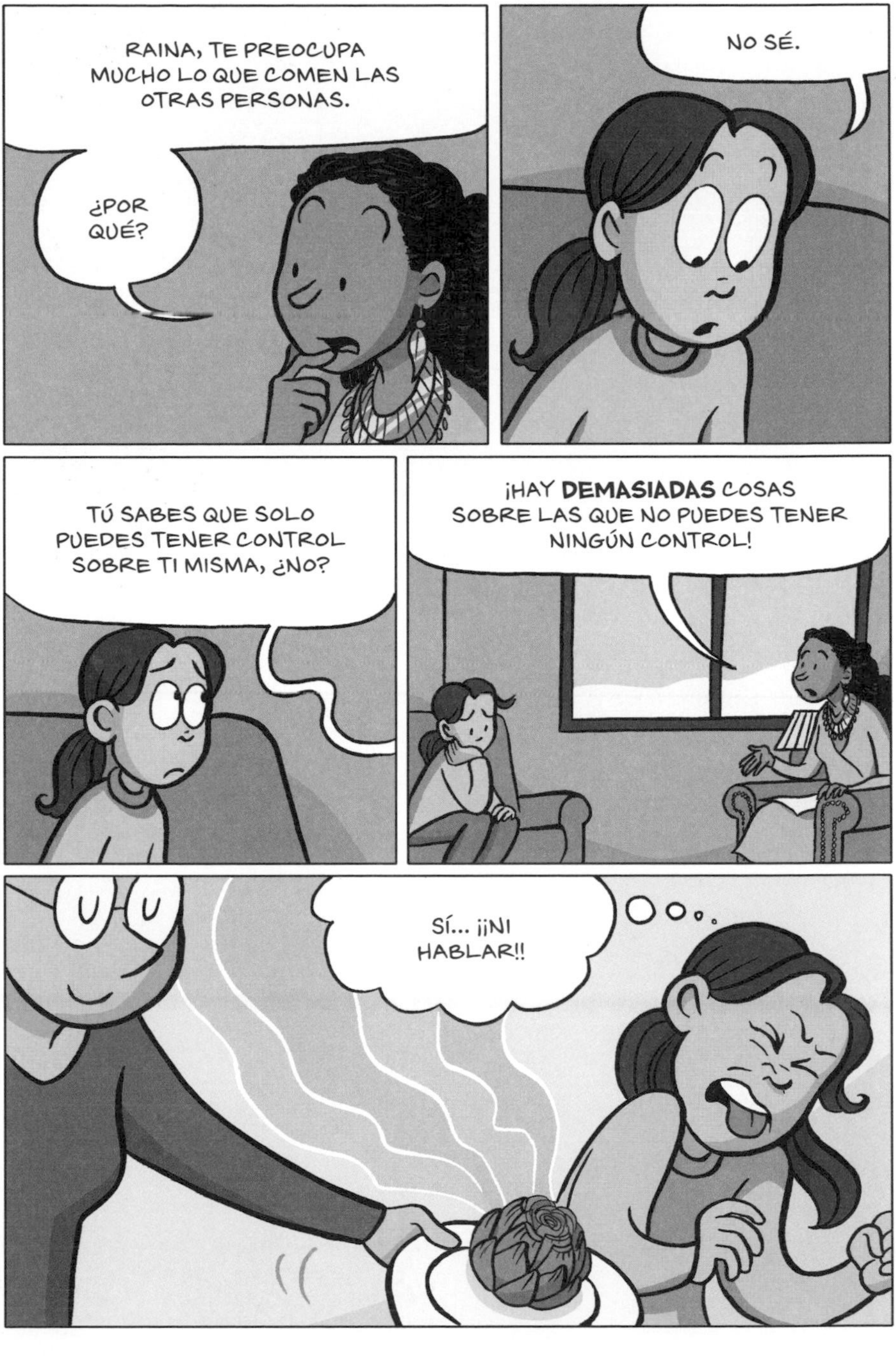
RAINA, TE PREOCUPA MUCHO LO QUE COMEN LAS OTRAS PERSONAS.
¿POR QUÉ?
NO SÉ.
TÚ SABES QUE SOLO PUEDES TENER CONTROL SOBRE TI MISMA, ¿NO?
¡HAY **DEMASIADAS** COSAS SOBRE LAS QUE NO PUEDES TENER NINGÚN CONTROL!
SÍ... ¡¡NI HABLAR!!

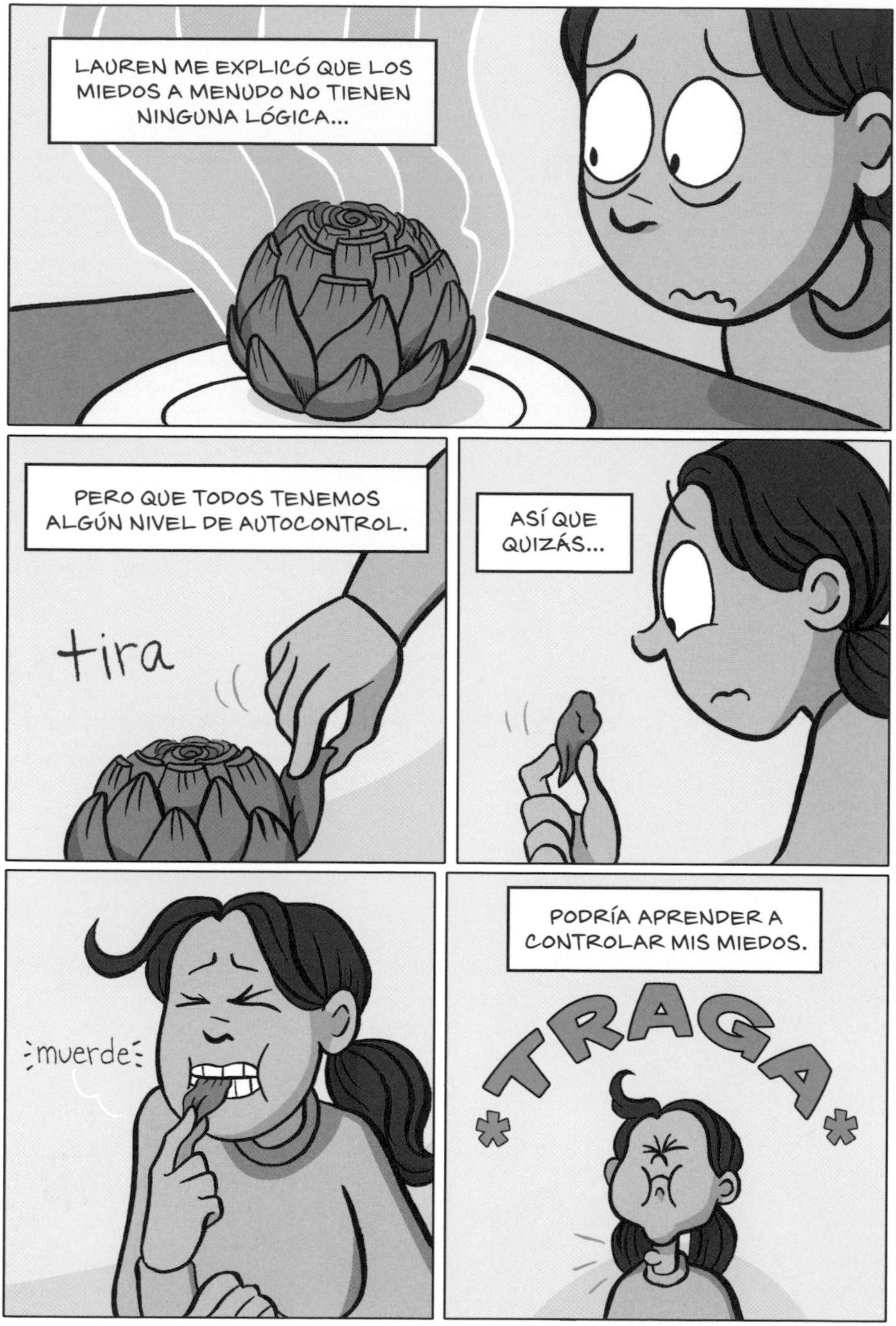
LAUREN ME EXPLICÓ QUE LOS MIEDOS A MENUDO NO TIENEN NINGUNA LÓGICA...
PERO QUE TODOS TENEMOS ALGÚN NIVEL DE AUTOCONTROL.
tira
ASÍ QUE QUIZÁS...
muerde
PODRÍA APRENDER A CONTROLAR MIS MIEDOS.
TRAGA

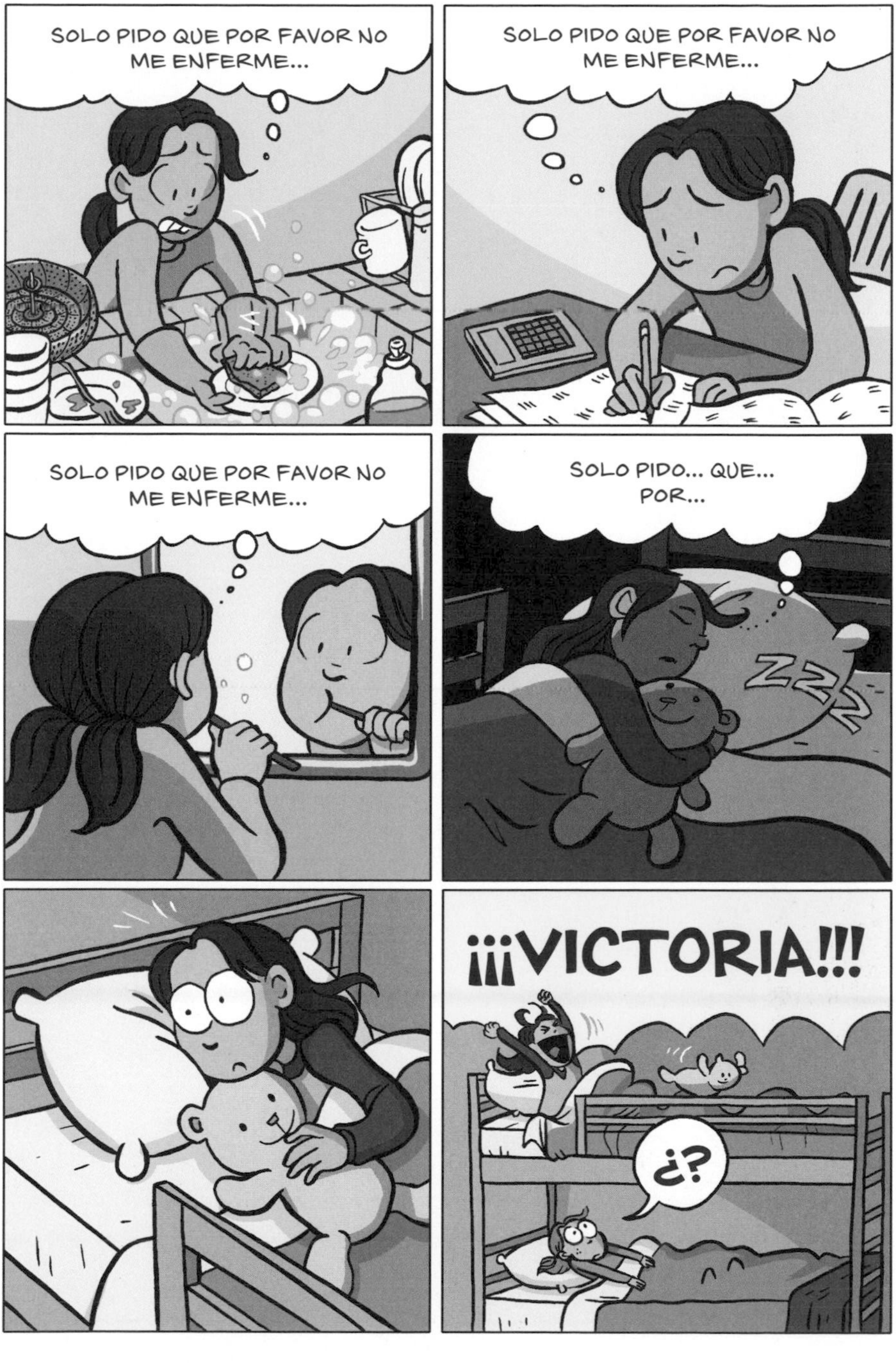
SOLO PIDO QUE POR FAVOR NO ME ENFERME...
SOLO PIDO QUE POR FAVOR NO ME ENFERME...
SOLO PIDO QUE POR FAVOR NO ME ENFERME...
SOLO PIDO... QUE... POR...
ZZZ
¡¡¡VICTORIA!!!
¿?

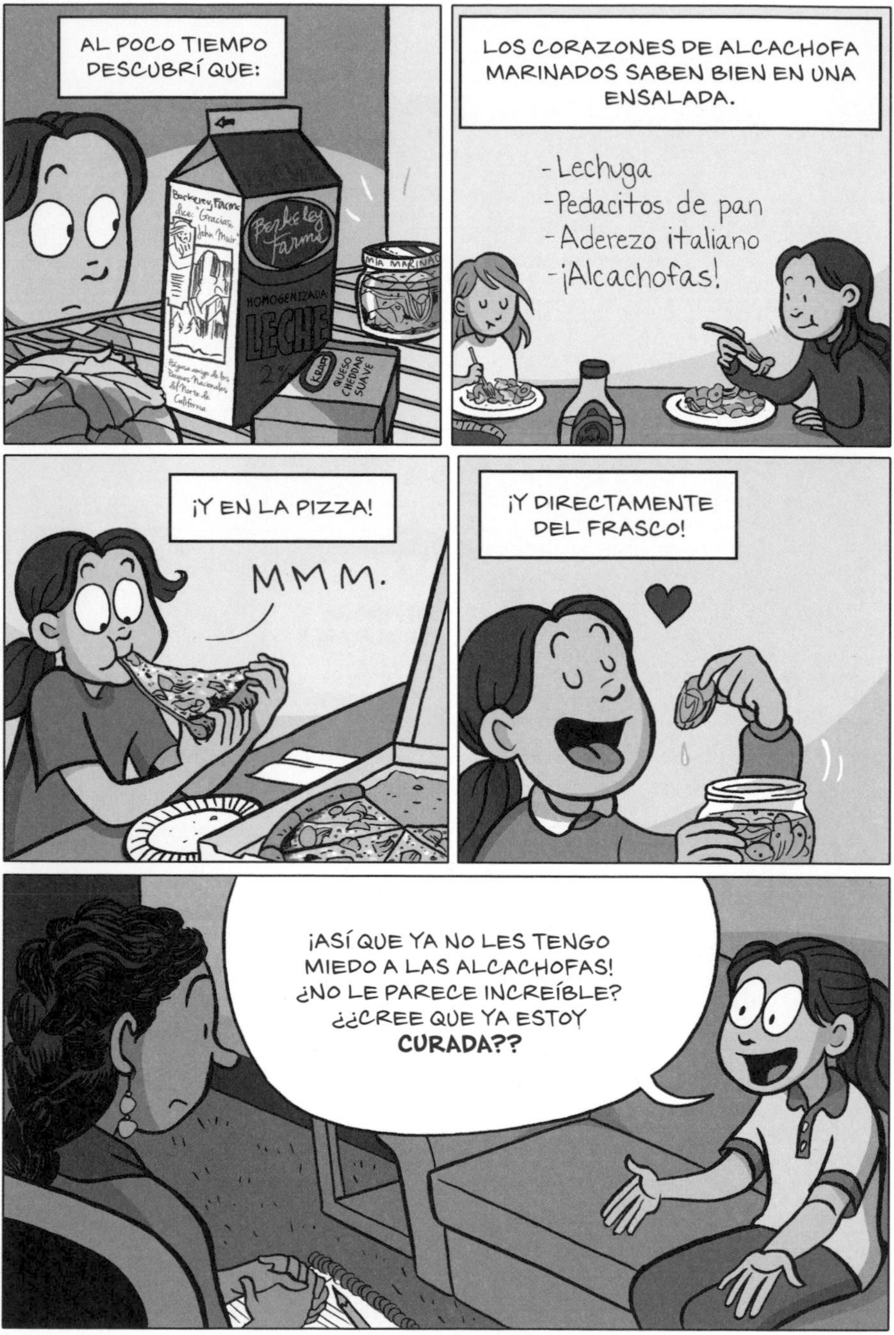
AL POCO TIEMPO DESCUBRÍ QUE:
Berkeley Farms
HOMOGENIZADA
LECHE
2%
QUESO CHEDDAR SUAVE
LOS CORAZONES DE ALCACHOFA MARINADOS SABEN BIEN EN UNA ENSALADA.
- Lechuga
- Pedacitos de pan
- Aderezo italiano
- ¡Alcachofas!
¡Y EN LA PIZZA!
MMM.
¡Y DIRECTAMENTE DEL FRASCO!
¡ASÍ QUE YA NO LES TENGO MIEDO A LAS ALCACHOFAS! ¿NO LE PARECE INCREÍBLE? ¿¿CREE QUE YA ESTOY **CURADA??**

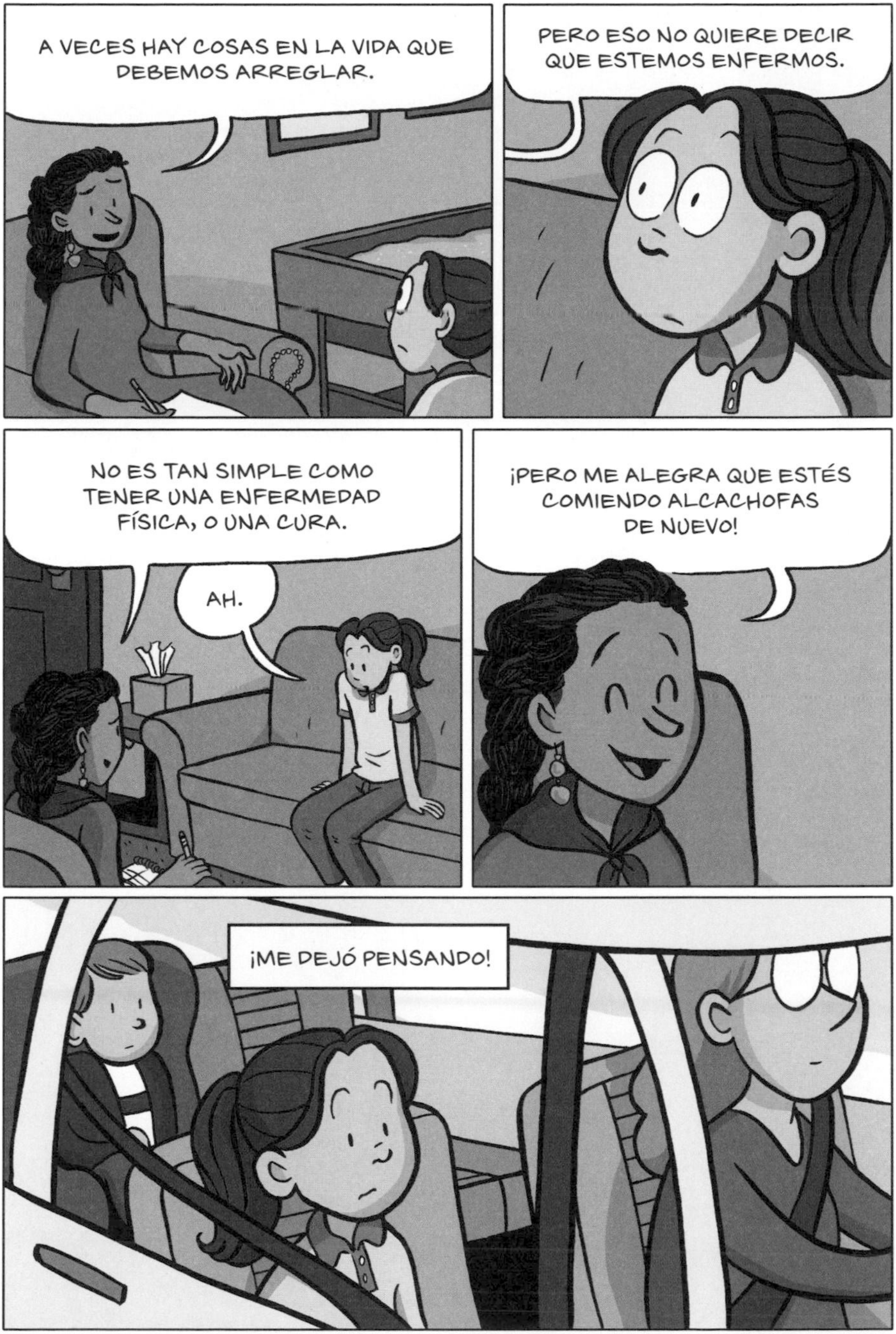
A VECES HAY COSAS EN LA VIDA QUE DEBEMOS ARREGLAR.
PERO ESO NO QUIERE DECIR QUE ESTEMOS ENFERMOS.
NO ES TAN SIMPLE COMO TENER UNA ENFERMEDAD FÍSICA, O UNA CURA.
AH.
¡PERO ME ALEGRA QUE ESTÉS COMIENDO ALCACHOFAS DE NUEVO!
¡ME DEJÓ PENSANDO!

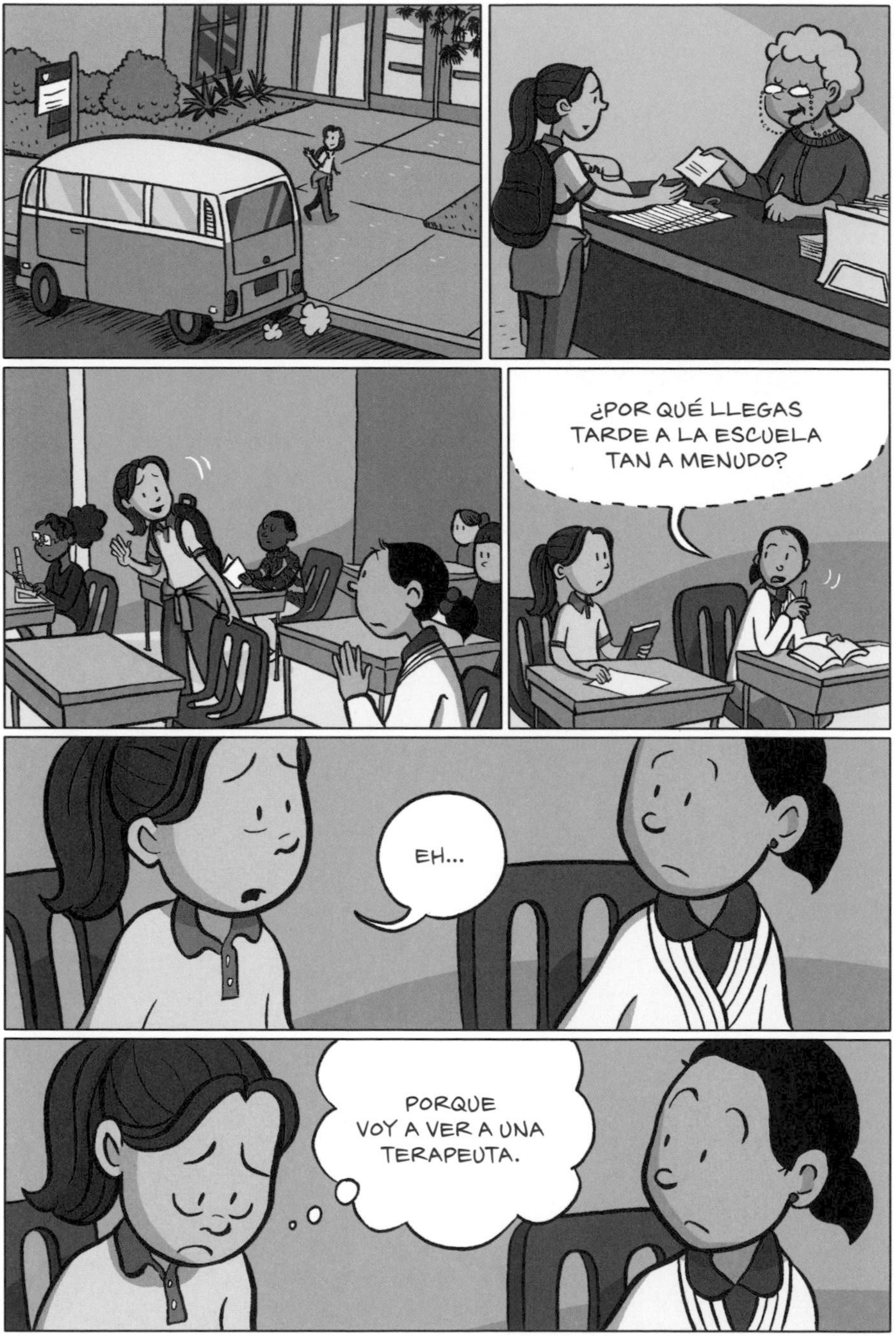
¿POR QUÉ LLEGAS TARDE A LA ESCUELA TAN A MENUDO?
EH...
PORQUE VOY A VER A UNA TERAPEUTA.

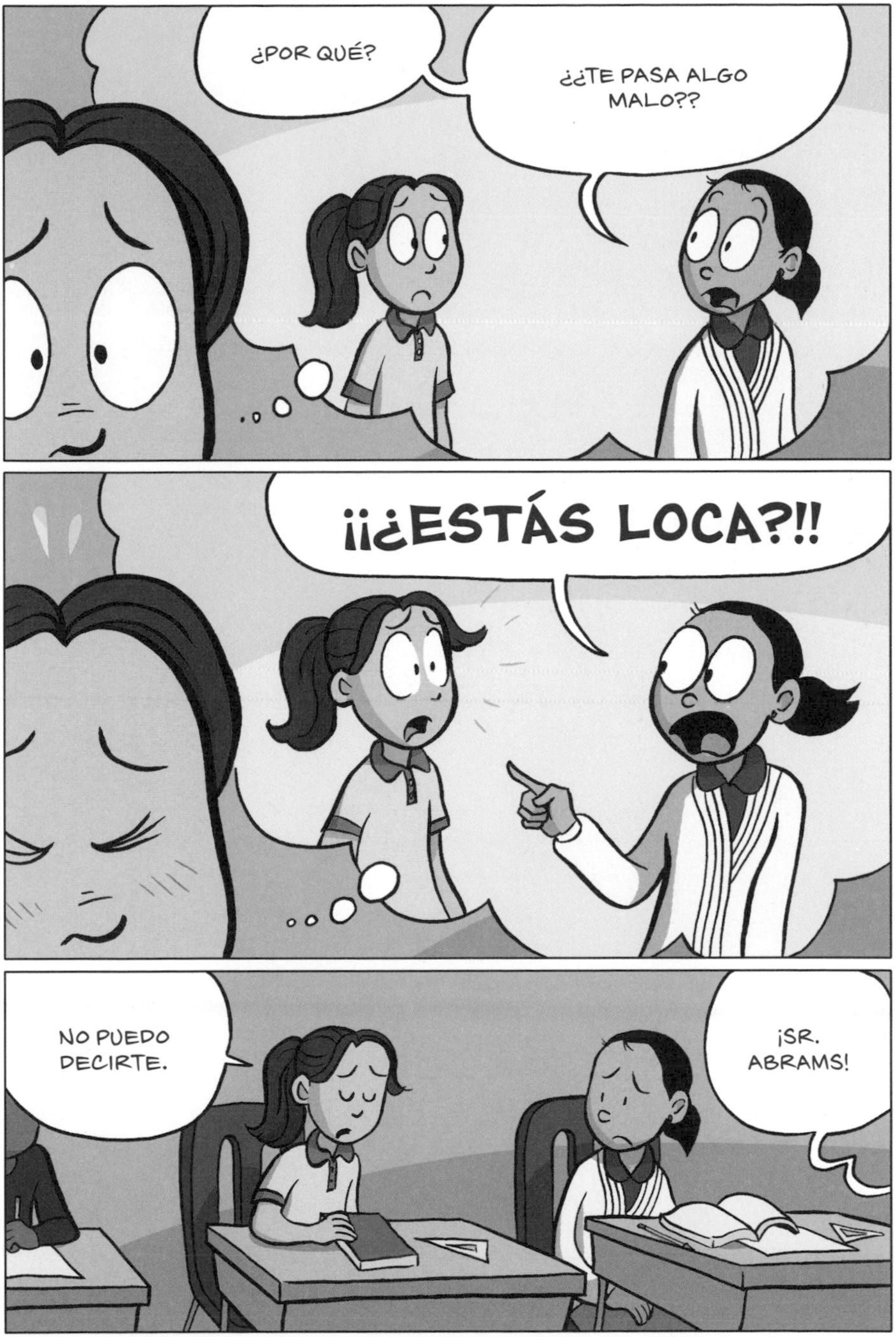
¿POR QUÉ?
¿¿TE PASA ALGO MALO??
¡¡¿ESTÁS LOCA?!!
NO PUEDO DECIRTE.
¡SR. ABRAMS!

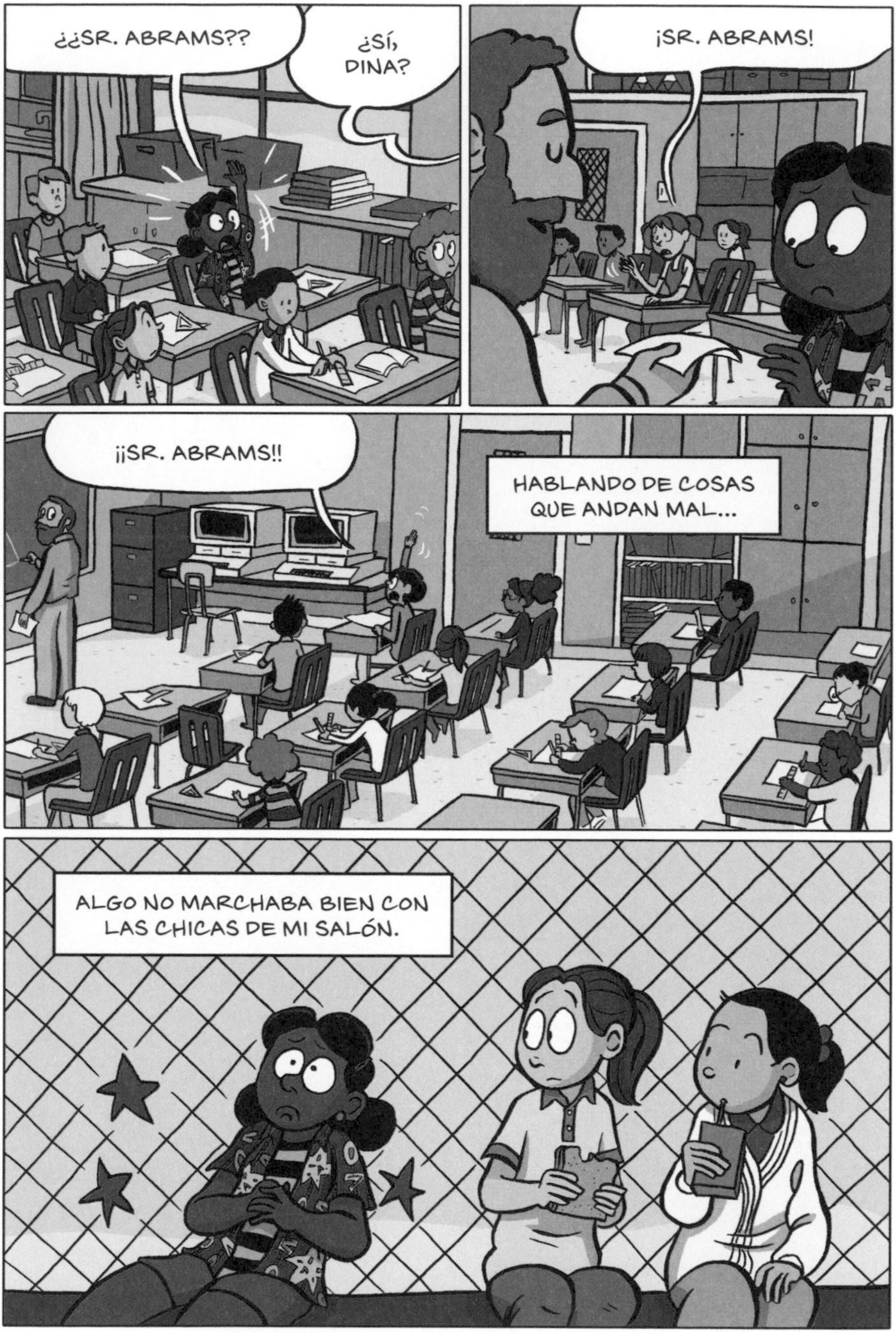
¿¿SR. ABRAMS??
¿SÍ, DINA?
¡SR. ABRAMS!
¡¡SR. ABRAMS!!
HABLANDO DE COSAS QUE ANDAN MAL...
ALGO NO MARCHABA BIEN CON LAS CHICAS DE MI SALÓN.

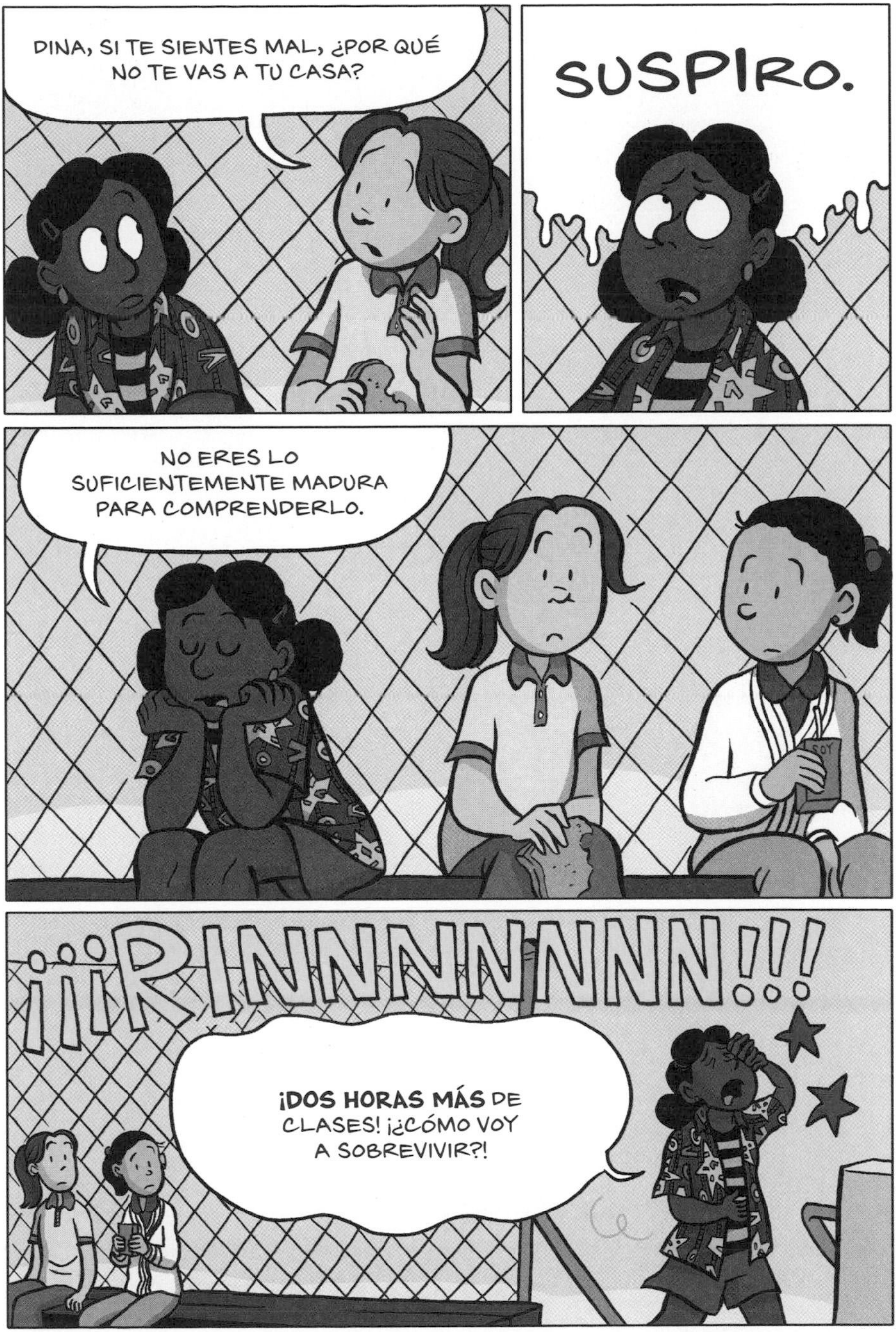
DINA, SI TE SIENTES MAL, ¿POR QUÉ NO TE VAS A TU CASA?
SUSPIRO.
NO ERES LO SUFICIENTEMENTE MADURA PARA COMPRENDERLO.
SOY
¡¡¡RINNNNNNN!!!
¡DOS HORAS MÁS DE CLASES! ¡¿CÓMO VOY A SOBREVIVIR?!

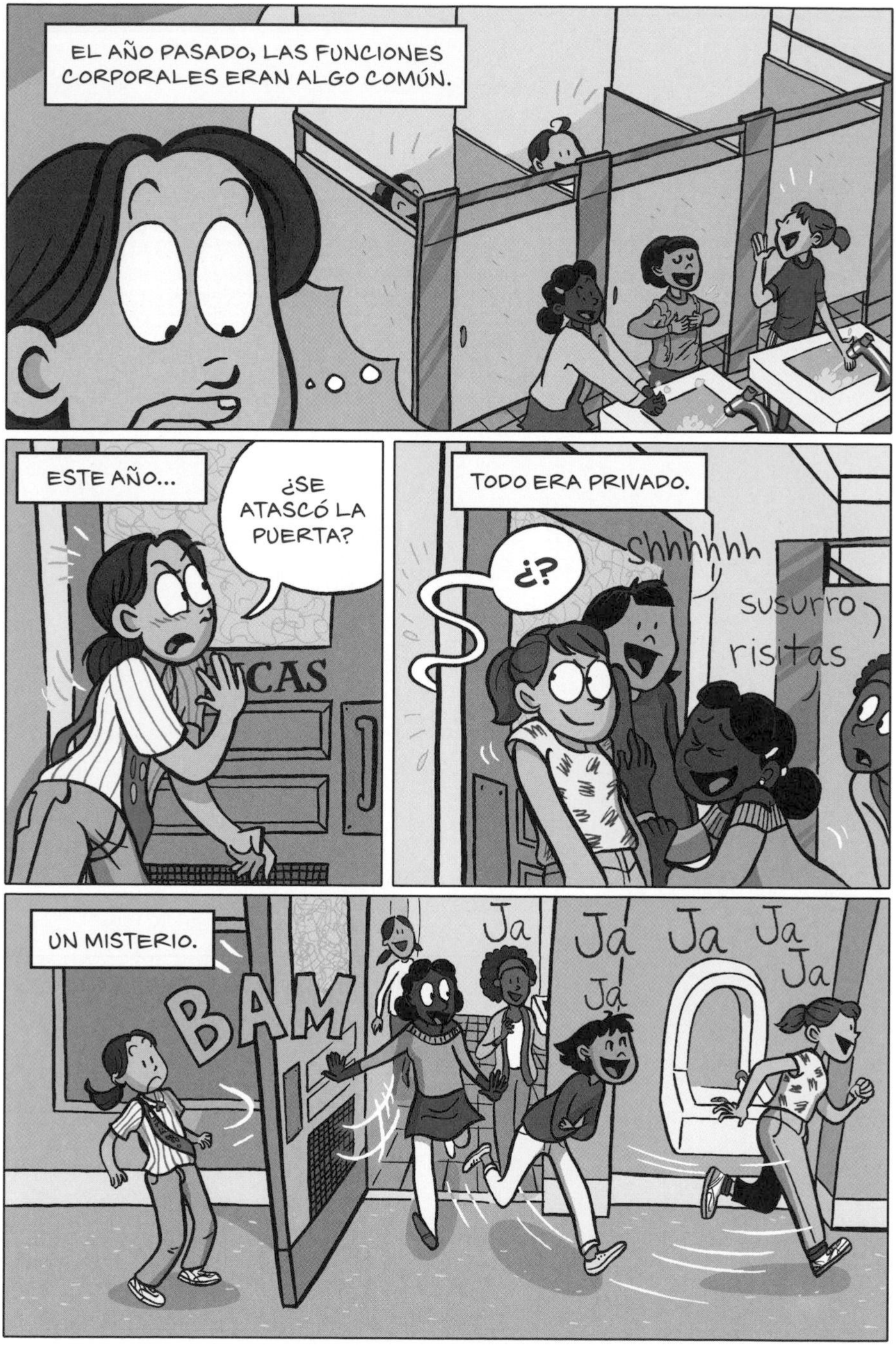
EL AÑO PASADO, LAS FUNCIONES CORPORALES ERAN ALGO COMÚN.
ESTE AÑO...
¿SE ATASCÓ LA PUERTA?
TODO ERA PRIVADO.
¿?
Shhhhhh
susurro
risitas
UN MISTERIO.
BAM
Ja
Ja
Ja
Ja
Ja
Ja

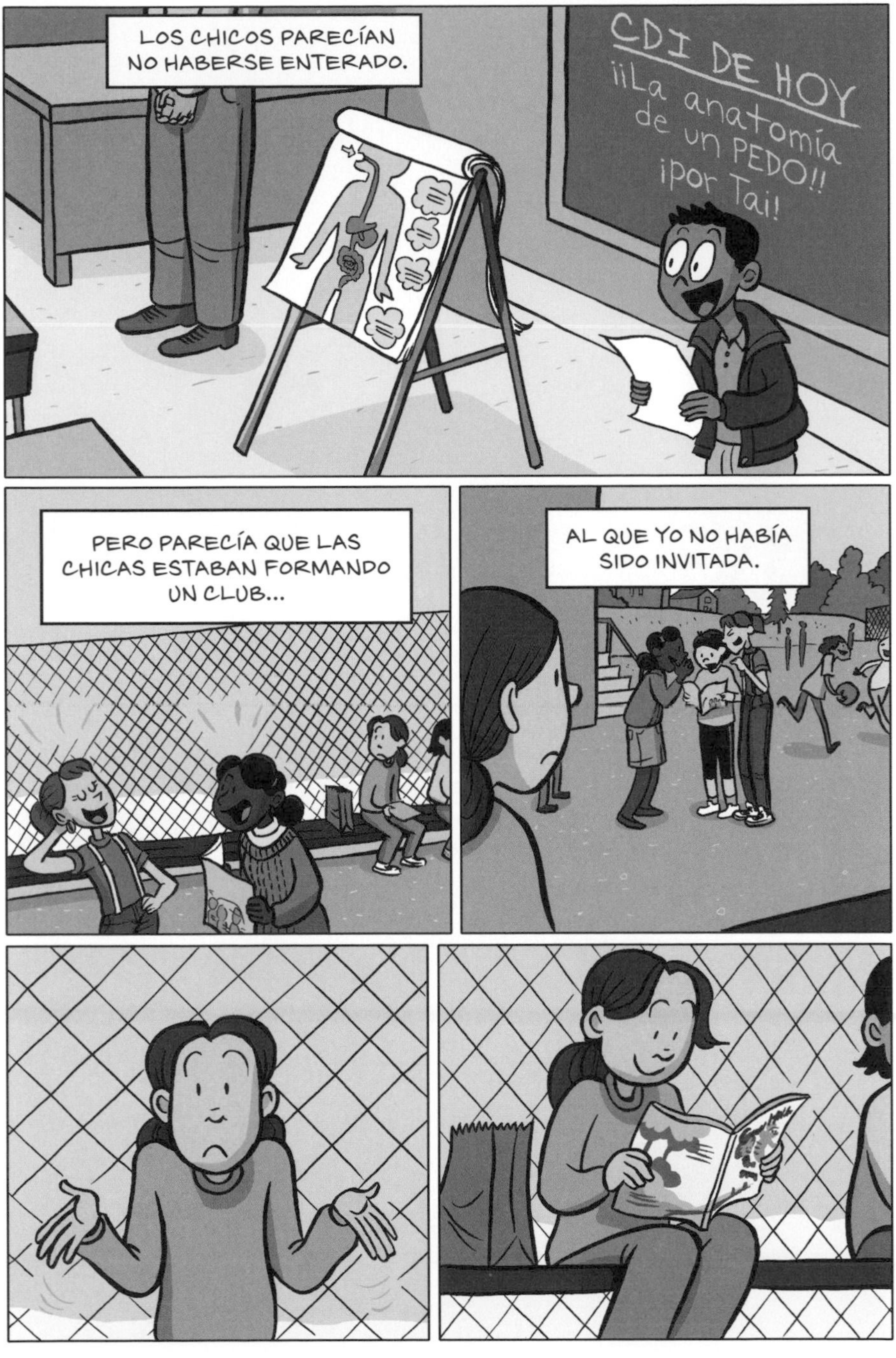
LOS CHICOS PARECÍAN NO HABERSE ENTERADO.
CDI DE HOY
¡¡La anatomía de un PEDO!! ¡por Tai!
PERO PARECÍA QUE LAS CHICAS ESTABAN FORMANDO UN CLUB...
AL QUE YO NO HABÍA SIDO INVITADA.

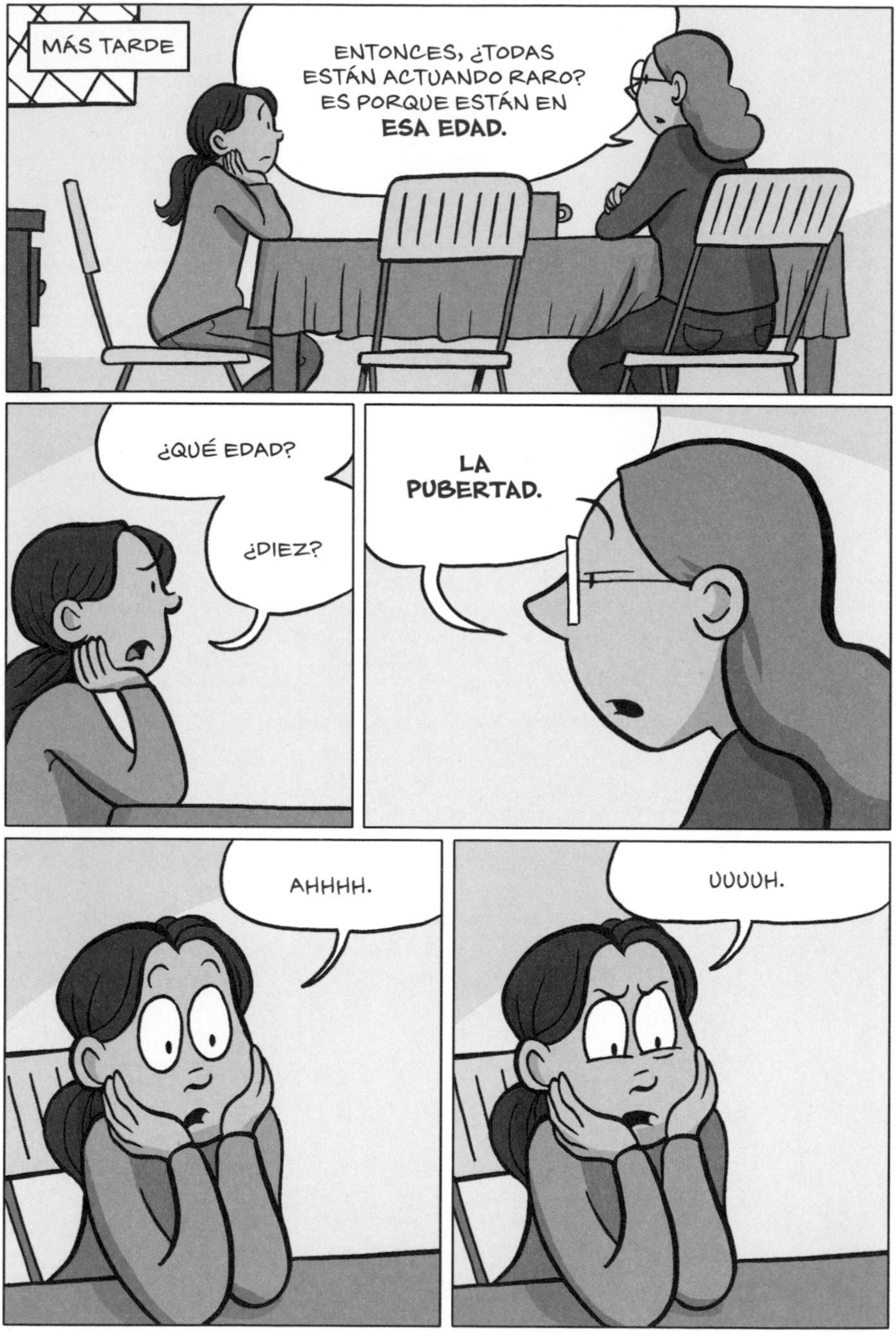
MÁS TARDE
ENTONCES, ¿TODAS ESTÁN ACTUANDO RARO? ES PORQUE ESTÁN EN **ESA EDAD.**
¿QUÉ EDAD?
¿DIEZ?
LA PUBERTAD.
AHHHH.
UUUUH.

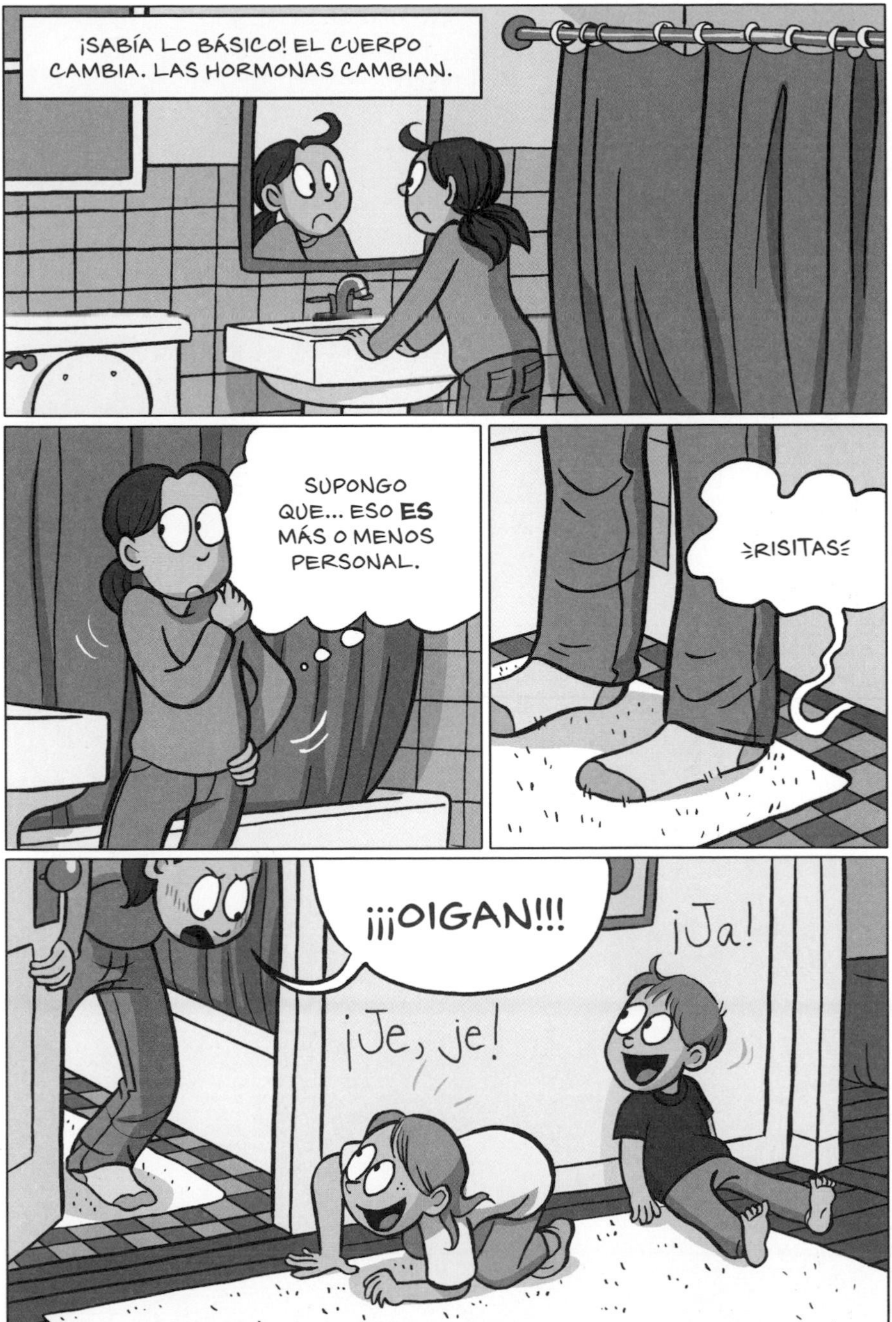
¡SABÍA LO BÁSICO! EL CUERPO CAMBIA. LAS HORMONAS CAMBIAN.
SUPONGO QUE... ESO **ES** MÁS O MENOS PERSONAL.
RISITAS
¡¡¡OIGAN!!!
¡Ja!
¡Je, je!

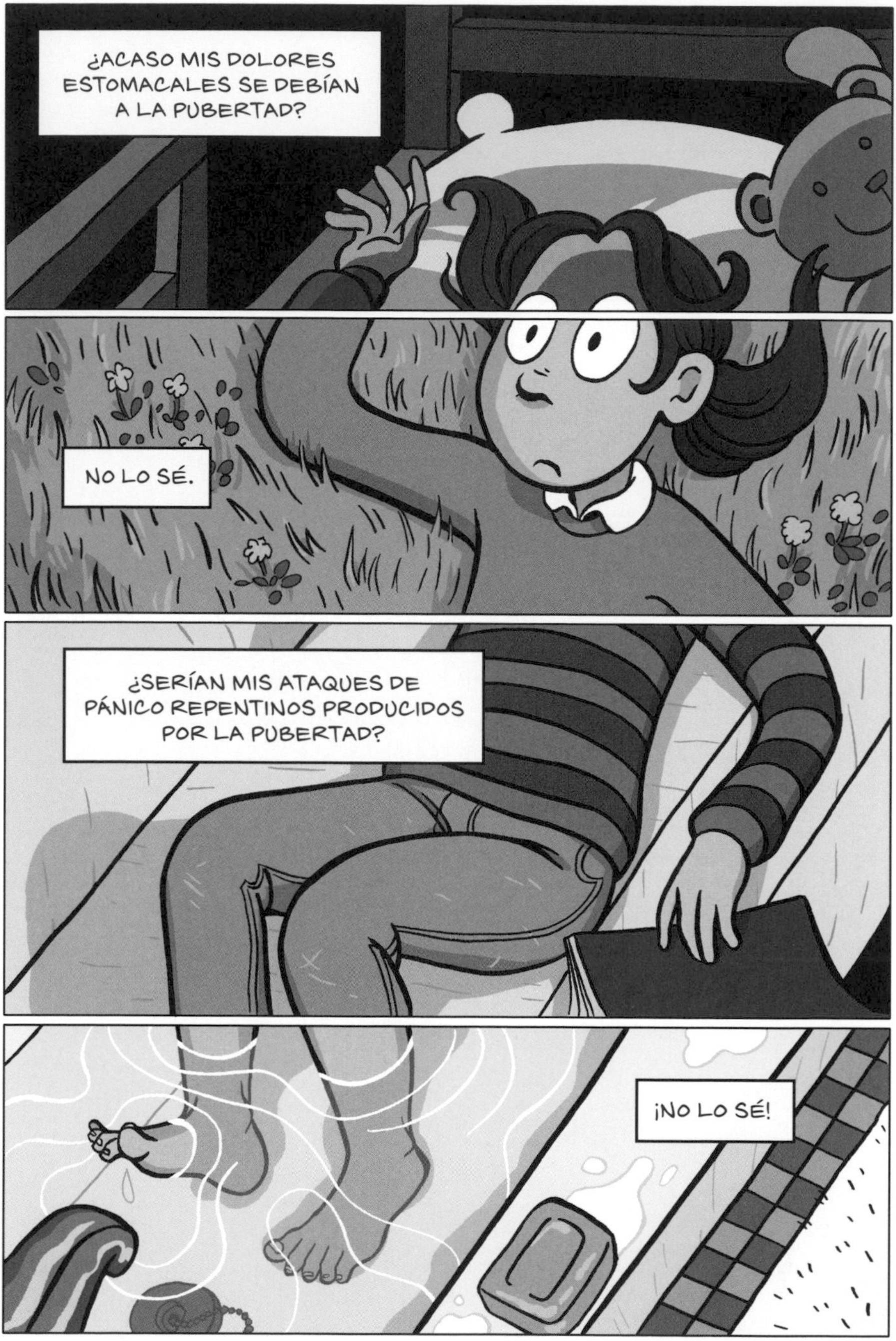
¿ACASO MIS DOLORES ESTOMACALES SE DEBÍAN A LA PUBERTAD?
NO LO SÉ.
¿SERÍAN MIS ATAQUES DE PÁNICO REPENTINOS PRODUCIDOS POR LA PUBERTAD?
¡NO LO SÉ!

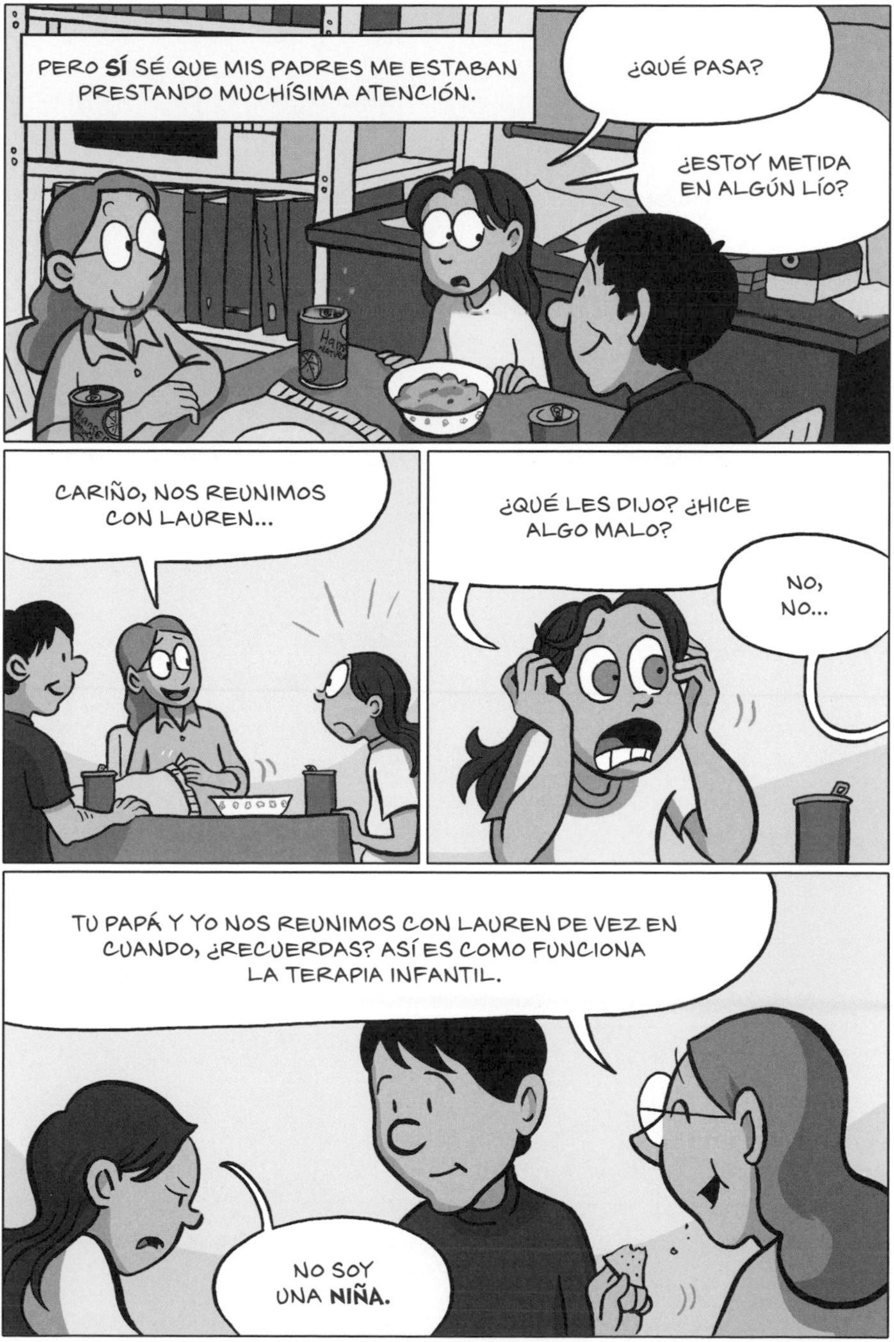
PERO **SÍ** SÉ QUE MIS PADRES ME ESTABAN PRESTANDO MUCHÍSIMA ATENCIÓN.
¿QUÉ PASA?
¿ESTOY METIDA EN ALGÚN LÍO?
CARIÑO, NOS REUNIMOS CON LAUREN...
¿QUÉ LES DIJO? ¿HICE ALGO MALO?
NO, NO...
TU PAPÁ Y YO NOS REUNIMOS CON LAUREN DE VEZ EN CUANDO, ¿RECUERDAS? ASÍ ES COMO FUNCIONA LA TERAPIA INFANTIL.
NO SOY UNA **NIÑA.**

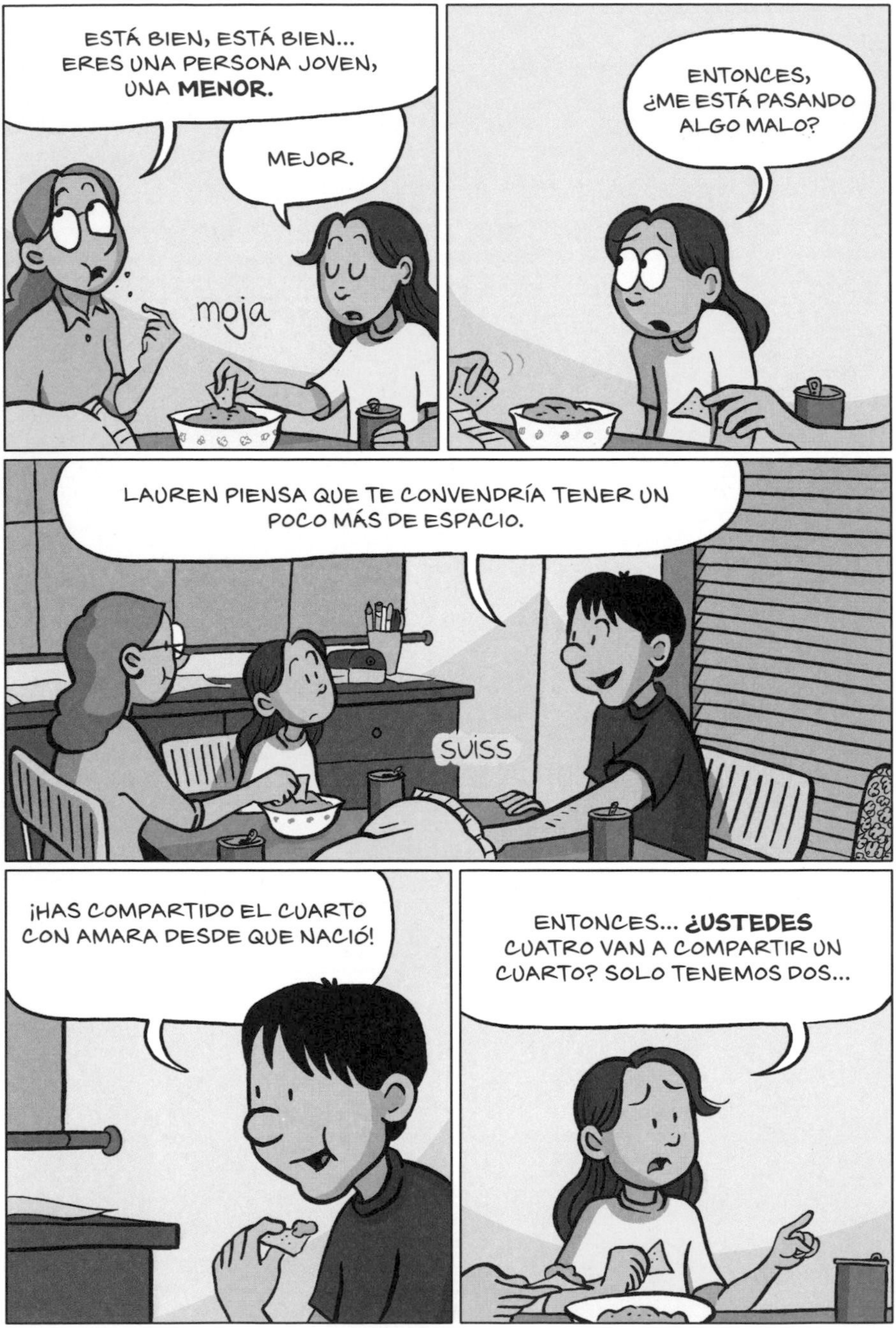

ESTÁ BIEN, ESTÁ BIEN... ERES UNA PERSONA JOVEN, UNA **MENOR.**
MEJOR.
moja
ENTONCES, ¿ME ESTÁ PASANDO ALGO MALO?
LAUREN PIENSA QUE TE CONVENDRÍA TENER UN POCO MÁS DE ESPACIO.
SUISS
¡HAS COMPARTIDO EL CUARTO CON AMARA DESDE QUE NACIÓ!
ENTONCES... **¿USTEDES** CUATRO VAN A COMPARTIR UN CUARTO? SOLO TENEMOS DOS...

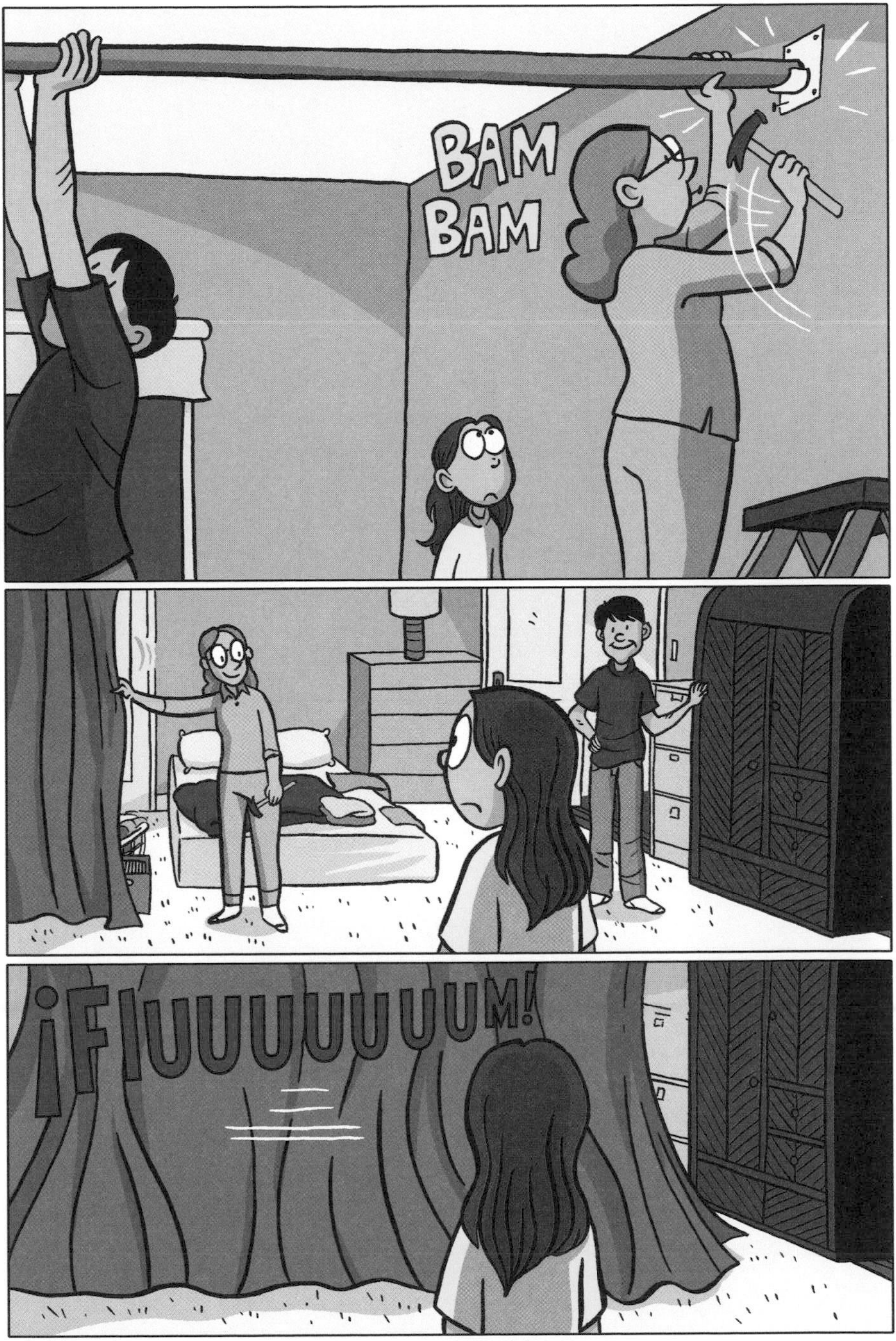
BAM
BAM
¡FIUUUUUUUM!

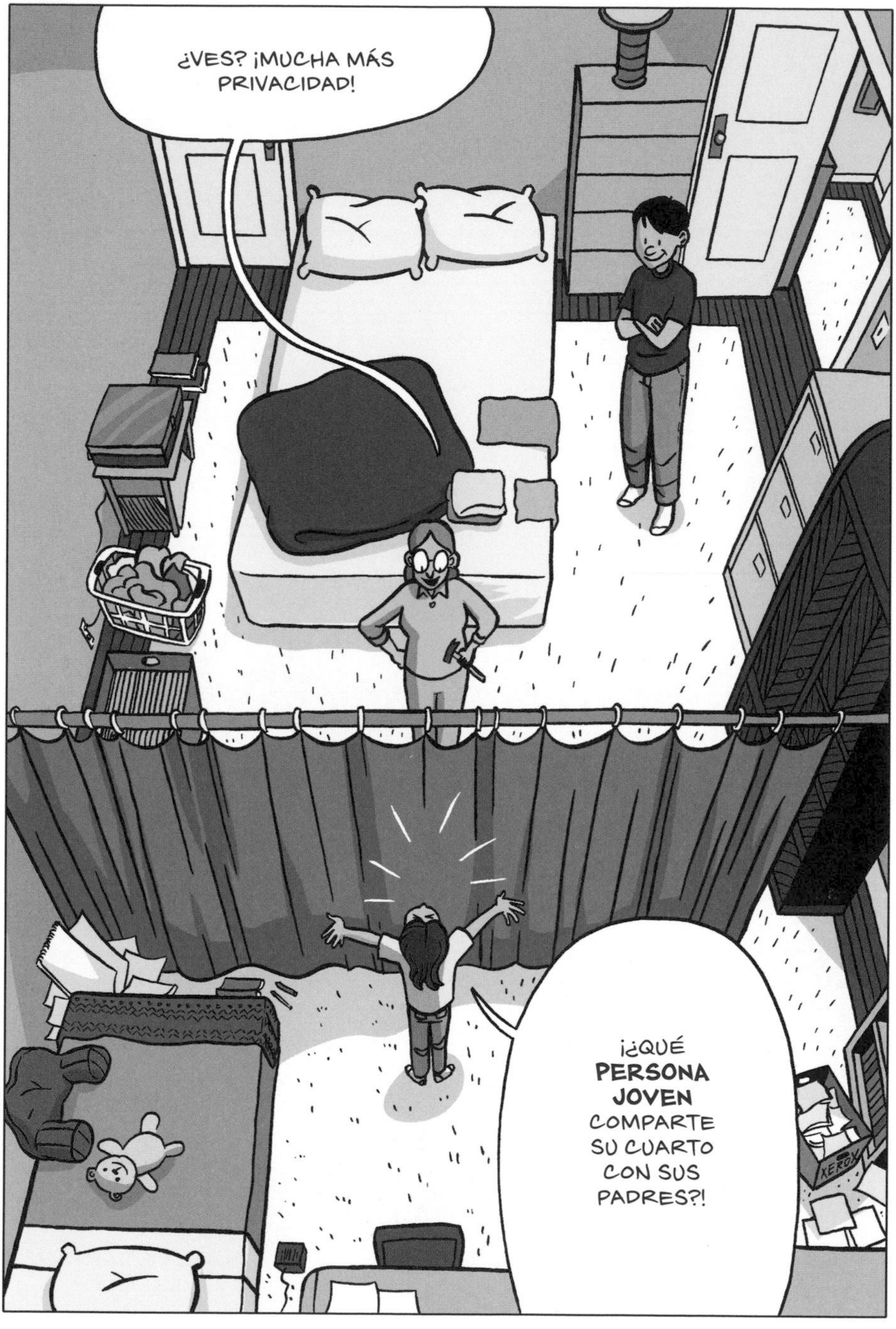
¿VES? ¡MUCHA MÁS PRIVACIDAD!
¡¿QUÉ **PERSONA JOVEN** COMPARTE SU CUARTO CON SUS PADRES?!
XEROX

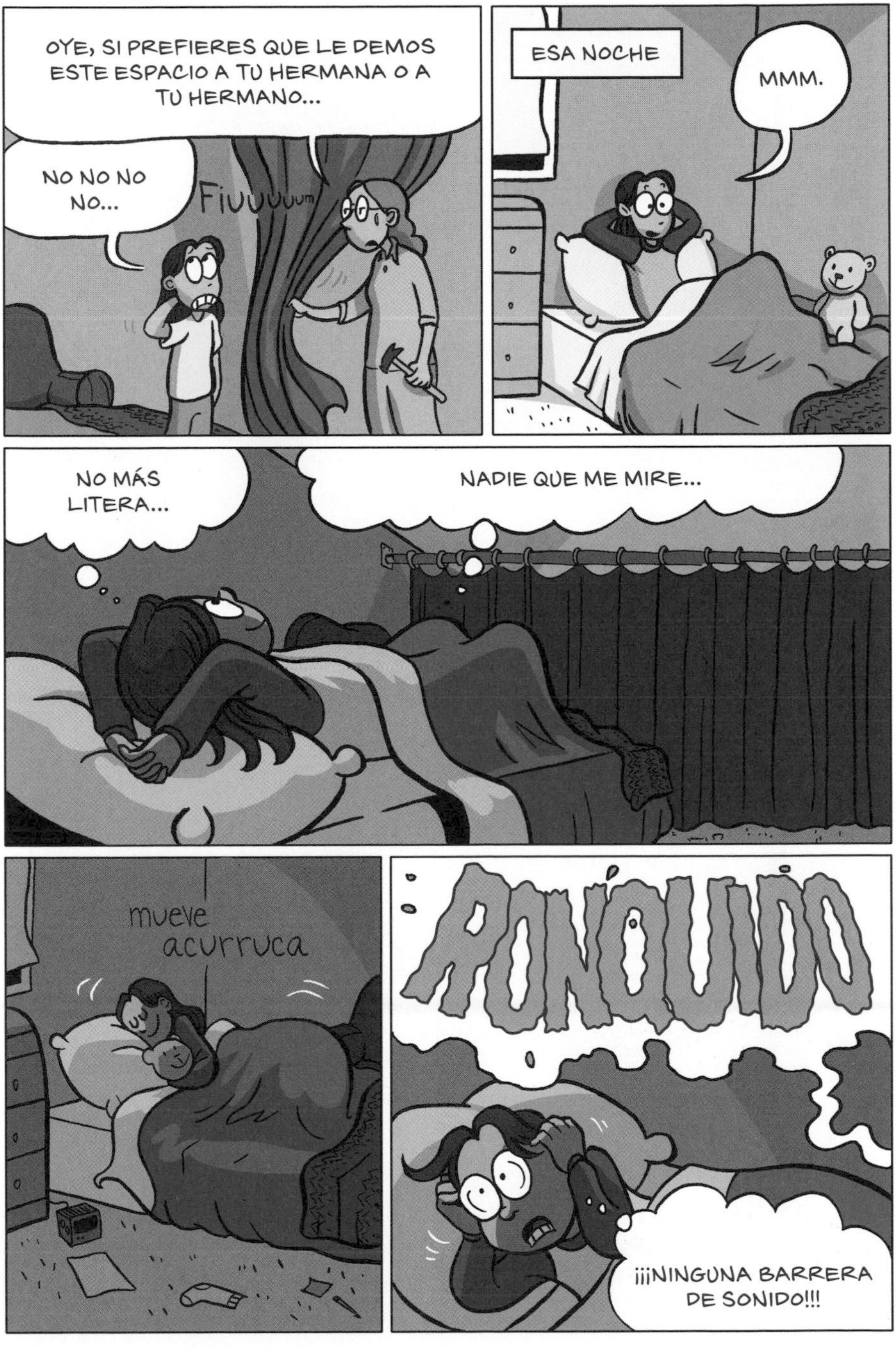
OYE, SI PREFIERES QUE LE DEMOS ESTE ESPACIO A TU HERMANA O A TU HERMANO...
NO NO NO NO...
Fiuuuuum
ESA NOCHE
MMM.
NO MÁS LITERA...
NADIE QUE ME MIRE...
mueve
acurruca
RONQUIDO
¡¡¡NINGUNA BARRERA DE SONIDO!!!

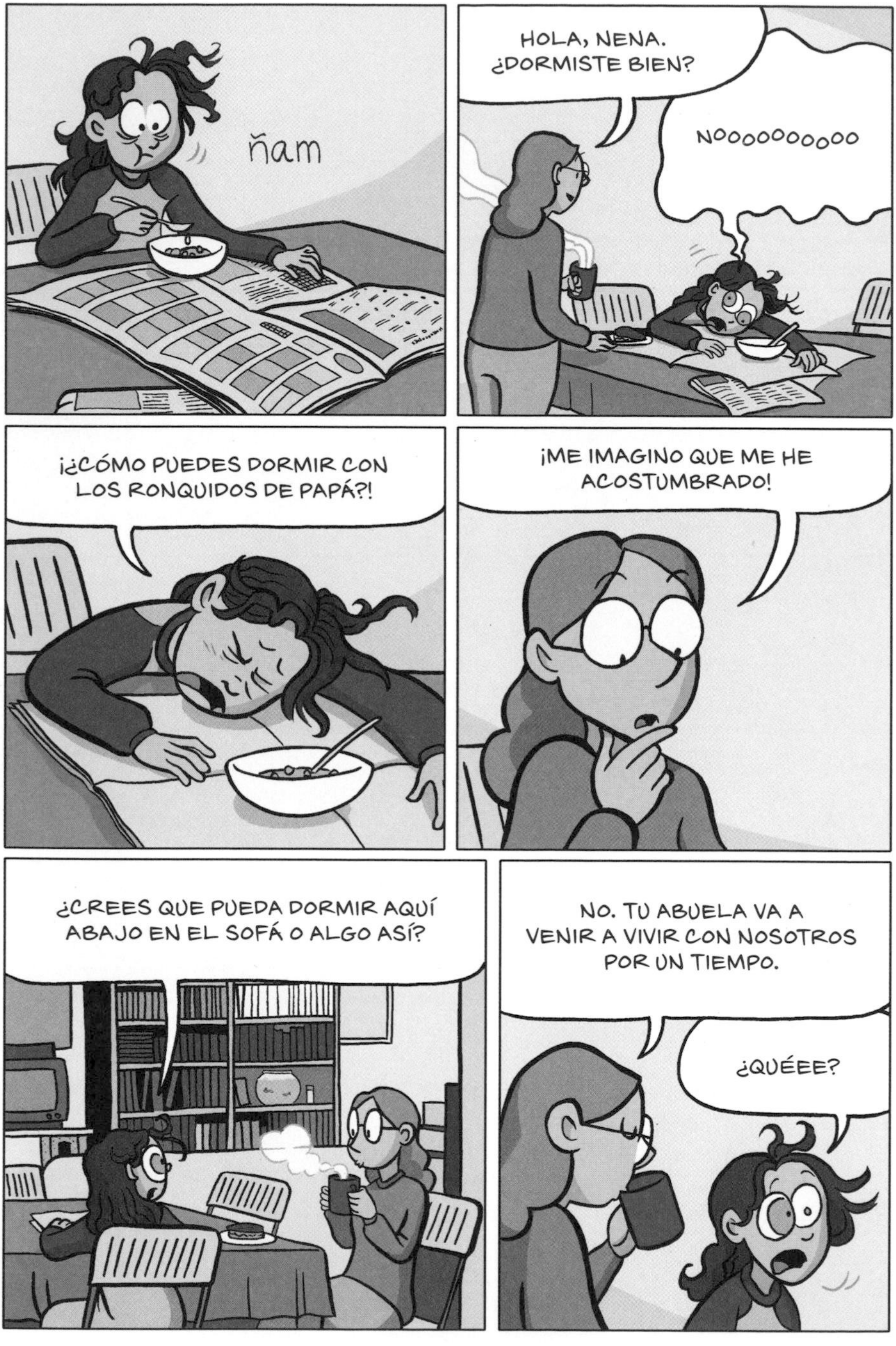
ñam
HOLA, NENA. ¿DORMISTE BIEN?
NOOOOOOOOOO
¡¿CÓMO PUEDES DORMIR CON LOS RONQUIDOS DE PAPÁ?!
¡ME IMAGINO QUE ME HE ACOSTUMBRADO!
¿CREES QUE PUEDA DORMIR AQUÍ ABAJO EN EL SOFÁ O ALGO ASÍ?
NO. TU ABUELA VA A VENIR A VIVIR CON NOSOTROS POR UN TIEMPO.
¿QUÉEE?

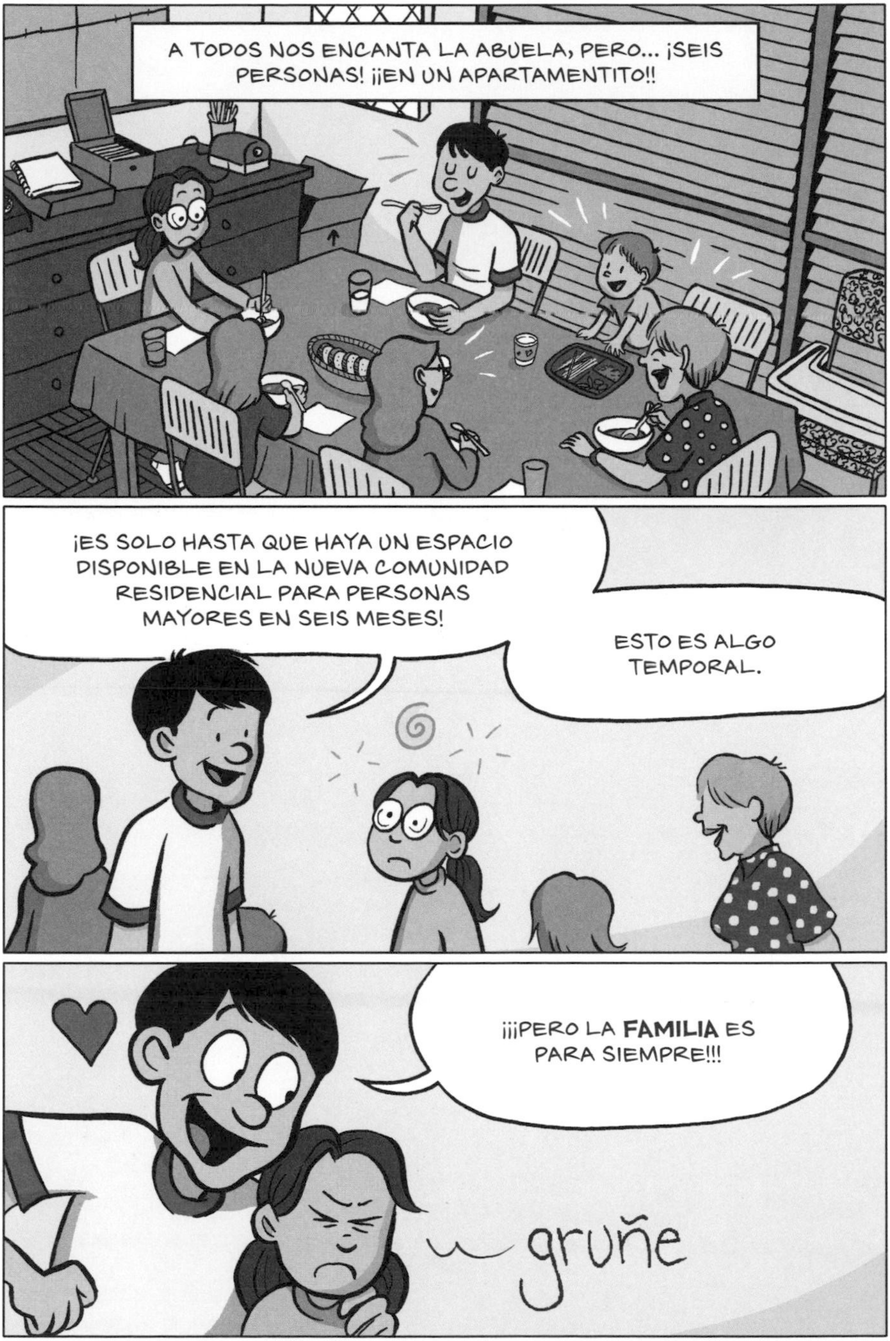
A TODOS NOS ENCANTA LA ABUELA, PERO... ¡SEIS PERSONAS! ¡¡EN UN APARTAMENTITO!!
¡ES SOLO HASTA QUE HAYA UN ESPACIO DISPONIBLE EN LA NUEVA COMUNIDAD RESIDENCIAL PARA PERSONAS MAYORES EN SEIS MESES!
ESTO ES ALGO TEMPORAL.
¡¡¡PERO LA **FAMILIA** ES PARA SIEMPRE!!!
gruñe

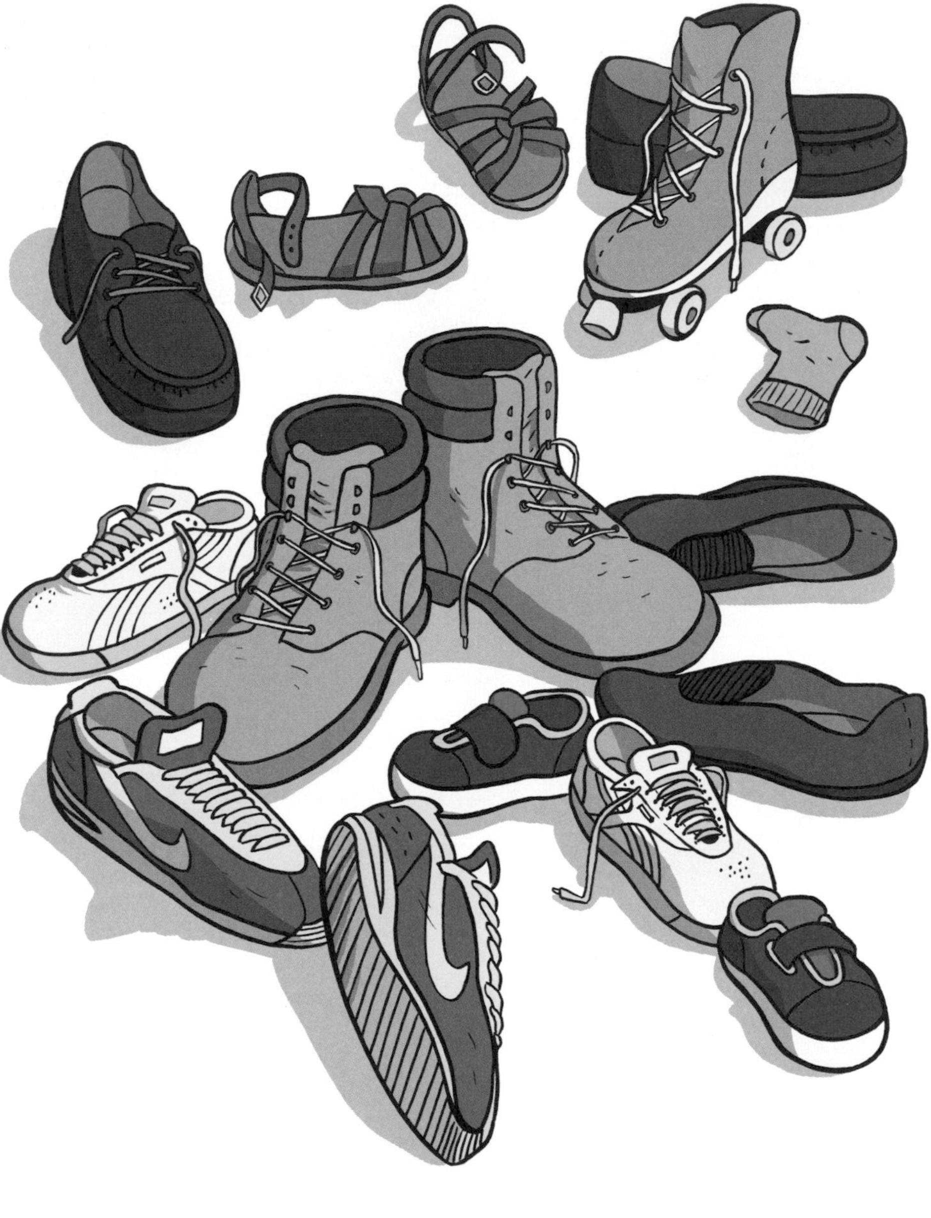

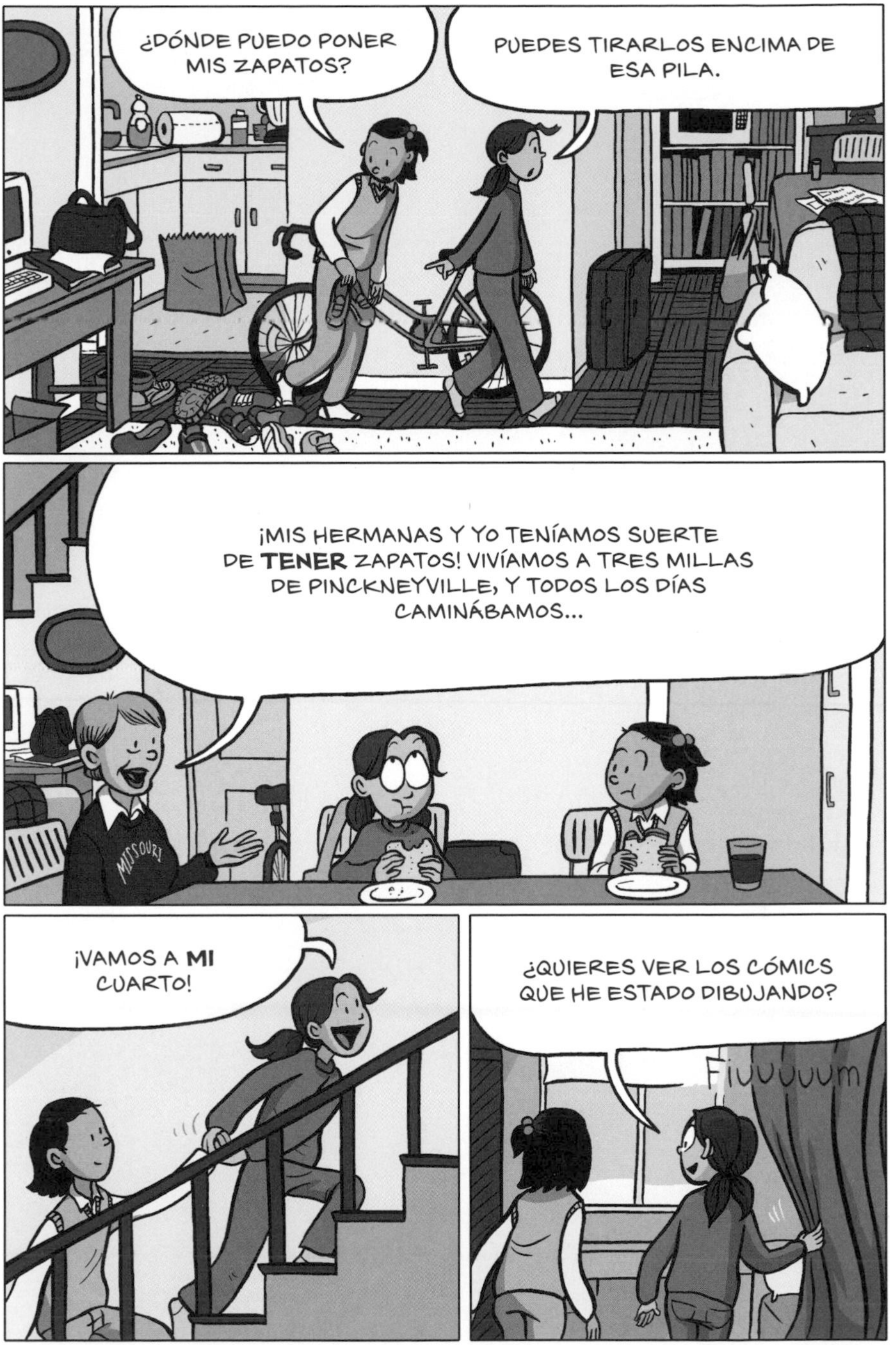
¿DÓNDE PUEDO PONER MIS ZAPATOS?
PUEDES TIRARLOS ENCIMA DE ESA PILA.
¡MIS HERMANAS Y YO TENÍAMOS SUERTE DE **TENER** ZAPATOS! VIVÍAMOS A TRES MILLAS DE PINCKNEYVILLE, Y TODOS LOS DÍAS CAMINÁBAMOS...
MISSOURI
¡VAMOS A **MI** CUARTO!
¿QUIERES VER LOS CÓMICS QUE HE ESTADO DIBUJANDO?
Fiuuuuum

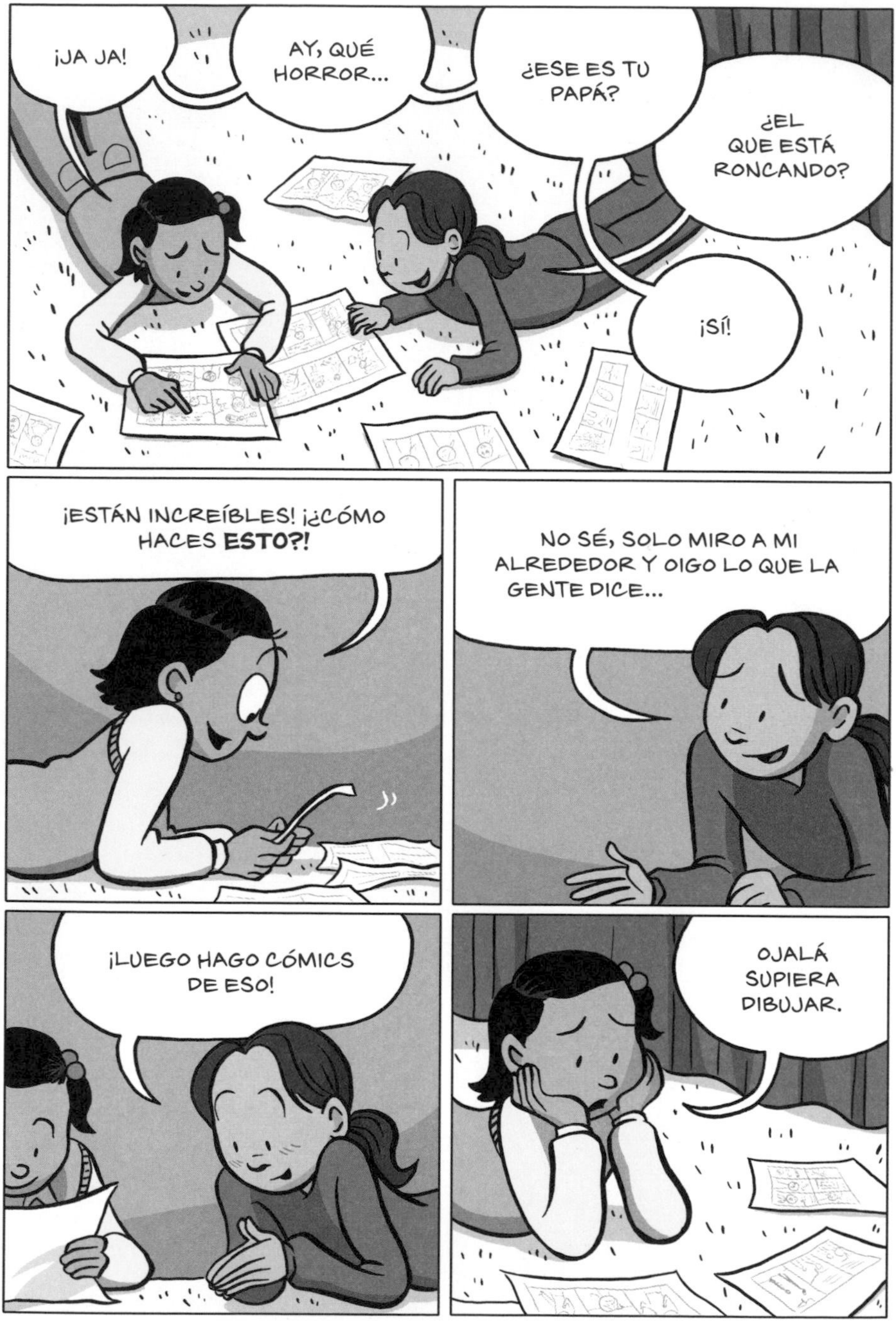
¡JA JA!
AY, QUÉ HORROR...
¿ESE ES TU PAPÁ?
¿EL QUE ESTÁ RONCANDO?
¡SÍ!
¡ESTÁN INCREÍBLES! ¡¿CÓMO HACES **ESTO**?!
NO SÉ, SOLO MIRO A MI ALREDEDOR Y OIGO LO QUE LA GENTE DICE...
¡LUEGO HAGO CÓMICS DE ESO!
OJALÁ SUPIERA DIBUJAR.

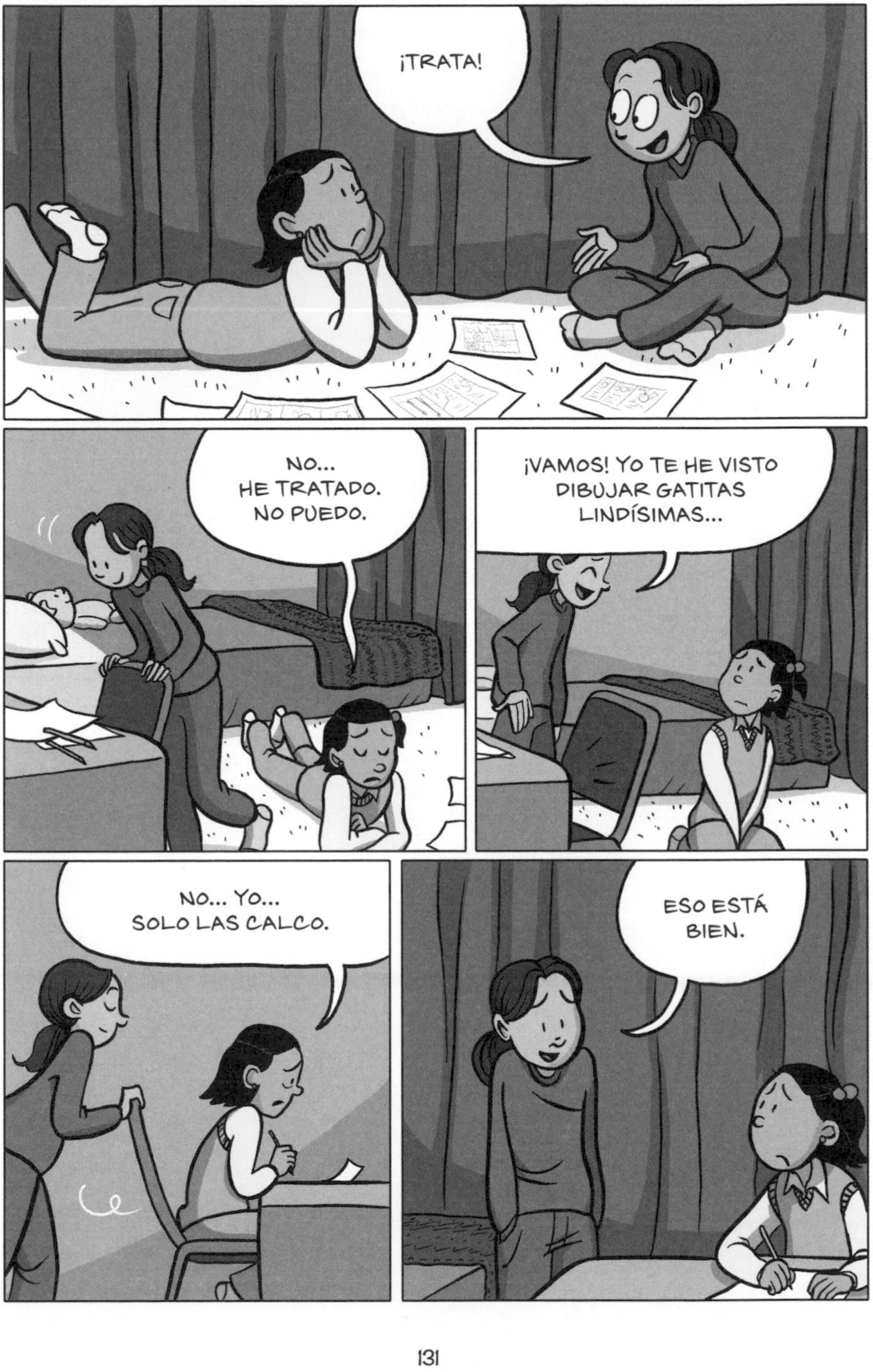
¡TRATA!
NO... HE TRATADO. NO PUEDO.
¡VAMOS! YO TE HE VISTO DIBUJAR GATITAS LINDÍSIMAS...
NO... YO... SOLO LAS CALCO.
ESO ESTÁ BIEN.

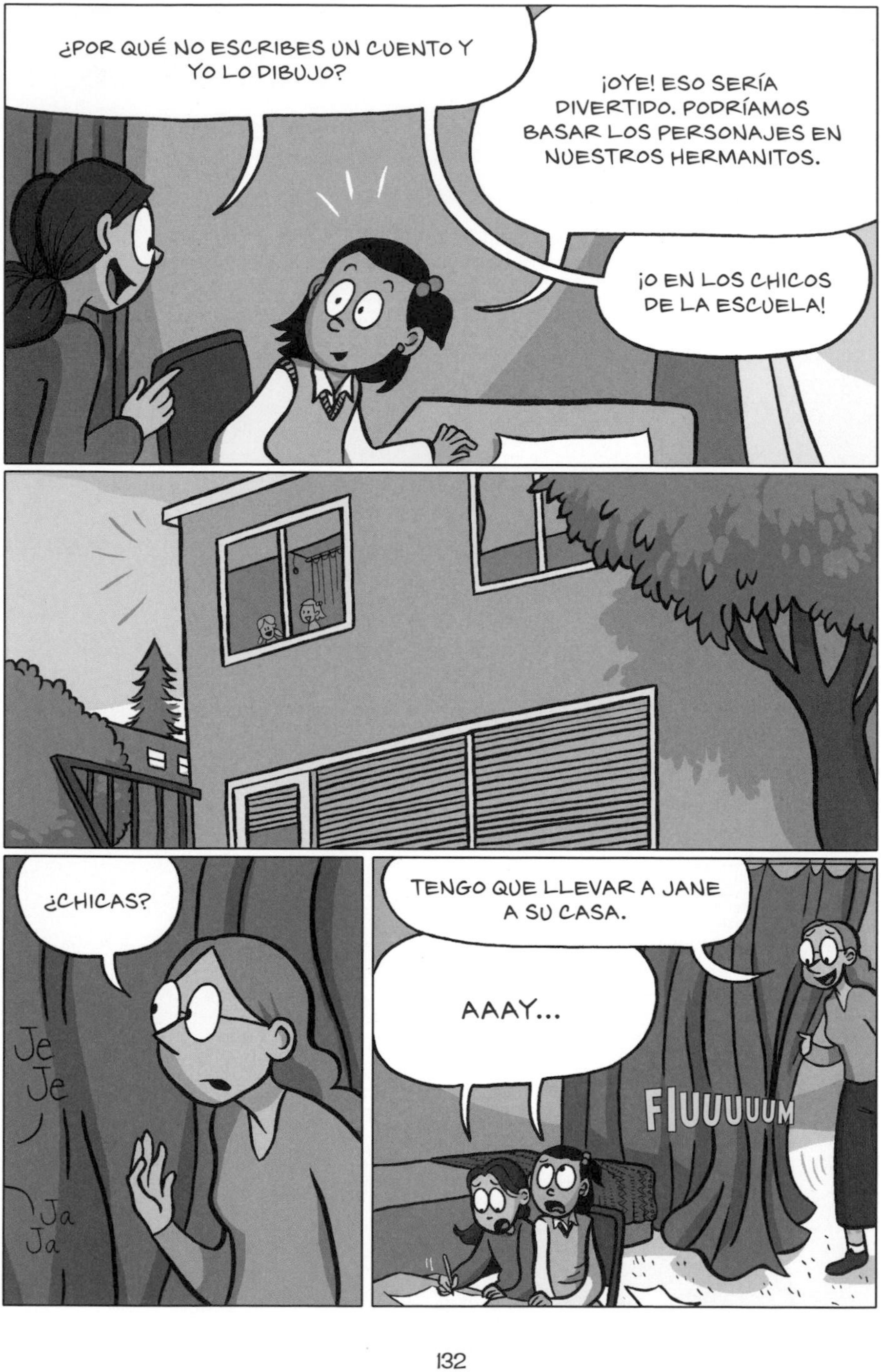
¿POR QUÉ NO ESCRIBES UN CUENTO Y YO LO DIBUJO?
¡OYE! ESO SERÍA DIVERTIDO. PODRÍAMOS BASAR LOS PERSONAJES EN NUESTROS HERMANITOS.
¡O EN LOS CHICOS DE LA ESCUELA!
¿CHICAS?
Je Je
Ja Ja
TENGO QUE LLEVAR A JANE A SU CASA.
AAAY...
FIUUUUUM

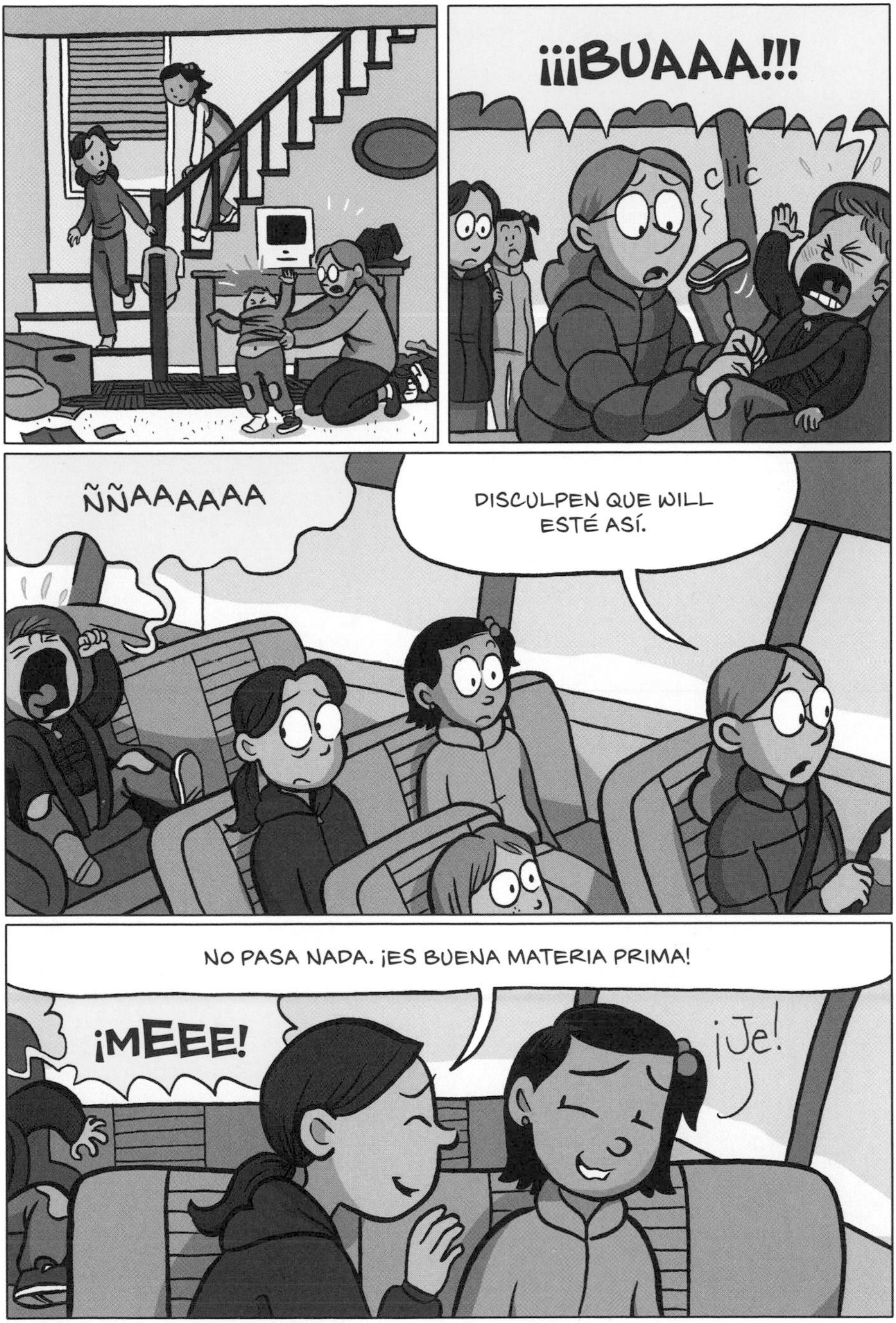

¡¡¡BUAAA!!!
clic
ÑÑAAAAAA
DISCULPEN QUE WILL ESTÉ ASÍ.
NO PASA NADA. ¡ES BUENA MATERIA PRIMA!
¡MEEE!
¡Je!

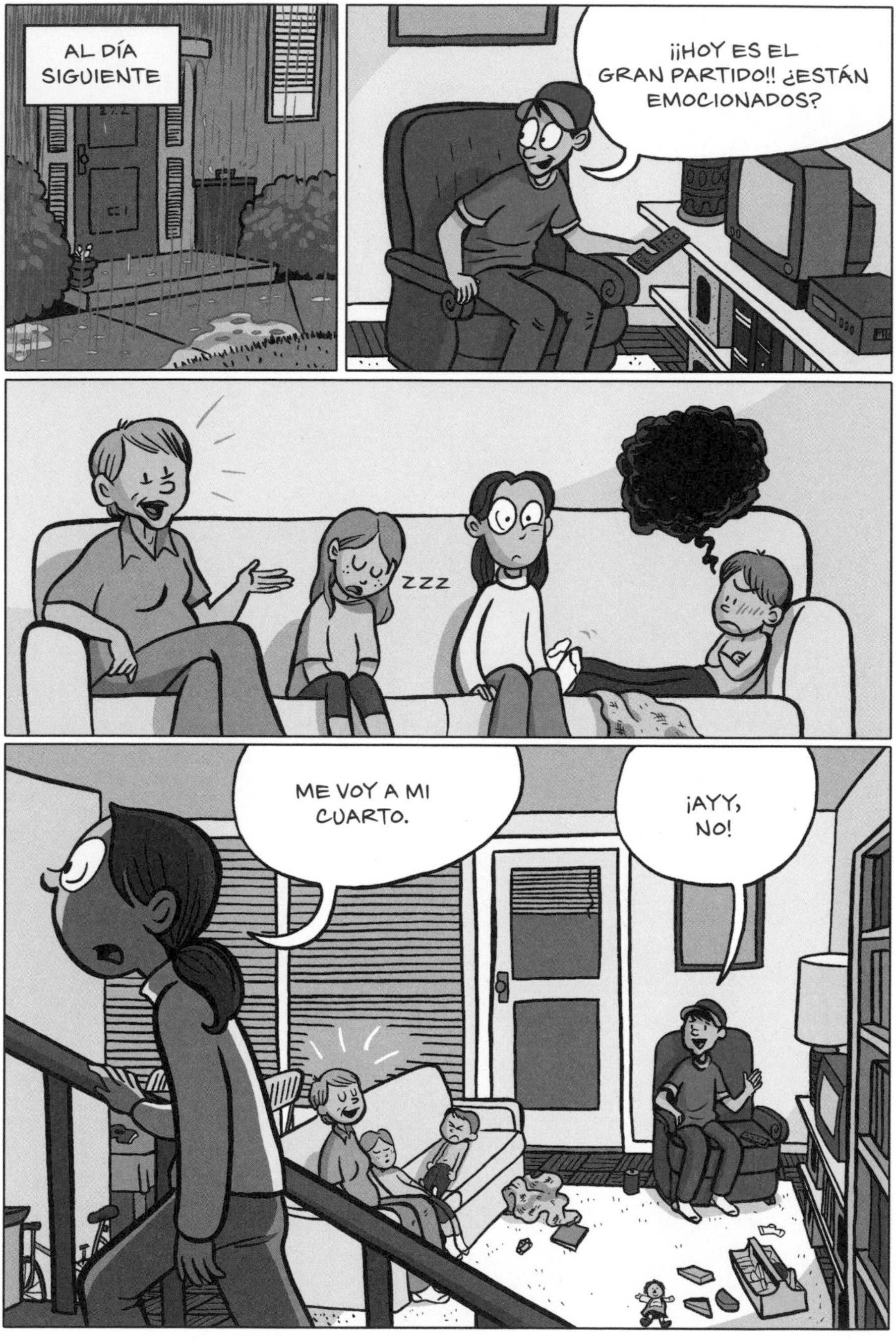
AL DÍA SIGUIENTE
¡¡HOY ES EL GRAN PARTIDO!! ¿ESTÁN EMOCIONADOS?
ZZZ
ME VOY A MI CUARTO.
¡AYY, NO!

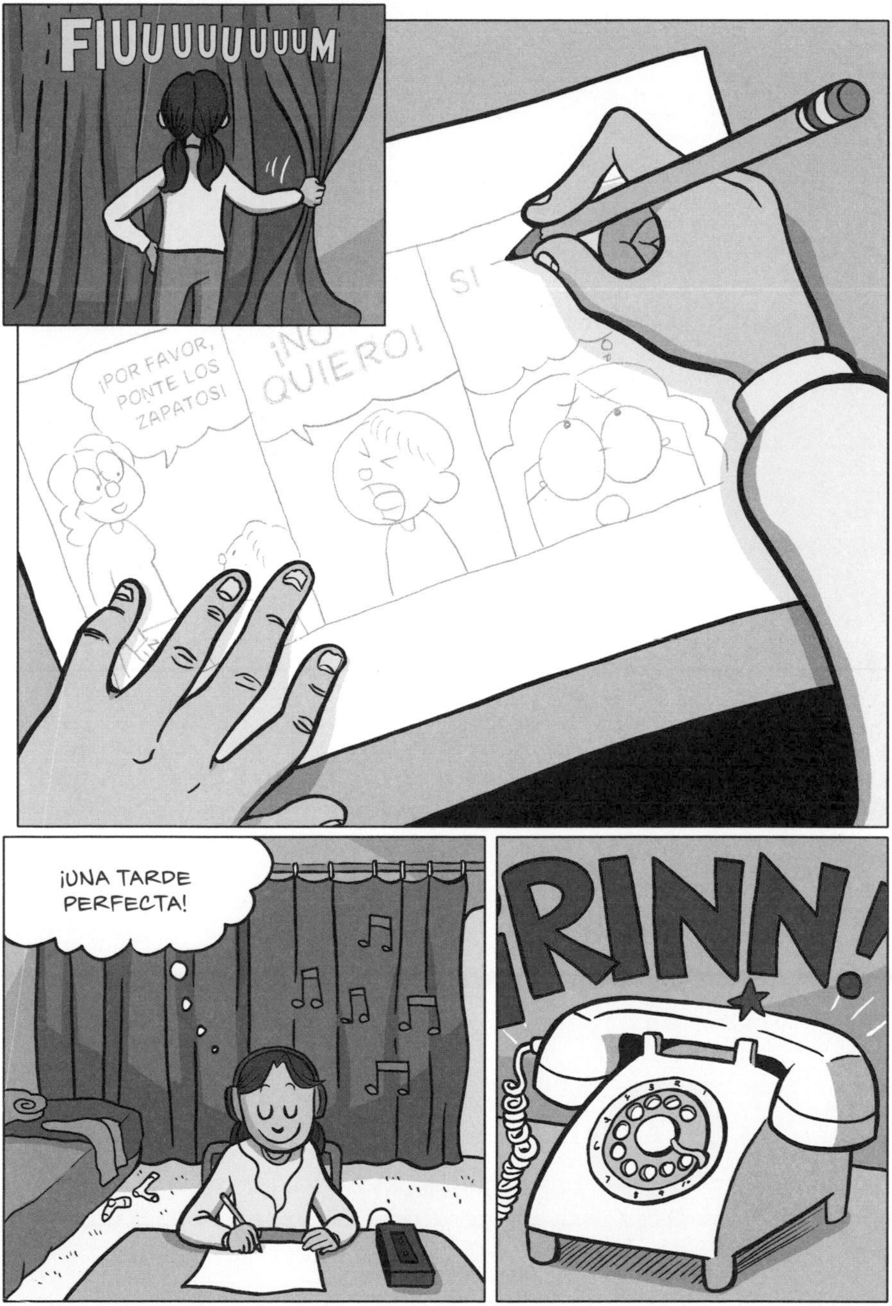
FIUUUUUUUUM
¡POR FAVOR, PONTE LOS ZAPATOS!
¡NO QUIERO!
SI
¡UNA TARDE PERFECTA!
¡RINN!

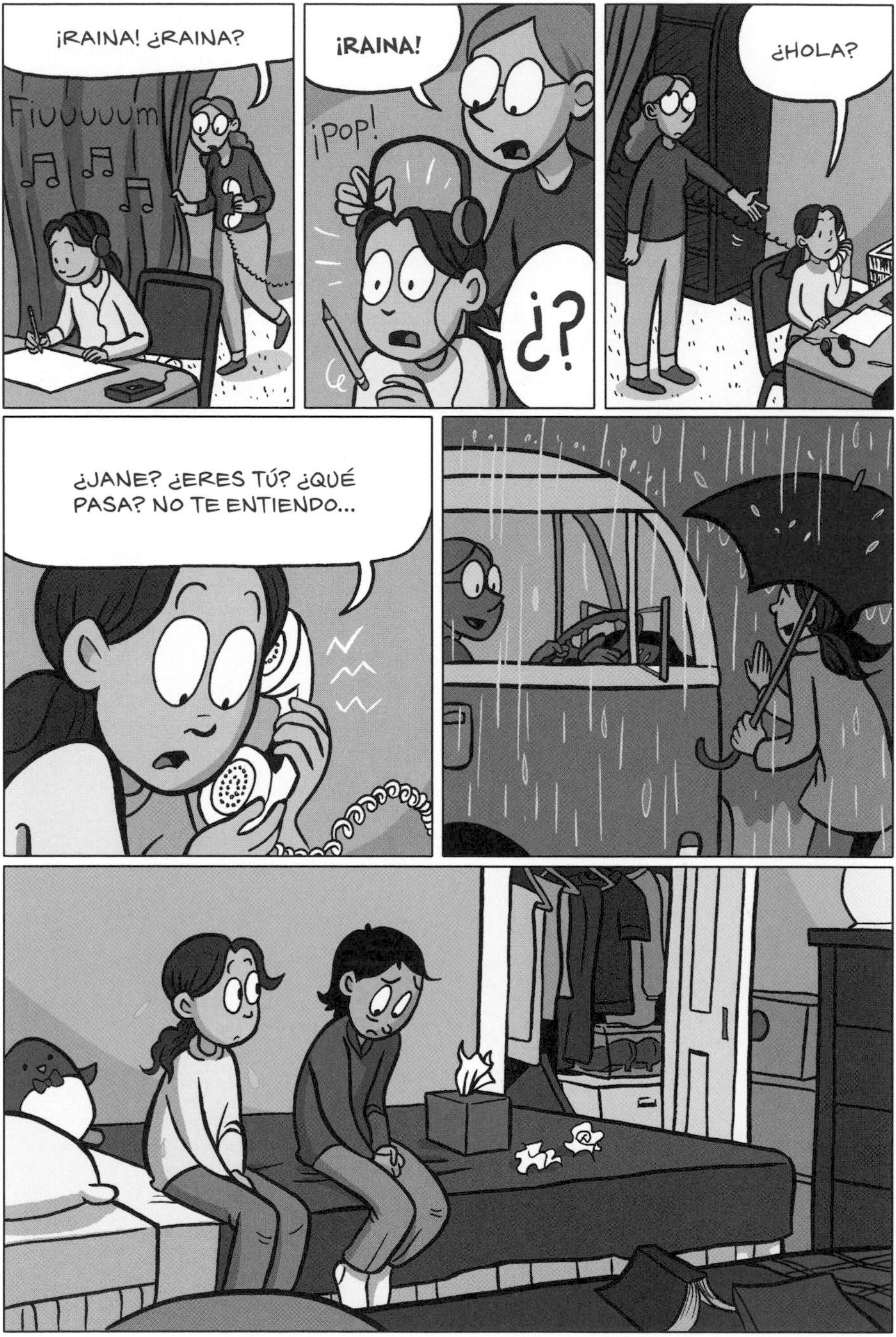
¡RAINA! ¿RAINA?
Fiuuuuum
¡RAINA!
¡POP!
¿?
¿HOLA?
¿JANE? ¿ERES TÚ? ¿QUÉ PASA? NO TE ENTIENDO...

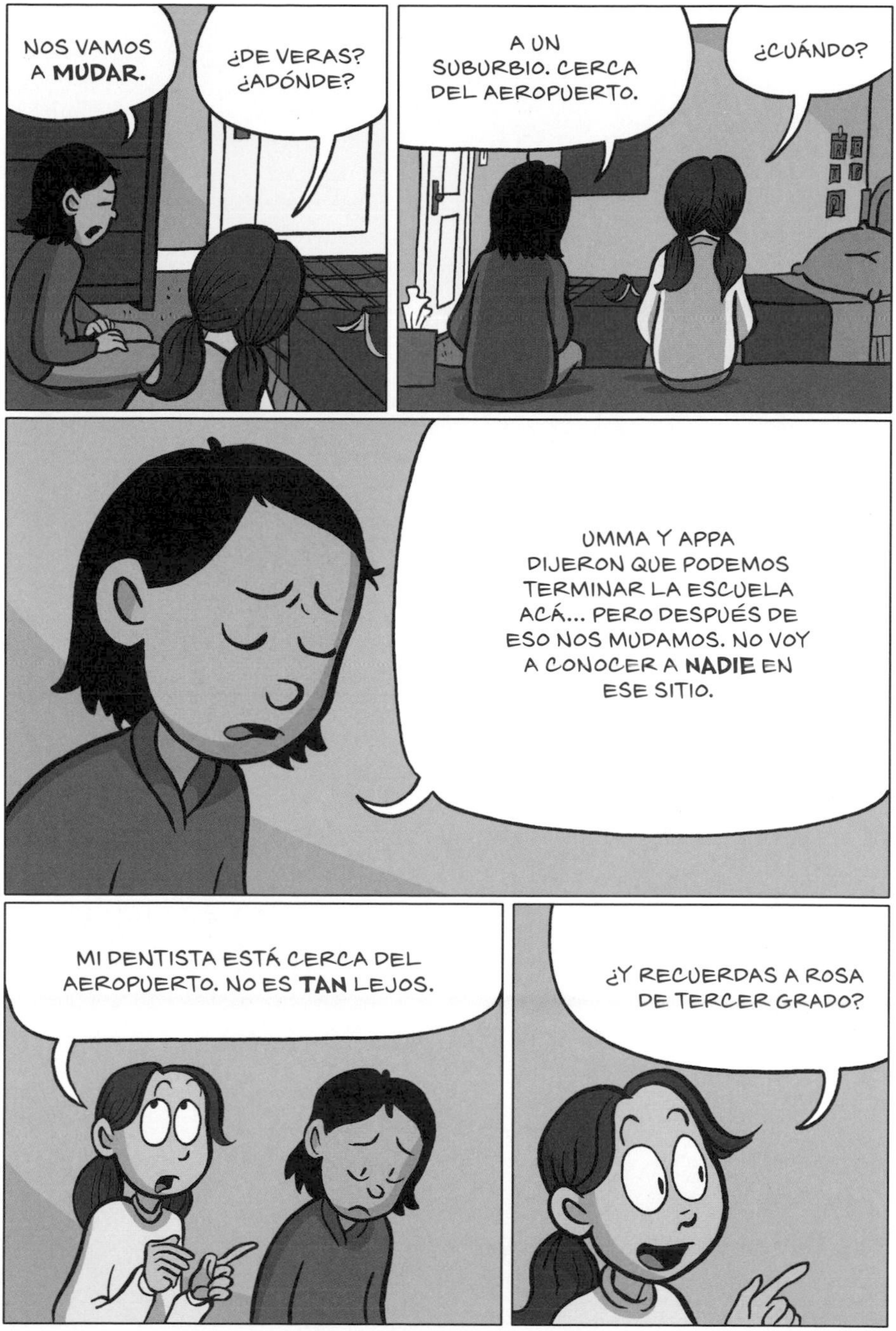
NOS VAMOS A **MUDAR.**
¿DE VERAS? ¿ADÓNDE?
A UN SUBURBIO. CERCA DEL AEROPUERTO.
¿CUÁNDO?
UMMA Y APPA DIJERON QUE PODEMOS TERMINAR LA ESCUELA ACÁ... PERO DESPUÉS DE ESO NOS MUDAMOS. NO VOY A CONOCER A **NADIE** EN ESE SITIO.
MI DENTISTA ESTÁ CERCA DEL AEROPUERTO. NO ES **TAN** LEJOS.
¿Y RECUERDAS A ROSA DE TERCER GRADO?

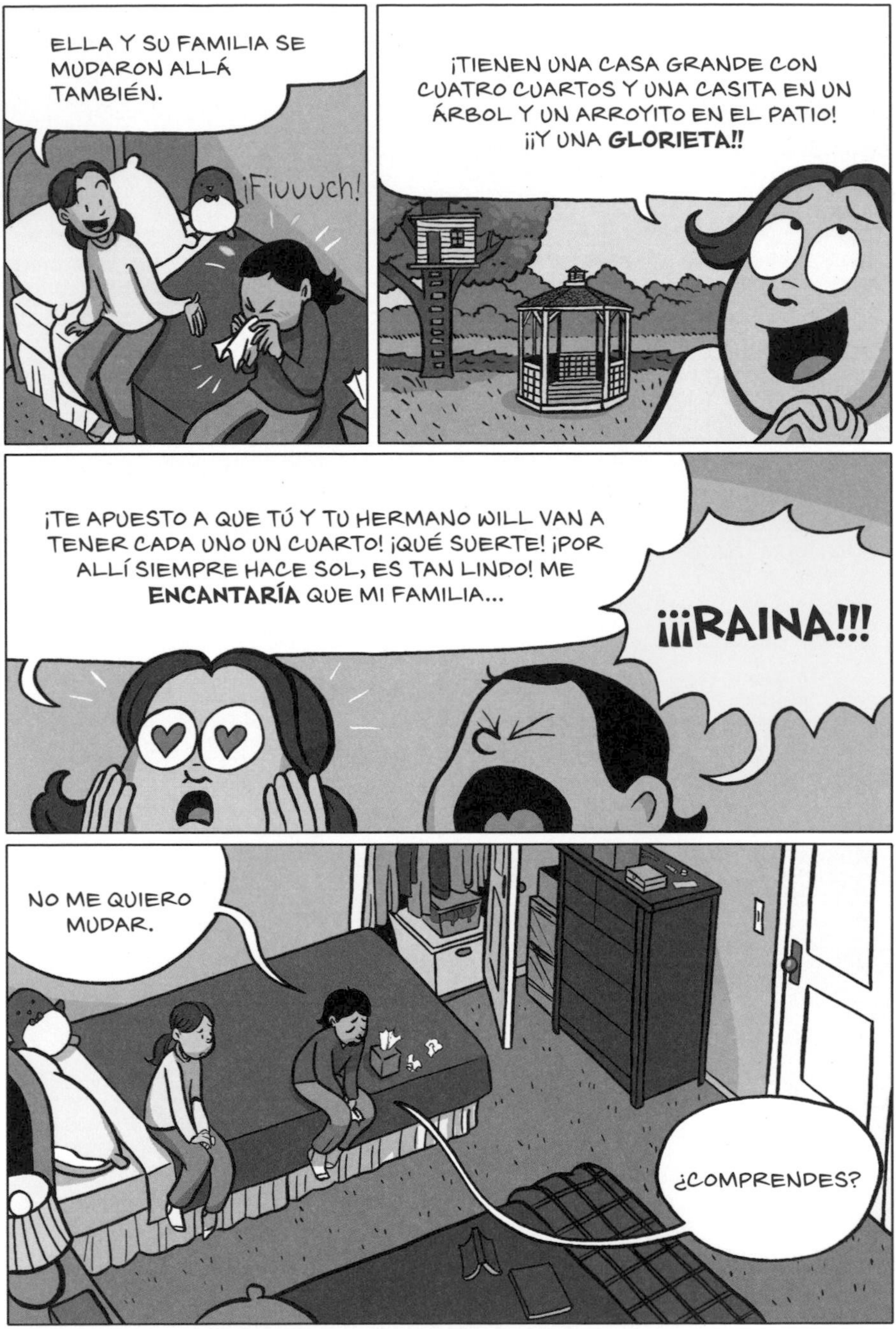
ELLA Y SU FAMILIA SE MUDARON ALLÁ TAMBIÉN.
¡Fiuuuch!
¡TIENEN UNA CASA GRANDE CON CUATRO CUARTOS Y UNA CASITA EN UN ÁRBOL Y UN ARROYITO EN EL PATIO! ¡¡Y UNA **GLORIETA**!!
¡TE APUESTO A QUE TÚ Y TU HERMANO WILL VAN A TENER CADA UNO UN CUARTO! ¡QUÉ SUERTE! ¡POR ALLÍ SIEMPRE HACE SOL, ES TAN LINDO! ME **ENCANTARÍA** QUE MI FAMILIA...
¡¡¡RAINA!!!
NO ME QUIERO MUDAR.
¿COMPRENDES?

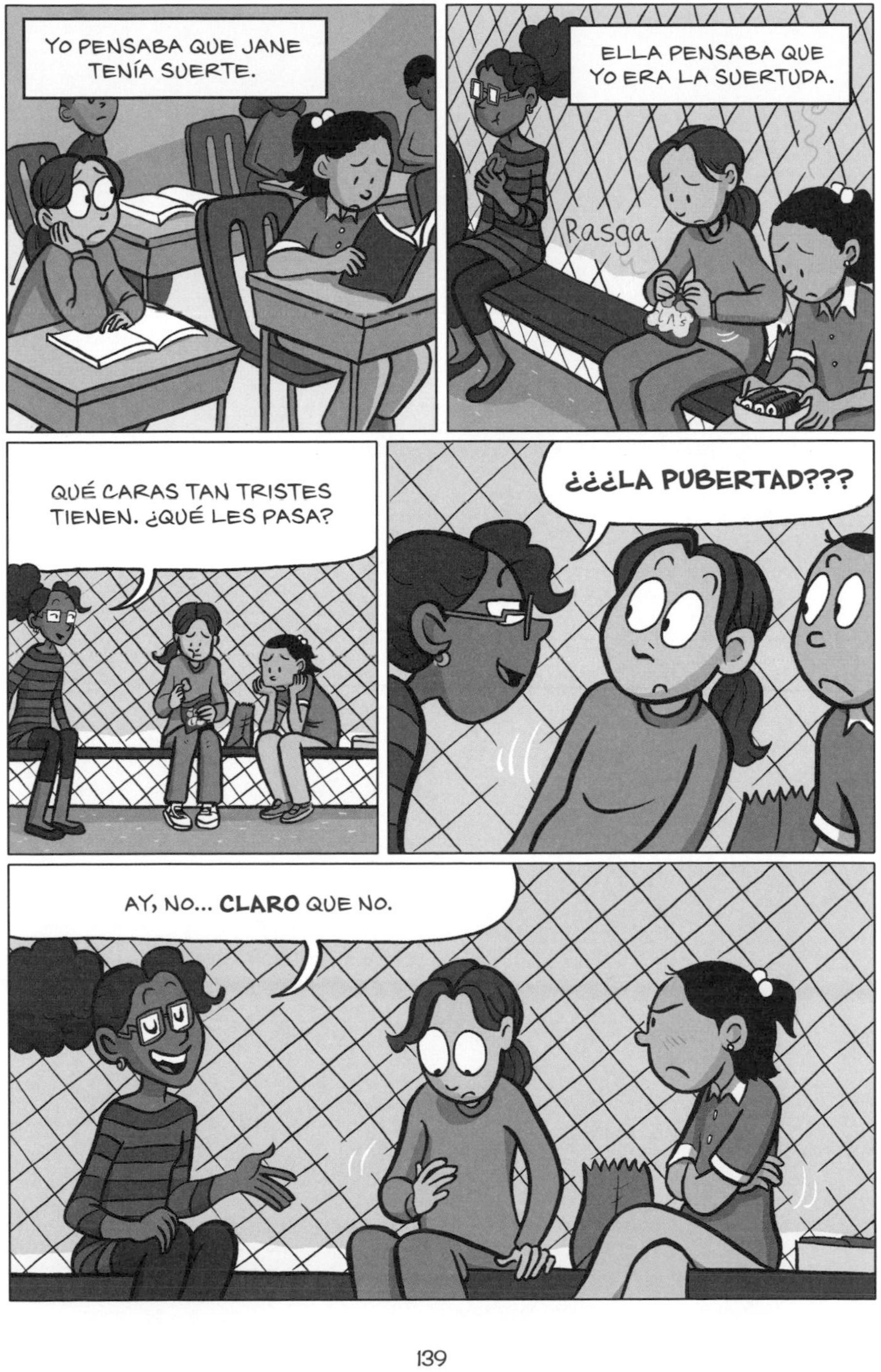
YO PENSABA QUE JANE TENÍA SUERTE.
ELLA PENSABA QUE YO ERA LA SUERTUDA.
Rasga
QUÉ CARAS TAN TRISTES TIENEN. ¿QUÉ LES PASA?
¿¿¿LA PUBERTAD???
AY, NO... **CLARO** QUE NO.

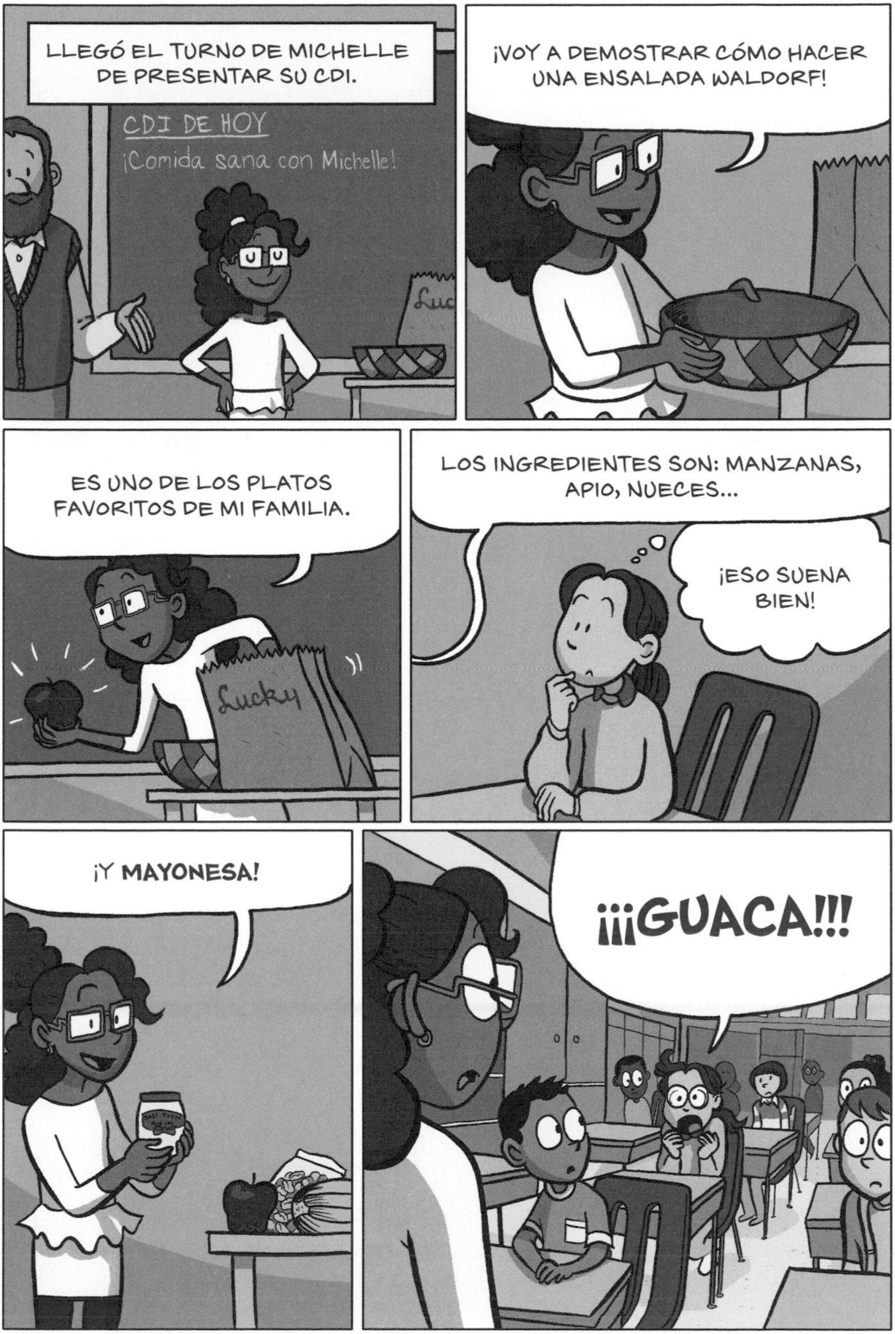
LLEGÓ EL TURNO DE MICHELLE DE PRESENTAR SU CDI.
CDI DE HOY
¡Comida sana con Michelle!
¡VOY A DEMOSTRAR CÓMO HACER UNA ENSALADA WALDORF!
ES UNO DE LOS PLATOS FAVORITOS DE MI FAMILIA.
Lucky
LOS INGREDIENTES SON: MANZANAS, APIO, NUECES...
¡ESO SUENA BIEN!
¡Y **MAYONESA**!
¡¡¡GUACA!!!

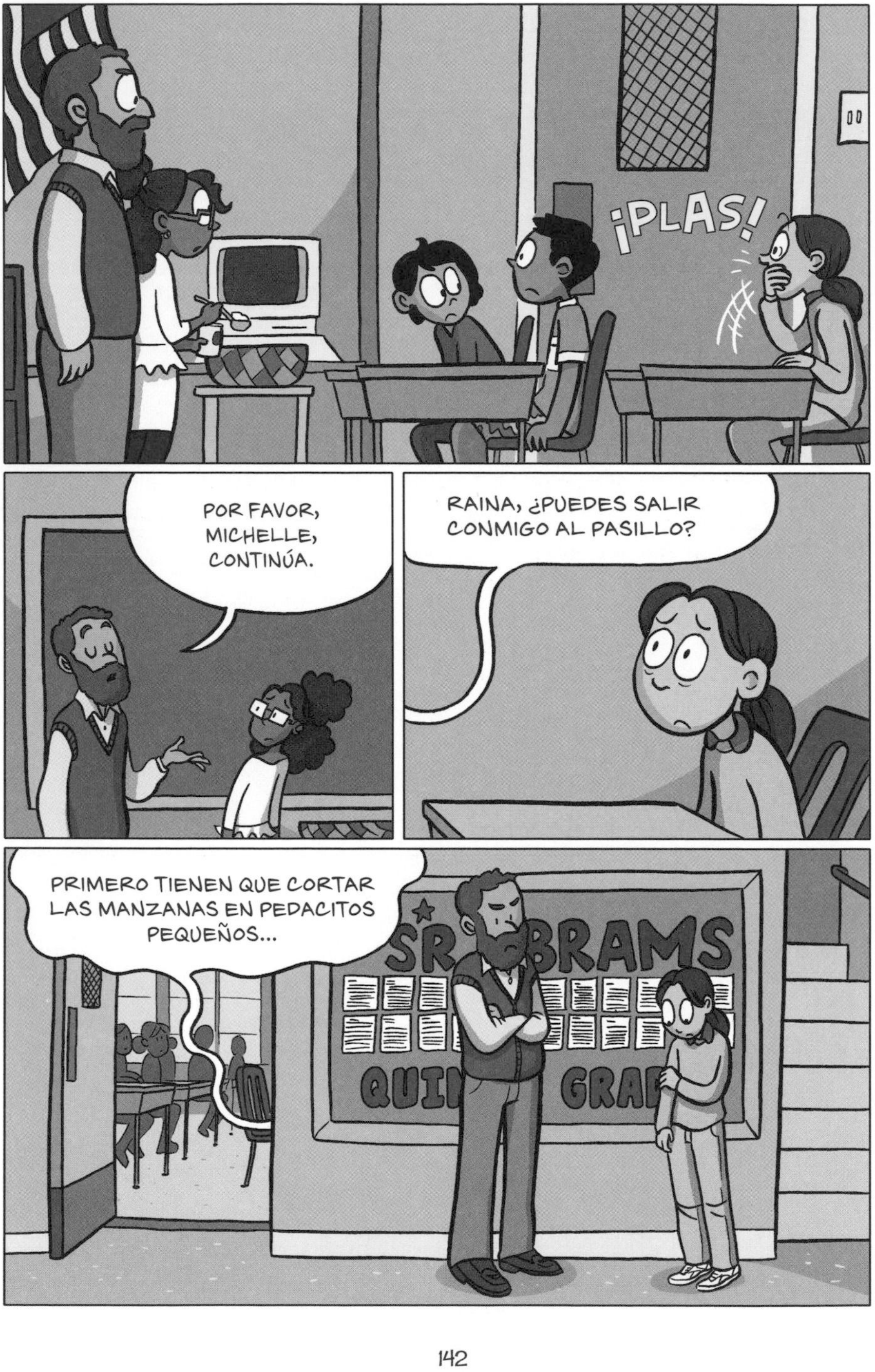

¡PLAS!
POR FAVOR, MICHELLE, CONTINÚA.
RAINA, ¿PUEDES SALIR CONMIGO AL PASILLO?
PRIMERO TIENEN QUE CORTAR LAS MANZANAS EN PEDACITOS PEQUEÑOS...

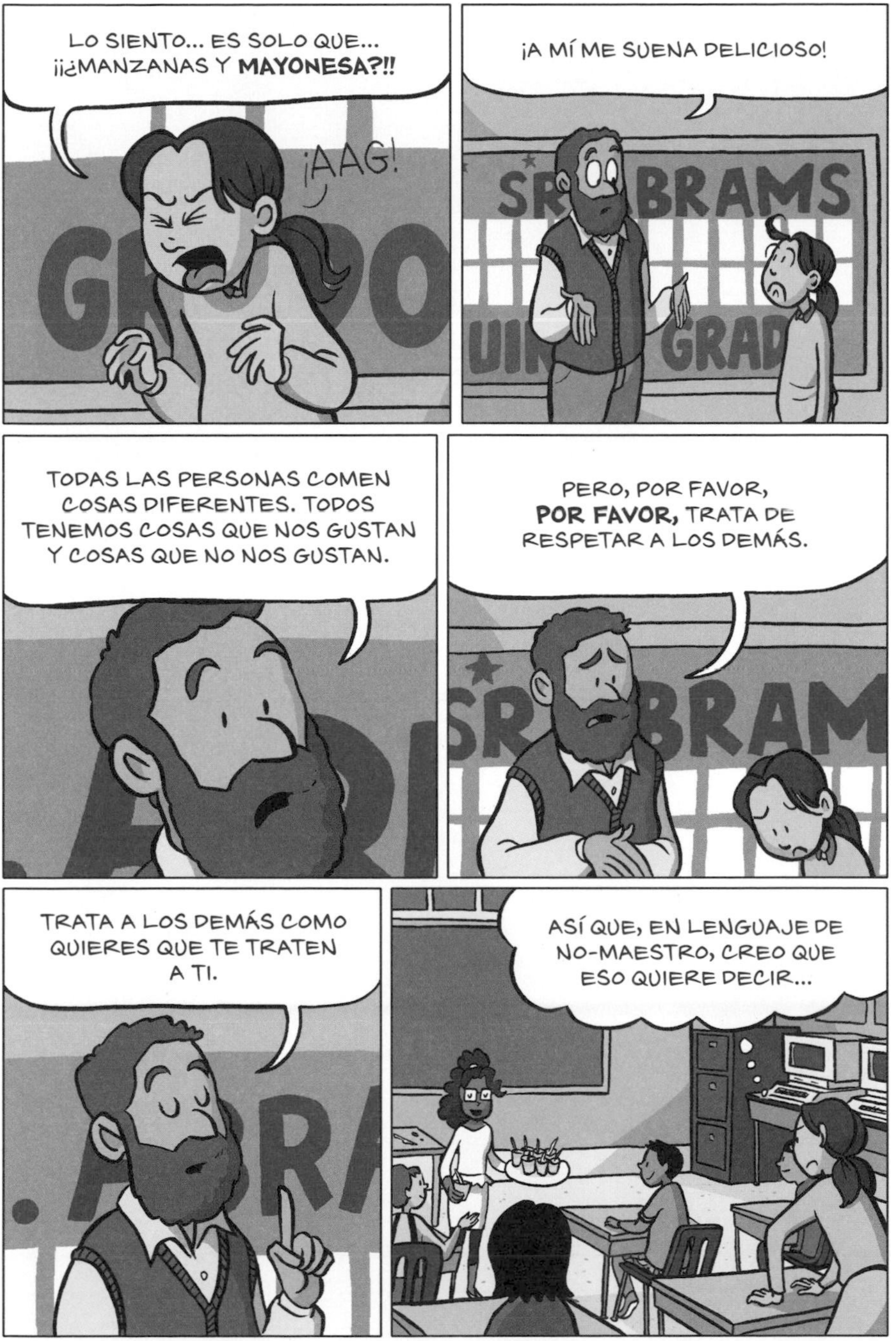
LO SIENTO... ES SOLO QUE...
¡¡¿MANZANAS Y **MAYONESA**?!!
¡AAG!
¡A MÍ ME SUENA DELICIOSO!
SR. ABRAMS
TODAS LAS PERSONAS COMEN COSAS DIFERENTES. TODOS TENEMOS COSAS QUE NOS GUSTAN Y COSAS QUE NO NOS GUSTAN.
PERO, POR FAVOR, **POR FAVOR,** TRATA DE RESPETAR A LOS DEMÁS.
TRATA A LOS DEMÁS COMO QUIERES QUE TE TRATEN A TI.
ASÍ QUE, EN LENGUAJE DE NO-MAESTRO, CREO QUE ESO QUIERE DECIR...

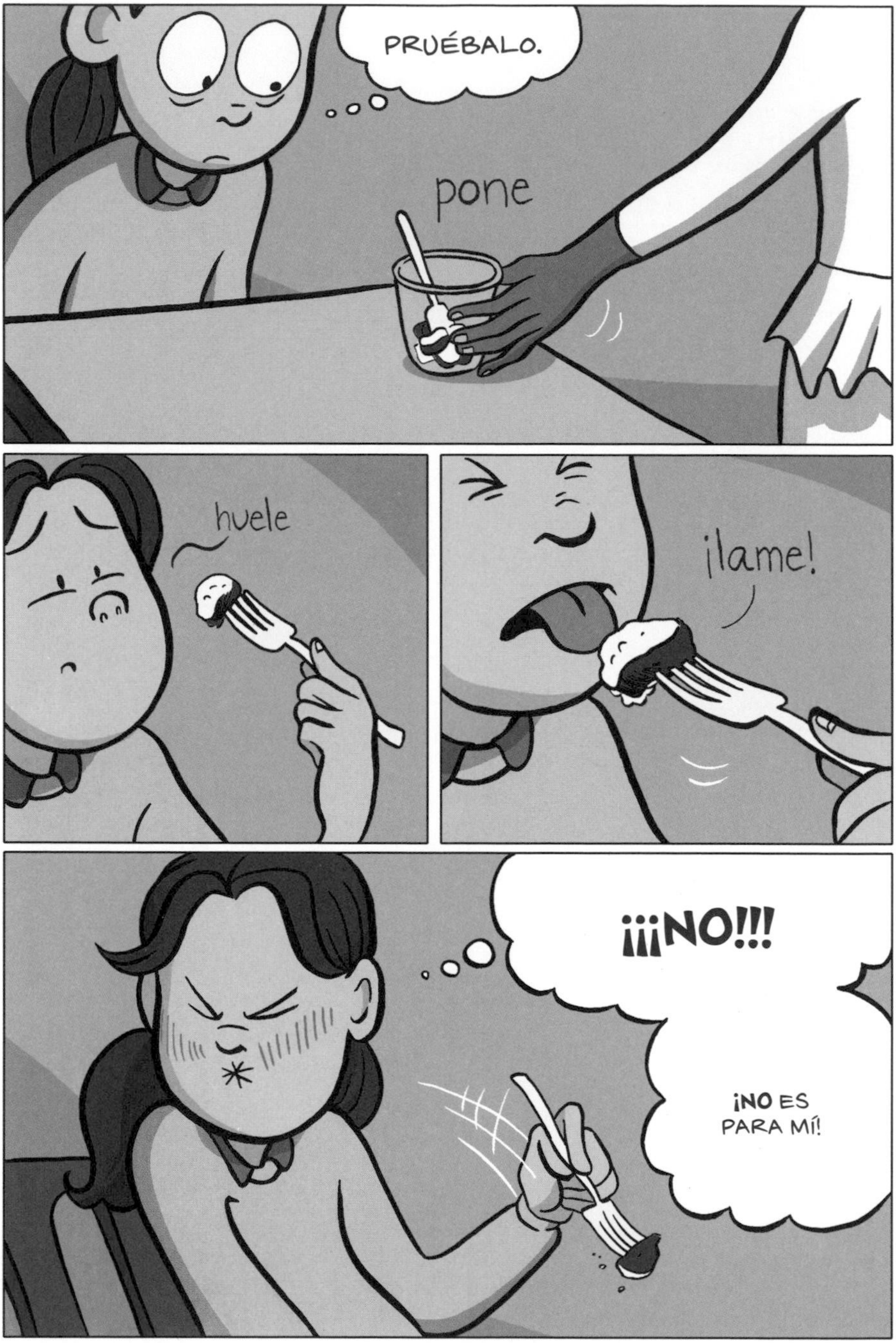

PRUÉBALO.
pone
huele
¡lame!
¡¡¡NO!!!
¡NO ES PARA MÍ!

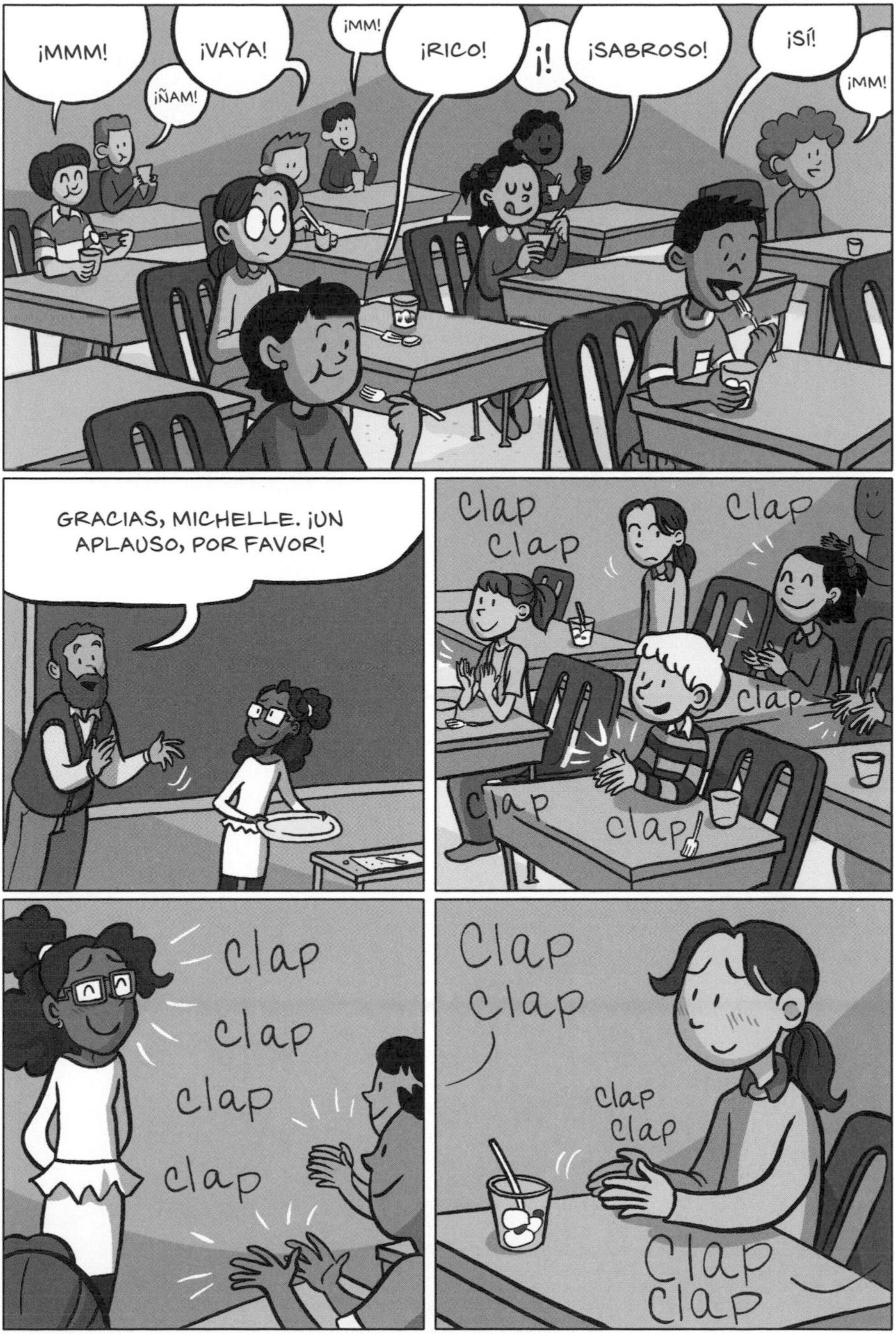
¡MMM!
¡ÑAM!
¡VAYA!
¡MM!
¡RICO!
¡!
¡SABROSO!
¡SÍ!
¡MM!
GRACIAS, MICHELLE. ¡UN APLAUSO, POR FAVOR!
Clap
Clap
Clap
Clap
Clap
Clap
Clap
Clap
Clap
Clap
Clap
Clap
Clap
Clap
Clap
Clap
Clap
Clap

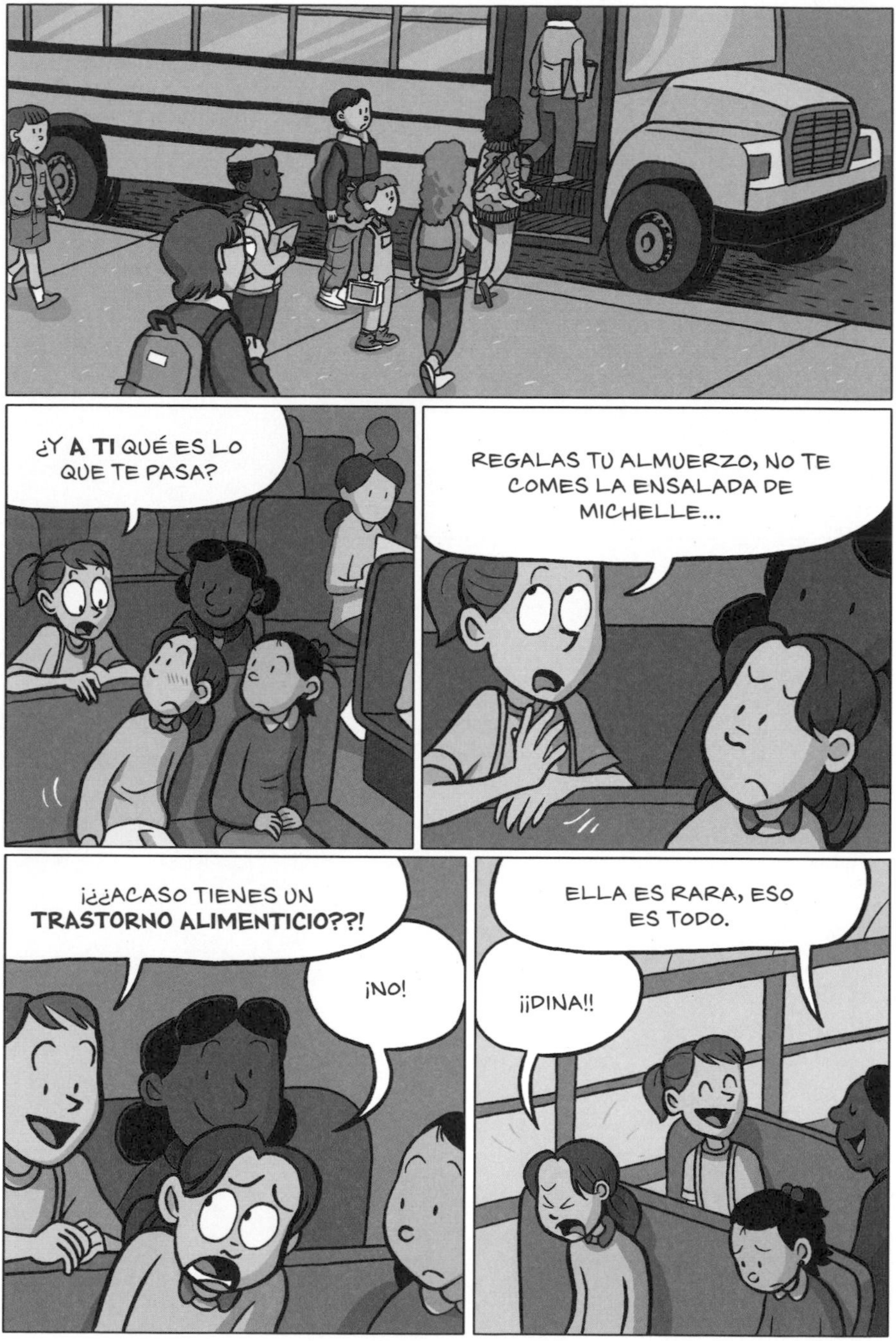
¿Y **A TI** QUÉ ES LO QUE TE PASA?
REGALAS TU ALMUERZO, NO TE COMES LA ENSALADA DE MICHELLE...
¡¿¿ACASO TIENES UN **TRASTORNO ALIMENTICIO??!**
¡NO!
ELLA ES RARA, ESO ES TODO.
¡¡DINA!!

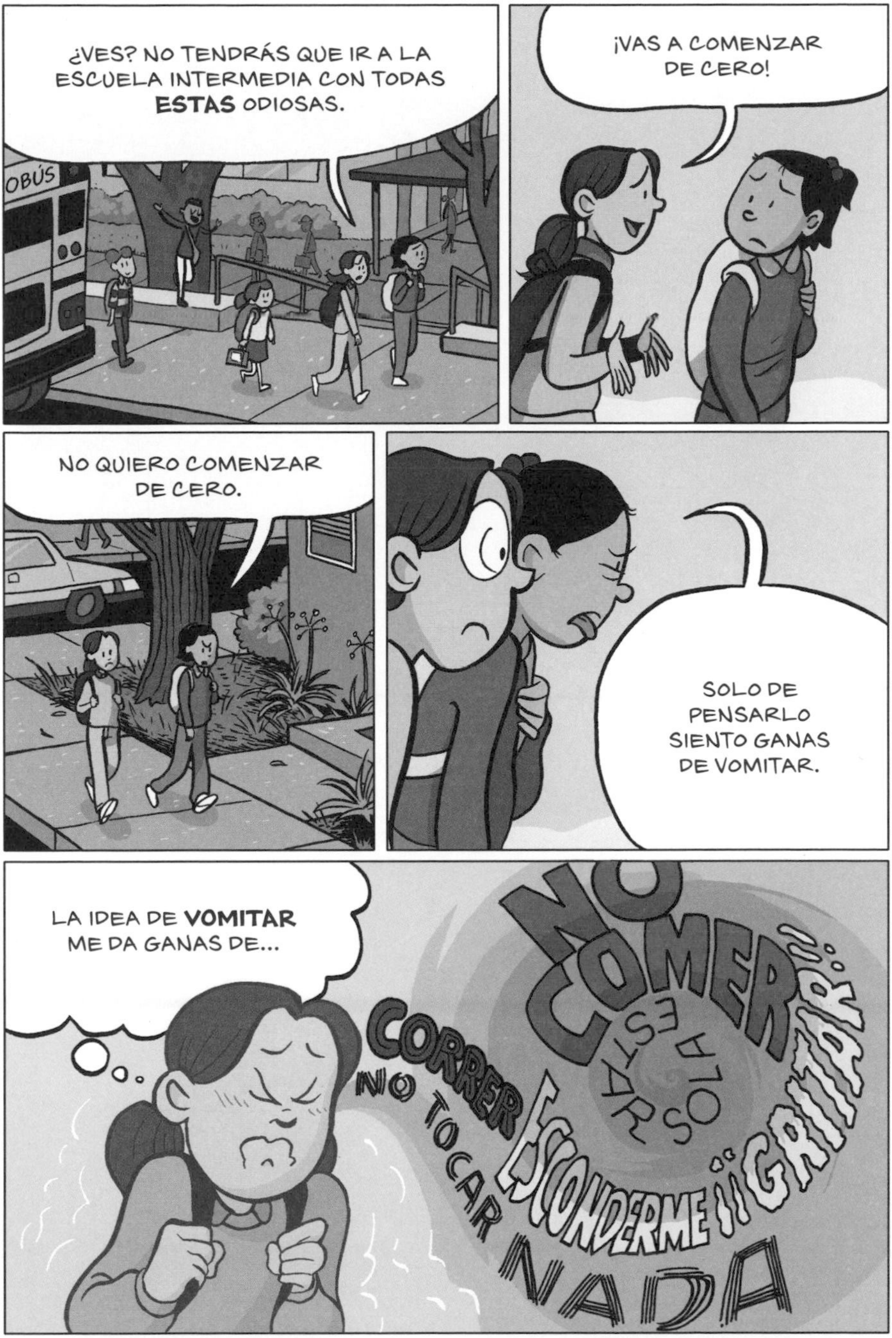
¿VES? NO TENDRÁS QUE IR A LA ESCUELA INTERMEDIA CON TODAS **ESTAS** ODIOSAS.
OBÚS
¡VAS A COMENZAR DE CERO!
NO QUIERO COMENZAR DE CERO.
SOLO DE PENSARLO SIENTO GANAS DE VOMITAR.
LA IDEA DE **VOMITAR** ME DA GANAS DE...
NO COMER
ESTAR SOLA
¡¡GRITAR!!
ESCONDERME
CORRER
NO TOCAR NADA

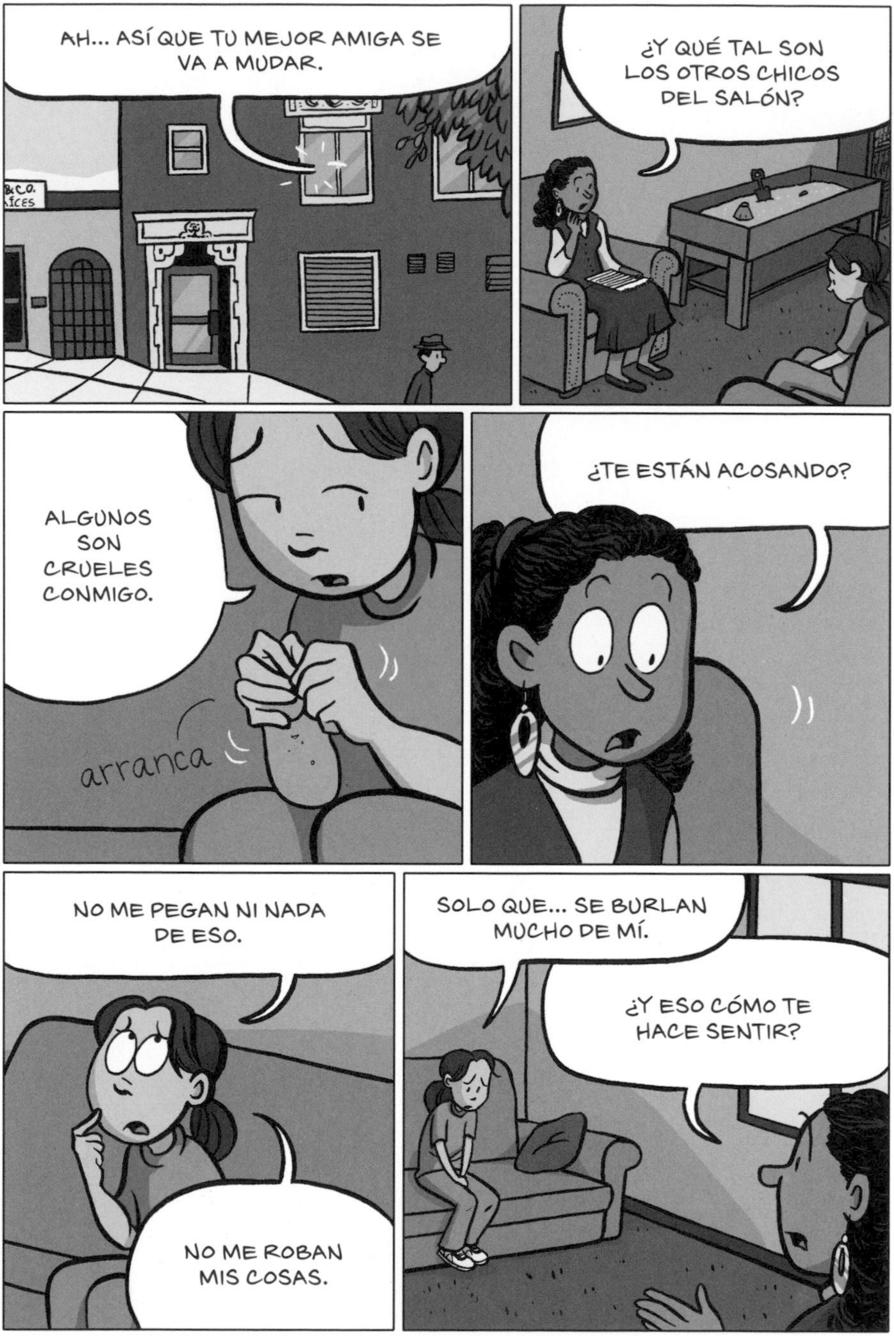
AH... ASÍ QUE TU MEJOR AMIGA SE VA A MUDAR.
¿Y QUÉ TAL SON LOS OTROS CHICOS DEL SALÓN?
ALGUNOS SON CRUELES CONMIGO.
arranca
¿TE ESTÁN ACOSANDO?
NO ME PEGAN NI NADA DE ESO.
NO ME ROBAN MIS COSAS.
SOLO QUE... SE BURLAN MUCHO DE MÍ.
¿Y ESO CÓMO TE HACE SENTIR?

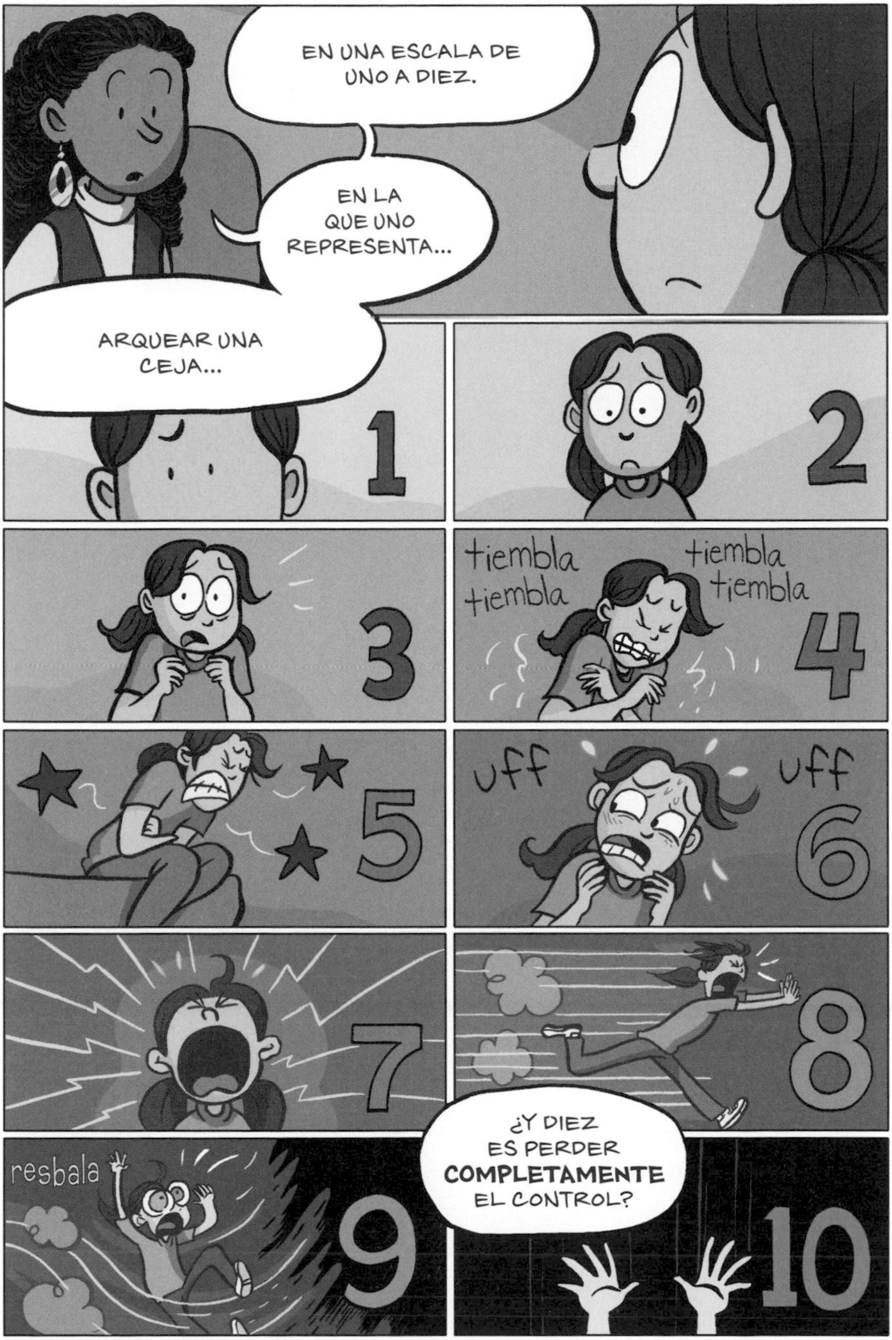
EN UNA ESCALA DE UNO A DIEZ.
EN LA QUE UNO REPRESENTA...
ARQUEAR UNA CEJA...
1
2
3
tiembla tiembla
tiembla tiembla
4
5
uff
uff
6
7
8
resbala
9
¿Y DIEZ ES PERDER **COMPLETAMENTE** EL CONTROL?
10

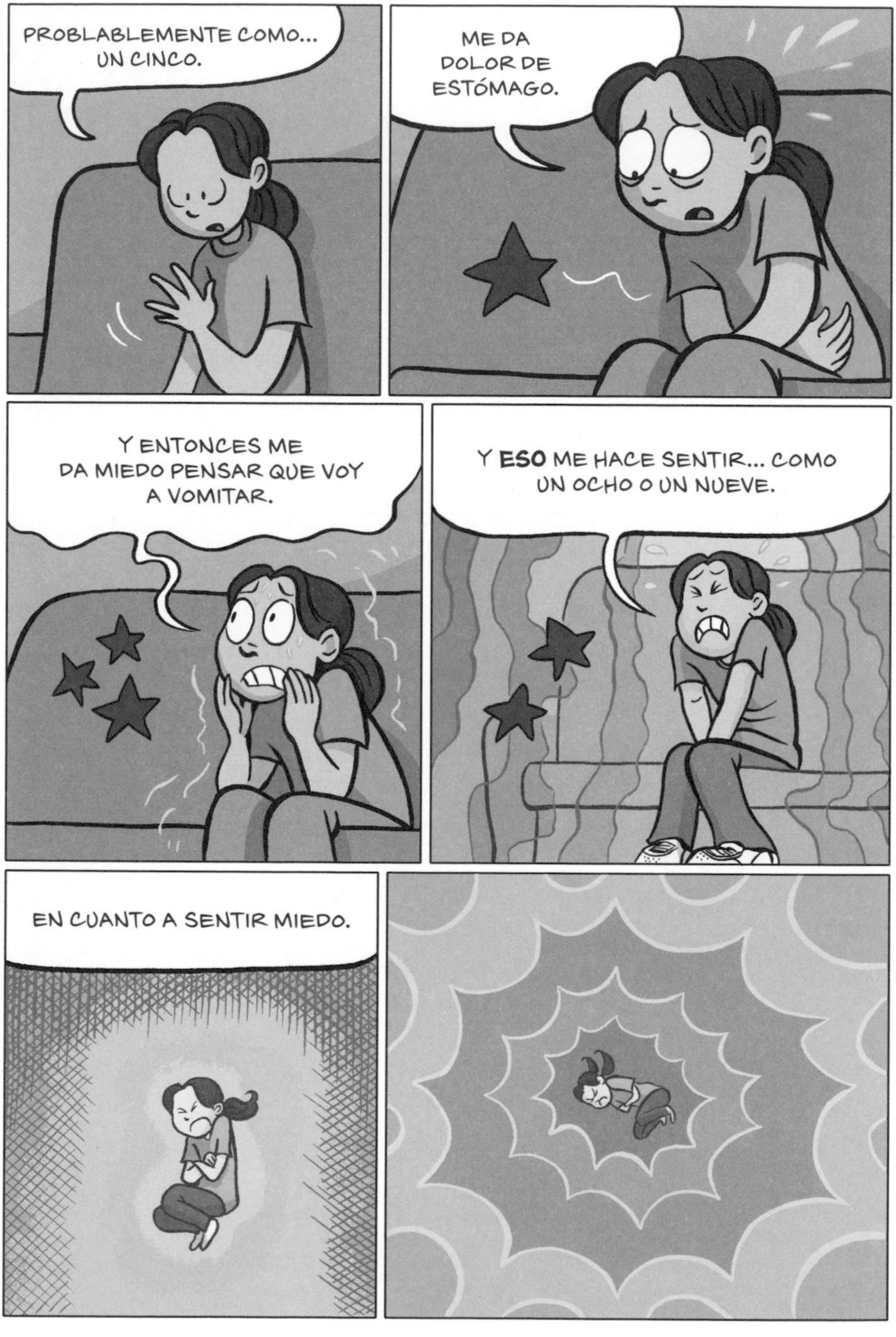
PROBLABLEMENTE COMO... UN CINCO.
ME DA DOLOR DE ESTÓMAGO.
Y ENTONCES ME DA MIEDO PENSAR QUE VOY A VOMITAR.
Y **ESO** ME HACE SENTIR... COMO UN OCHO O UN NUEVE.
EN CUANTO A SENTIR MIEDO.

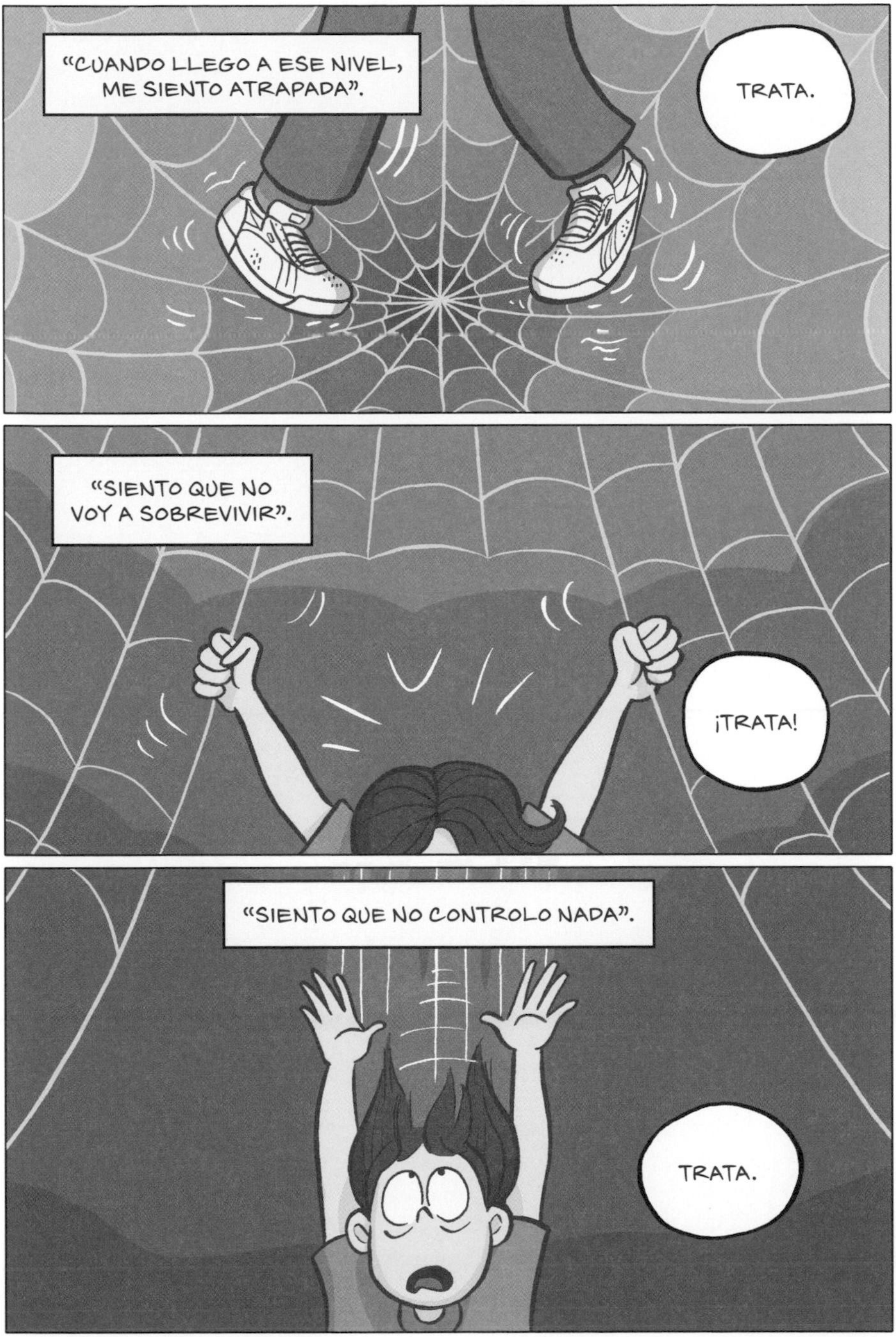
"CUANDO LLEGO A ESE NIVEL, ME SIENTO ATRAPADA".
TRATA.
"SIENTO QUE NO VOY A SOBREVIVIR".
¡TRATA!
"SIENTO QUE NO CONTROLO NADA".
TRATA.

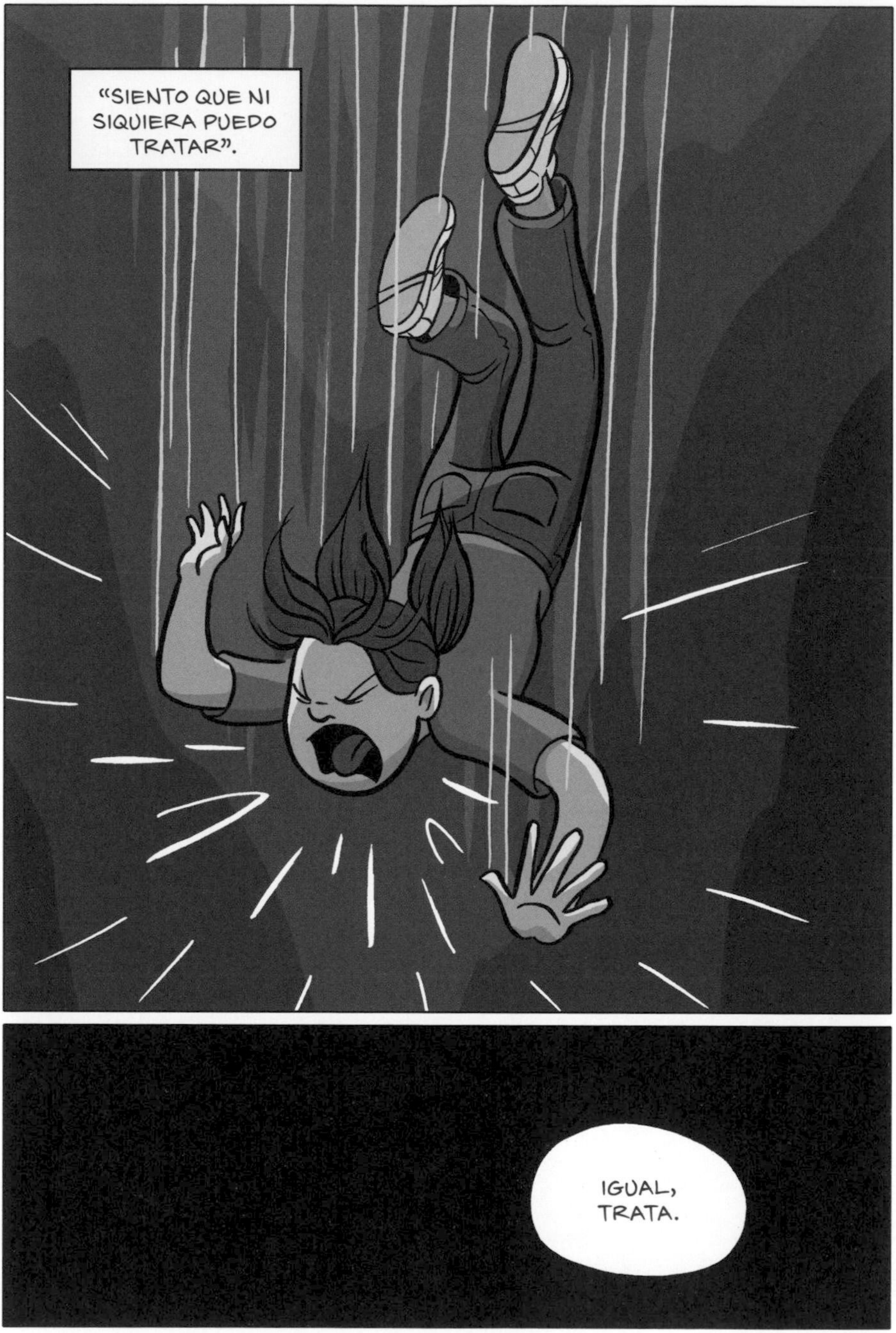
“SIENTO QUE NI SIQUIERA PUEDO TRATAR”.
IGUAL, TRATA.

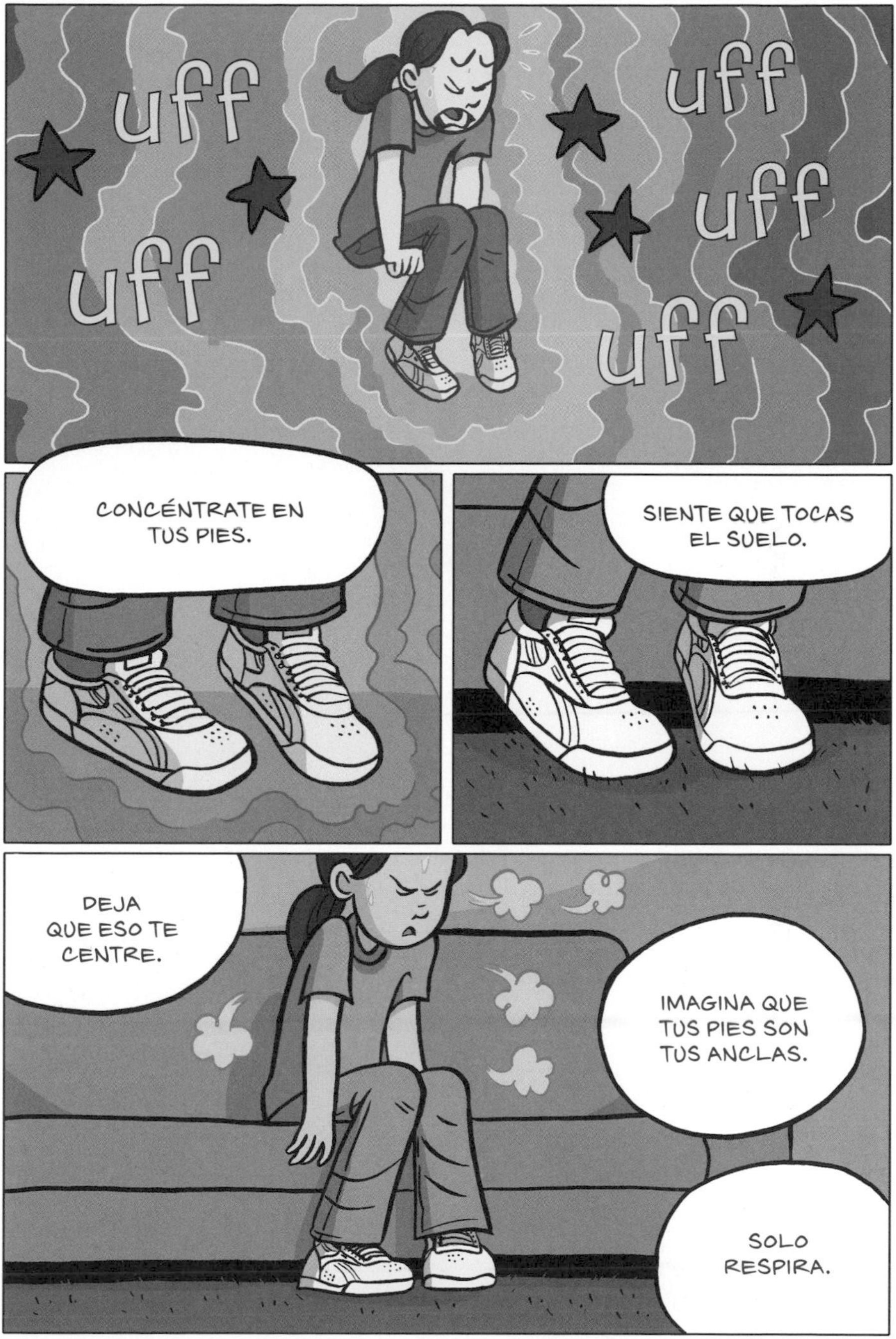
uff
uff
uff
uff
uff
CONCÉNTRATE EN TUS PIES.
SIENTE QUE TOCAS EL SUELO.
DEJA QUE ESO TE CENTRE.
IMAGINA QUE TUS PIES SON TUS ANCLAS.
SOLO RESPIRA.

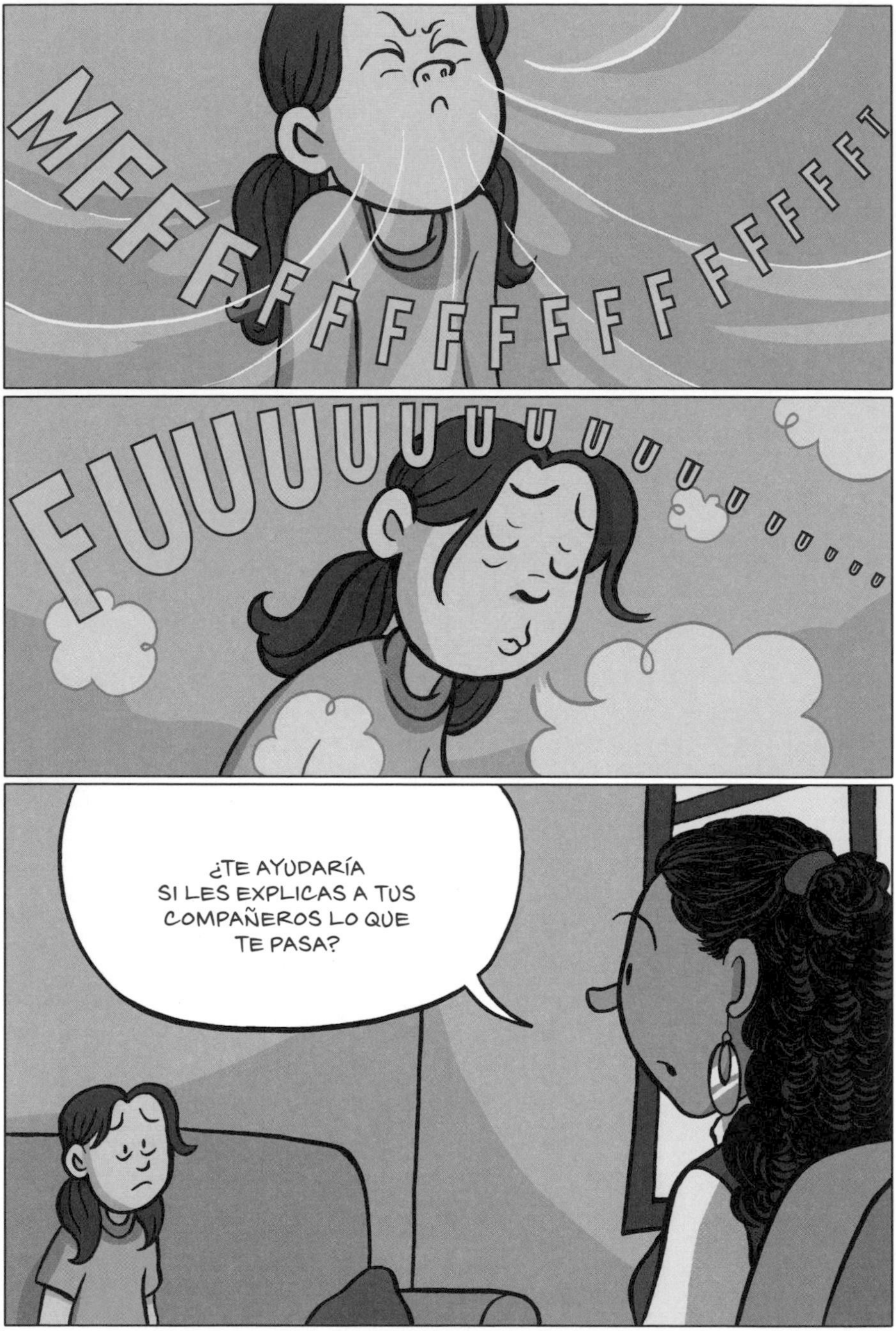
MFFFFFFFFFFFFFFFFFFFT
FUUUUUUUUUUUUUUU...
¿TE AYUDARÍA SI LES EXPLICAS A TUS COMPAÑEROS LO QUE TE PASA?

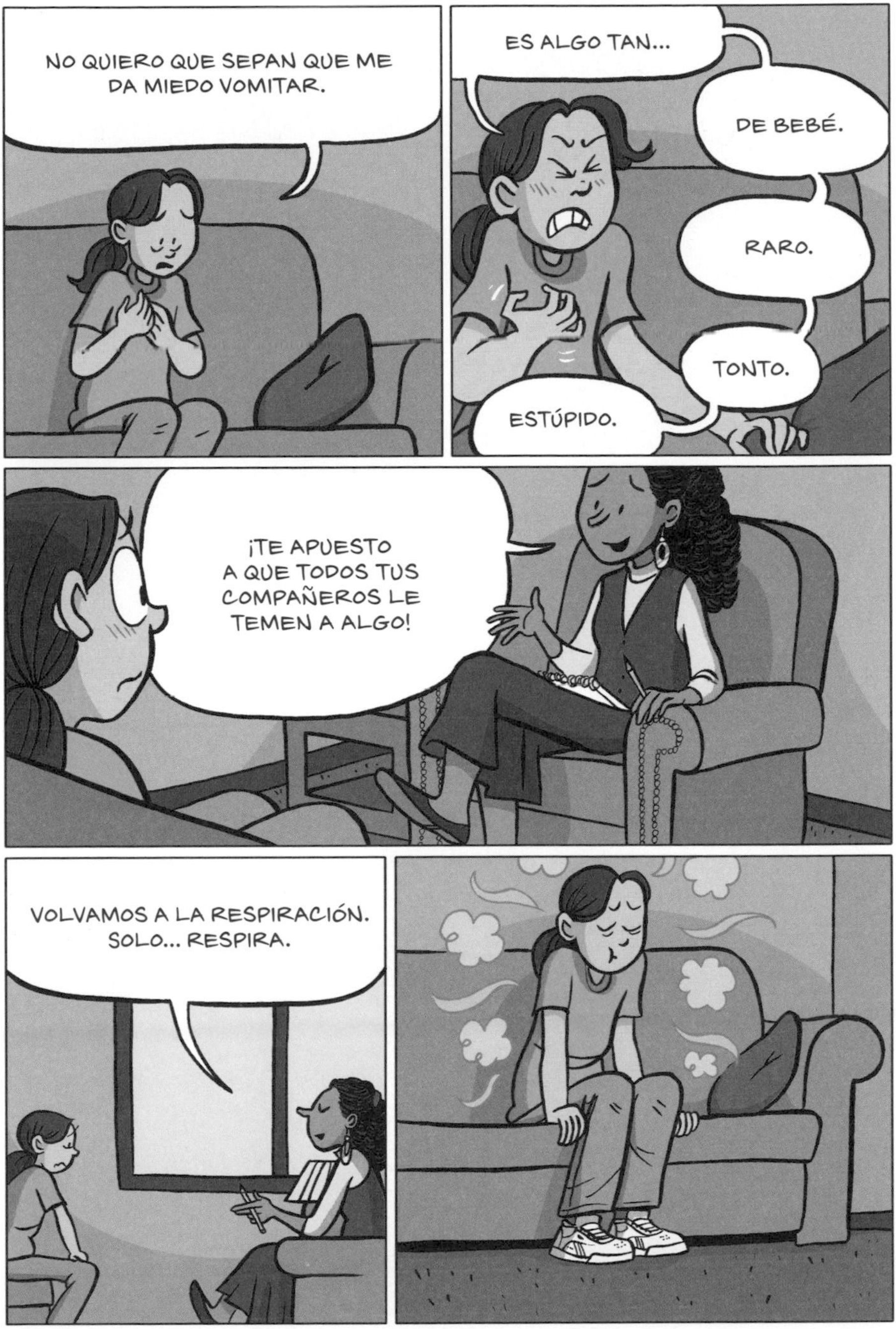
NO QUIERO QUE SEPAN QUE ME DA MIEDO VOMITAR.
ES ALGO TAN...
DE BEBÉ.
RARO.
TONTO.
ESTÚPIDO.
¡TE APUESTO A QUE TODOS TUS COMPAÑEROS LE TEMEN A ALGO!
VOLVAMOS A LA RESPIRACIÓN. SOLO... RESPIRA.

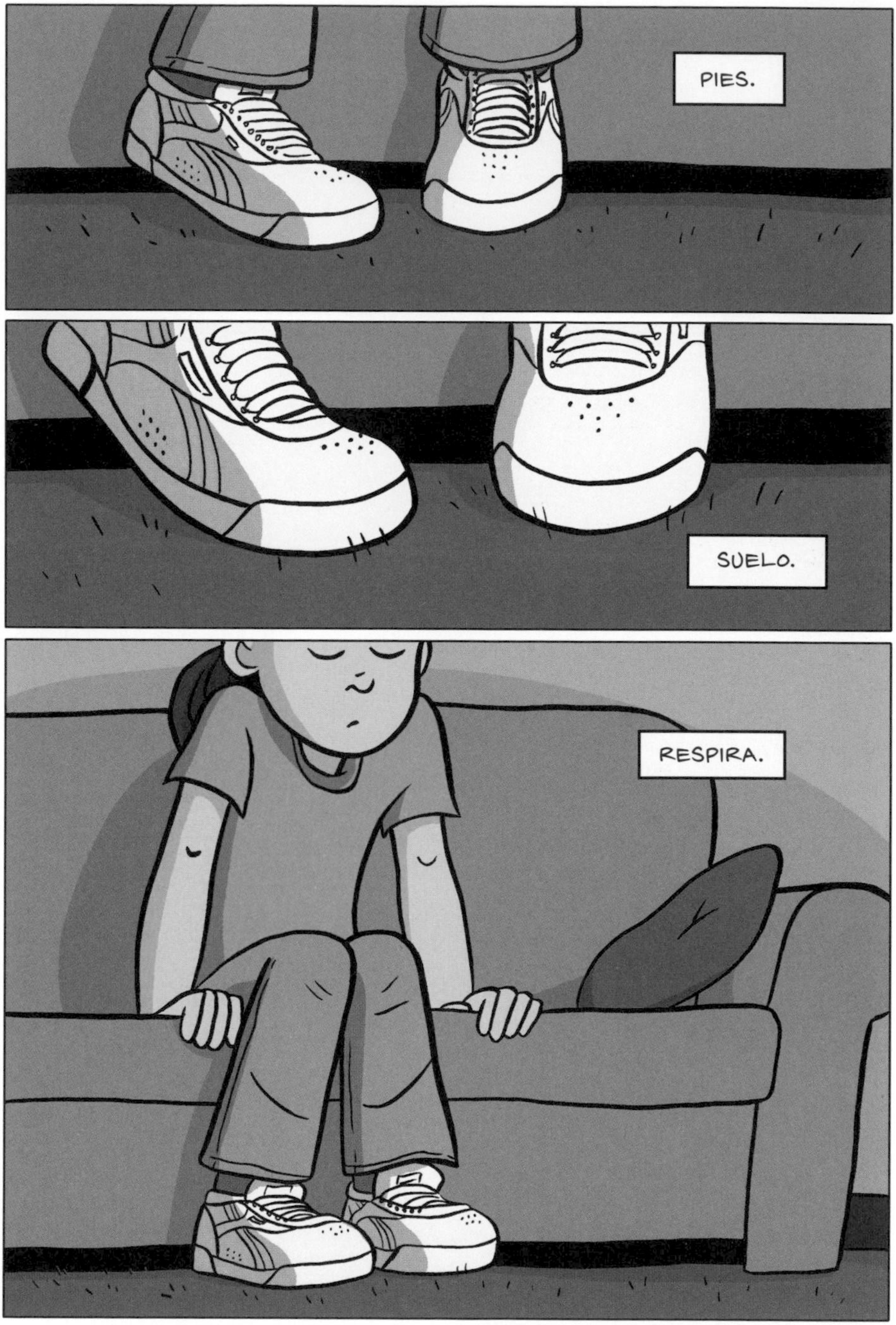
PIES.
SUELO.
RESPIRA.

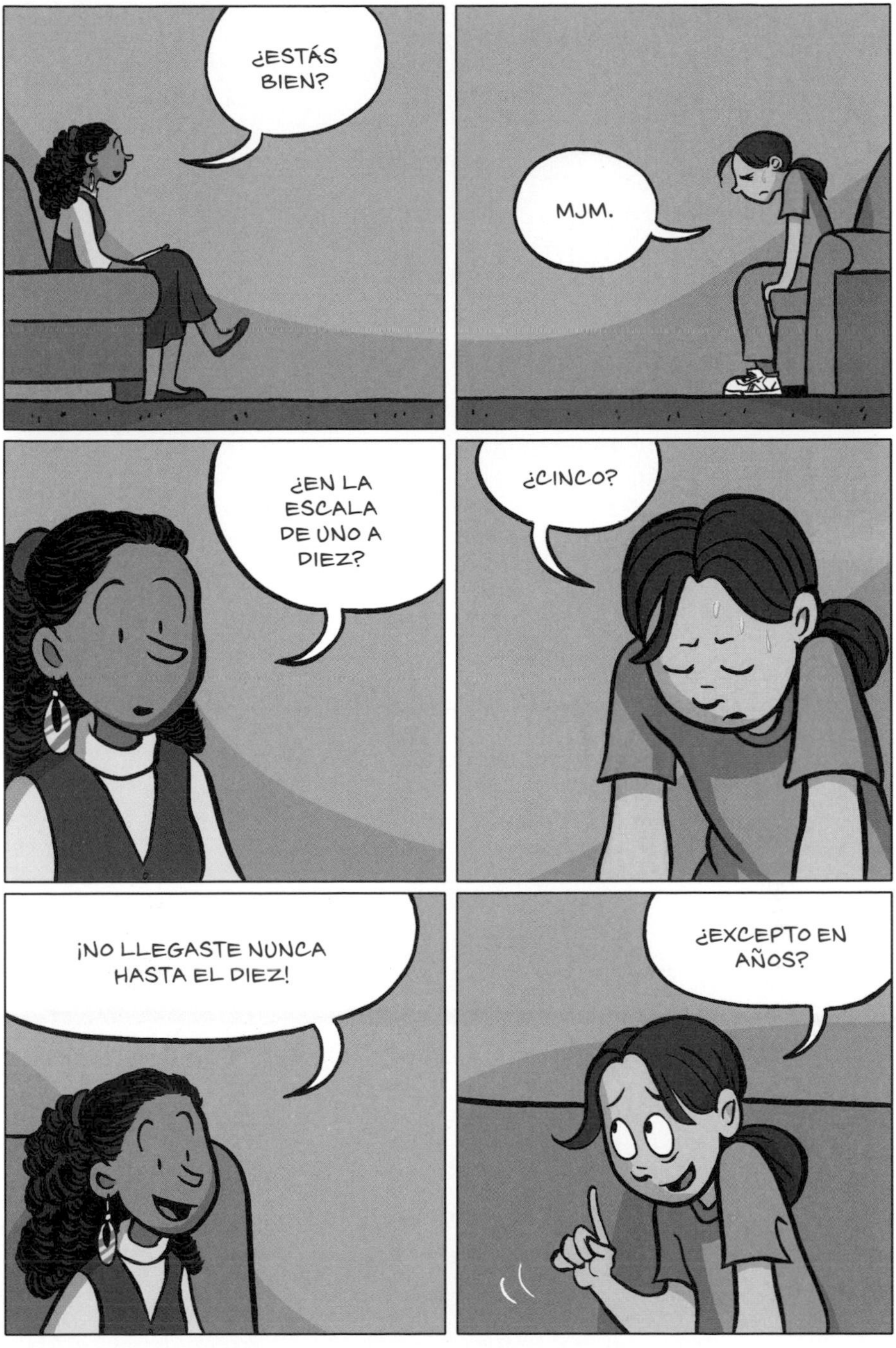
¿ESTÁS BIEN?
MJM.
¿EN LA ESCALA DE UNO A DIEZ?
¿CINCO?
¡NO LLEGASTE NUNCA HASTA EL DIEZ!
¿EXCEPTO EN AÑOS?

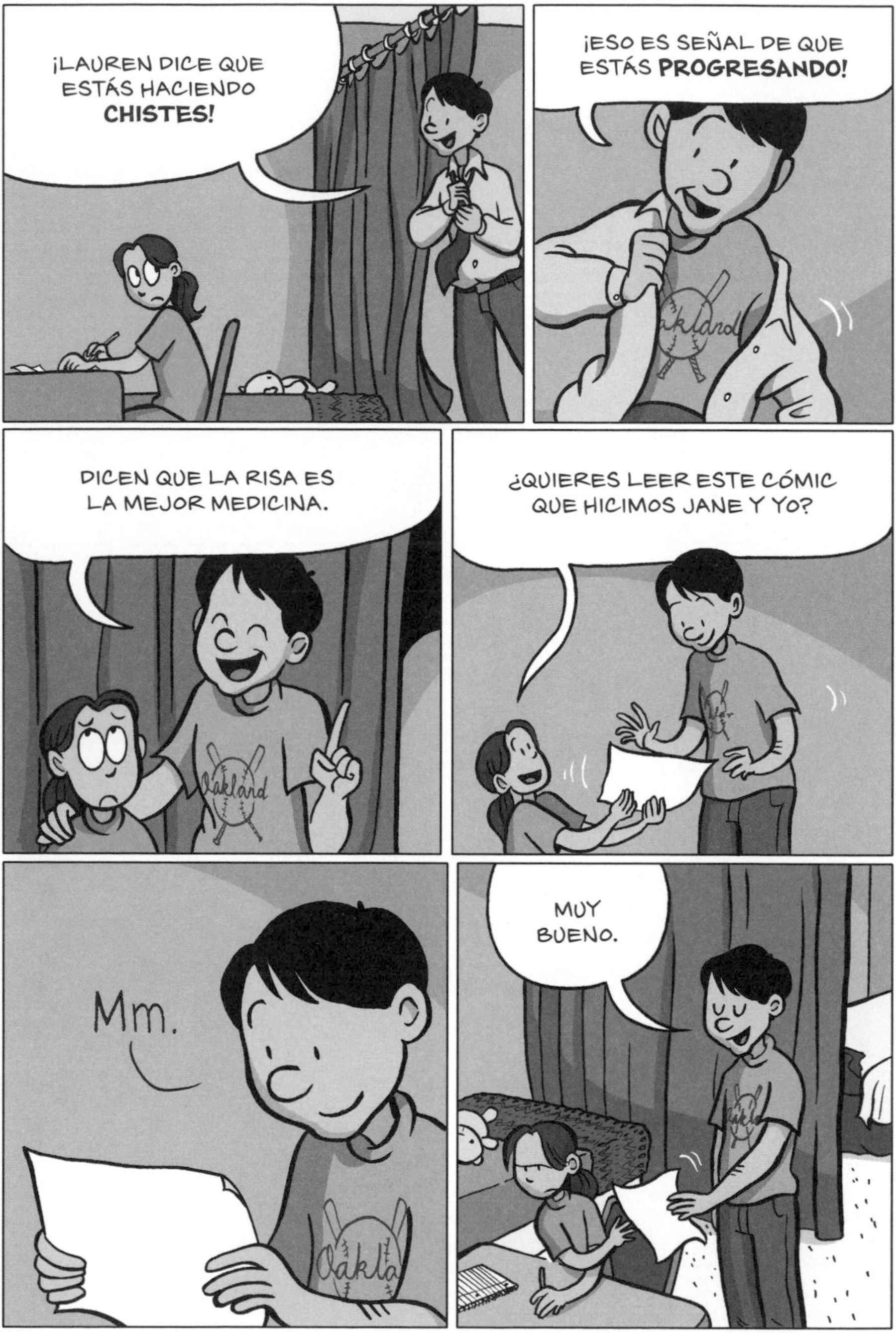
¡LAUREN DICE QUE ESTÁS HACIENDO **CHISTES!**
¡ESO ES SEÑAL DE QUE ESTÁS **PROGRESANDO!**
Oakland
DICEN QUE LA RISA ES LA MEJOR MEDICINA.
Oakland
¿QUIERES LEER ESTE CÓMIC QUE HICIMOS JANE Y YO?
Mm.
Oakla
MUY BUENO.

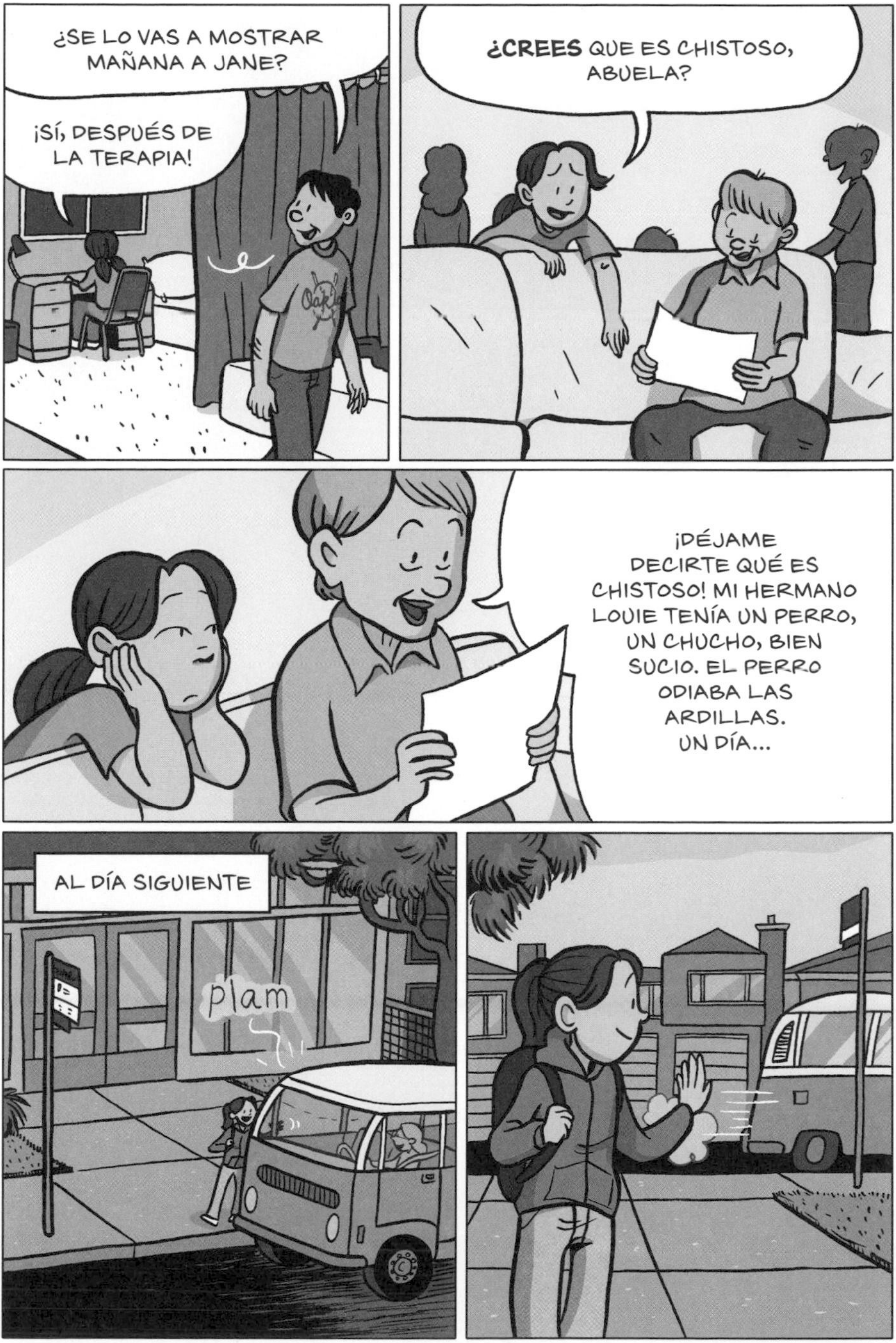
¿SE LO VAS A MOSTRAR MAÑANA A JANE?
¡SÍ, DESPUÉS DE LA TERAPIA!
¿CREES QUE ES CHISTOSO, ABUELA?
¡DÉJAME DECIRTE QUÉ ES CHISTOSO! MI HERMANO LOUIE TENÍA UN PERRO, UN CHUCHO, BIEN SUCIO. EL PERRO ODIABA LAS ARDILLAS. UN DÍA...
AL DÍA SIGUIENTE
plam

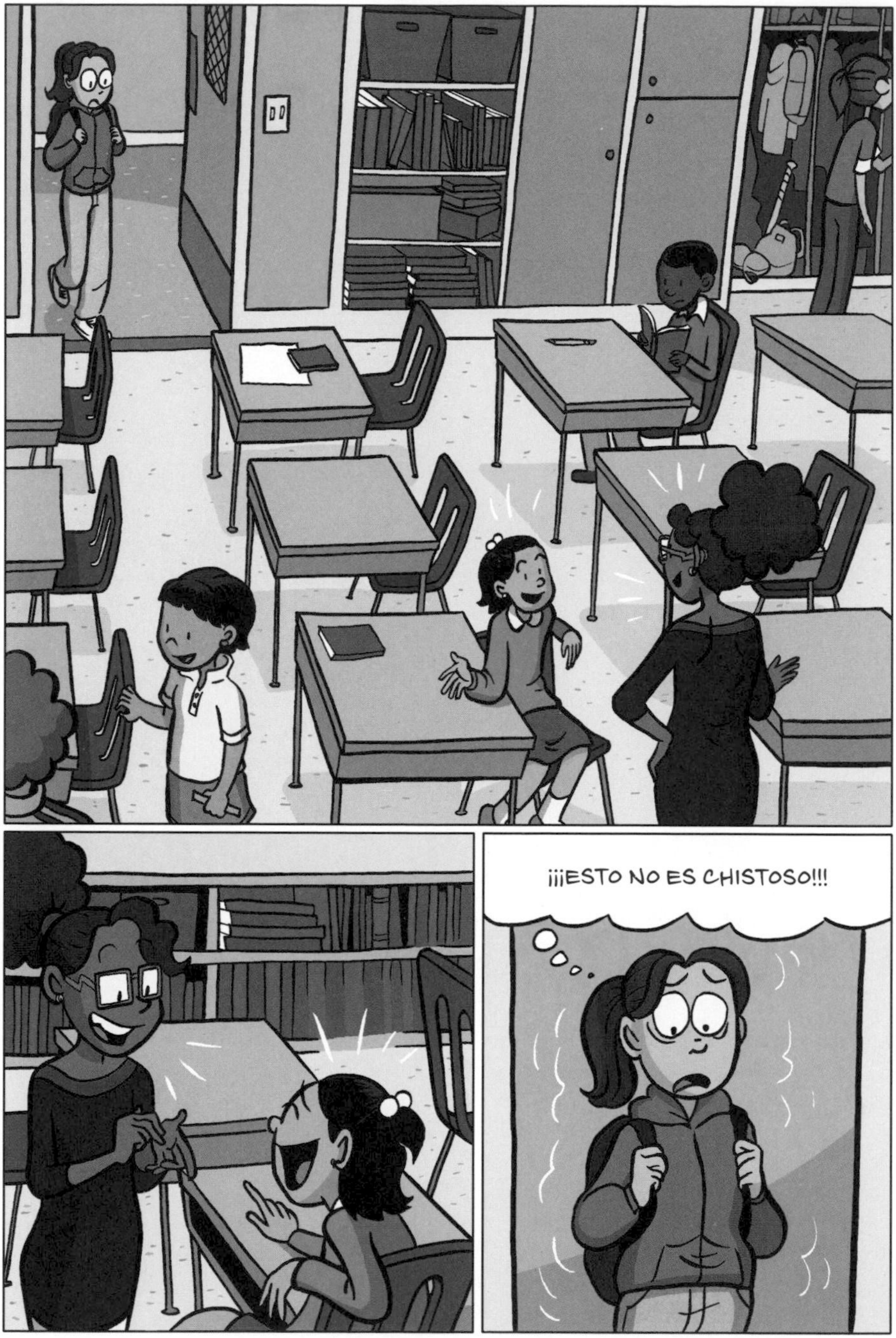
¡¡¡ESTO NO ES CHISTOSO!!!

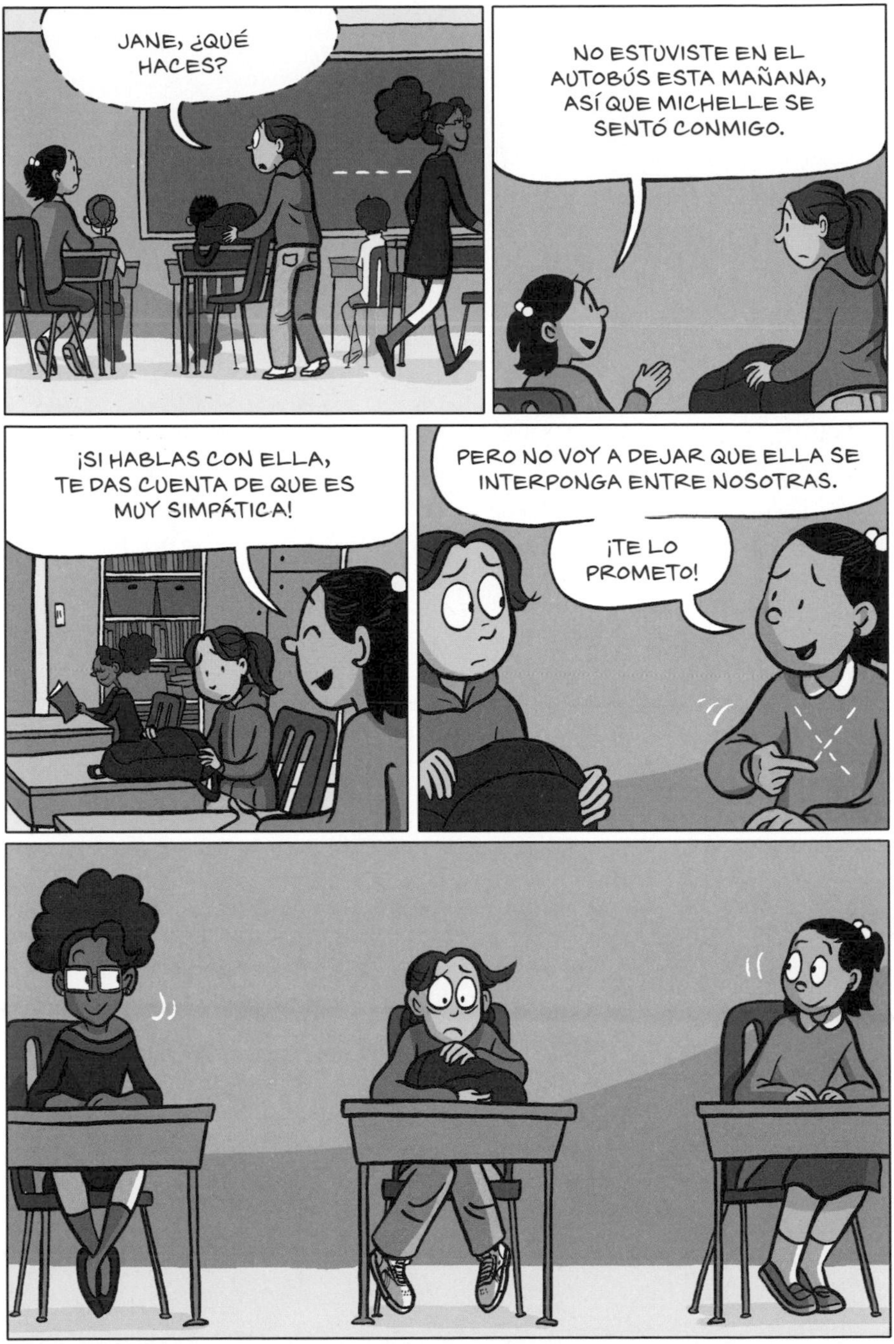
JANE, ¿QUÉ HACES?
NO ESTUVISTE EN EL AUTOBÚS ESTA MAÑANA, ASÍ QUE MICHELLE SE SENTÓ CONMIGO.
¡SI HABLAS CON ELLA, TE DAS CUENTA DE QUE ES MUY SIMPÁTICA!
PERO NO VOY A DEJAR QUE ELLA SE INTERPONGA ENTRE NOSOTRAS.
¡TE LO PROMETO!

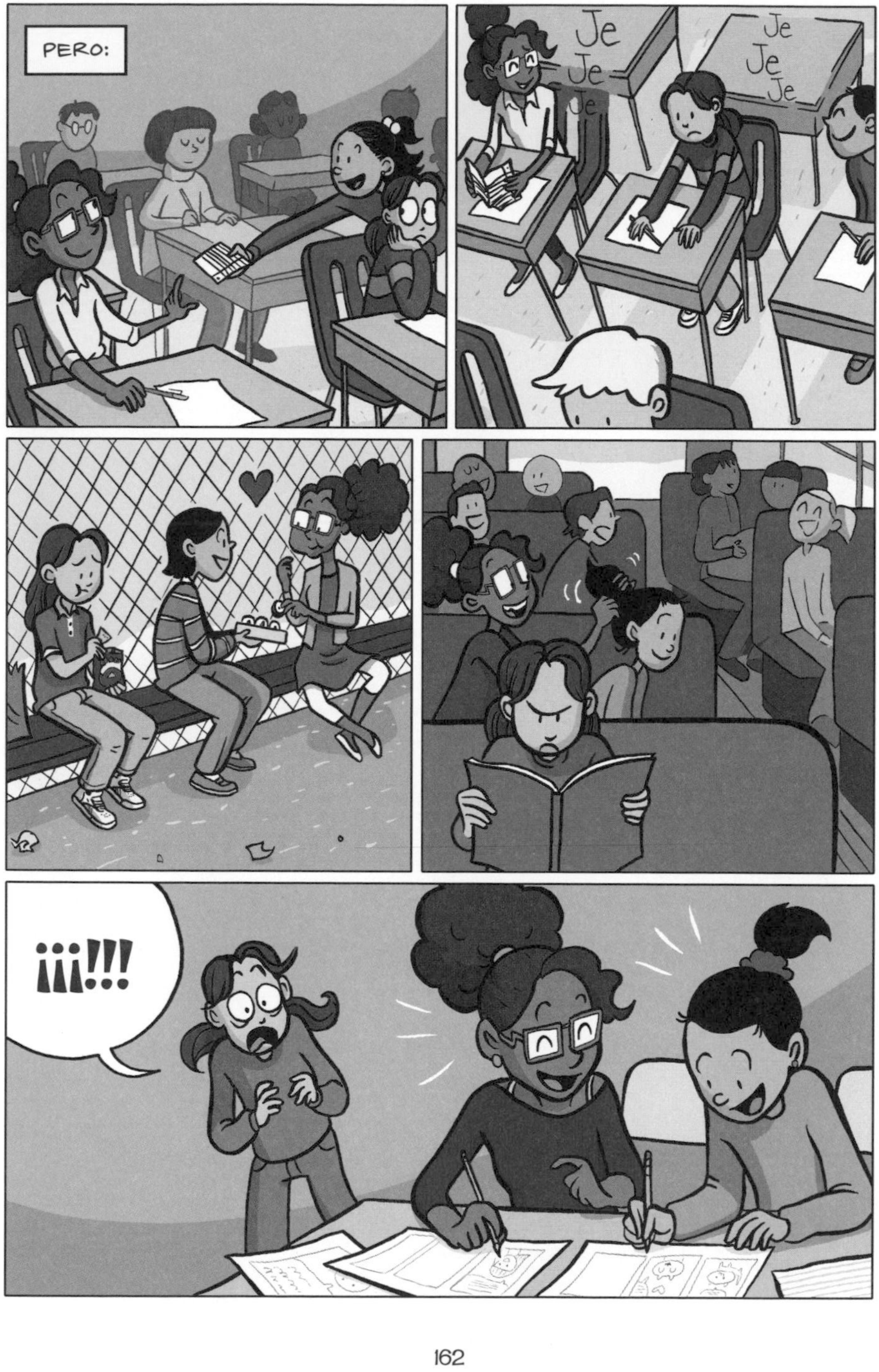
PERO:
Je
Je
Je
Je
Je
Je
¡¡¡!!!

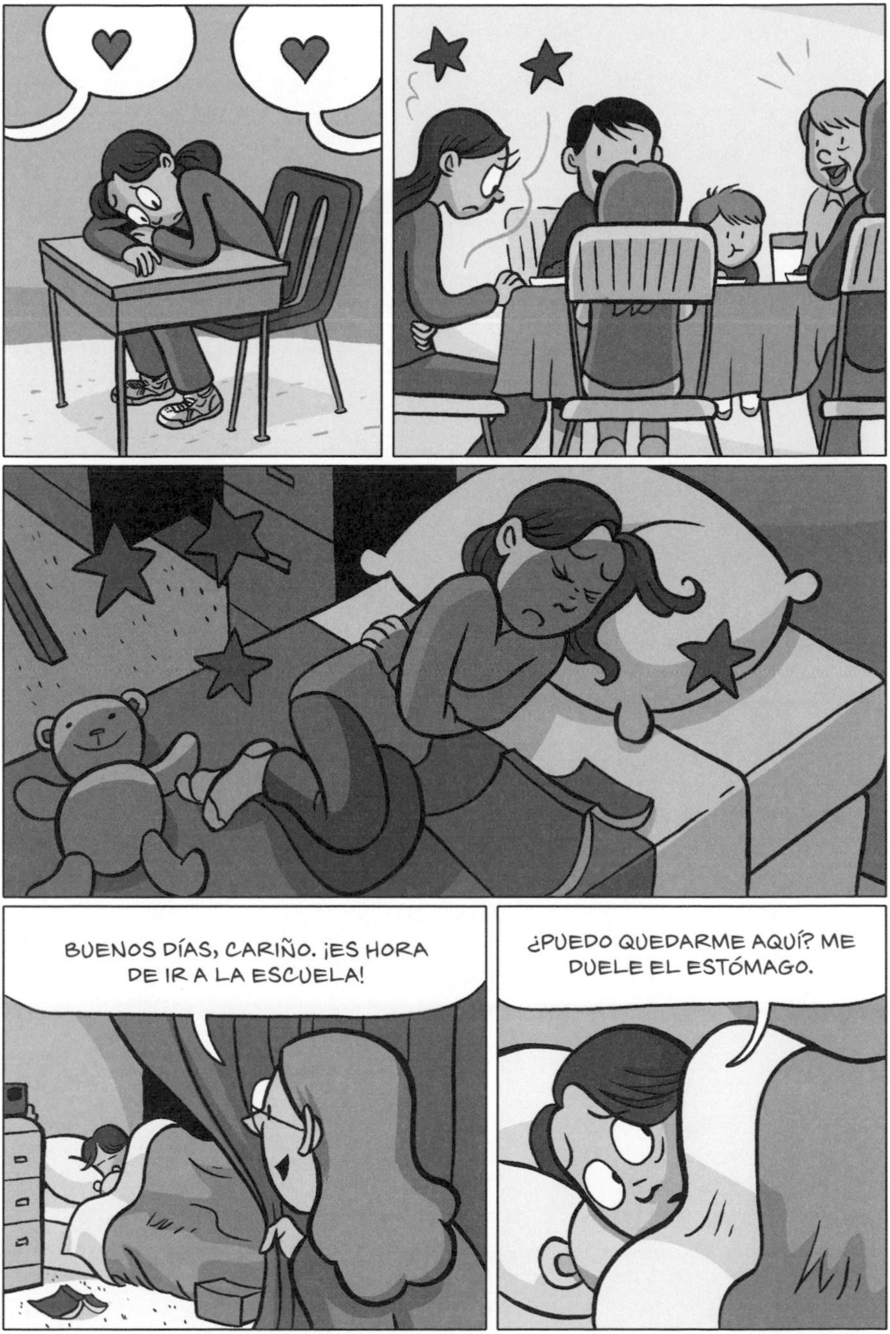
BUENOS DÍAS, CARIÑO. ¡ES HORA DE IR A LA ESCUELA!
¿PUEDO QUEDARME AQUÍ? ME DUELE EL ESTÓMAGO.

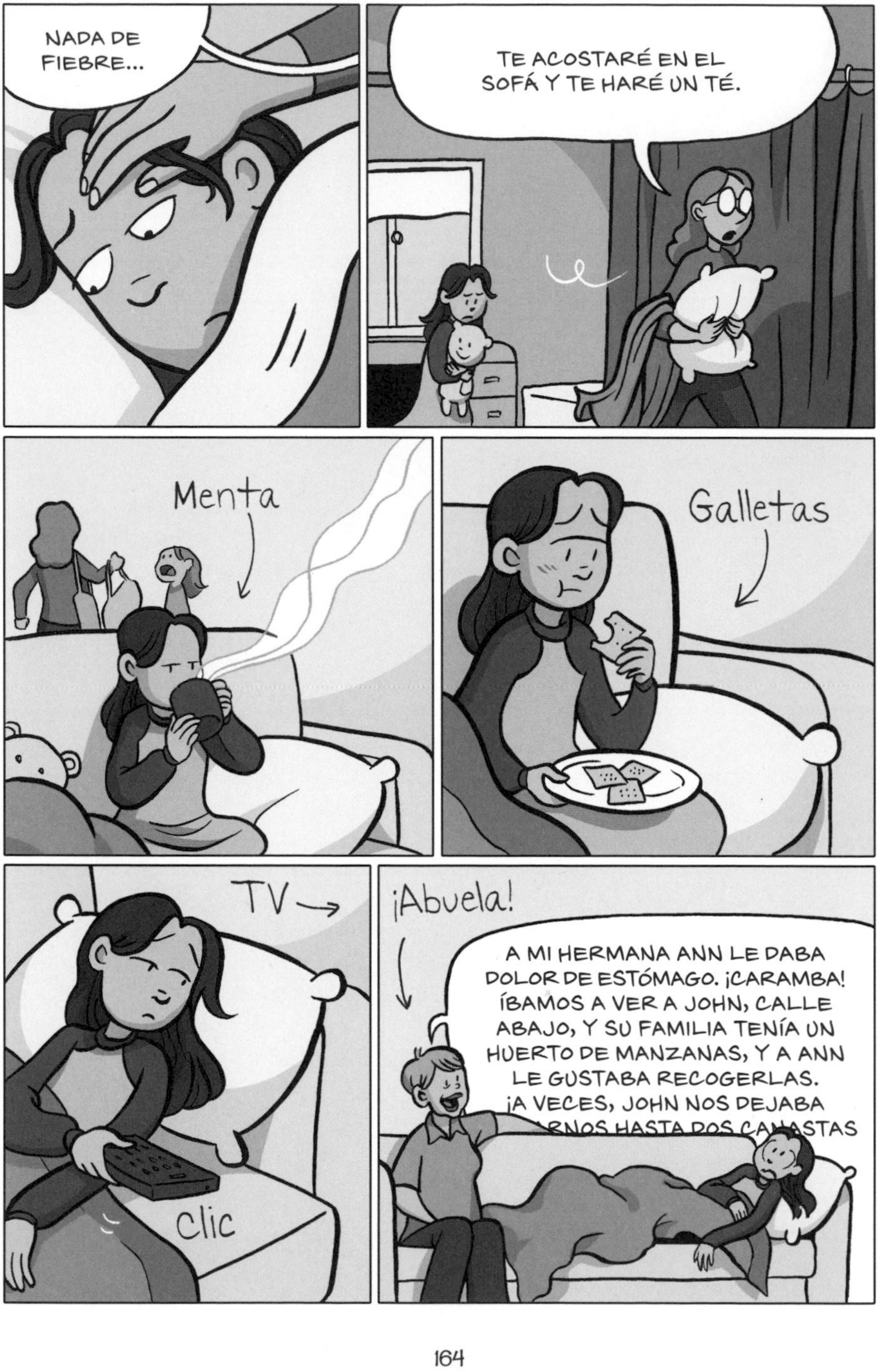
NADA DE FIEBRE...
TE ACOSTARÉ EN EL SOFÁ Y TE HARÉ UN TÉ.
Menta
Galletas
TV
Clic
¡Abuela!
A MI HERMANA ANN LE DABA DOLOR DE ESTÓMAGO. ¡CARAMBA! ÍBAMOS A VER A JOHN, CALLE ABAJO, Y SU FAMILIA TENÍA UN HUERTO DE MANZANAS, Y A ANN LE GUSTABA RECOGERLAS. ¡A VECES, JOHN NOS DEJABA
HASTA DOS

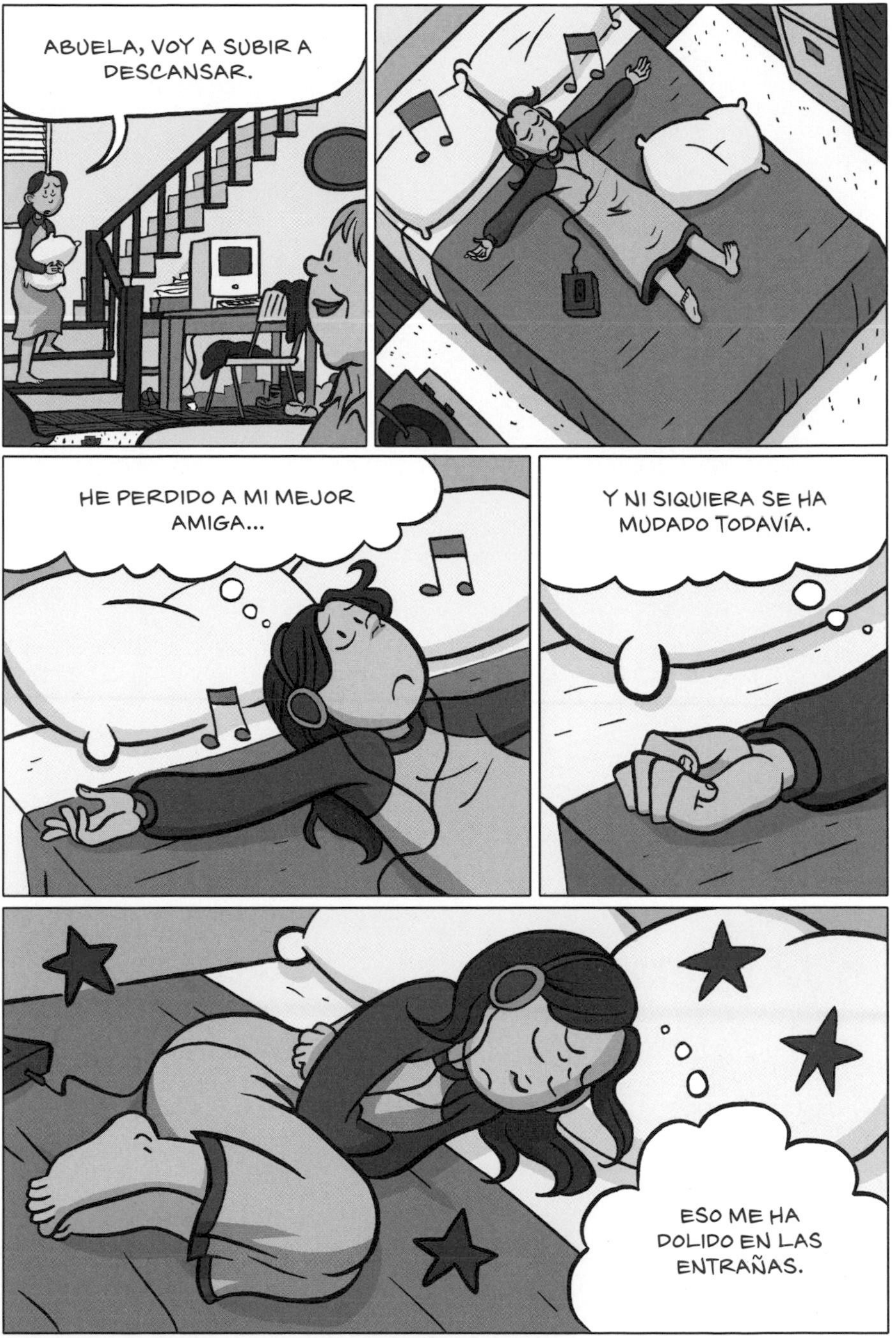
ABUELA, VOY A SUBIR A DESCANSAR.
HE PERDIDO A MI MEJOR AMIGA...
Y NI SIQUIERA SE HA MUDADO TODAVÍA.
ESO ME HA DOLIDO EN LAS ENTRAÑAS.

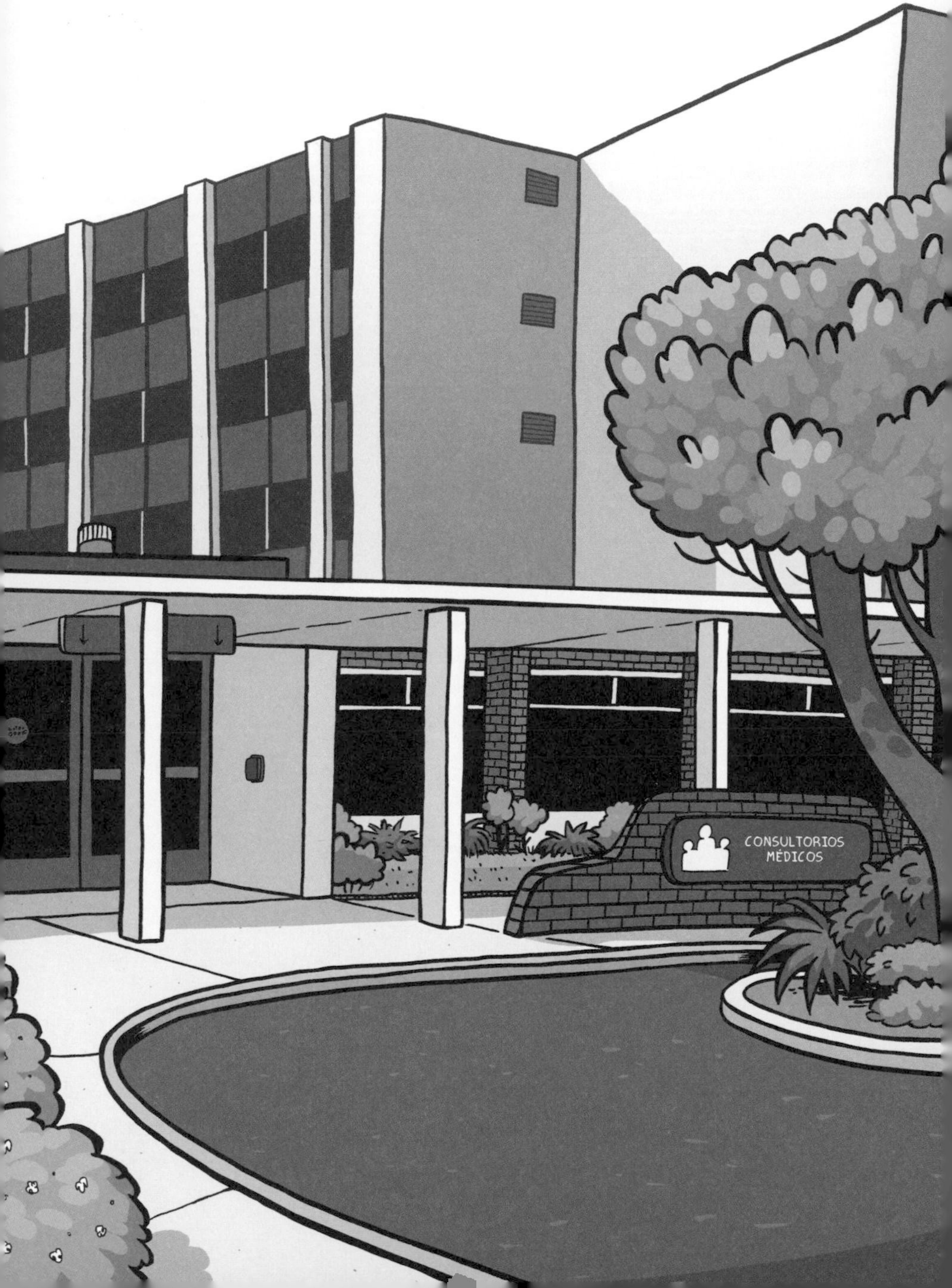
CONSULTORIOS
MÉDICOS

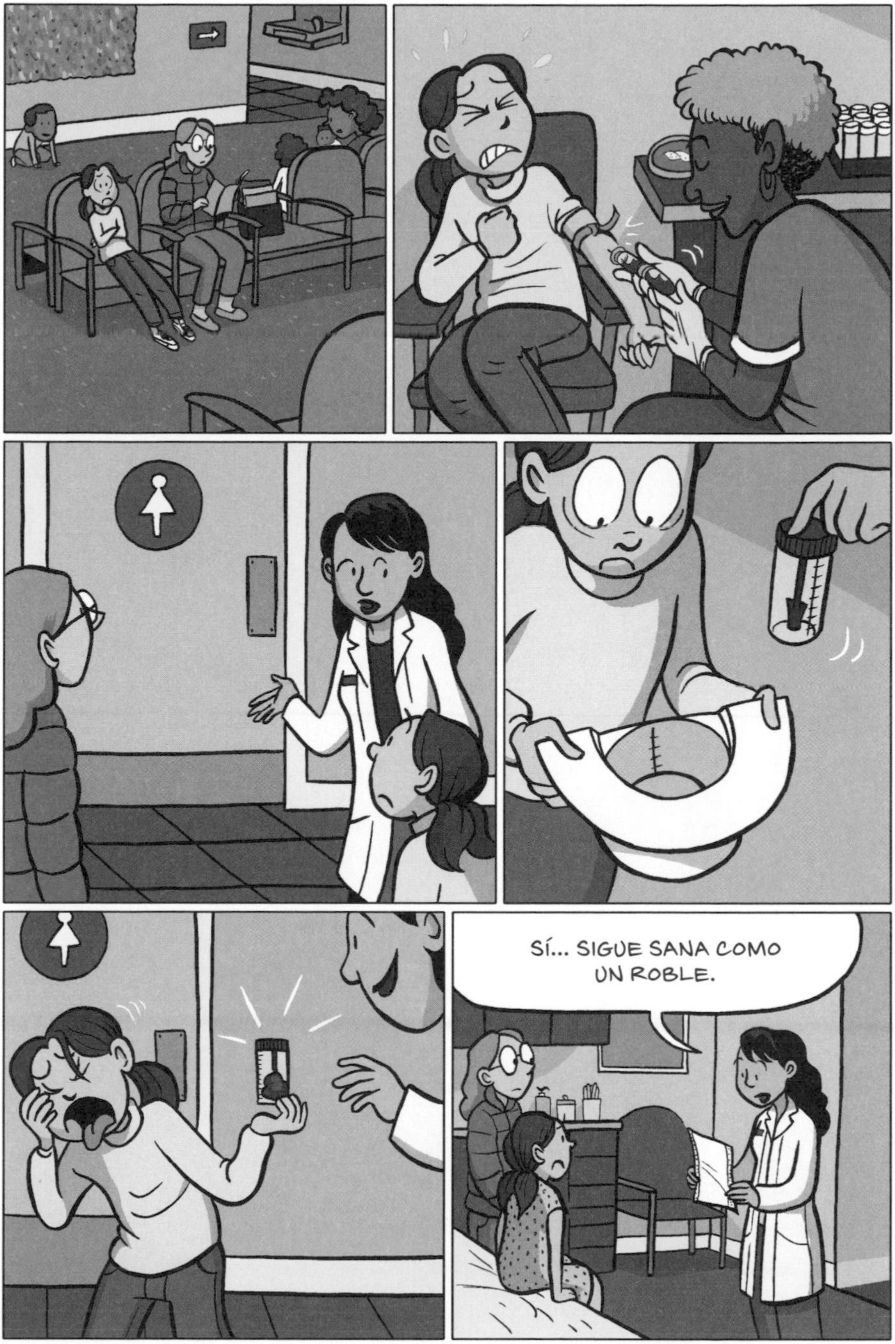
SÍ... SIGUE SANA COMO
UN ROBLE.

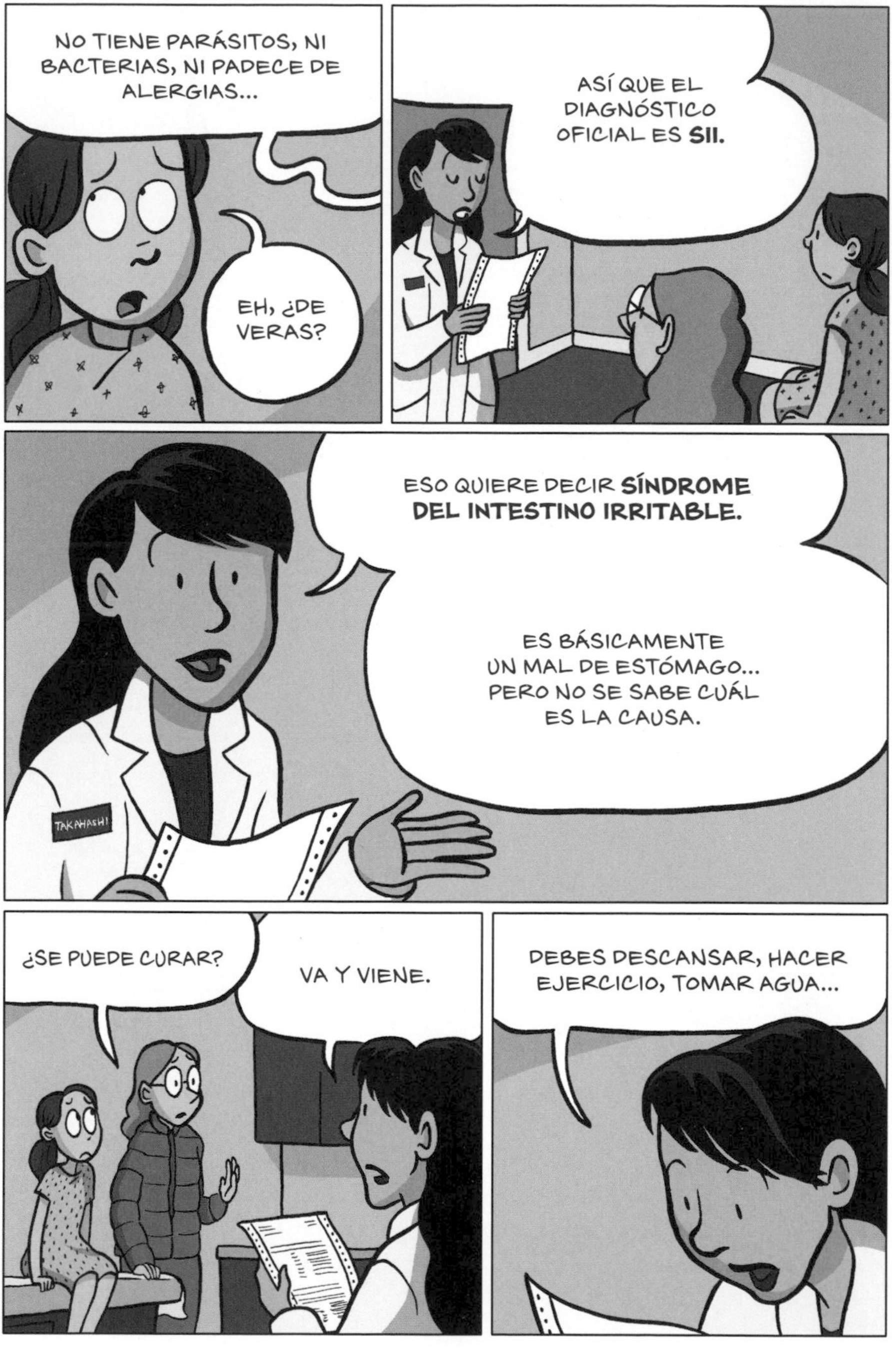

NO TIENE PARÁSITOS, NI BACTERIAS, NI PADECE DE ALERGIAS...
EH, ¿DE VERAS?
ASÍ QUE EL DIAGNÓSTICO OFICIAL ES **SII.**
ESO QUIERE DECIR **SÍNDROME DEL INTESTINO IRRITABLE.**
ES BÁSICAMENTE UN MAL DE ESTÓMAGO... PERO NO SE SABE CUÁL ES LA CAUSA.
TAKAHASHI
¿SE PUEDE CURAR?
VA Y VIENE.
DEBES DESCANSAR, HACER EJERCICIO, TOMAR AGUA...

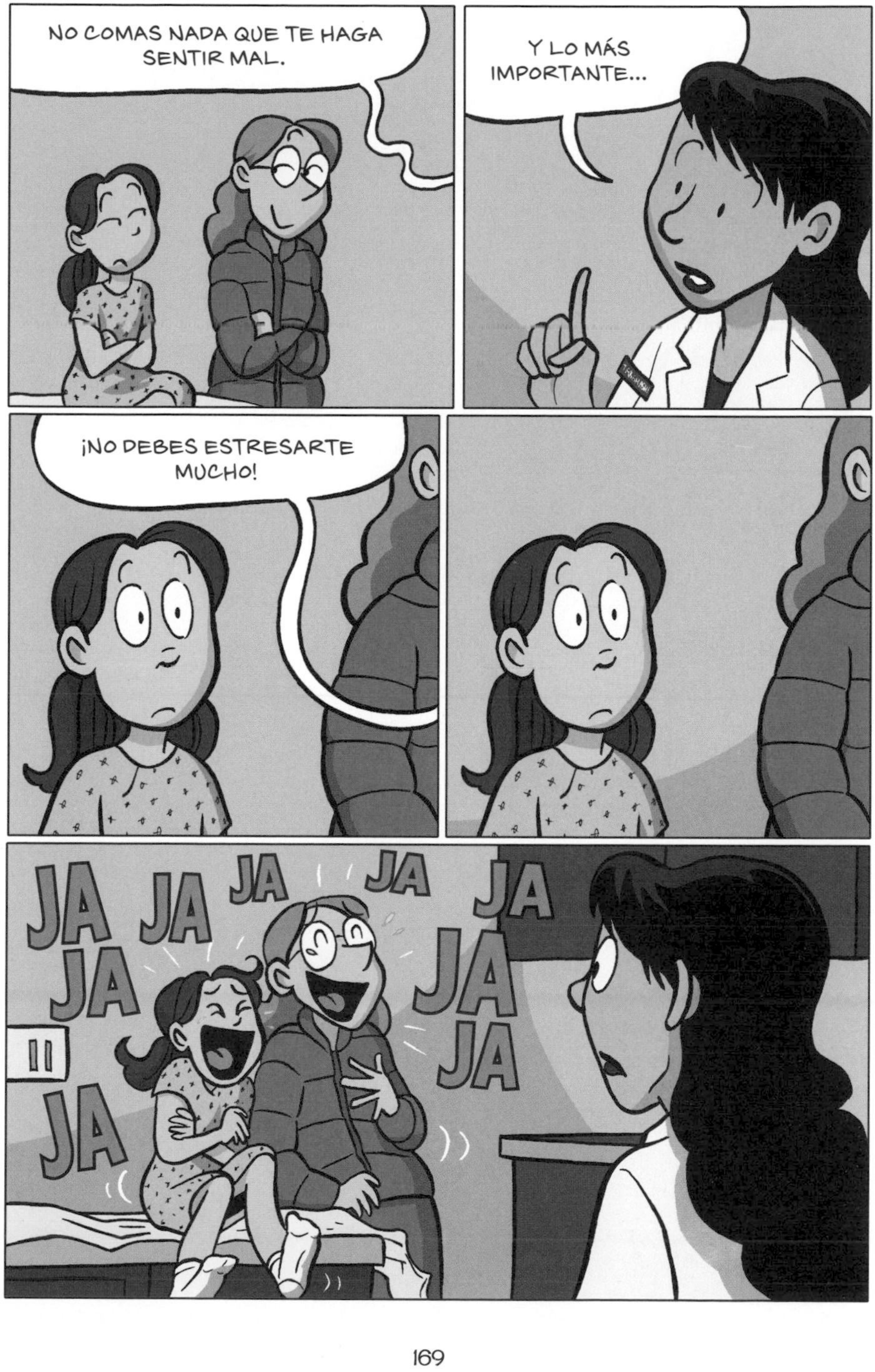
NO COMAS NADA QUE TE HAGA SENTIR MAL.
Y LO MÁS IMPORTANTE...
¡NO DEBES ESTRESARTE MUCHO!
JA JA JA JA JA JA JA JA JA

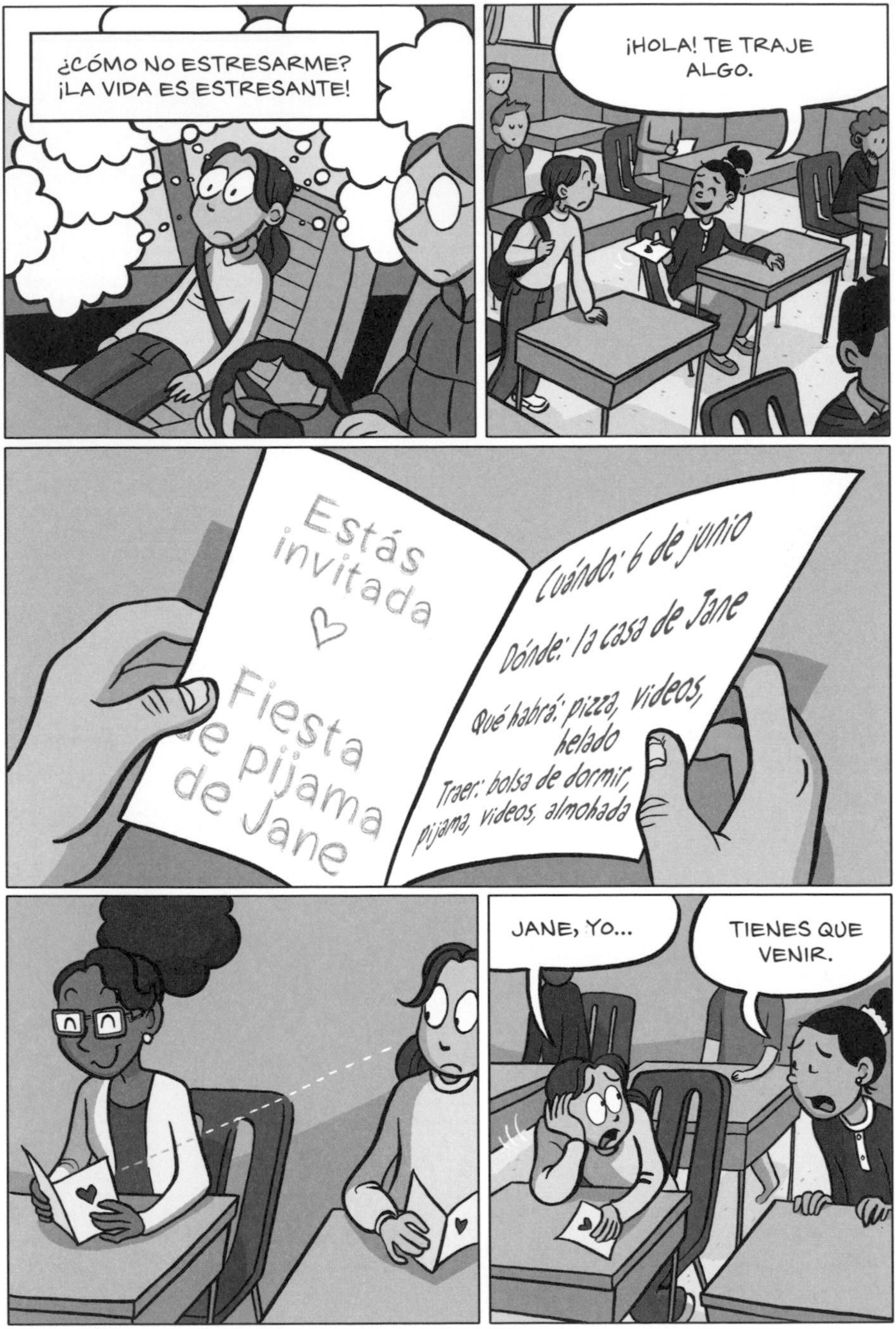
¿CÓMO NO ESTRESARME? ¡LA VIDA ES ESTRESANTE!
¡HOLA! TE TRAJE ALGO.
Estás invitada
Fiesta de pijama de Jane
Cuándo: 6 de junio
Dónde: la casa de Jane
Qué habrá: pizza, videos, helado
Traer: bolsa de dormir, pijama, videos, almohada
JANE, YO...
TIENES QUE VENIR.

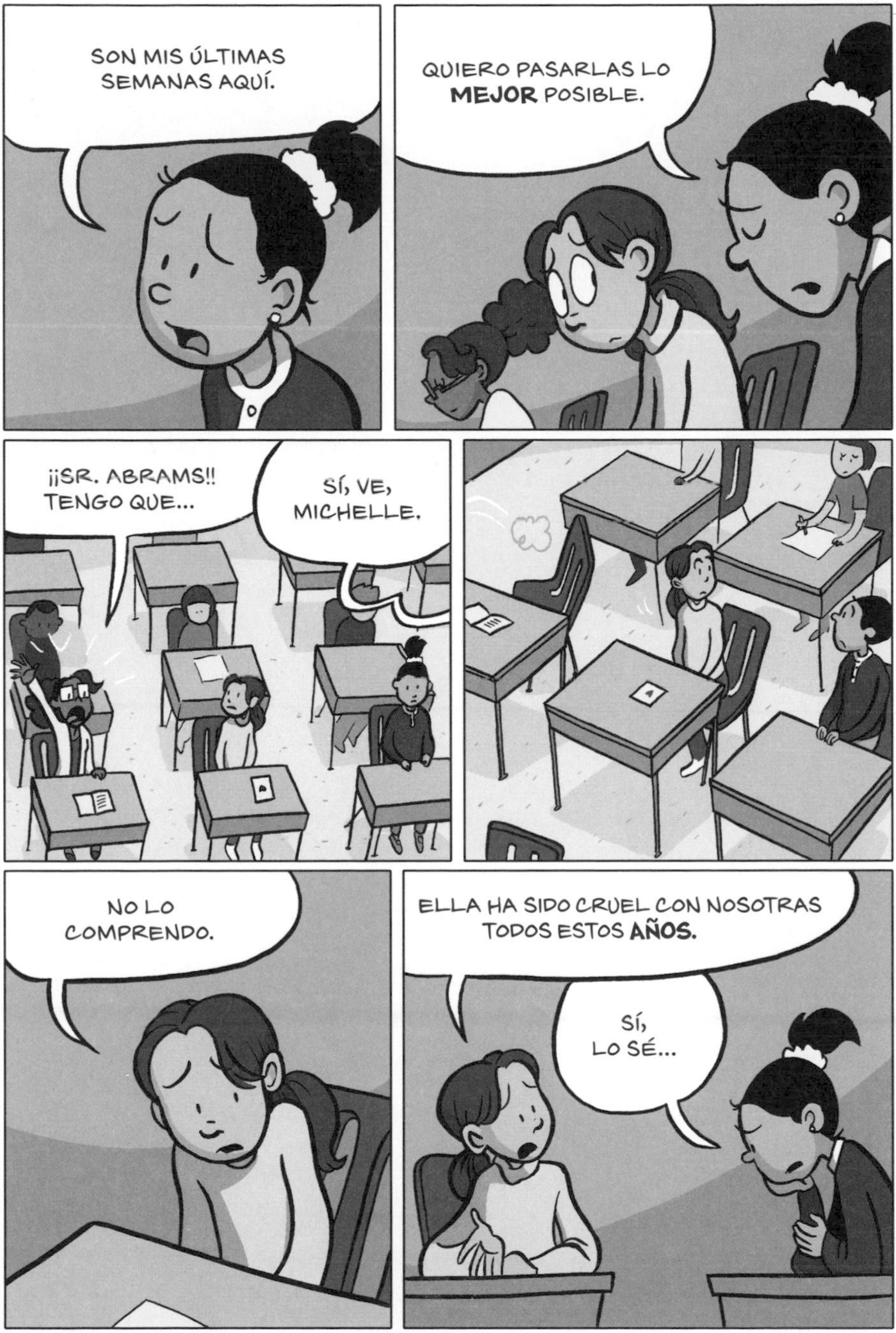

SON MIS ÚLTIMAS SEMANAS AQUÍ.
QUIERO PASARLAS LO **MEJOR** POSIBLE.
¡¡SR. ABRAMS!! TENGO QUE...
SÍ, VE, MICHELLE.
NO LO COMPRENDO.
ELLA HA SIDO CRUEL CON NOSOTRAS TODOS ESTOS **AÑOS.**
SÍ, LO SÉ...

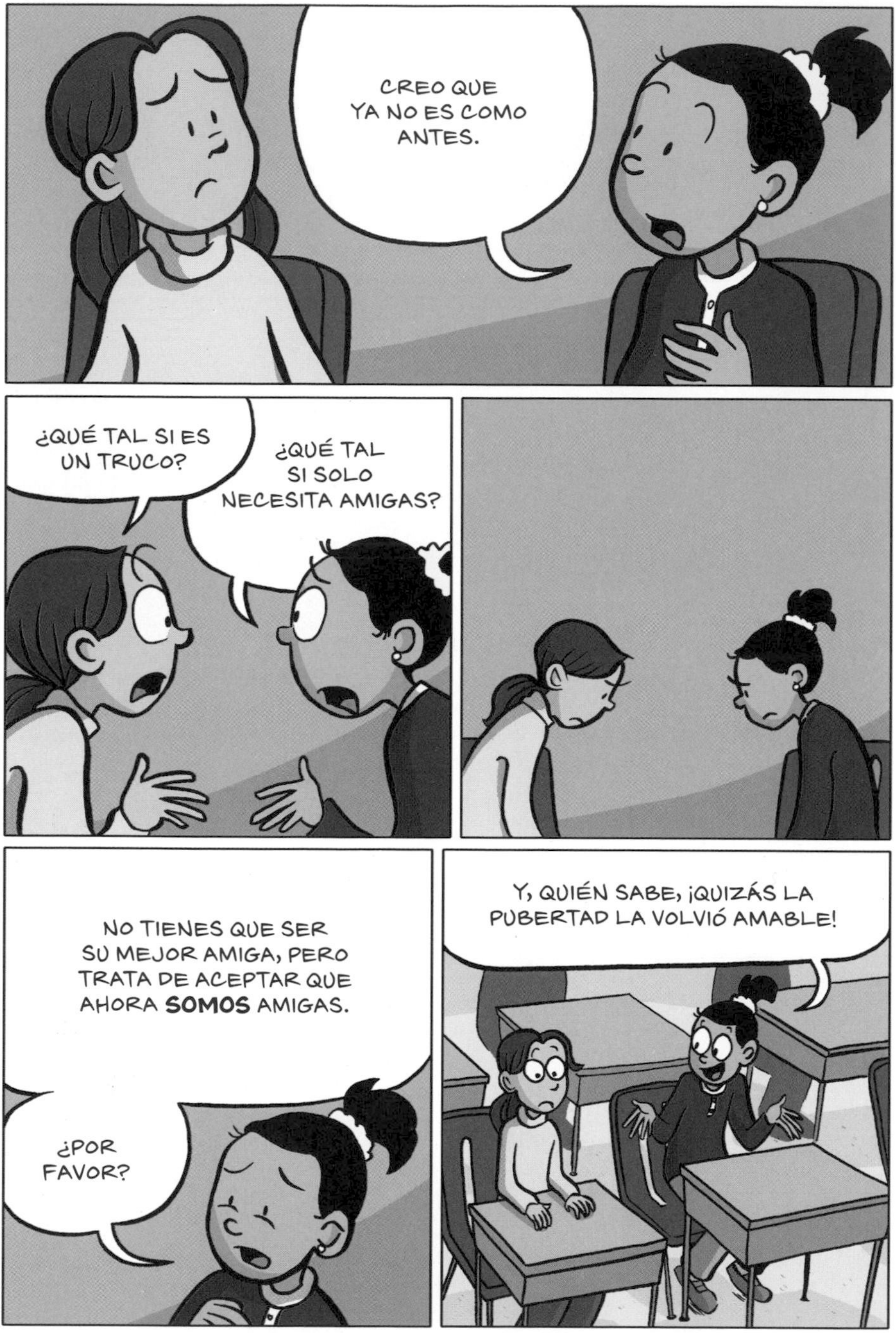
CREO QUE YA NO ES COMO ANTES.
¿QUÉ TAL SI ES UN TRUCO?
¿QUÉ TAL SI SOLO NECESITA AMIGAS?
NO TIENES QUE SER SU MEJOR AMIGA, PERO TRATA DE ACEPTAR QUE AHORA **SOMOS** AMIGAS.
¿POR FAVOR?
Y, QUIÉN SABE, ¡QUIZÁS LA PUBERTAD LA VOLVIÓ AMABLE!

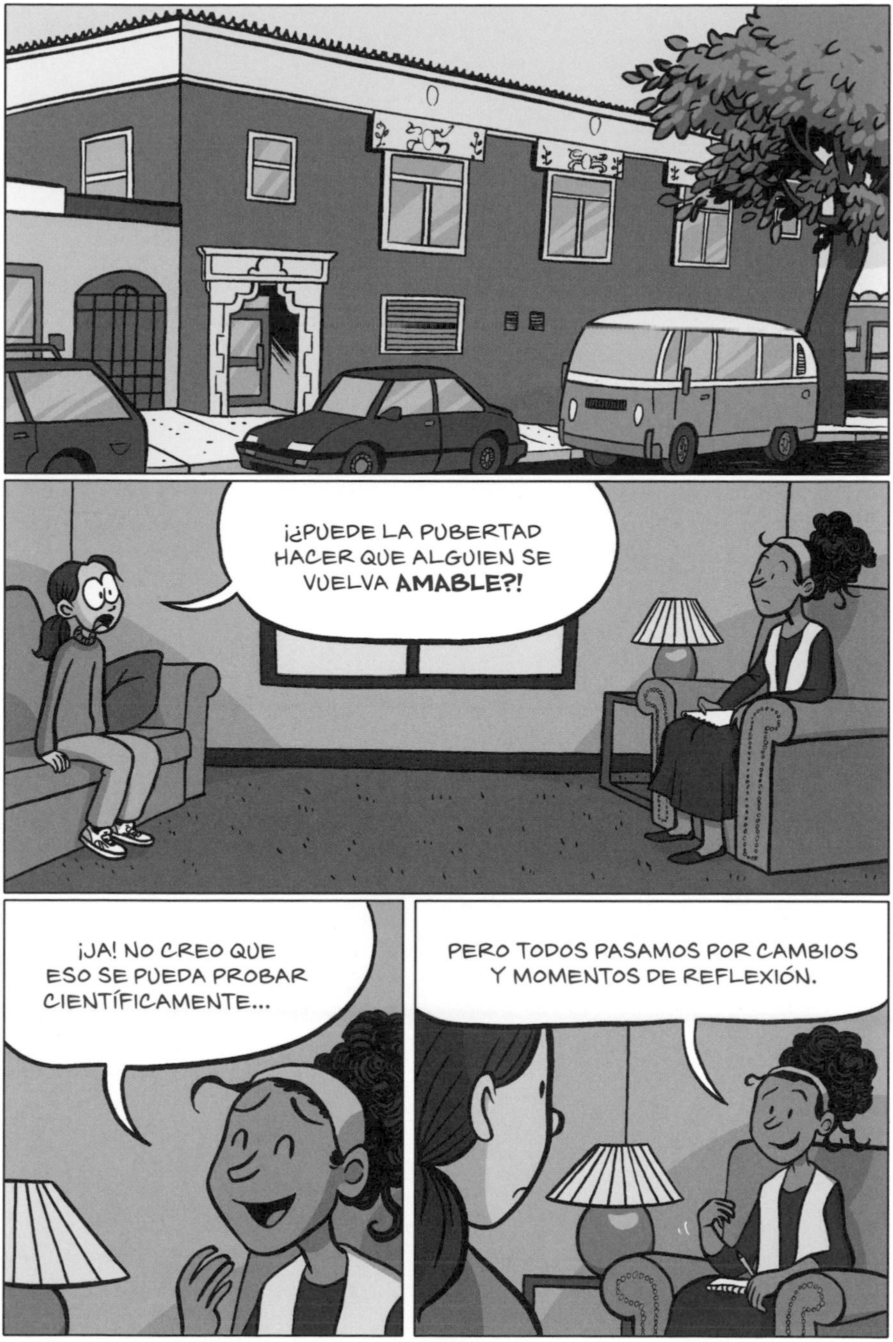
¡¿PUEDE LA PUBERTAD HACER QUE ALGUIEN SE VUELVA **AMABLE?!**
¡JA! NO CREO QUE ESO SE PUEDA PROBAR CIENTÍFICAMENTE...
PERO TODOS PASAMOS POR CAMBIOS Y MOMENTOS DE REFLEXIÓN.

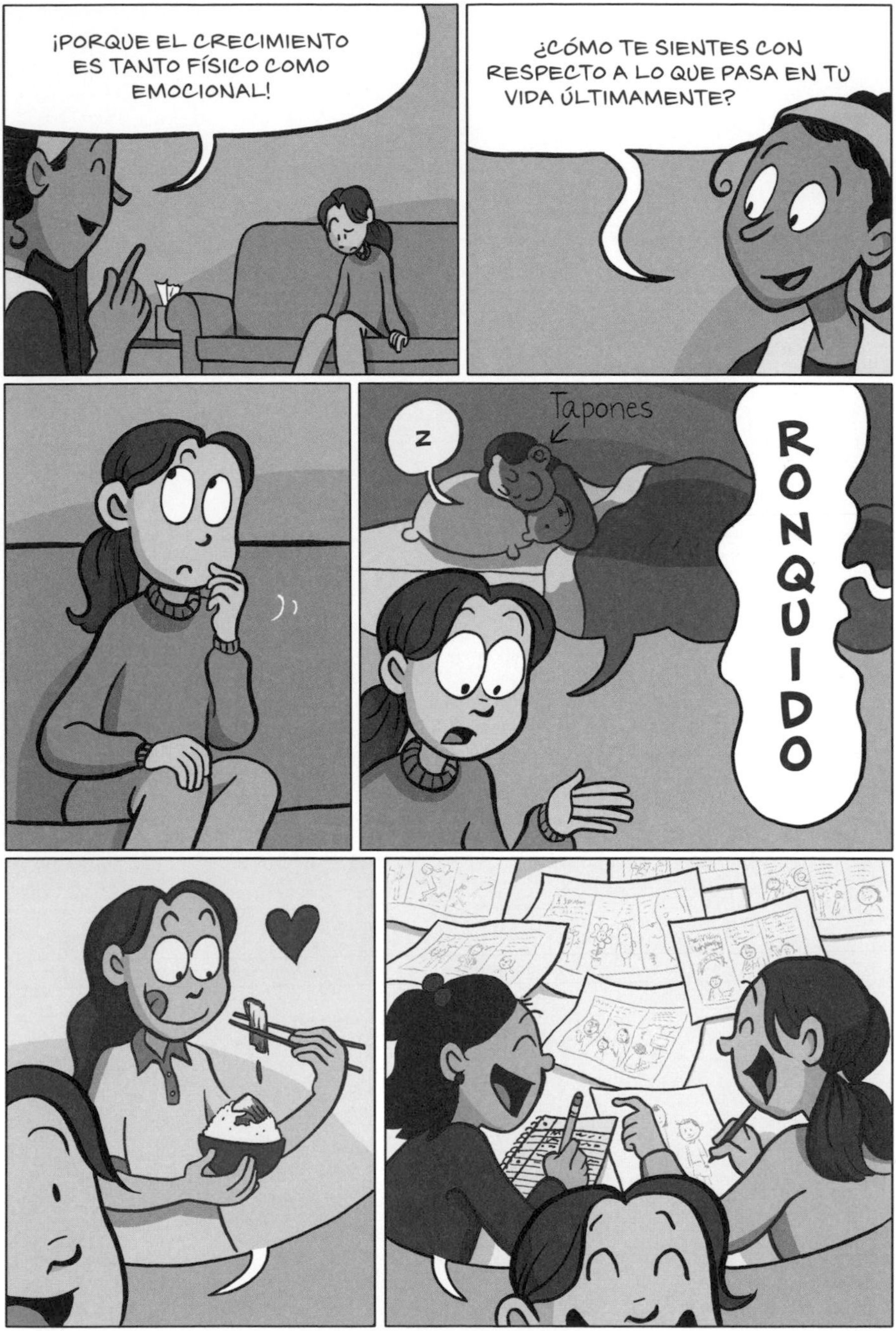
¡PORQUE EL CRECIMIENTO ES TANTO FÍSICO COMO EMOCIONAL!
¿CÓMO TE SIENTES CON RESPECTO A LO QUE PASA EN TU VIDA ÚLTIMAMENTE?
Z
Tapones
RONQUIDO

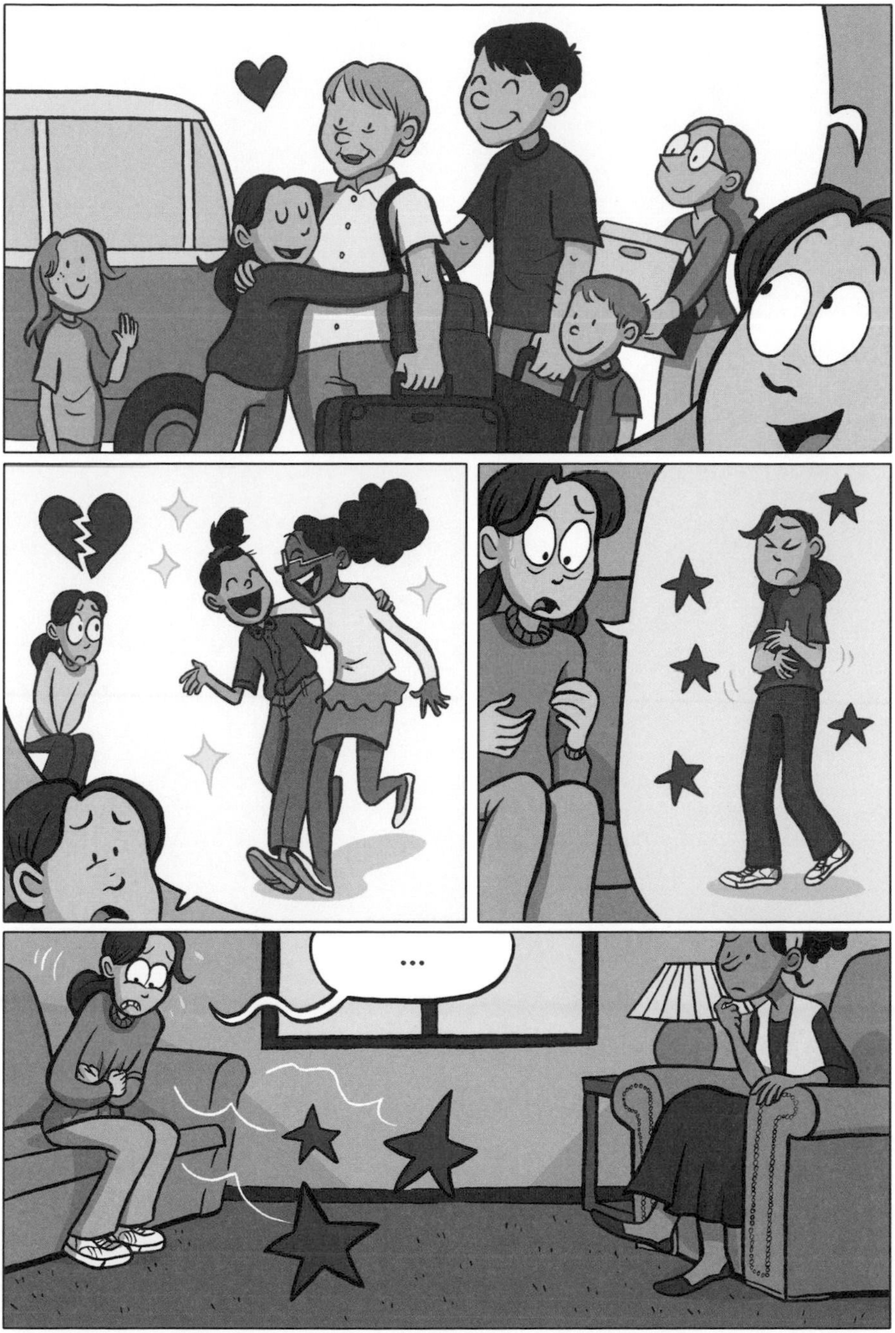
...

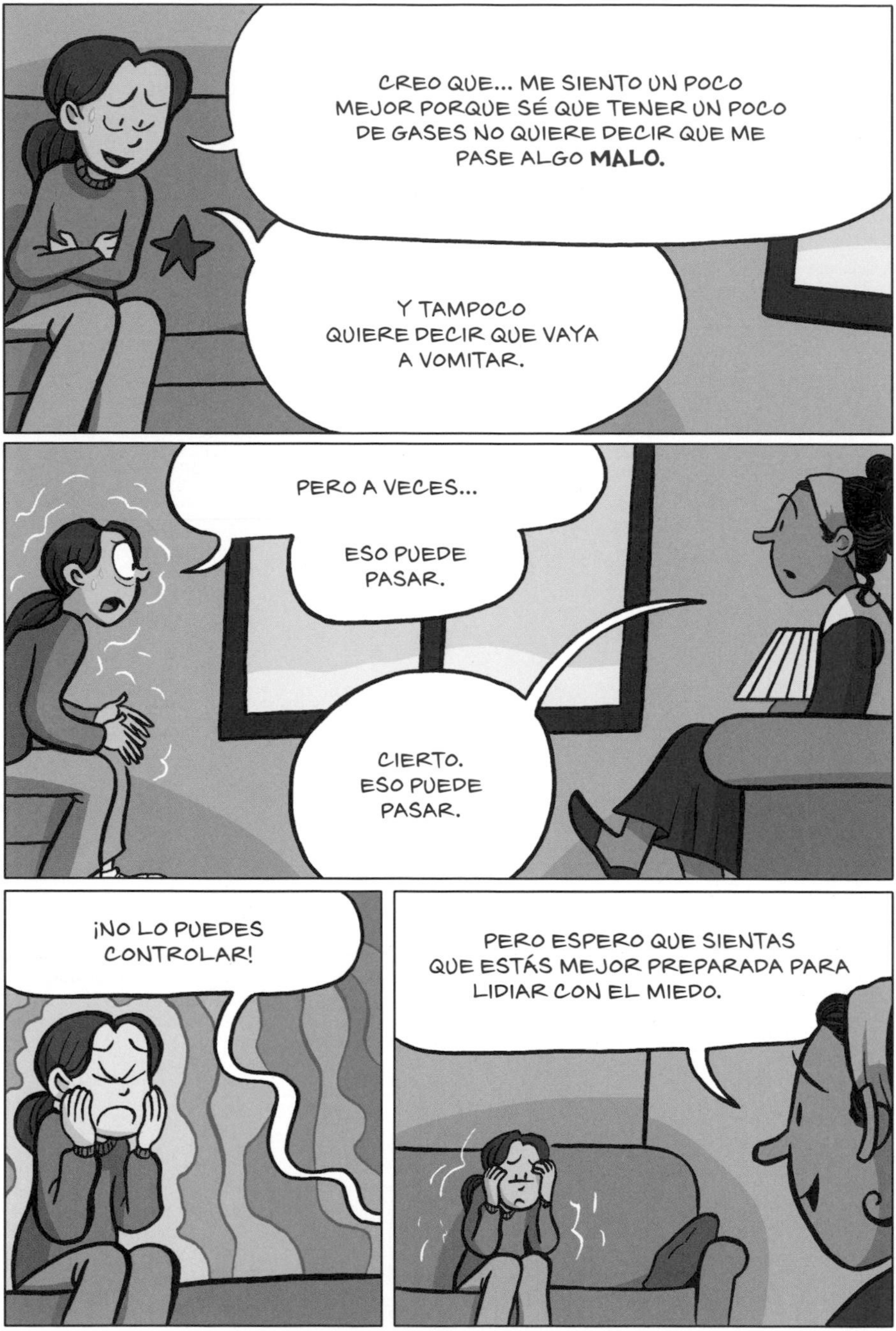
CREO QUE... ME SIENTO UN POCO MEJOR PORQUE SÉ QUE TENER UN POCO DE GASES NO QUIERE DECIR QUE ME PASE ALGO **MALO.**
Y TAMPOCO QUIERE DECIR QUE VAYA A VOMITAR.
PERO A VECES...
ESO PUEDE PASAR.
CIERTO. ESO PUEDE PASAR.
¡NO LO PUEDES CONTROLAR!
PERO ESPERO QUE SIENTAS QUE ESTÁS MEJOR PREPARADA PARA LIDIAR CON EL MIEDO.

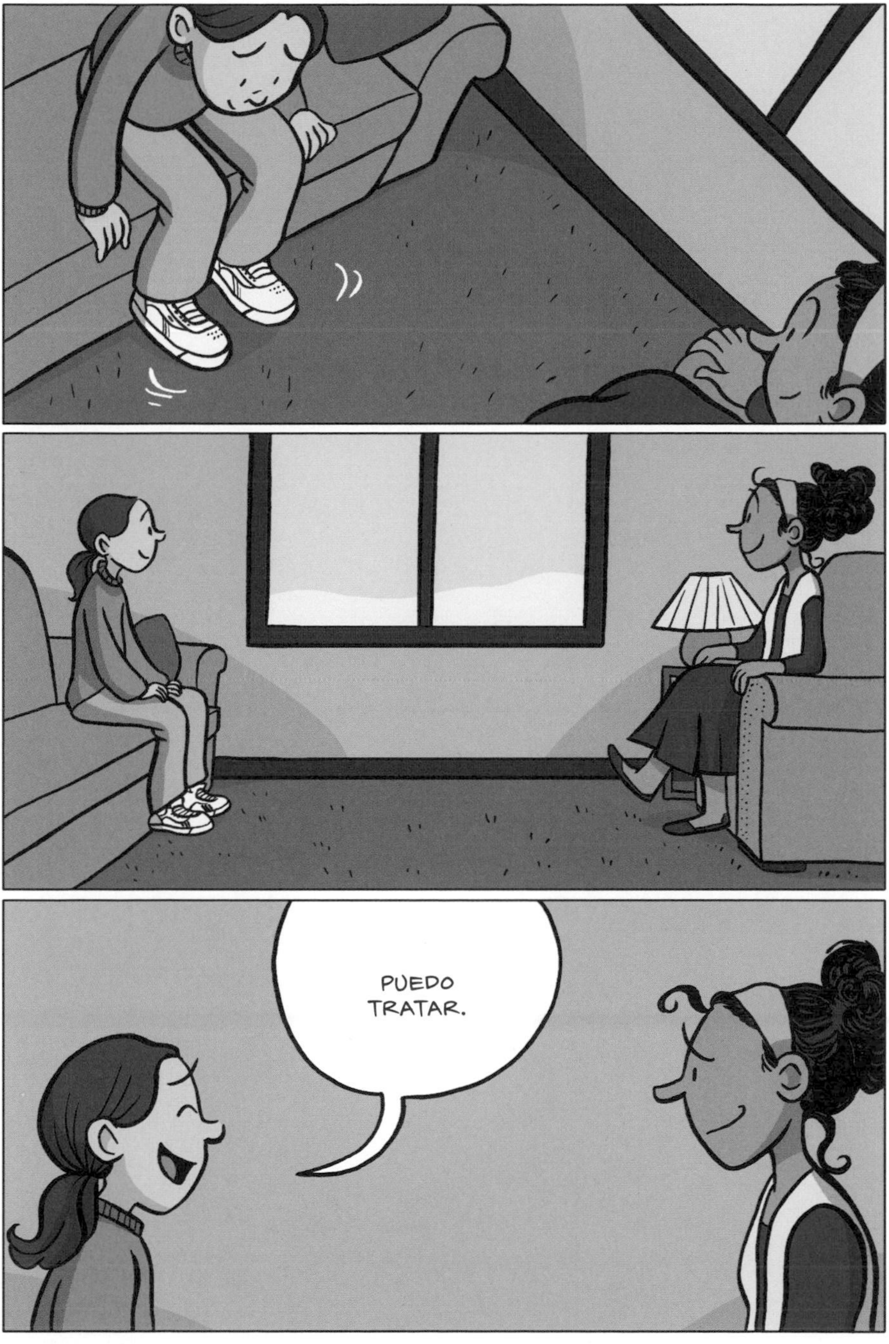
PUEDO
TRATAR.

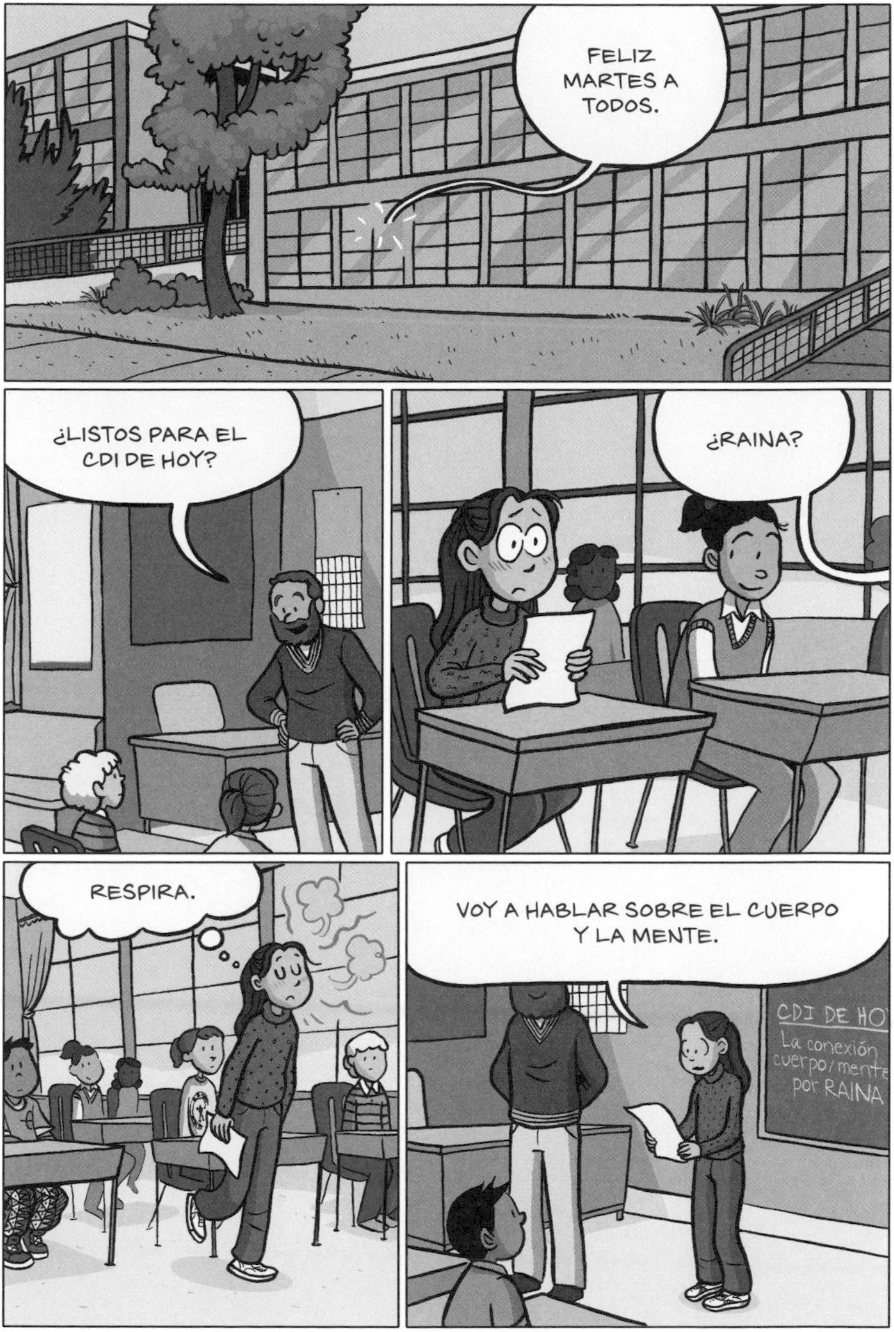
FELIZ MARTES A TODOS.
¿LISTOS PARA EL CDI DE HOY?
¿RAINA?
RESPIRA.
VOY A HABLAR SOBRE EL CUERPO Y LA MENTE.
CDI DE HO
La conexión cuerpo/mente por RAINA

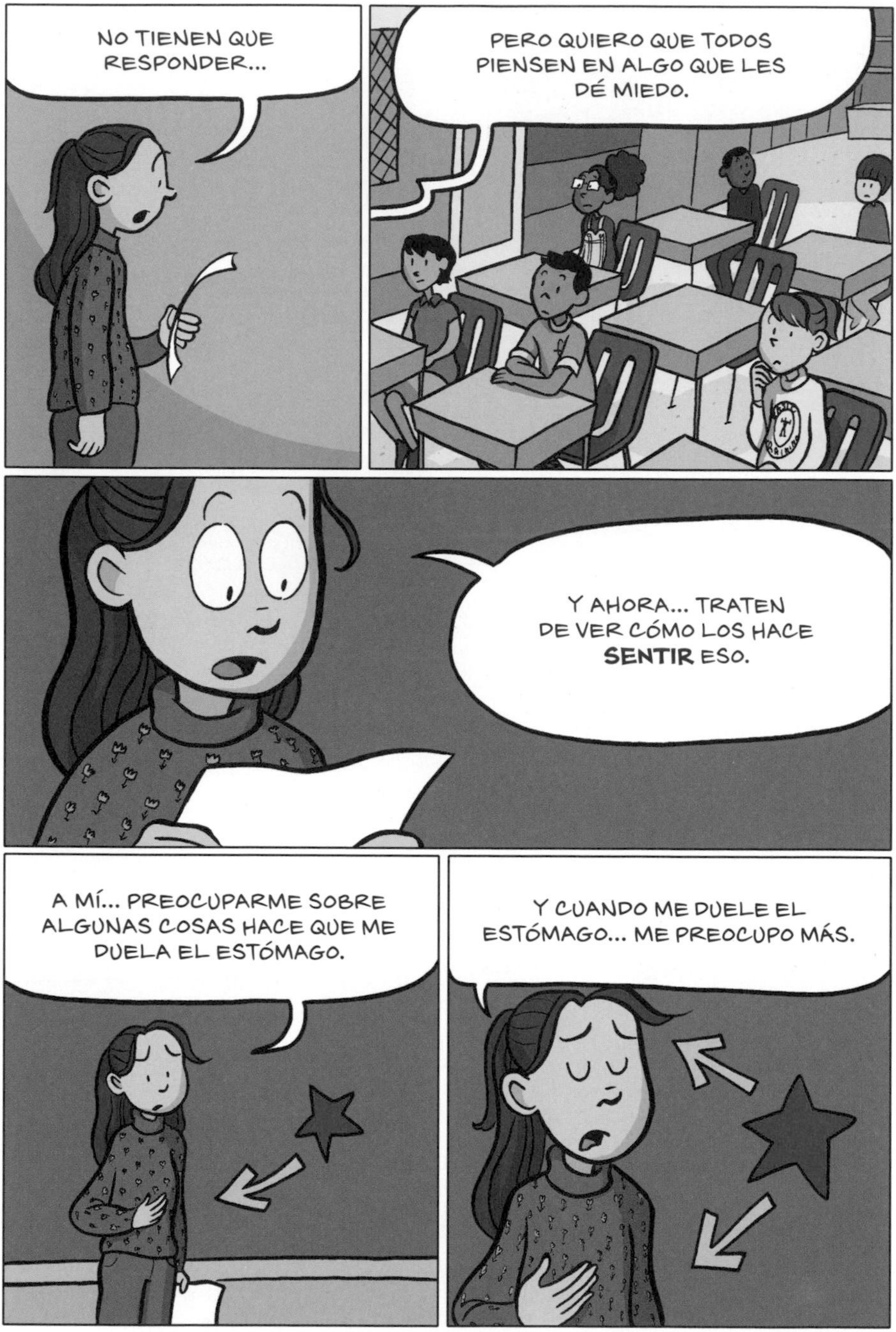
NO TIENEN QUE RESPONDER...
PERO QUIERO QUE TODOS PIENSEN EN ALGO QUE LES DÉ MIEDO.
Y AHORA... TRATEN DE VER CÓMO LOS HACE **SENTIR** ESO.
A MÍ... PREOCUPARME SOBRE ALGUNAS COSAS HACE QUE ME DUELA EL ESTÓMAGO.
Y CUANDO ME DUELE EL ESTÓMAGO... ME PREOCUPO MÁS.

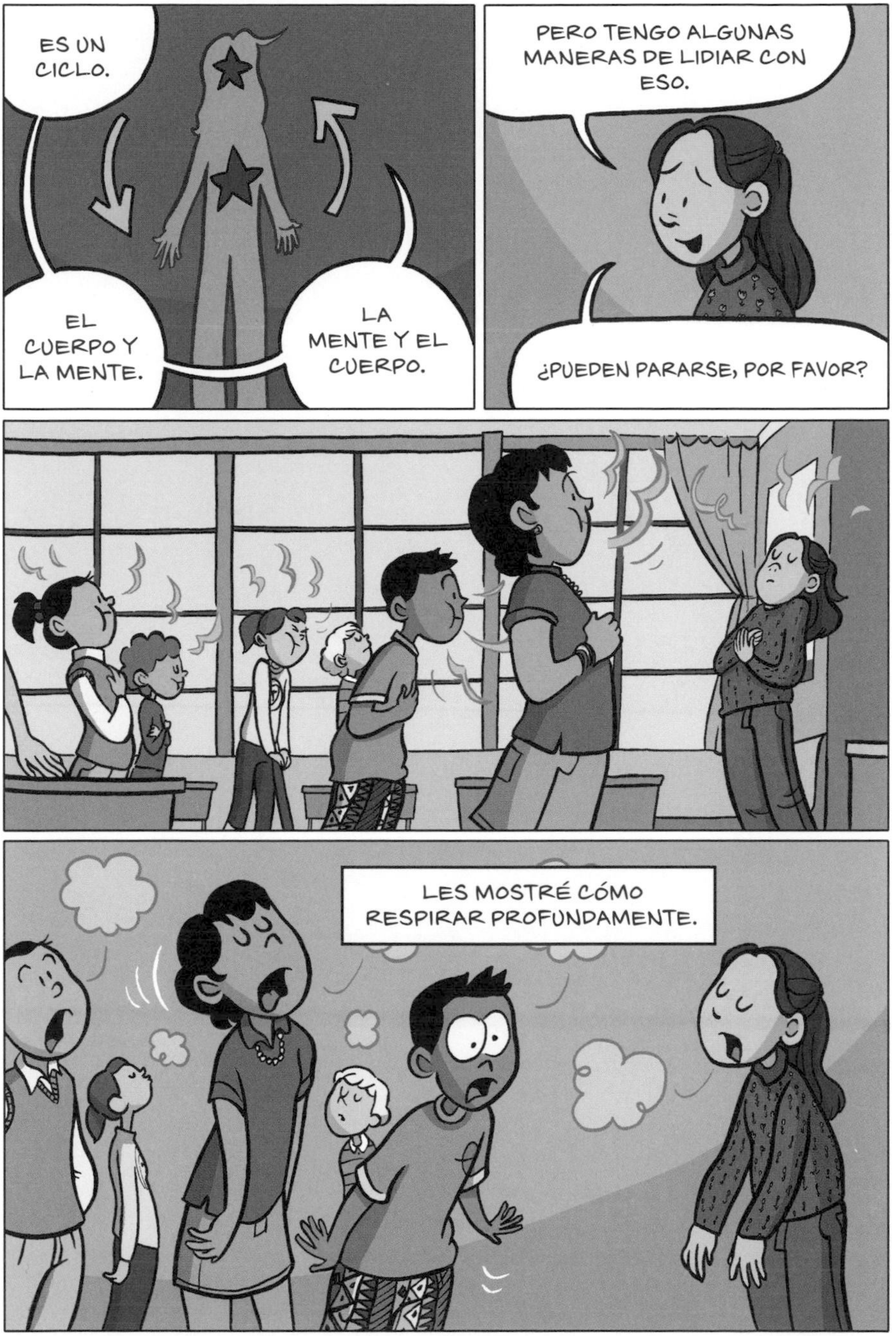
ES UN CICLO.
EL CUERPO Y LA MENTE.
LA MENTE Y EL CUERPO.
PERO TENGO ALGUNAS MANERAS DE LIDIAR CON ESO.
¿PUEDEN PARARSE, POR FAVOR?
LES MOSTRÉ CÓMO RESPIRAR PROFUNDAMENTE.

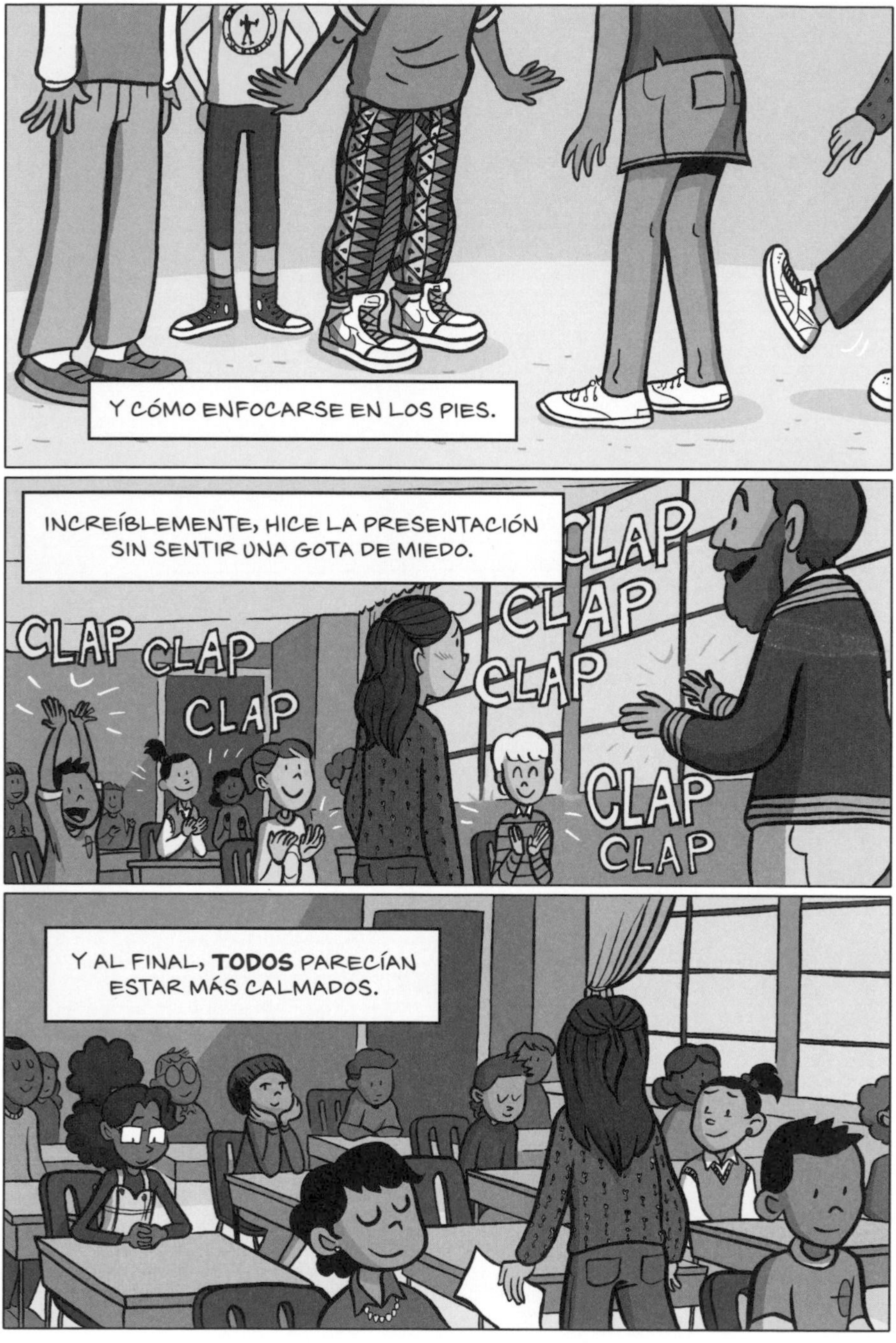
Y CÓMO ENFOCARSE EN LOS PIES.
INCREÍBLEMENTE, HICE LA PRESENTACIÓN SIN SENTIR UNA GOTA DE MIEDO.
CLAP
CLAP
CLAP
CLAP
CLAP
CLAP
CLAP
CLAP
Y AL FINAL, **TODOS** PARECÍAN ESTAR MÁS CALMADOS.

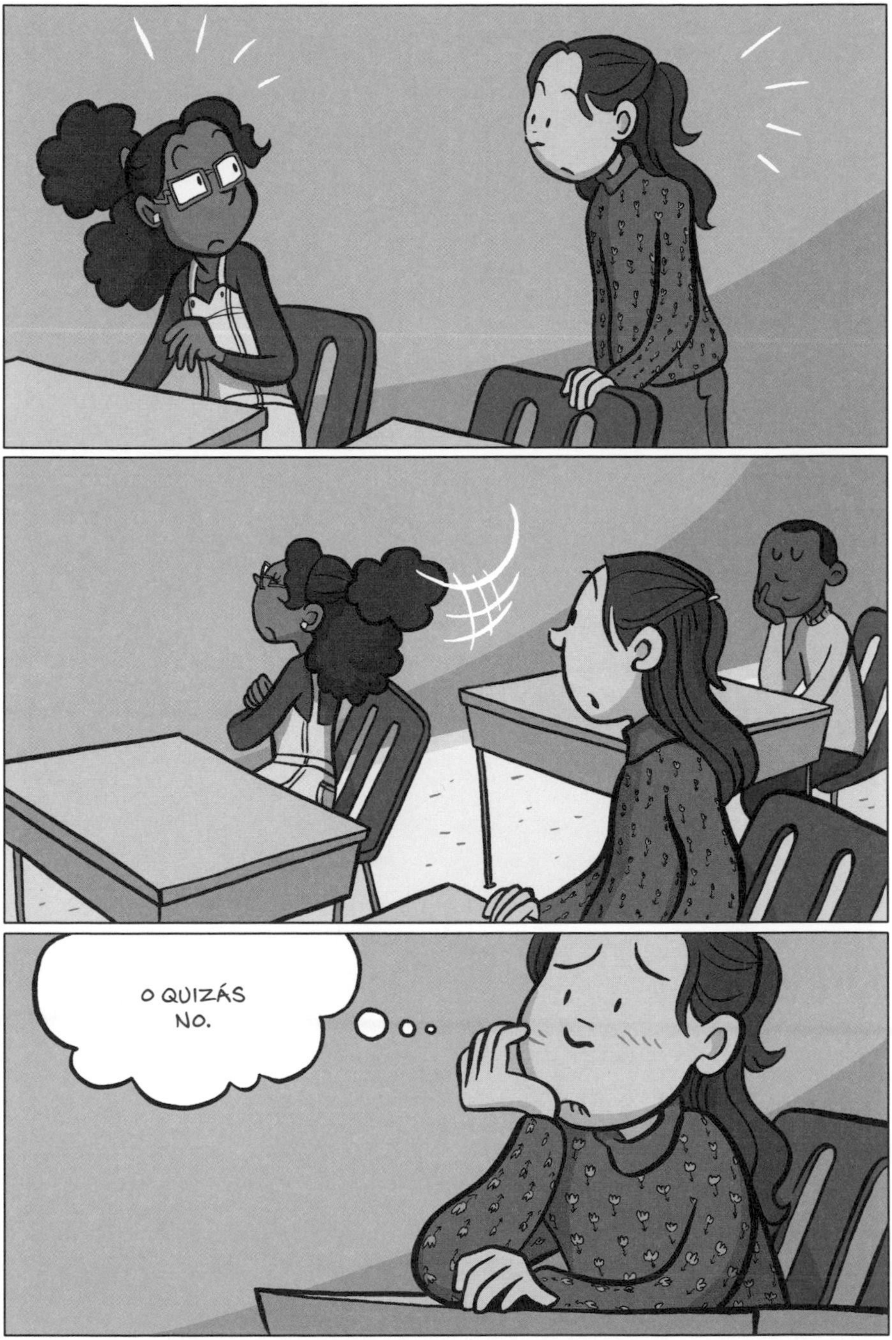
O QUIZÁS
NO.

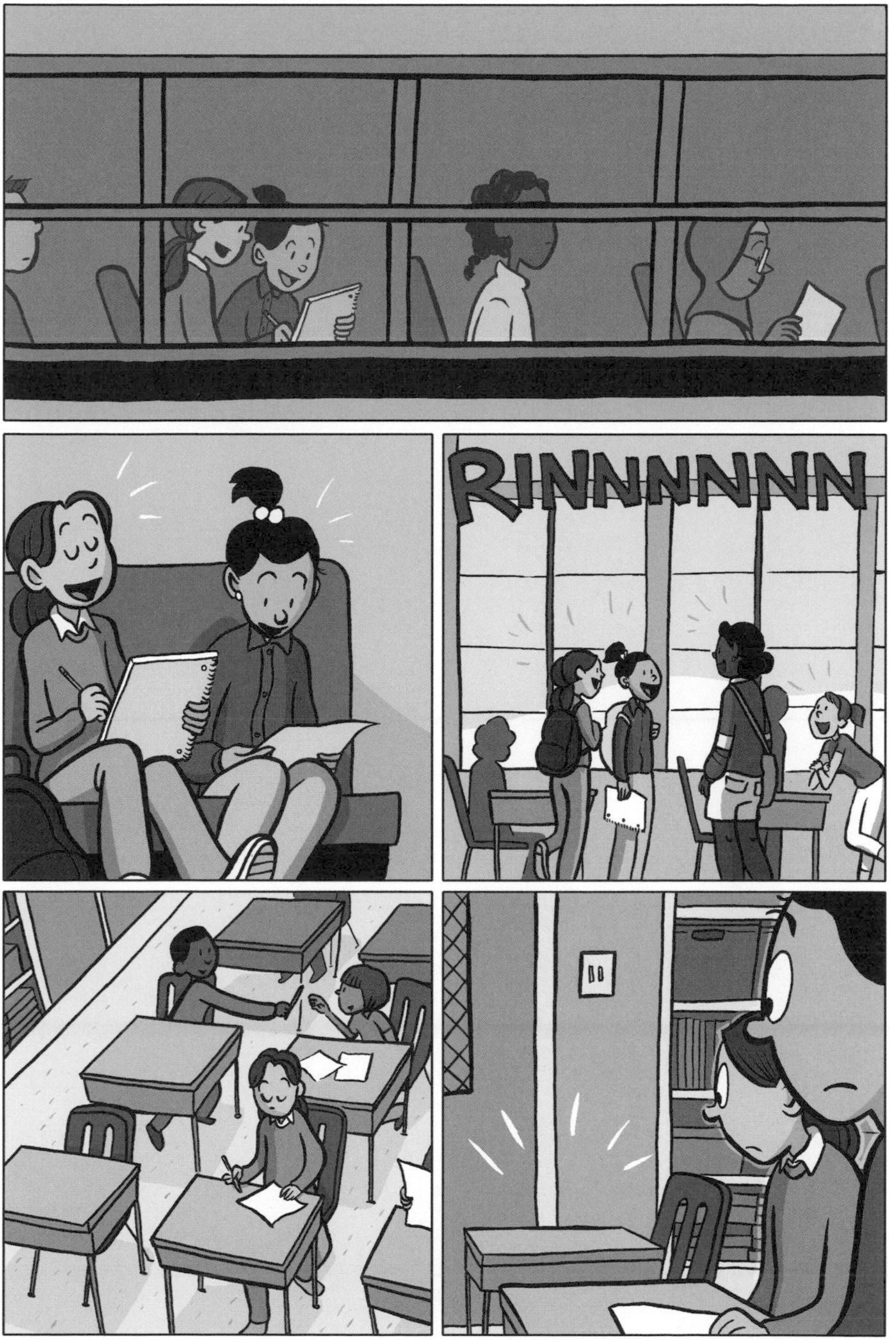
RINNNNNN

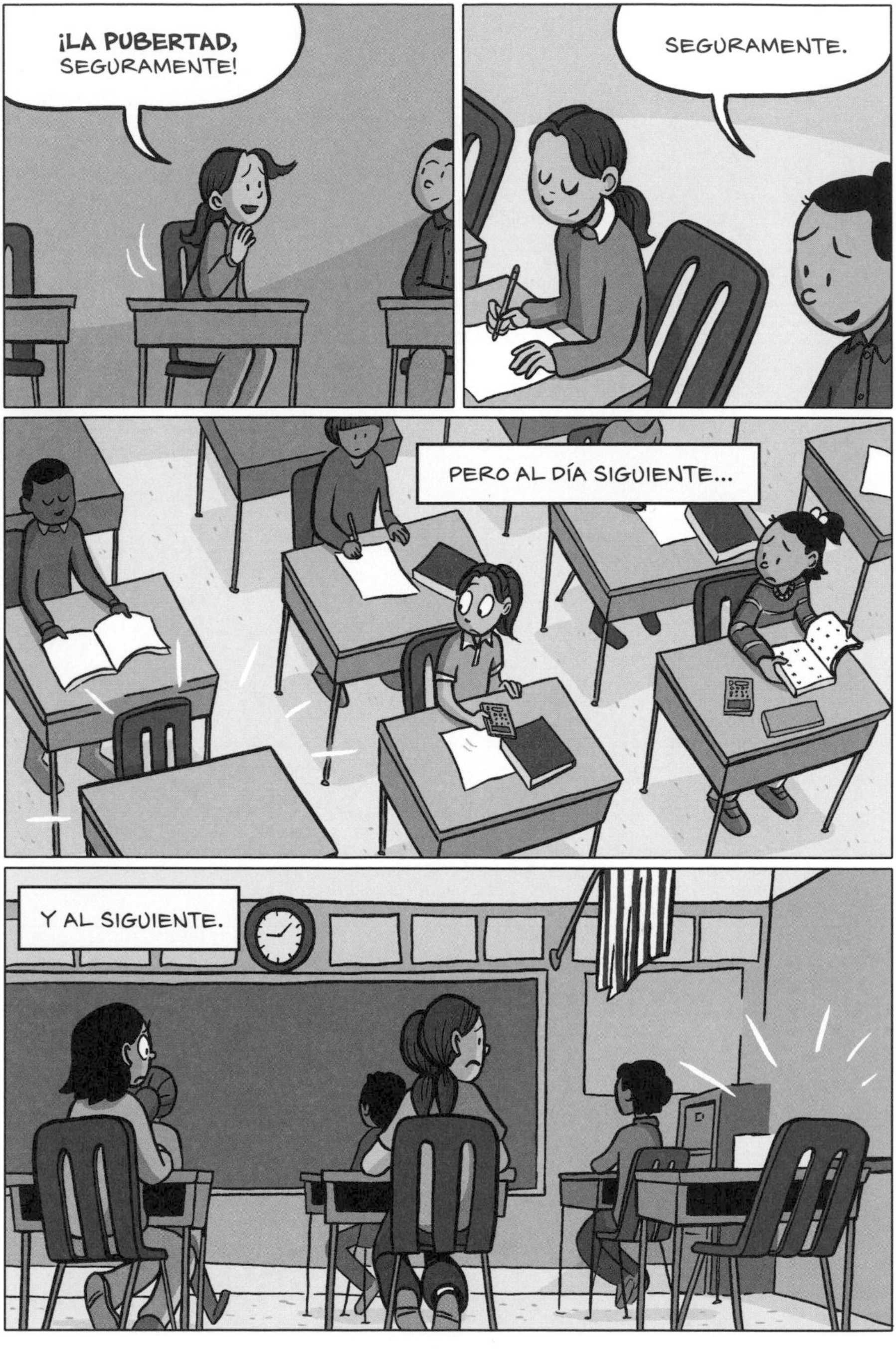
¡LA PUBERTAD, SEGURAMENTE!
SEGURAMENTE.
PERO AL DÍA SIGUIENTE...
Y AL SIGUIENTE.

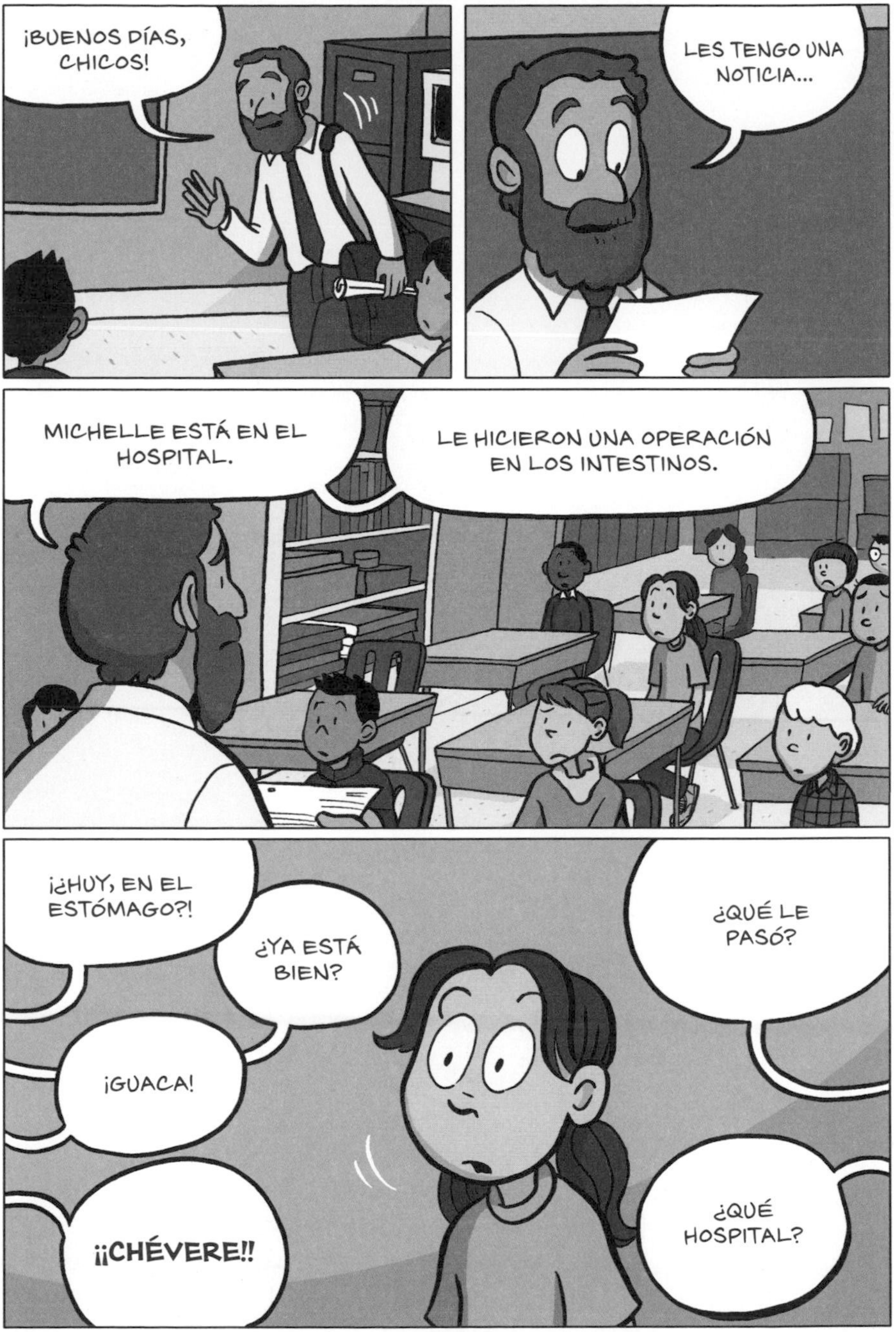
¡BUENOS DÍAS, CHICOS!
LES TENGO UNA NOTICIA...
MICHELLE ESTÁ EN EL HOSPITAL.
LE HICIERON UNA OPERACIÓN EN LOS INTESTINOS.
¡¿HUY, EN EL ESTÓMAGO?!
¿YA ESTÁ BIEN?
¿QUÉ LE PASÓ?
¡GUACA!
¡¡CHÉVERE!!
¿QUÉ HOSPITAL?

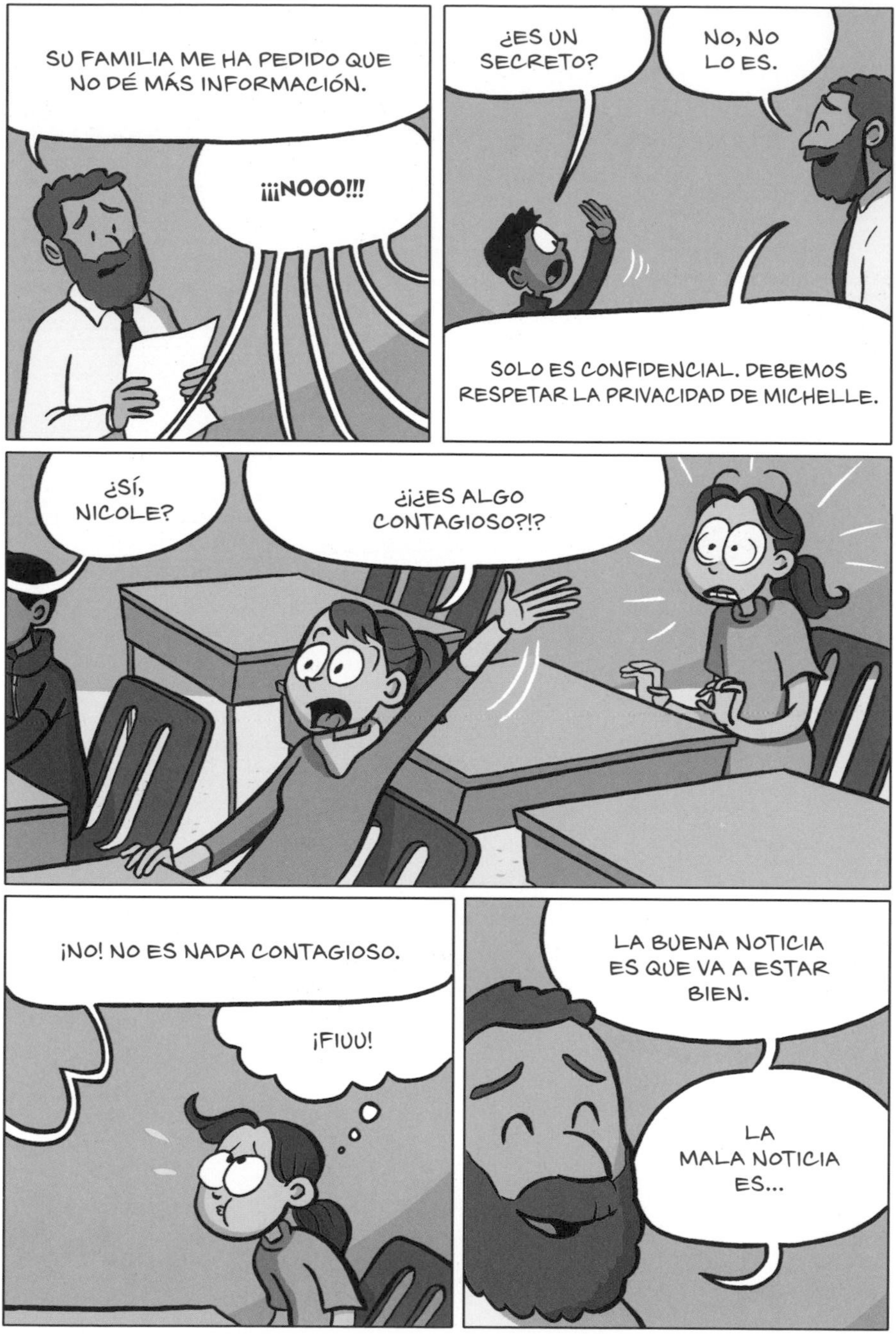

SU FAMILIA ME HA PEDIDO QUE NO DÉ MÁS INFORMACIÓN.
¡¡¡NOOO!!!
¿ES UN SECRETO?
NO, NO LO ES.
SOLO ES CONFIDENCIAL. DEBEMOS RESPETAR LA PRIVACIDAD DE MICHELLE.
¿SÍ, NICOLE?
¿¡¿ES ALGO CONTAGIOSO?!?
¡NO! NO ES NADA CONTAGIOSO.
¡FIUU!
LA BUENA NOTICIA ES QUE VA A ESTAR BIEN.
LA MALA NOTICIA ES...

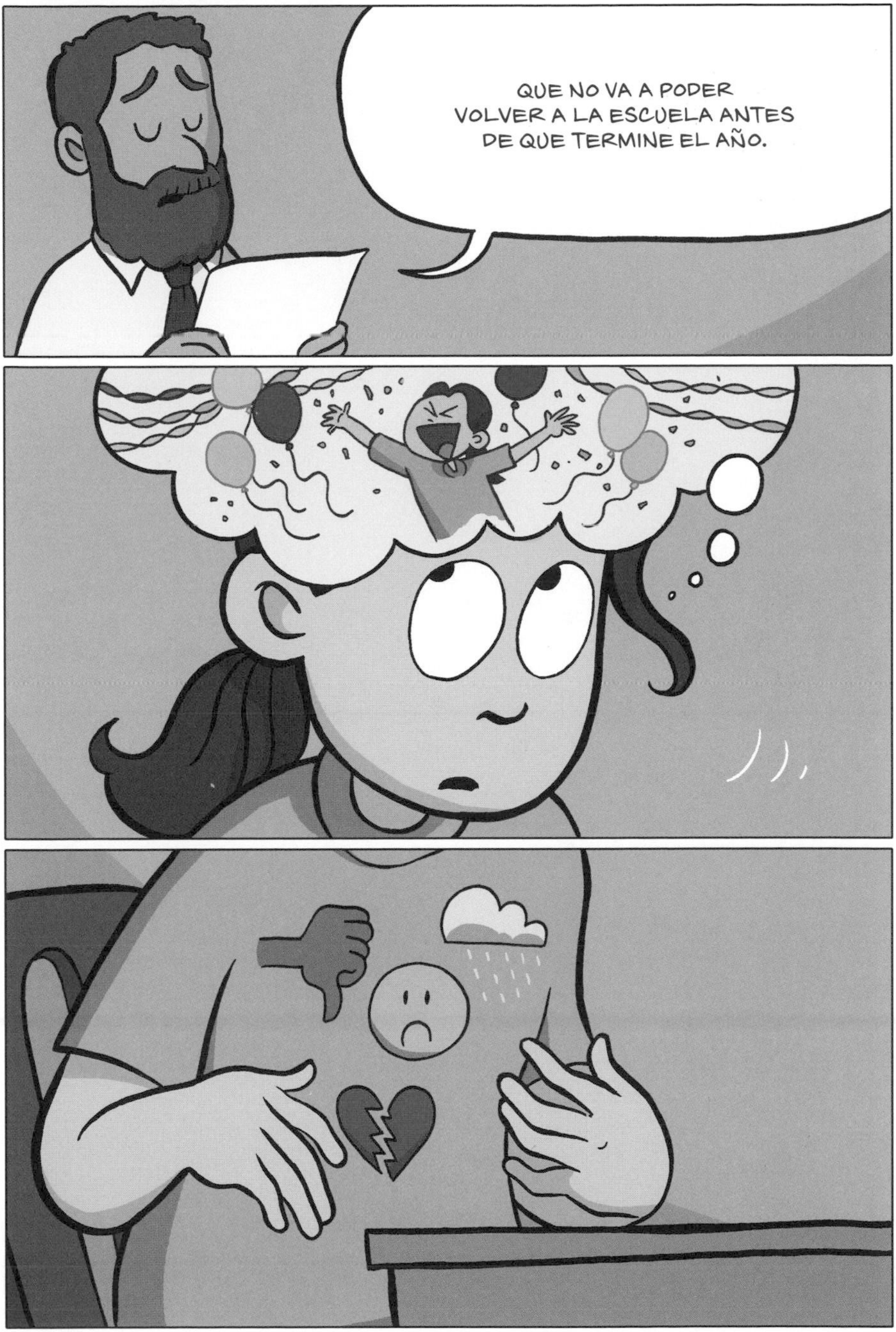
QUE NO VA A PODER
VOLVER A LA ESCUELA ANTES
DE QUE TERMINE EL AÑO.

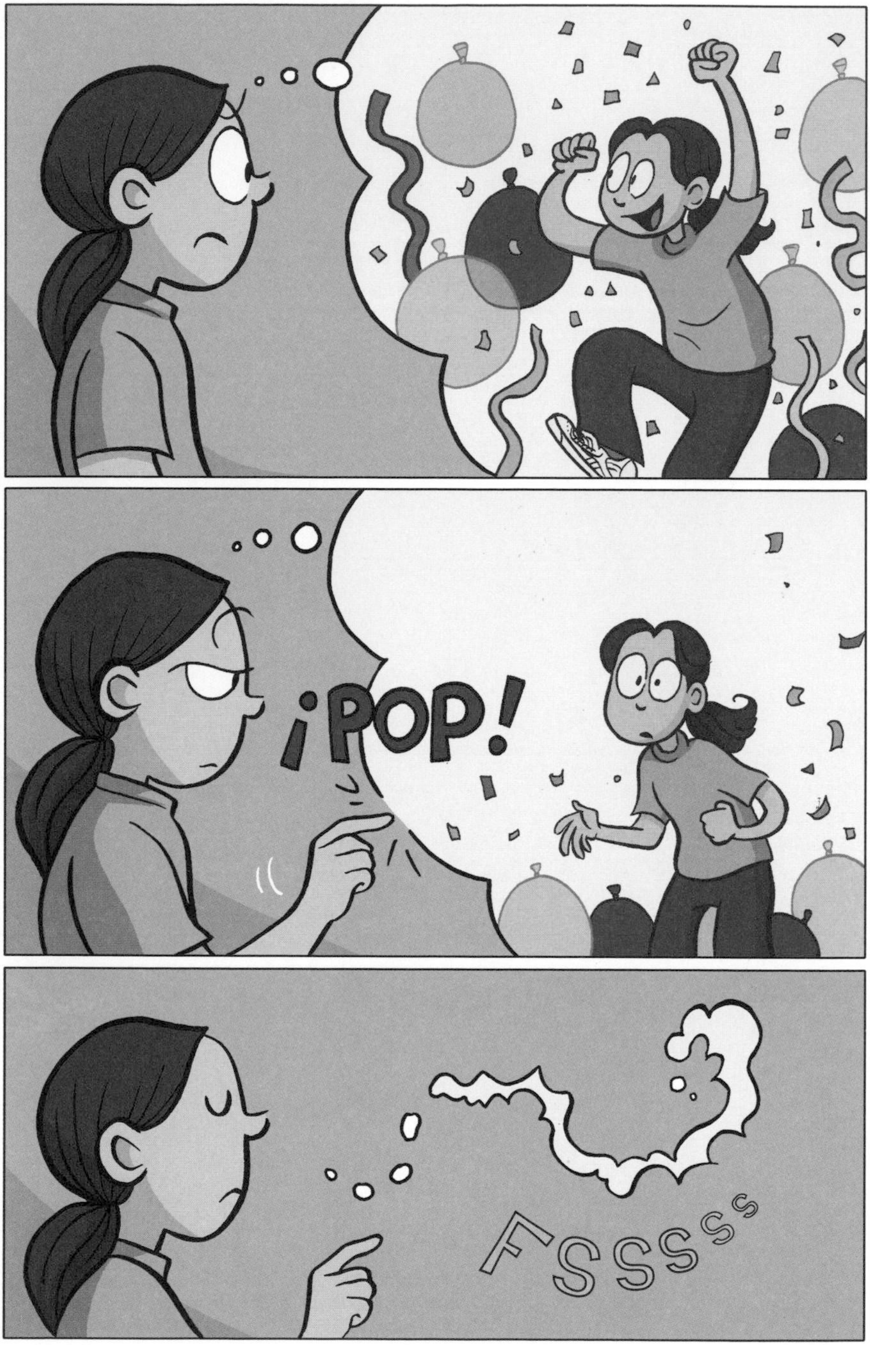
¡POP!
FSSSSS

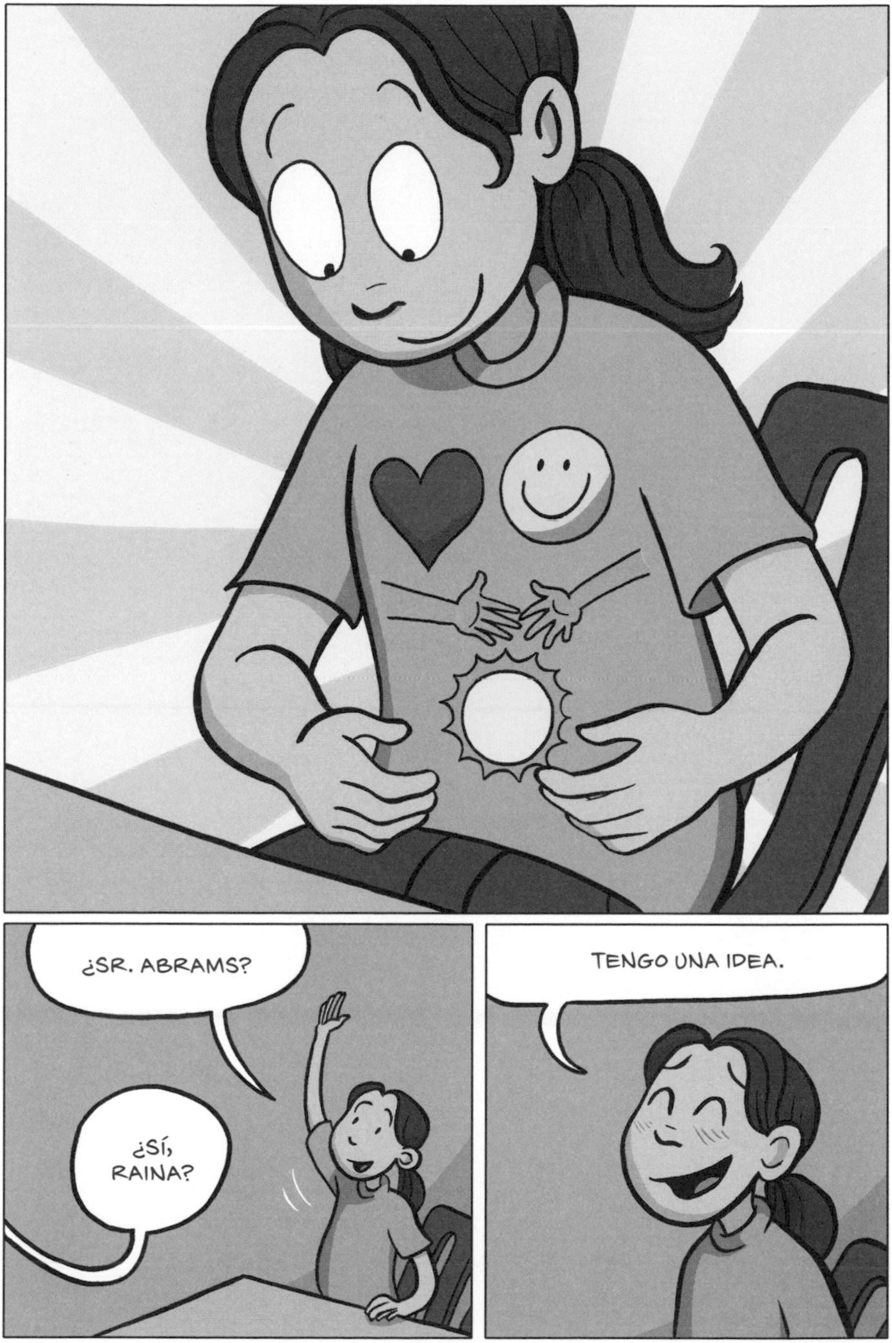
¿SR. ABRAMS?
¿SÍ, RAINA?
TENGO UNA IDEA.

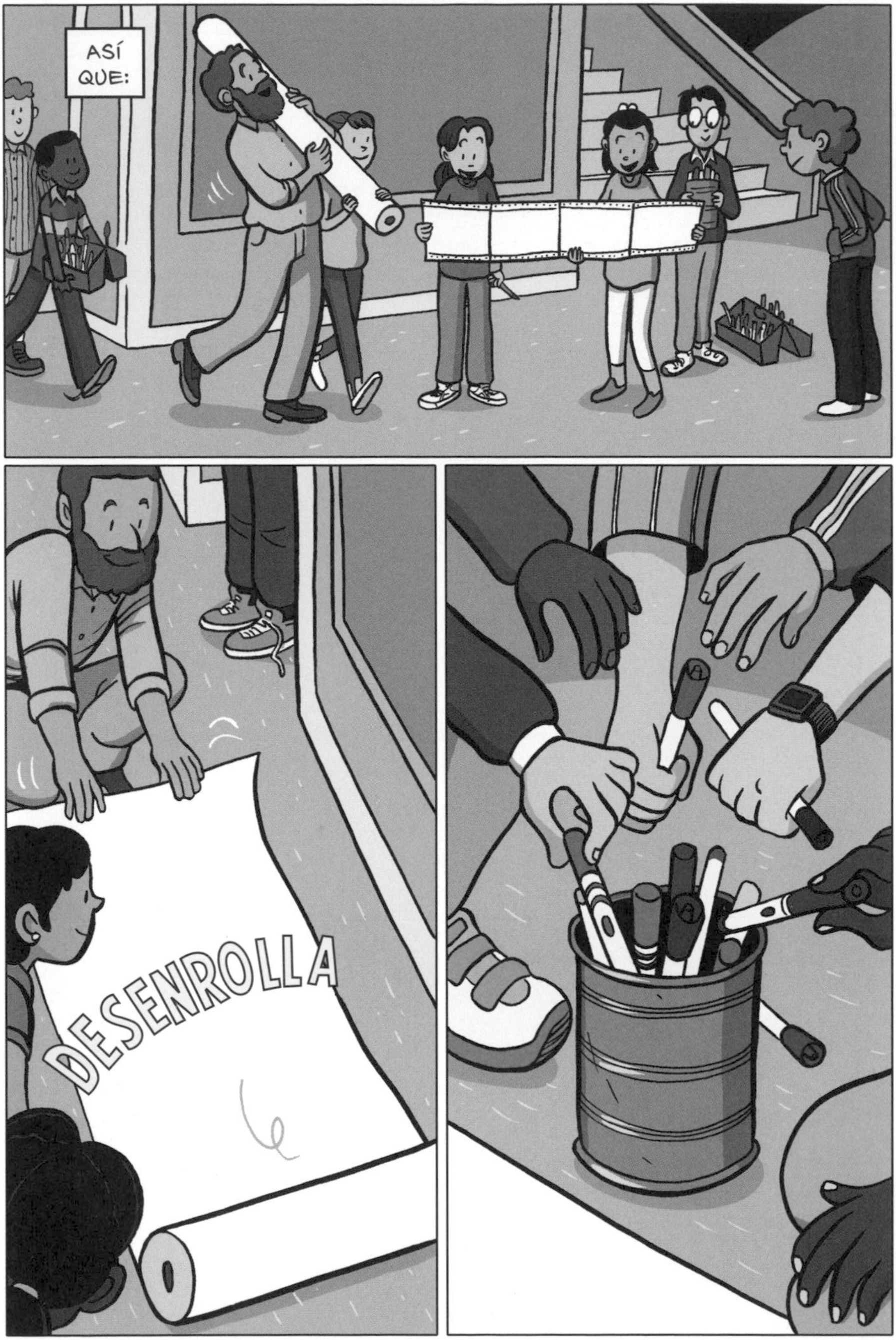
ASÍ QUE:
DESENROLLA

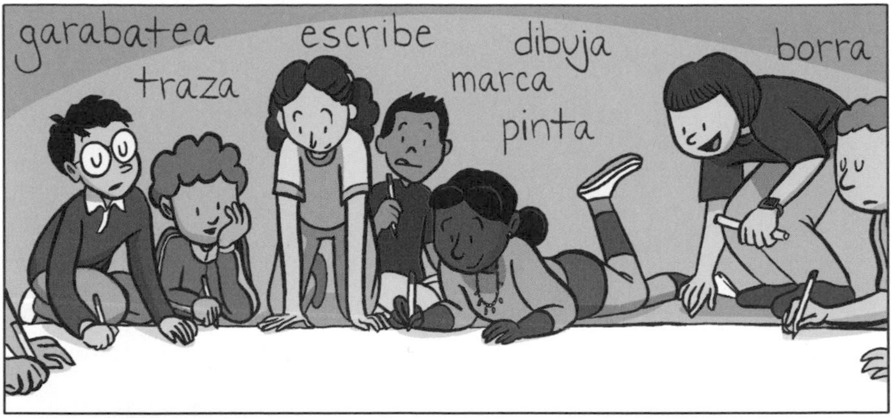
garabatea
traza
escribe
marca
dibuja
pinta
borra

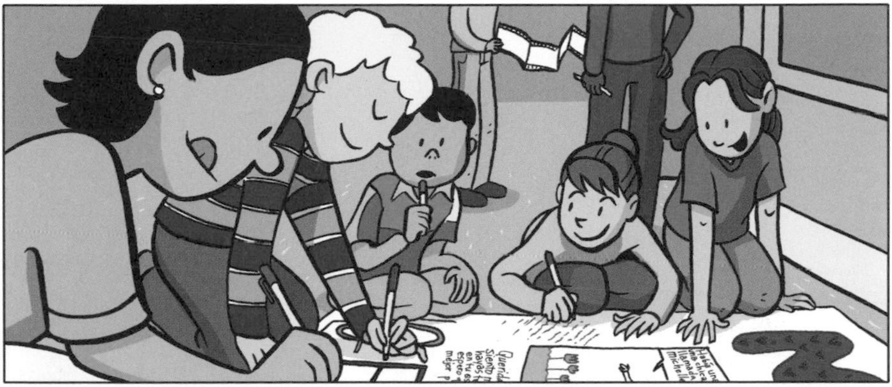

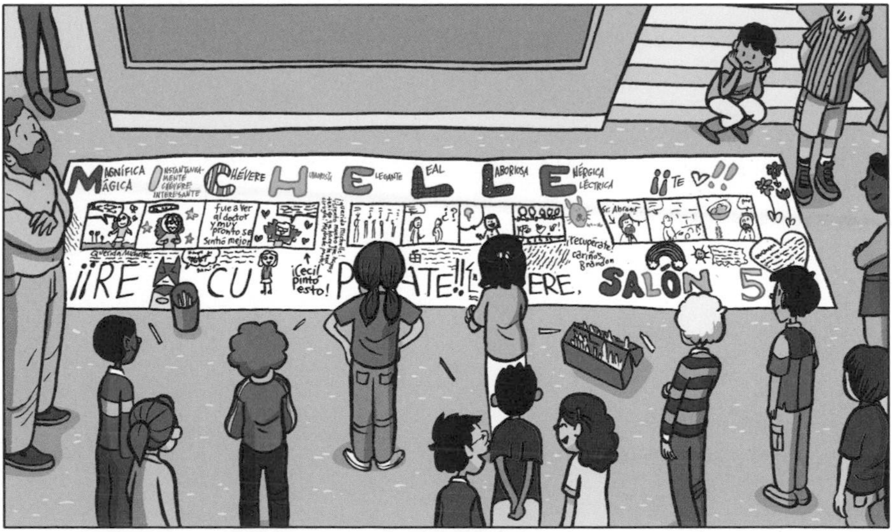
MAGNÍFICA
MÁGICA
INSTANTÁNEAMENTE CHÉVERE INTERESANTE
CHÉVERE
H
ELEGANTE
LEAL
LABORIOSA
ENÉRGICA ELÉCTRICA
¡¡TE ♡!!
fue a ver al doctor y muy pronto se sintió mejor
Sr. Abrams
¡Recupérate! cariños, Brandon
¡Cecil pintó esto!
¡¡RE CU
ATE!!
ERE,
SALÓN 5

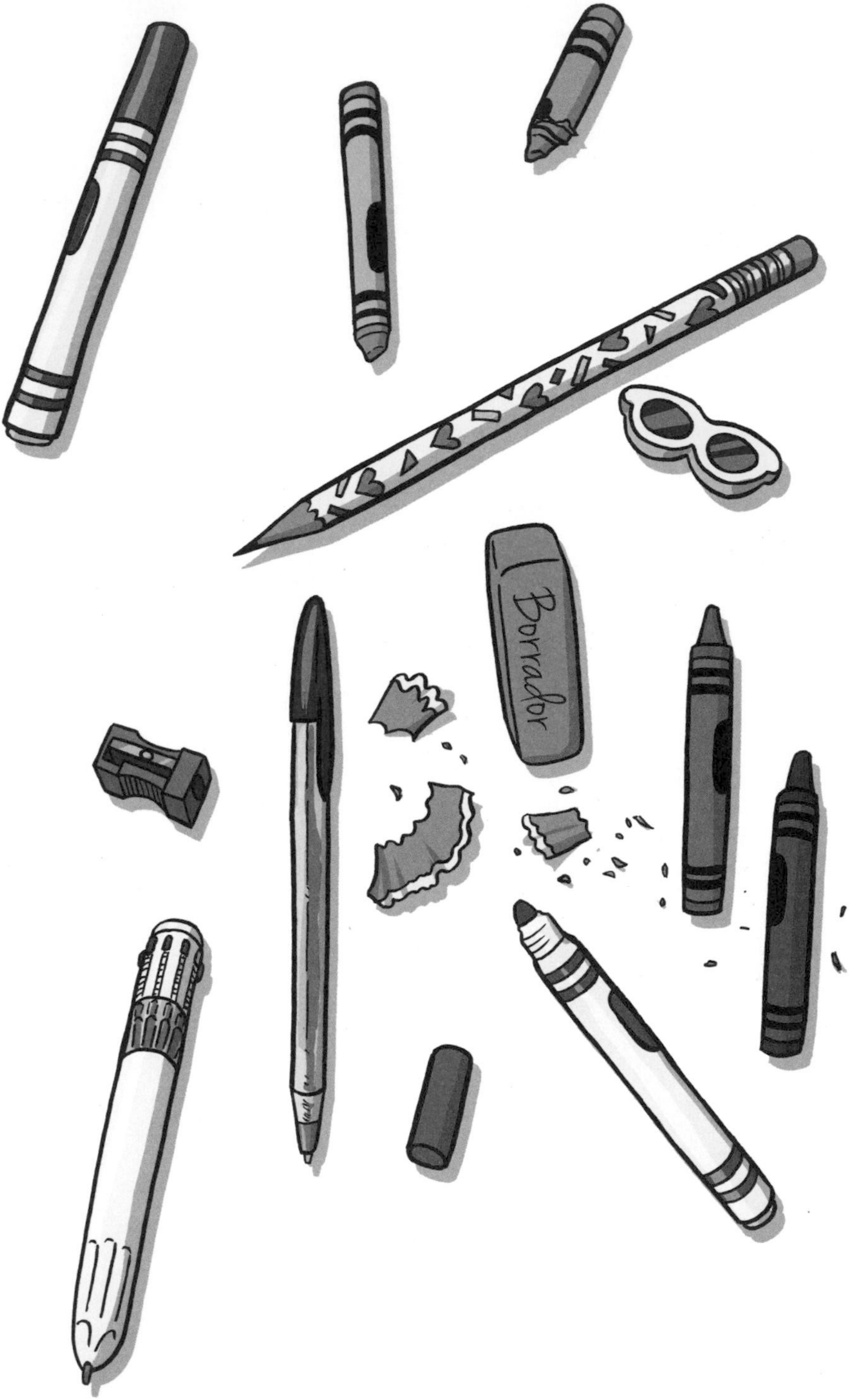
Borrador

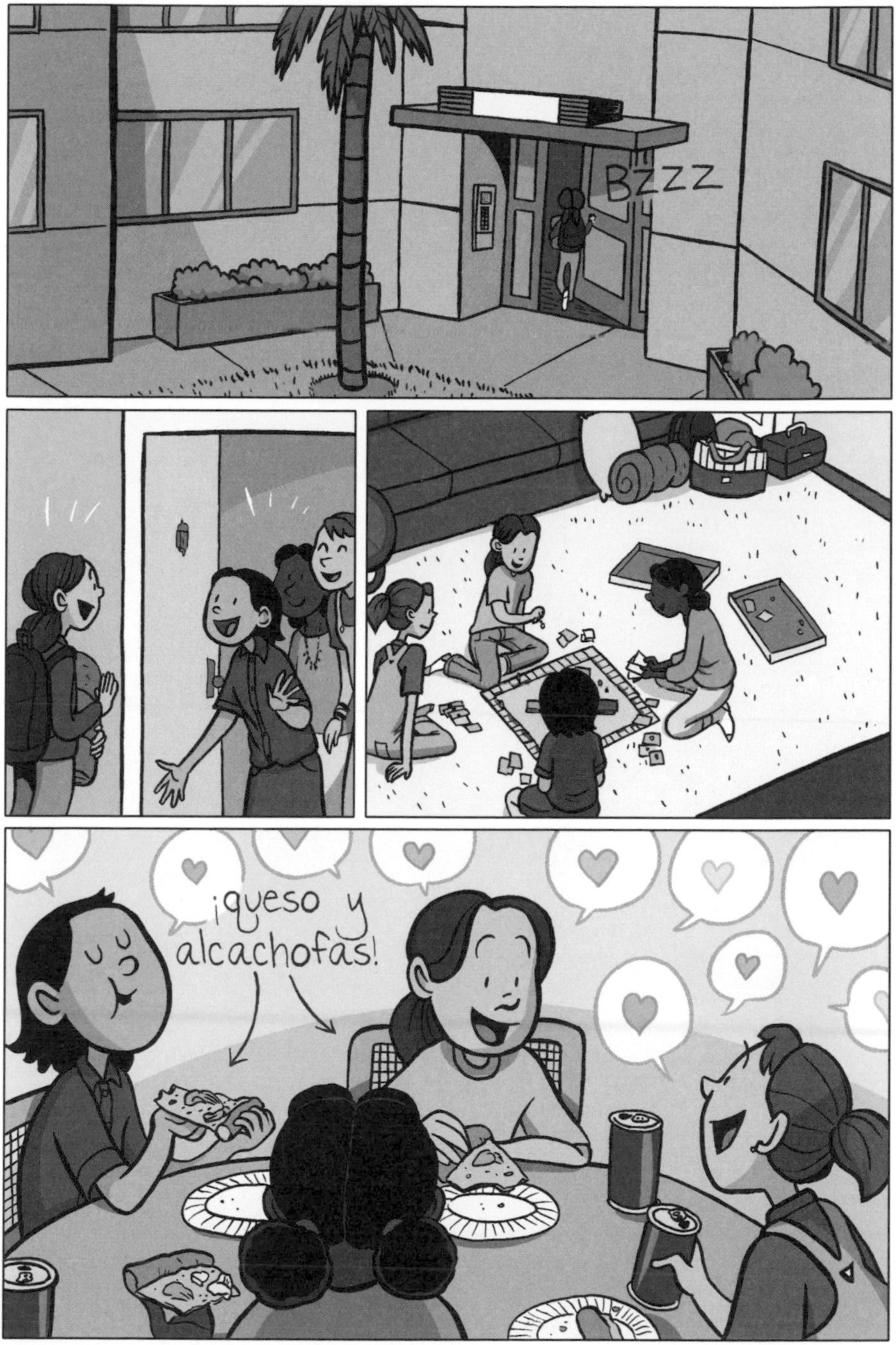
BZZZ
¡queso y alcachofas!

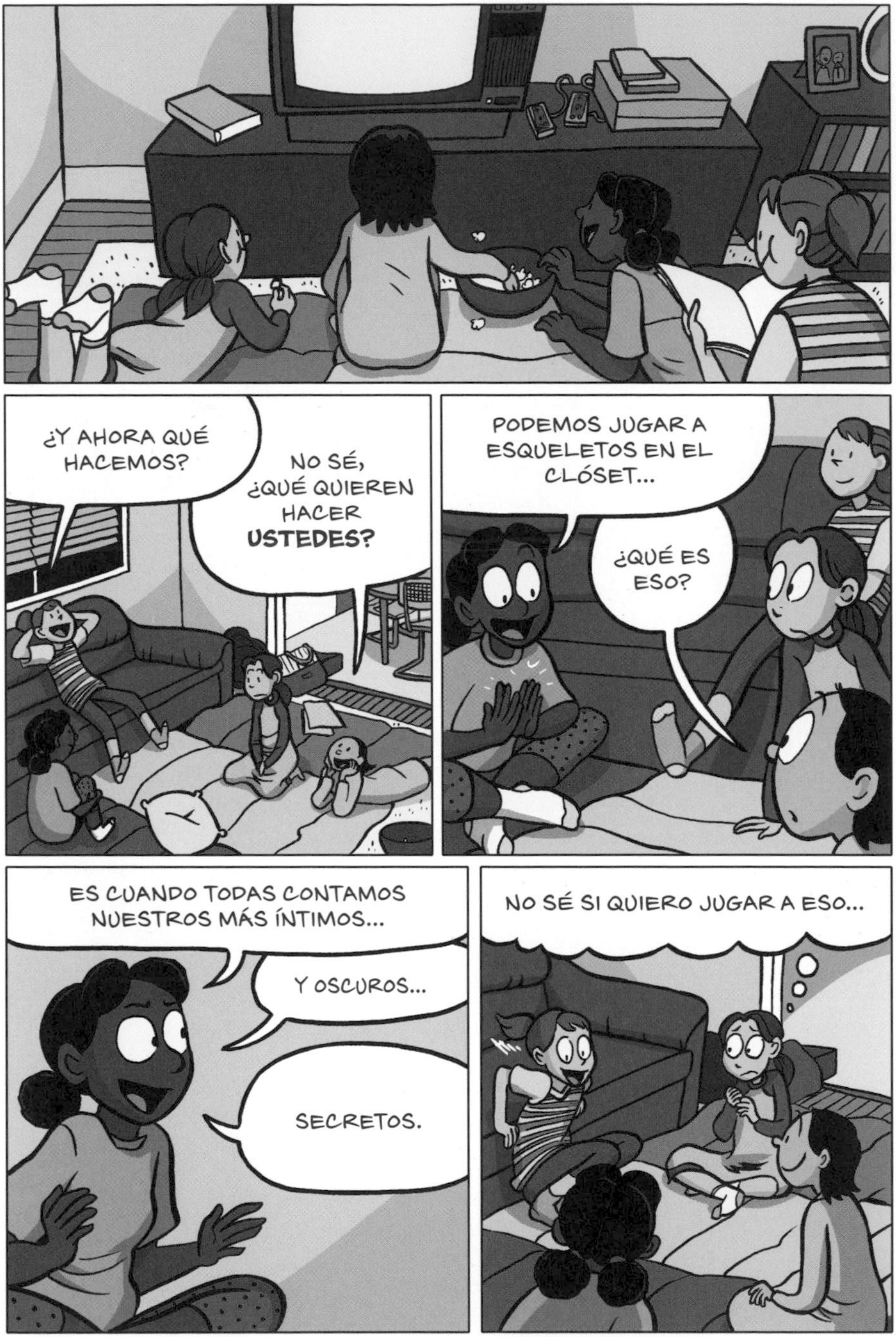

¿Y AHORA QUÉ HACEMOS?
NO SÉ, ¿QUÉ QUIEREN HACER **USTEDES?**
PODEMOS JUGAR A ESQUELETOS EN EL CLÓSET...
¿QUÉ ES ESO?
ES CUANDO TODAS CONTAMOS NUESTROS MÁS ÍNTIMOS...
Y OSCUROS...
SECRETOS.
NO SÉ SI QUIERO JUGAR A ESO...

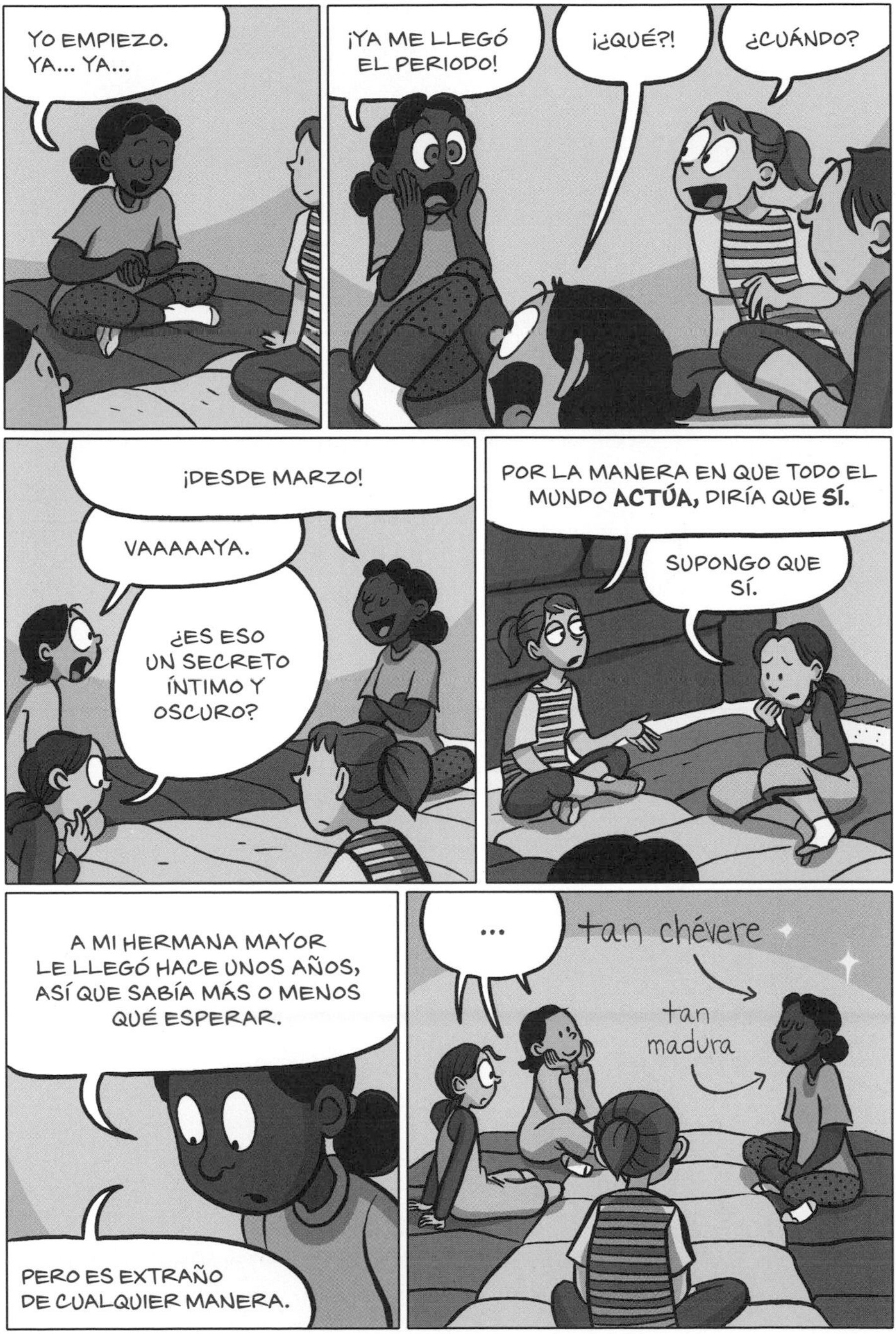
YO EMPIEZO.
YA... YA...
¡YA ME LLEGÓ EL PERIODO!
¡¿QUÉ?!
¿CUÁNDO?
¡DESDE MARZO!
VAAAAAYA.
¿ES ESO UN SECRETO ÍNTIMO Y OSCURO?
POR LA MANERA EN QUE TODO EL MUNDO **ACTÚA,** DIRÍA QUE **SÍ.**
SUPONGO QUE SÍ.
A MI HERMANA MAYOR LE LLEGÓ HACE UNOS AÑOS, ASÍ QUE SABÍA MÁS O MENOS QUÉ ESPERAR.
PERO ES EXTRAÑO DE CUALQUIER MANERA.
...
tan chévere
tan madura

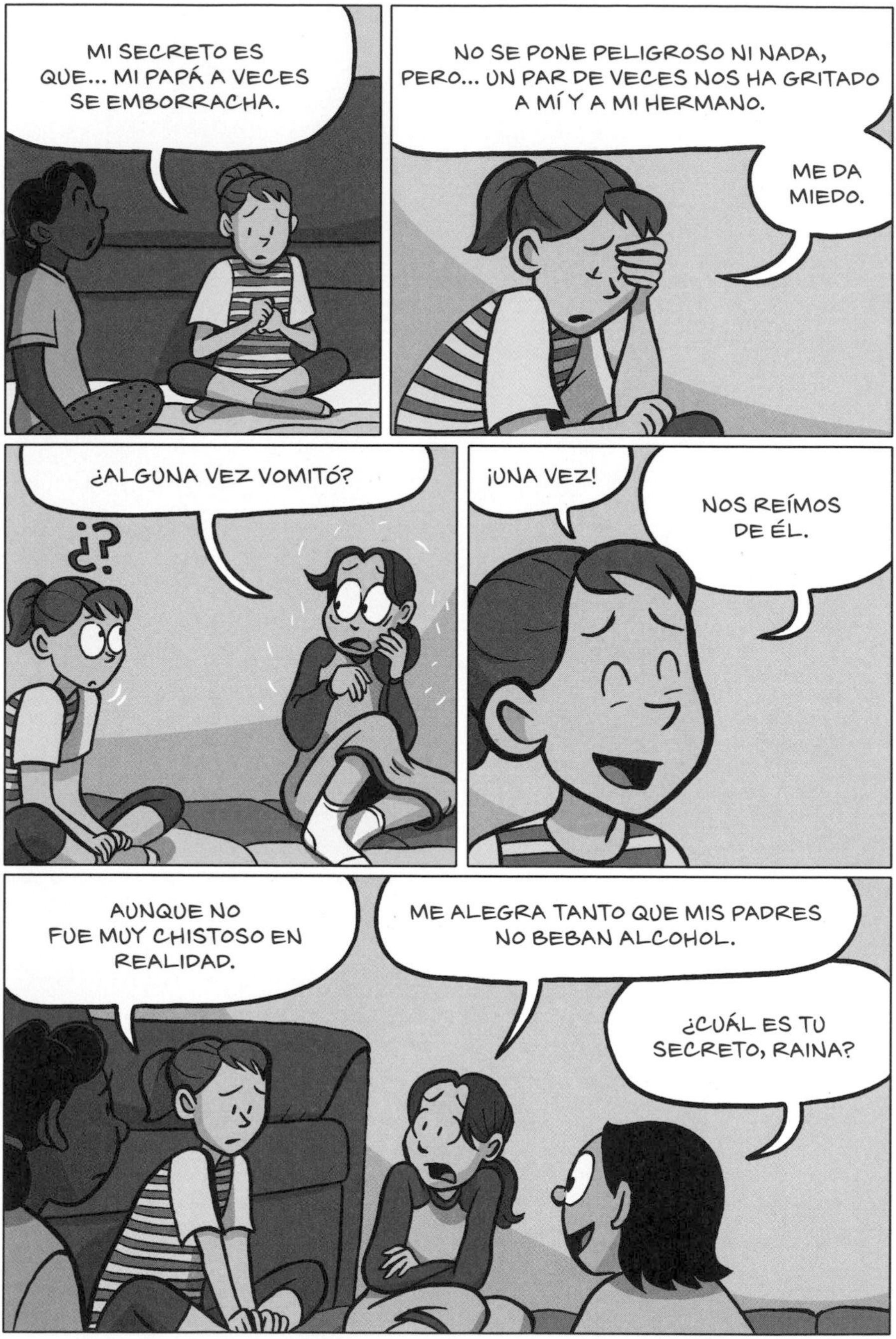
MI SECRETO ES QUE... MI PAPÁ A VECES SE EMBORRACHA.
NO SE PONE PELIGROSO NI NADA, PERO... UN PAR DE VECES NOS HA GRITADO A MÍ Y A MI HERMANO.
ME DA MIEDO.
¿ALGUNA VEZ VOMITÓ?
¿?
¡UNA VEZ!
NOS REÍMOS DE ÉL.
AUNQUE NO FUE MUY CHISTOSO EN REALIDAD.
ME ALEGRA TANTO QUE MIS PADRES NO BEBAN ALCOHOL.
¿CUÁL ES TU SECRETO, RAINA?

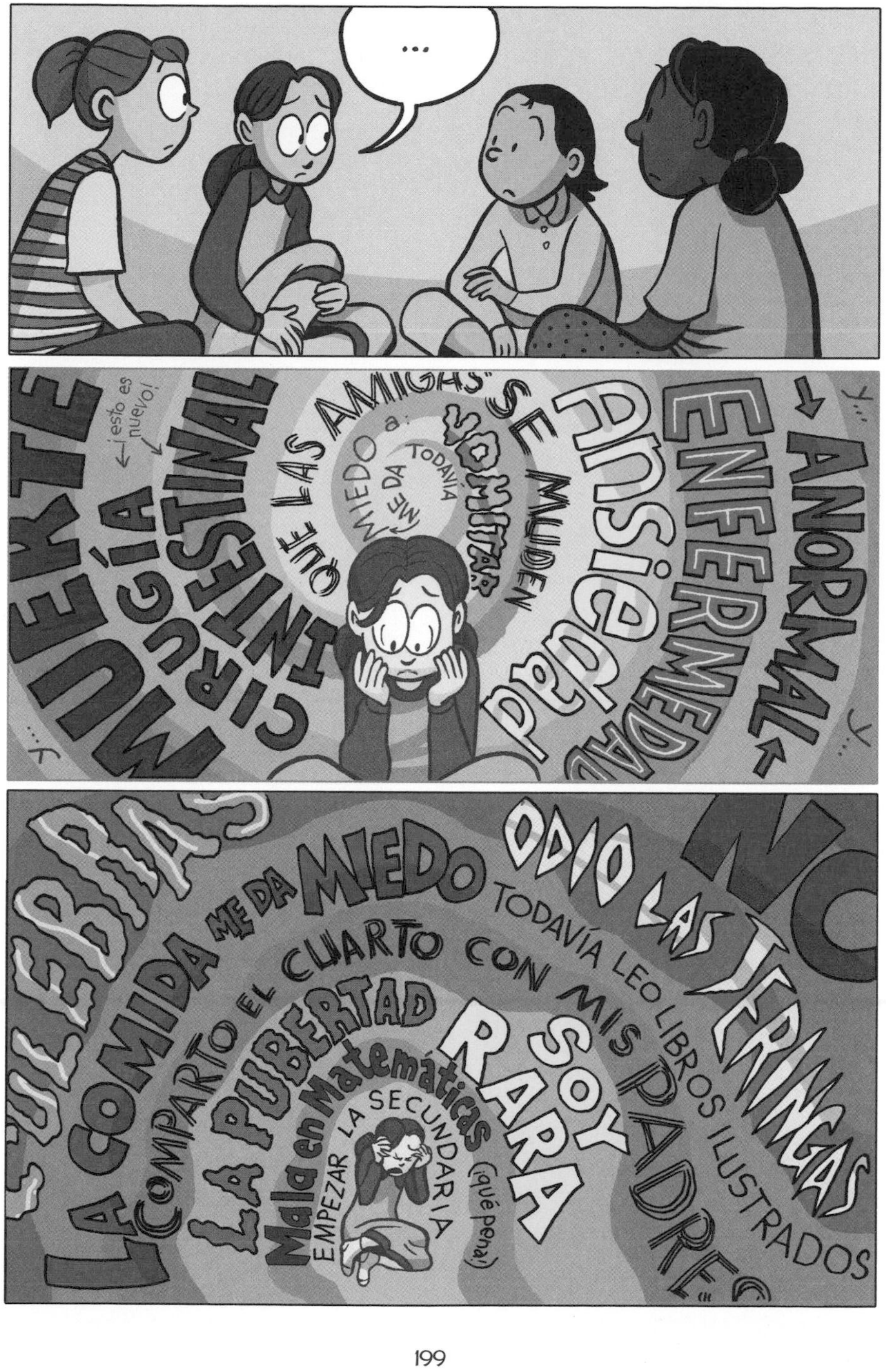
...
TODAVÍA ME DA MIEDO a:
VOMITAR
QUE LAS "AMIGAS" SE MUDEN
ANSIEDAD
ENFERMEDAD
ANORMAL
INTESTINAL
CIRUGÍA
¡esto es nuevo!
MUERTE
EMPEZAR LA SECUNDARIA
Mala en Matemáticas
(qué pena)
LA PUBERTAD
COMPARTO EL CUARTO CON MIS PADRES
TODAVÍA LEO LIBROS ILUSTRADOS
SOY RARA
LA COMIDA ME DA MIEDO
ODIO LAS JERINGAS
NO
ULEBRAS

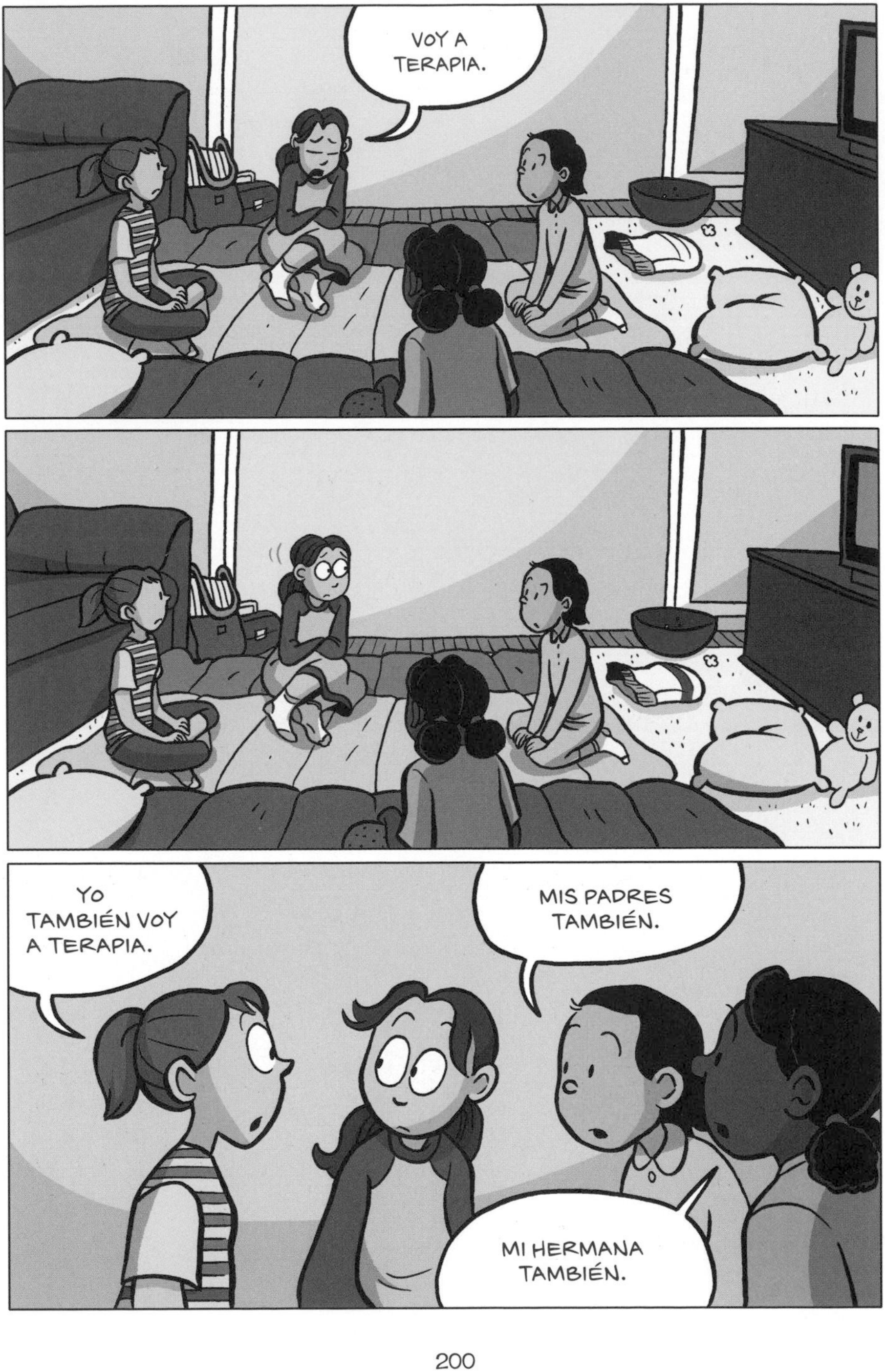
VOY A TERAPIA.
YO TAMBIÉN VOY A TERAPIA.
MIS PADRES TAMBIÉN.
MI HERMANA TAMBIÉN.

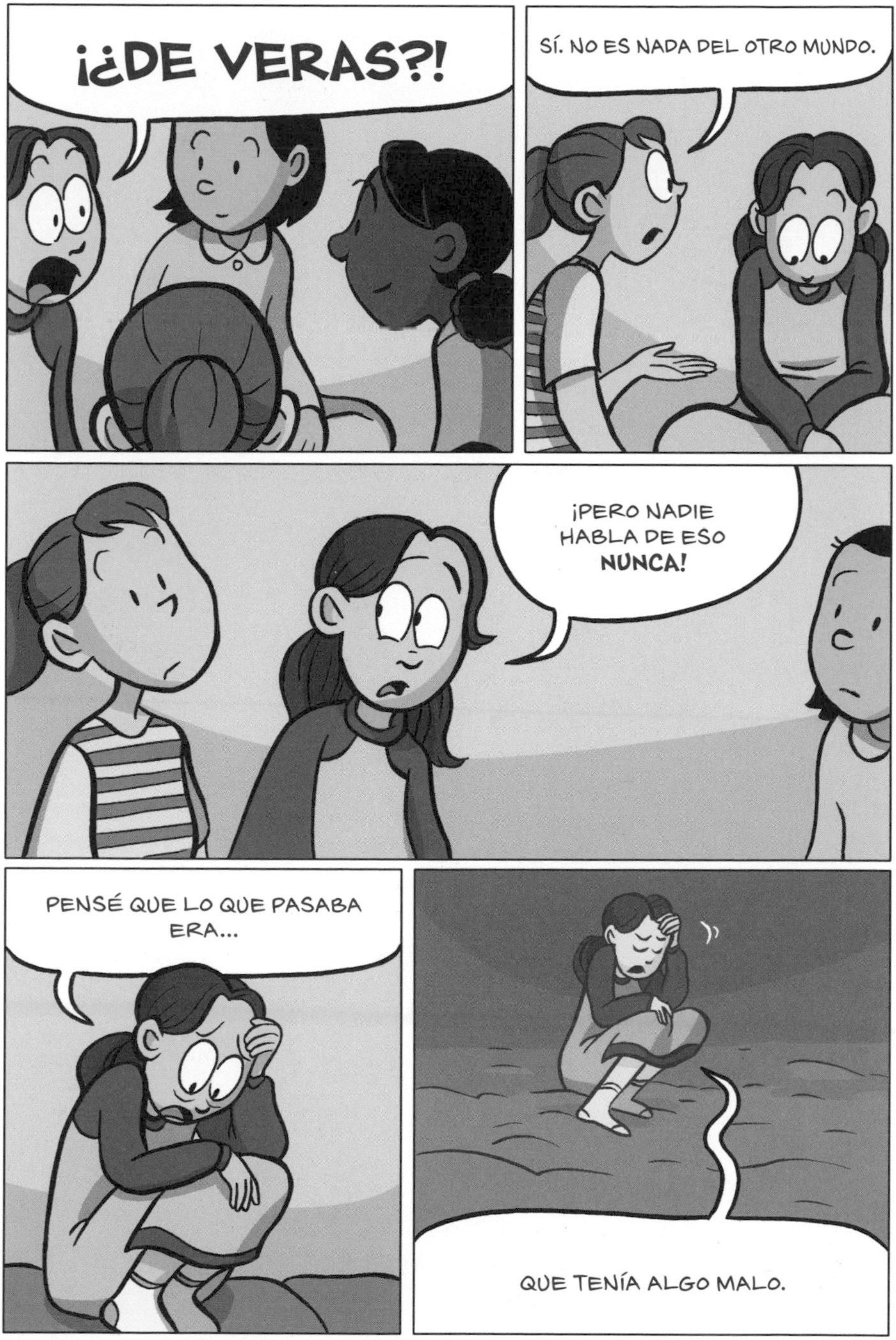
¡¿DE VERAS?!
SÍ. NO ES NADA DEL OTRO MUNDO.
¡PERO NADIE HABLA DE ESO **NUNCA**!
PENSÉ QUE LO QUE PASABA ERA...
QUE TENÍA ALGO MALO.

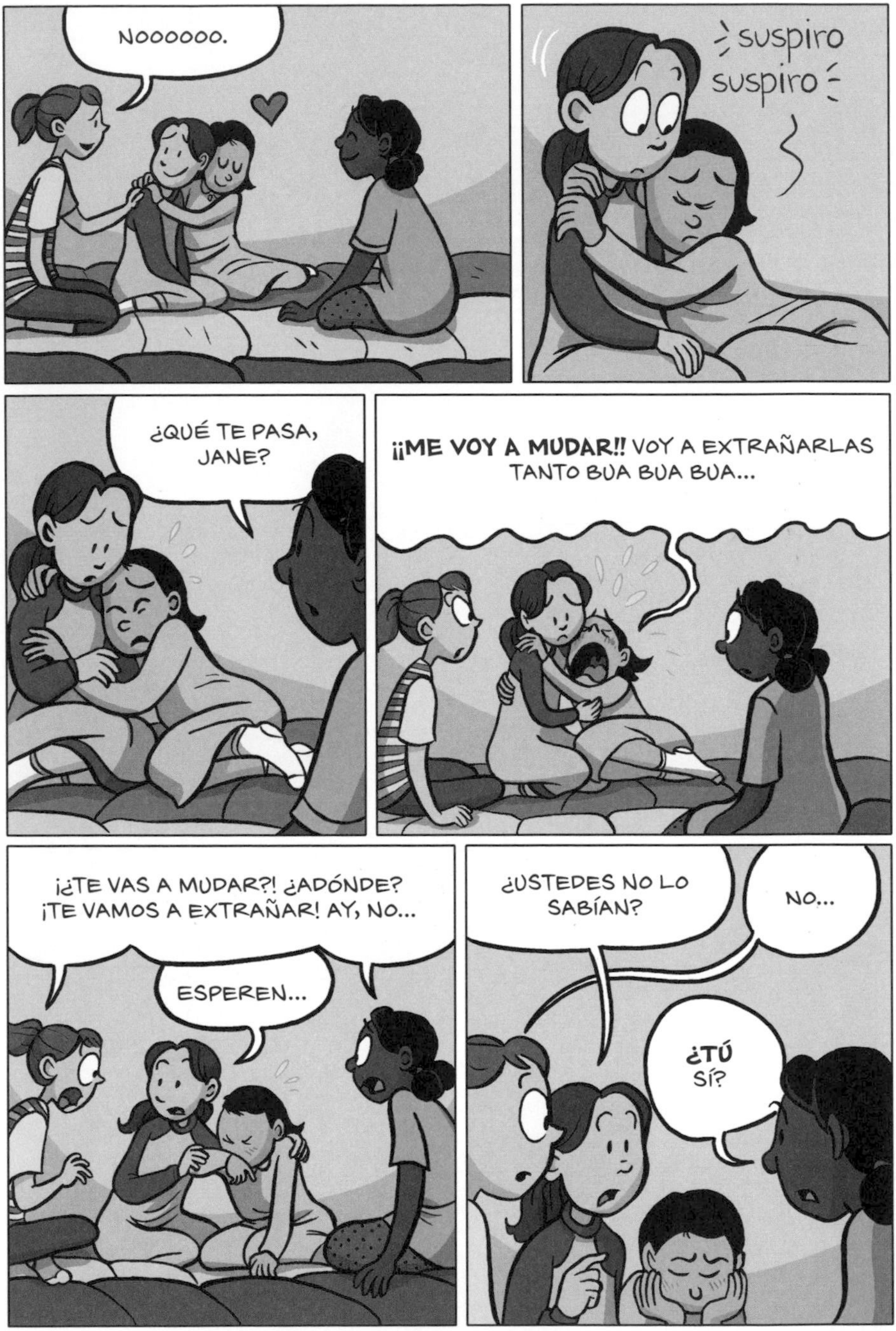
NOOOOOO.
suspiro
suspiro
¿QUÉ TE PASA, JANE?
¡¡ME VOY A MUDAR!! VOY A EXTRAÑARLAS TANTO BUA BUA BUA...
¡¿TE VAS A MUDAR?! ¿ADÓNDE? ¡TE VAMOS A EXTRAÑAR! AY, NO...
ESPEREN...
¿USTEDES NO LO SABÍAN?
NO...
¿TÚ SÍ?

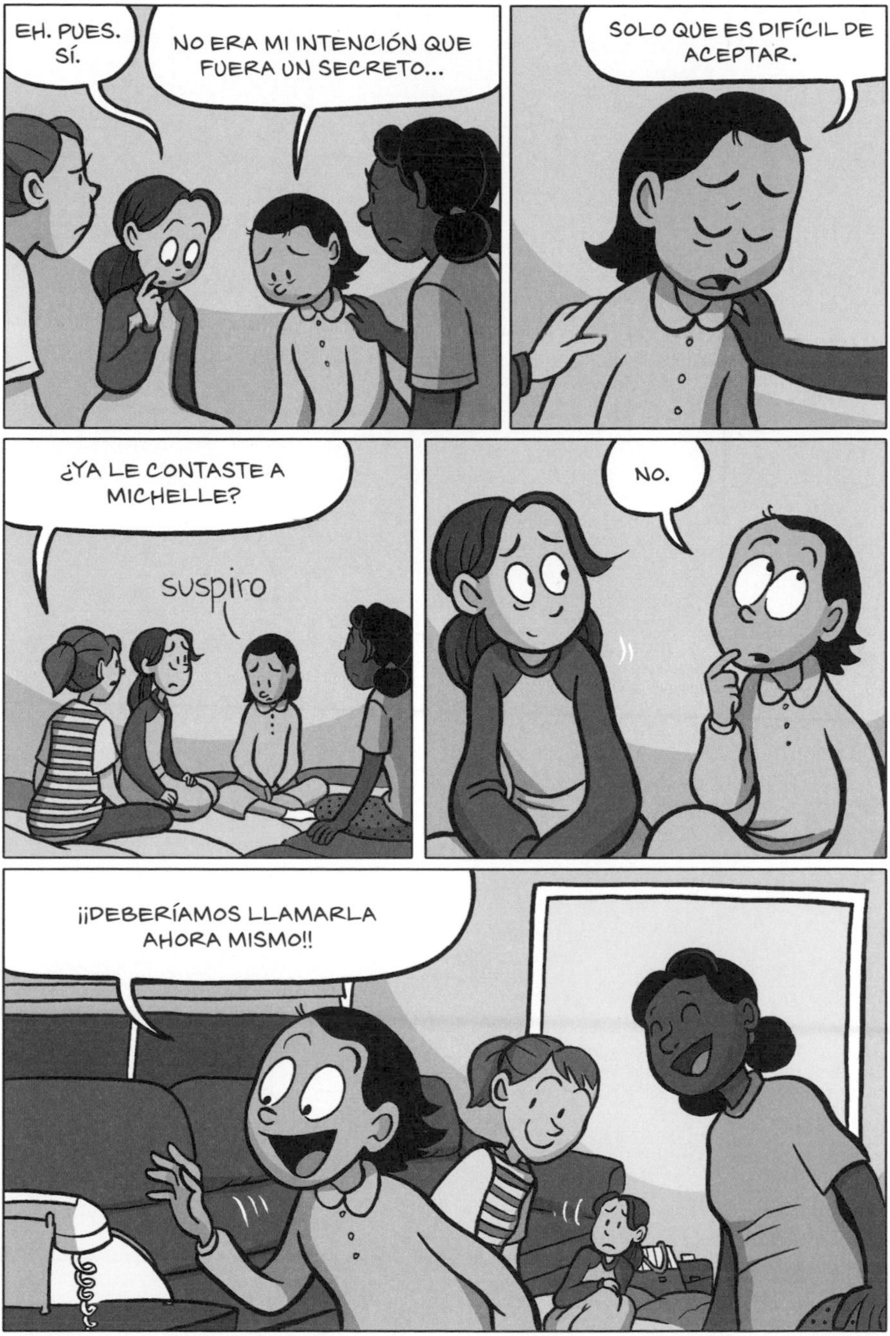
EH. PUES. SÍ.
NO ERA MI INTENCIÓN QUE FUERA UN SECRETO...
SOLO QUE ES DIFÍCIL DE ACEPTAR.
¿YA LE CONTASTE A MICHELLE?
suspiro
NO.
¡¡DEBERÍAMOS LLAMARLA AHORA MISMO!!

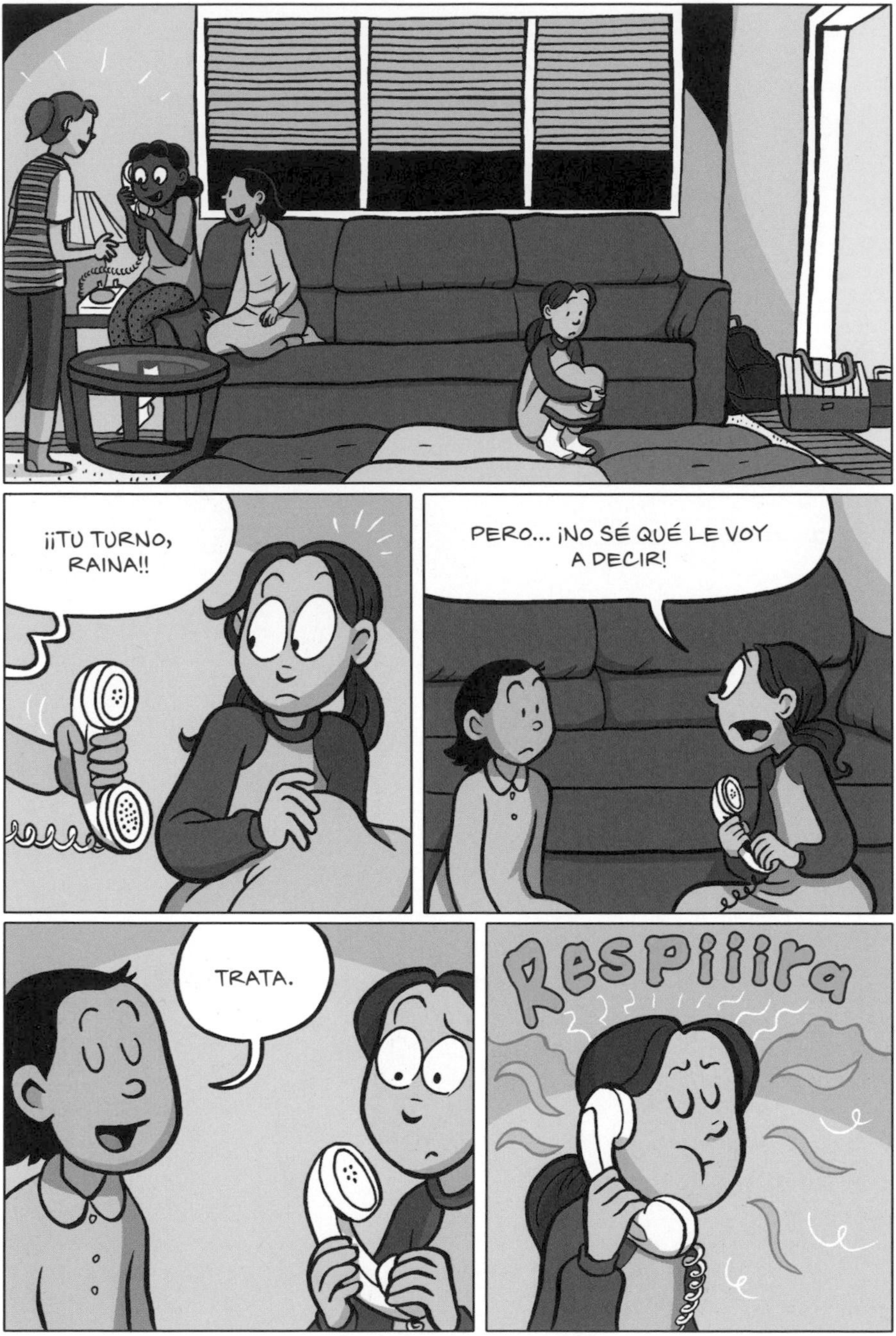
¡¡TU TURNO, RAINA!!
PERO... ¡NO SÉ QUÉ LE VOY A DECIR!
TRATA.
Respiiira

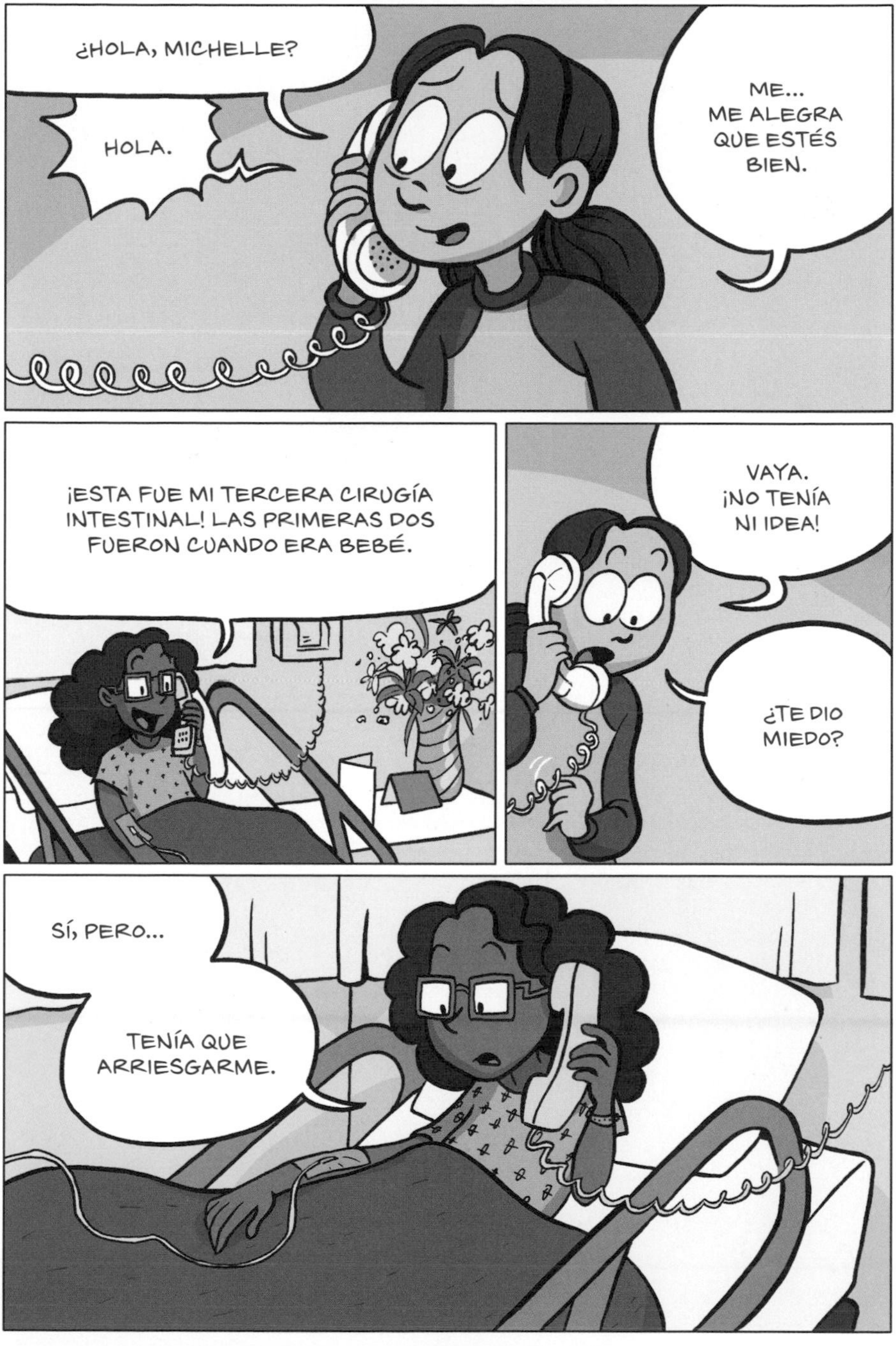
¿HOLA, MICHELLE?
HOLA.
ME...
ME ALEGRA
QUE ESTÉS
BIEN.
¡ESTA FUE MI TERCERA CIRUGÍA INTESTINAL! LAS PRIMERAS DOS FUERON CUANDO ERA BEBÉ.
VAYA.
¡NO TENÍA NI IDEA!
¿TE DIO MIEDO?
SÍ, PERO...
TENÍA QUE ARRIESGARME.

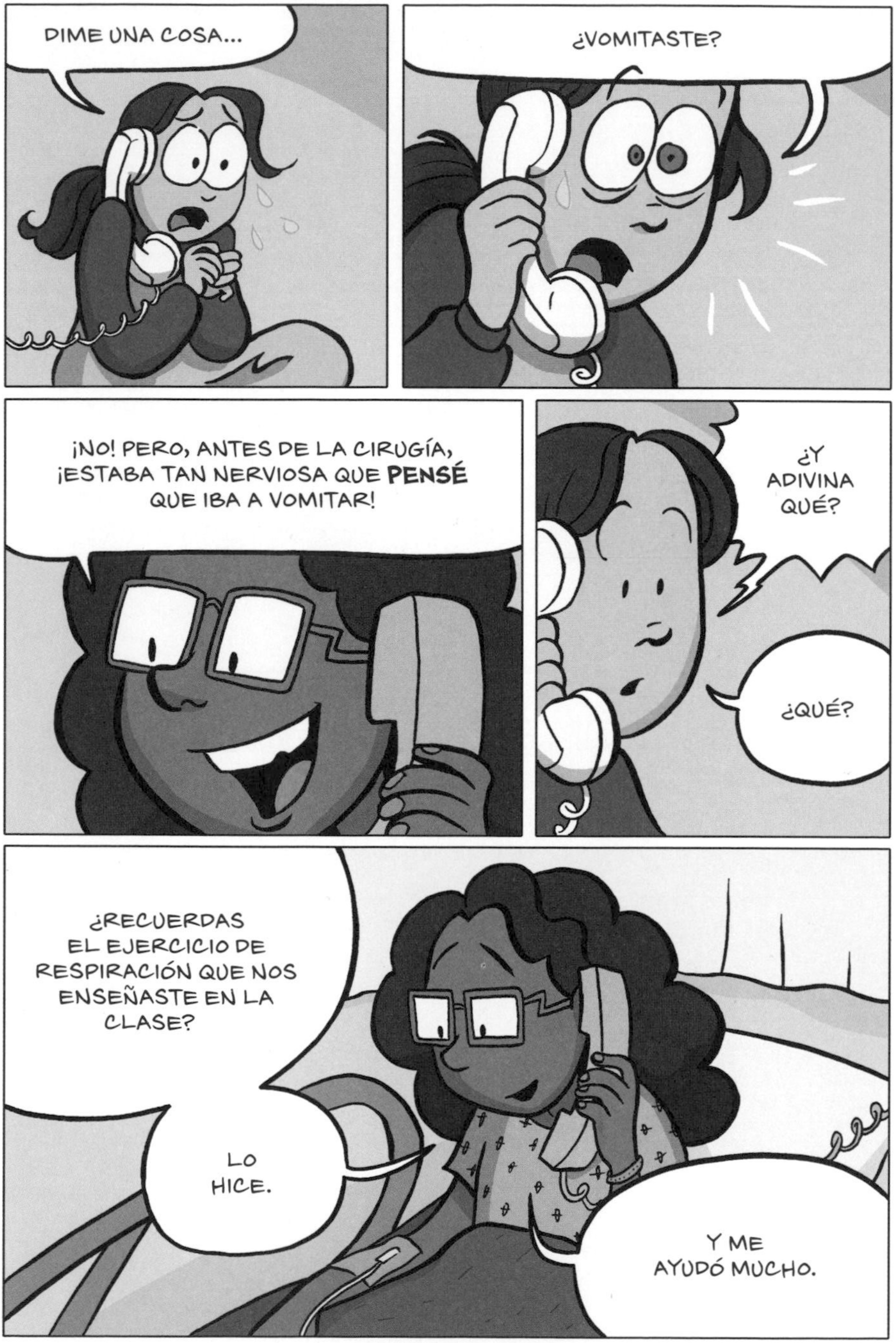
DIME UNA COSA...
¿VOMITASTE?
¡NO! PERO, ANTES DE LA CIRUGÍA, ¡ESTABA TAN NERVIOSA QUE **PENSÉ** QUE IBA A VOMITAR!
¿Y ADIVINA QUÉ?
¿QUÉ?
¿RECUERDAS EL EJERCICIO DE RESPIRACIÓN QUE NOS ENSEÑASTE EN LA CLASE?
LO HICE.
Y ME AYUDÓ MUCHO.

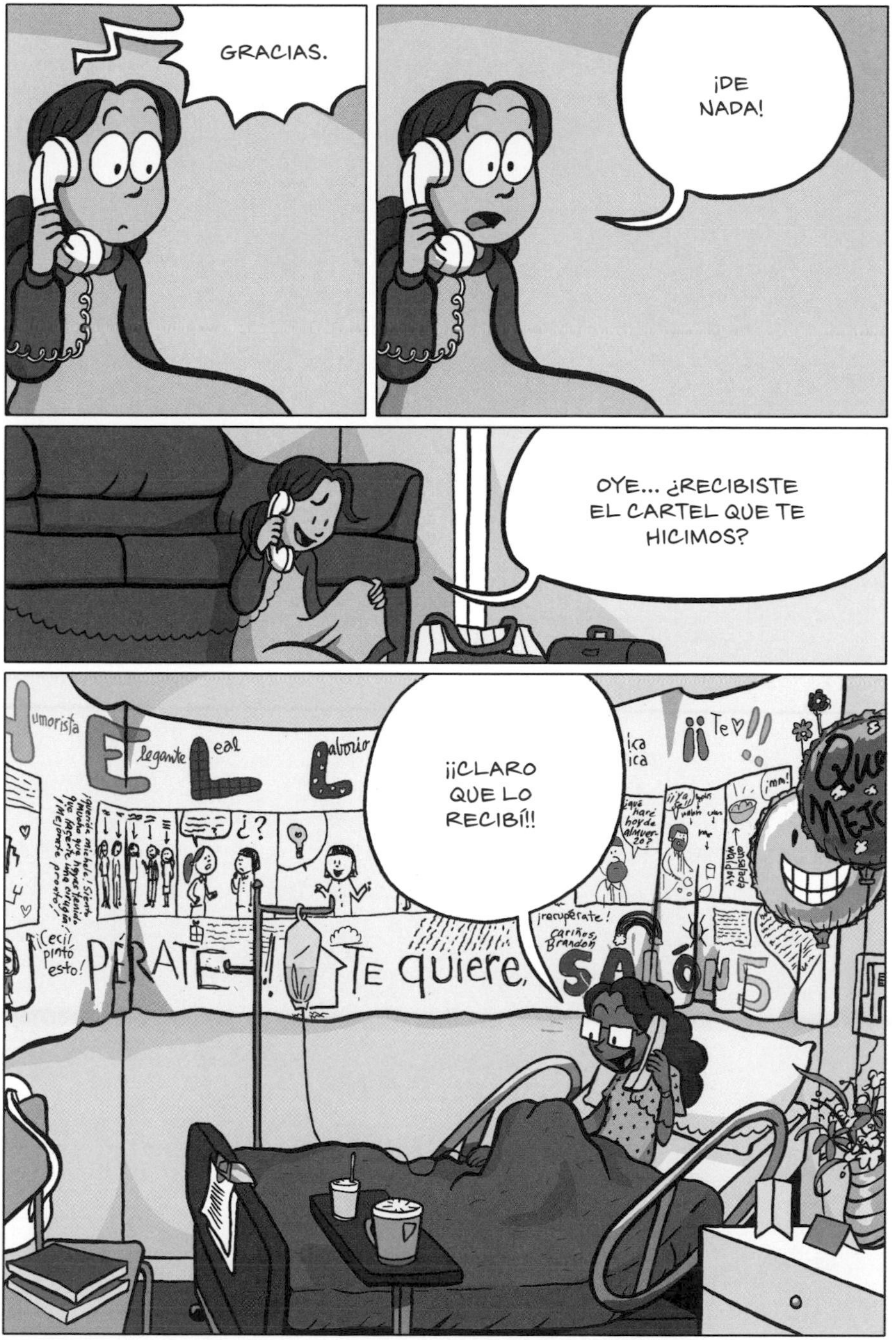
GRACIAS.
¡DE NADA!
OYE... ¿RECIBISTE EL CARTEL QUE TE HICIMOS?
¡¡CLARO QUE LO RECIBÍ!!
Te quiere,
SALÓN 5
¡recupérate!
Cariños, Brandon
¡Ceci! pintó esto!

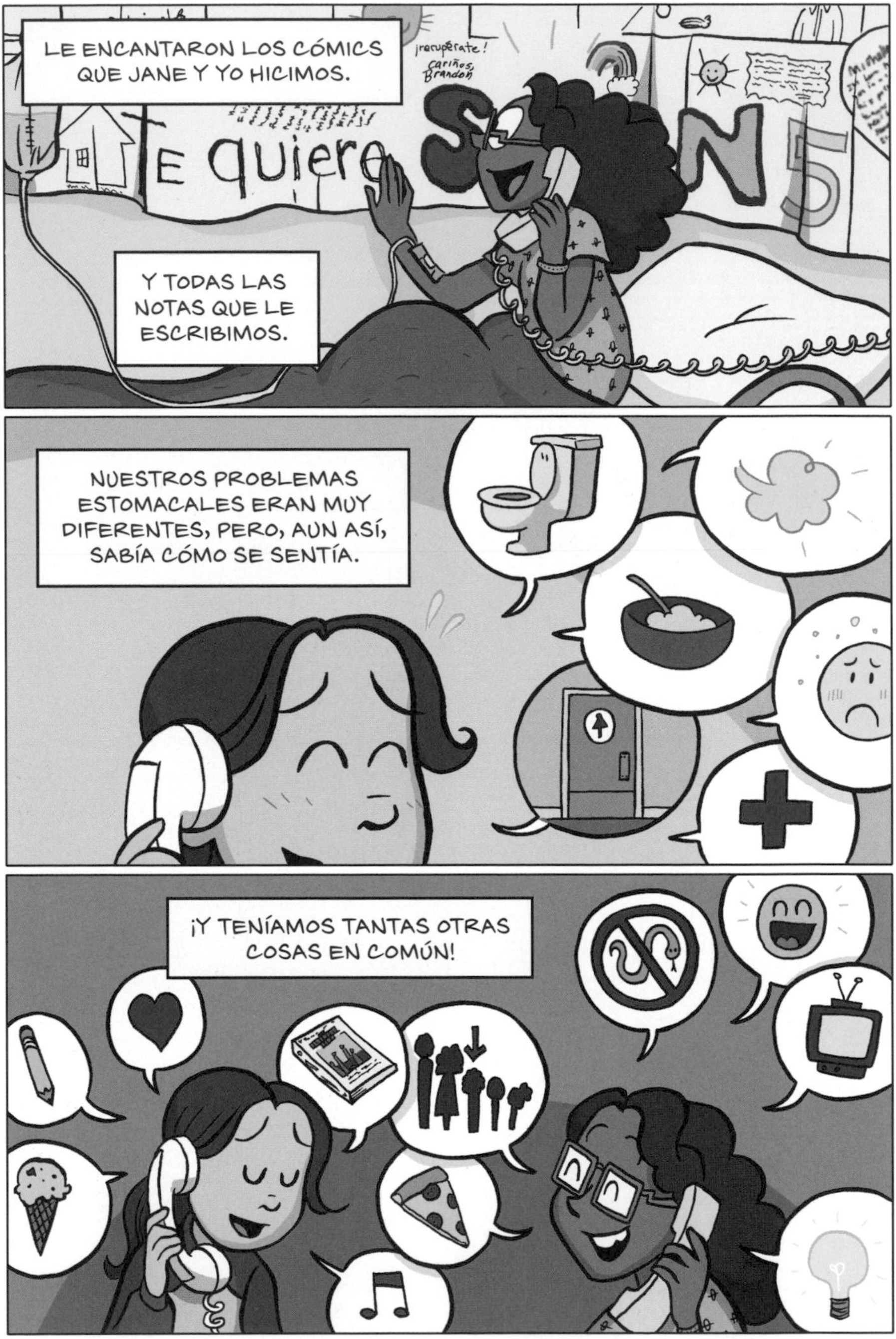
LE ENCANTARON LOS CÓMICS QUE JANE Y YO HICIMOS.
¡recupérate! Cariños, Brandon
Y TODAS LAS NOTAS QUE LE ESCRIBIMOS.
NUESTROS PROBLEMAS ESTOMACALES ERAN MUY DIFERENTES, PERO, AUN ASÍ, SABÍA CÓMO SE SENTÍA.
¡Y TENÍAMOS TANTAS OTRAS COSAS EN COMÚN!

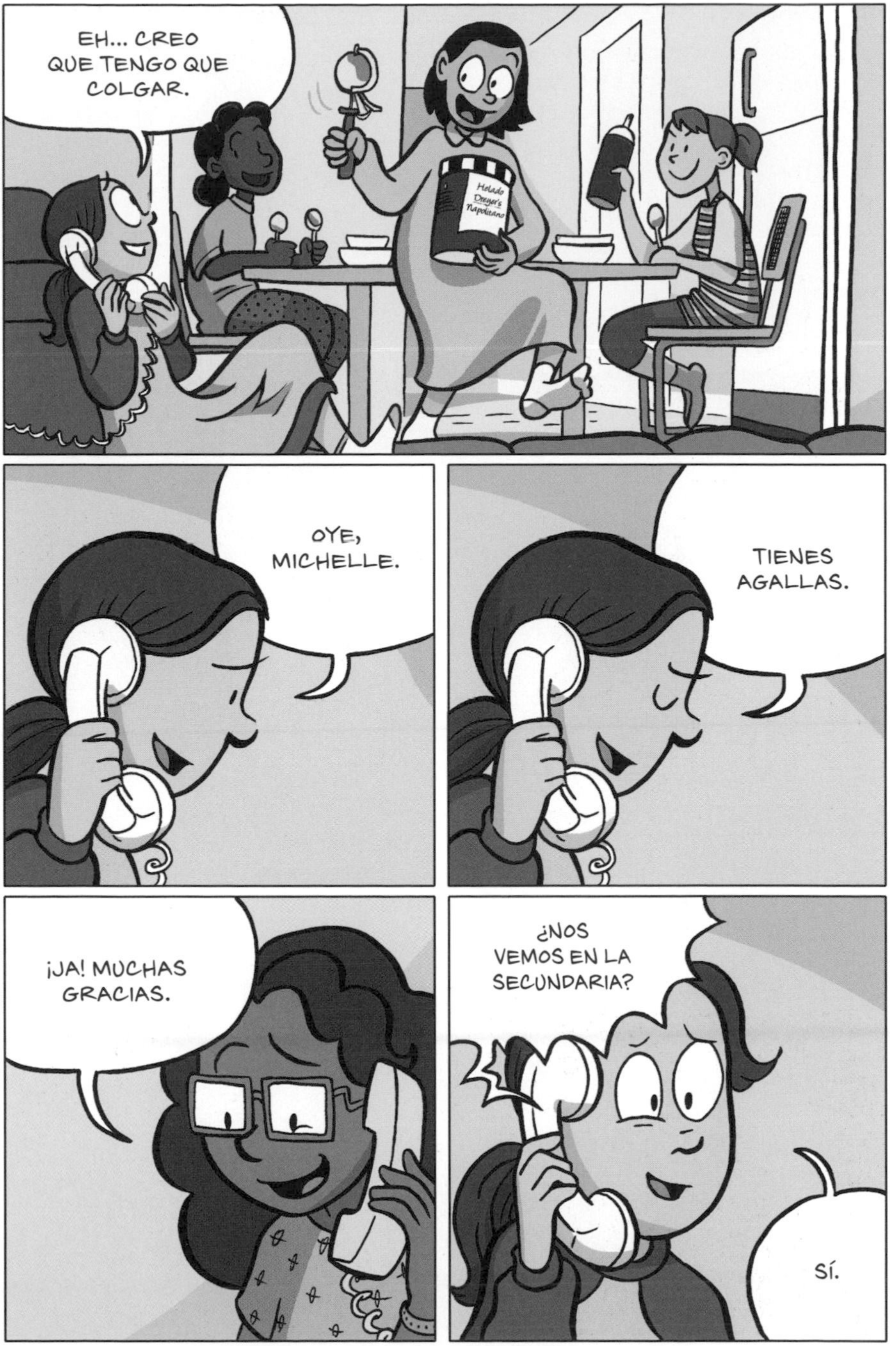
EH... CREO QUE TENGO QUE COLGAR.
Helado Dreyer's Napolitano
OYE, MICHELLE.
TIENES AGALLAS.
¡JA! MUCHAS GRACIAS.
¿NOS VEMOS EN LA SECUNDARIA?
SÍ.

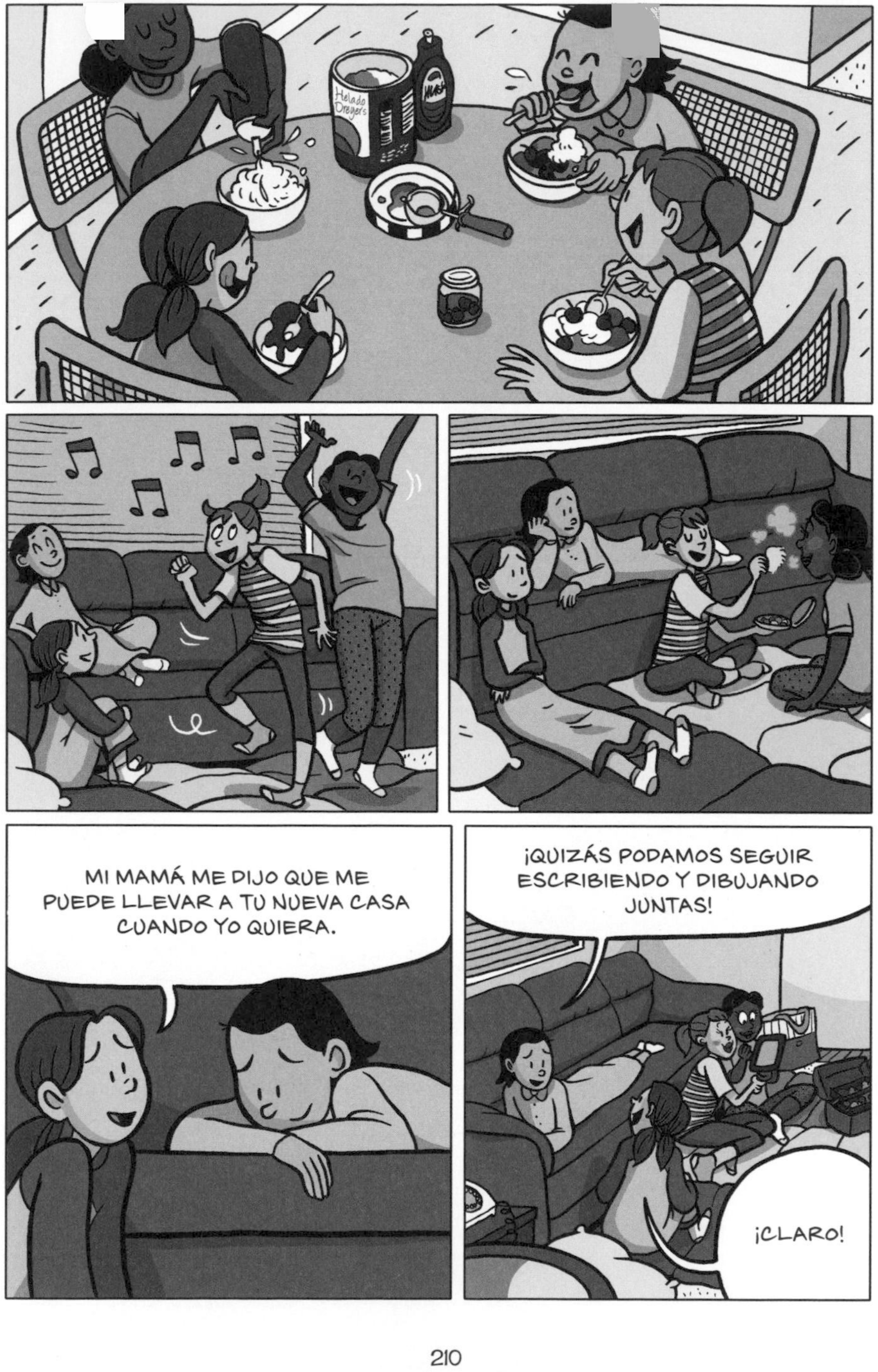

Helado Dreyer's
MI MAMÁ ME DIJO QUE ME PUEDE LLEVAR A TU NUEVA CASA CUANDO YO QUIERA.
¡QUIZÁS PODAMOS SEGUIR ESCRIBIENDO Y DIBUJANDO JUNTAS!
¡CLARO!

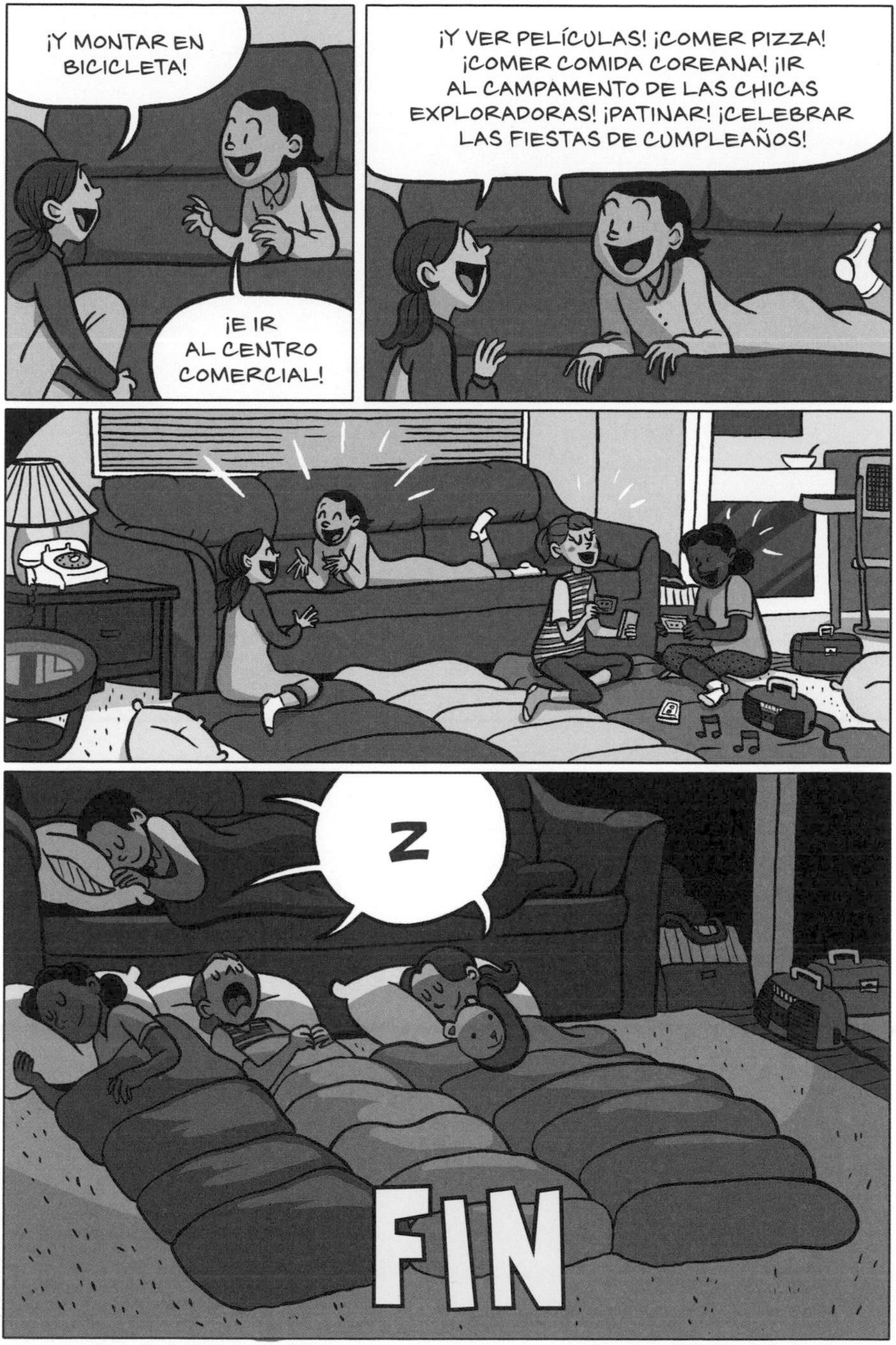
¡Y MONTAR EN BICICLETA!
¡E IR AL CENTRO COMERCIAL!
¡Y VER PELÍCULAS! ¡COMER PIZZA! ¡COMER COMIDA COREANA! ¡IR AL CAMPAMENTO DE LAS CHICAS EXPLORADORAS! ¡PATINAR! ¡CELEBRAR LAS FIESTAS DE CUMPLEAÑOS!
Z
FIN

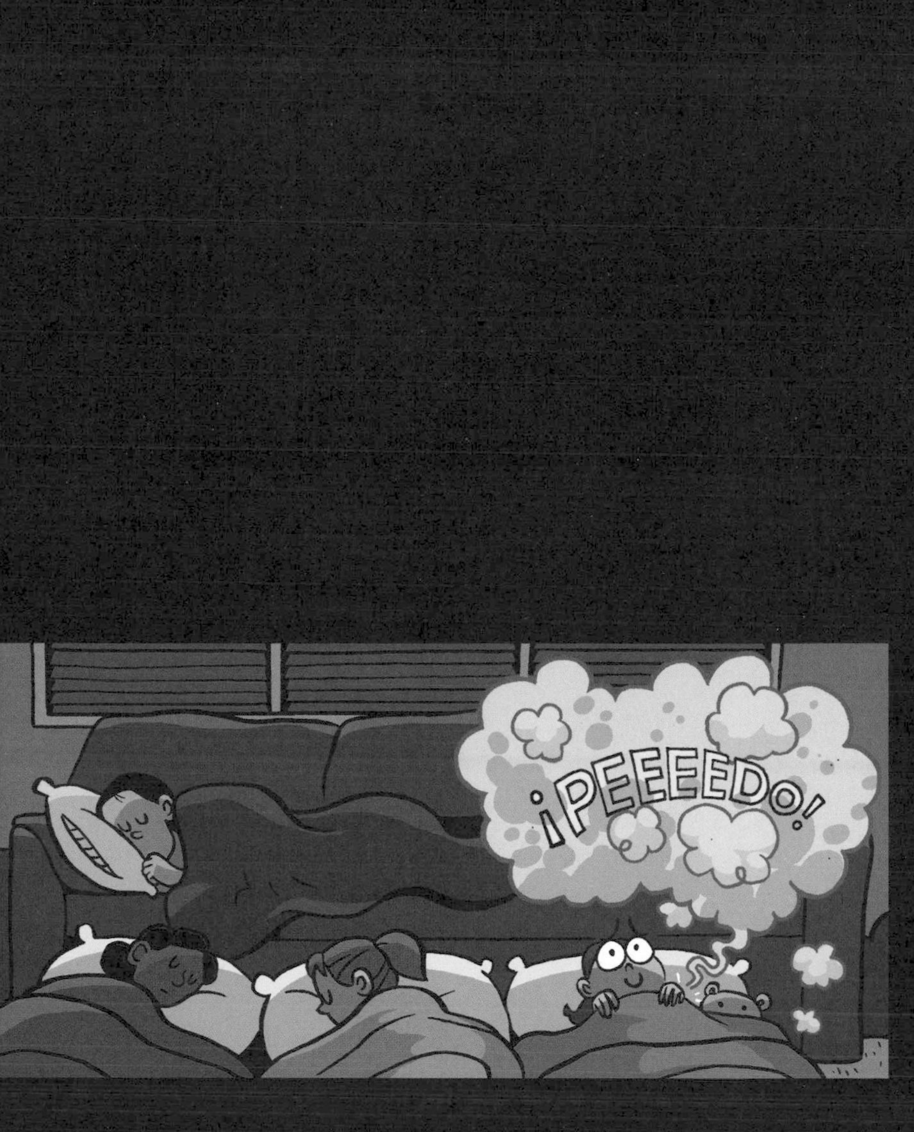
¡PEEEEDO!

Agradezco a...

Primeros lectores: Andy Runton, Vera Brosgol, Casey Gilly, Mike Jung, Shannon Hale y Sue Telgemeier.

Consultores: la Dra. Judy Pelham y el Dr. Frank F. Escobar-Roger.

Asistente de producción: Meggie Ramm.

El equipo de Scholastic: Cassandra Pelham Fulton, David Saylor, Phil Falco, Lauren Donovan, Ellie Berger, Tracy van Straaten, Lizette Serrano, Julie Amitie, Carmen Alvarez, Susan Lee, Holland Baker, Celia Lee, Akshaya Iyer y Shivana Sookdeo.

Coloristas: Braden Lamb y Shelli Paroline.

Mi agente, Judy Hansen.

¡Mi familia!

¡¡Mis terapeutas!!

Mi amoroso y cálido grupo de amigos, para quienes no existe ningún tema que no se pueda tratar.

Mis lectores, que siempre me hacen las mejores preguntas.

— Raina

Nota de la autora

Agallas está inspirada en gente de verdad, terapia de verdad y memorias de verdad de cuando estaba en cuarto y quinto grado, aunque cambié algunos pequeños detalles para que la lectura fuera más fácil.

He tenido que lidiar con dolores estomacales y ansiedad casi toda mi vida. Nunca ha sido fácil, pero, con los años, a medida que he aprendido a controlar los síntomas, la situación ha mejorado. Cuando tenía nueve años, de repente empecé a sufrir ataques de pánico. Falté mucho a la escuela. Me obsesionaba con cualquier cosita que sintiera en el estómago. Me daba horror comer la comida "equivocada" porque estaba convencida de que me enfermaría. (El término médico para el miedo a vomitar es emetofobia, ¡y es bastante común!).

Entonces, ¿cómo me va ahora, tres décadas después de la época en que tuvo lugar esta historia?

En los últimos cinco años he ido a psicoterapia, terapia cognitivo-conductual, entrenamiento en conciencia plena, terapia de exposición y desensibilización y reprocesamiento por movimientos oculares. He tomado medicamentos para la ansiedad. He usado *apps* para meditar. Todo ha ayudado, pero me he dado cuenta de que mis fobias y preocupaciones son simplemente parte de la persona que soy. ¡Hago lo que puedo para controlarlas!

Me han hecho exámenes de muchas cosas, desde celiaquía y enfermedad de Crohn hasta colitis ulcerosa; y, después de recibir muchos resultados negativos, he aprendido a aceptar que no estoy enferma del estómago. Solo tengo un sistema estomacal muy sensible y debo tener cuidado con lo que como. ¡Mi ansiedad también afecta la manera en que mi cuerpo reacciona! Así que cuando estoy muy estresada, es muy probable que tenga problemas digestivos.

Quiero asegurarme de que mis lectores comprendan que esta es mi historia personal. Ustedes quizás se identifiquen con algunos de mis problemas, o quizás los suyos sean completamente diferentes. Quizás no sufran para nada de estrés físico o emocional. Pero, si llegan a sentirse estresados o se sienten mal y no saben por qué, por favor, hablen con un adulto que conozcan y en quien confíen. Yo tuve mucha suerte de tener personas en mi vida que me apoyaron y me ayudaron para que me sintiera mejor.

Finalmente, quiero animarlos a hablar sobre cómo se sienten. Pueden hacer esto de muchas maneras: escribiendo, dibujando, creando cómics, tocando música, haciendo obras de teatro o conversando con sus amigos. Hay que tener agallas para expresar cómo nos sentimos por dentro, pero sepan que es muy probable que las otras personas se identifiquen con ustedes. Eso sí, ¡si no tratan de comunicarse, nunca lo sabrán!